MEDIATION

SCHLICHTUNG

VERHANDLUNGSMANAGEMENT

– Formen konsensualer Streitbeilegung –

2005

Prof. Dr. Nadja Alexander
Director of ADR and Practice, The University of Queensland
Juliane Ade
Rechtsanwältin, Mediatorin und Ausbilderin BM
Constantin Olbrisch
Rechtsanwalt und Mediator

ALPMANN UND SCHMIDT Juristische Lehrgänge Verlagsges. mbH & Co. KG
48149 Münster, Annette-Allee 35, 48001 Postfach 1169, Telefon (0251) 98109-33/28
AS-Online: www.alpmann-schmidt.de

Prof. Dr. Alexander, Nadja
Ade, Juliane
Olbrisch, Constantin
Mediation, Schlichtung, Verhandlungsmanagement
– Formen konsensualer Streitbeilegung –
1. Auflage 2005
ISBN 3-89476-837-1

©Verlag Alpmann und Schmidt Juristische Lehrgänge
Verlagsgesellschaft mbH & Co. KG, Münster

INHALTSVERZEICHNIS

1. Teil: Grundlagen der Streitbehandlungslehre 1

**1. Abschnitt: ADR – Entstehungsgeschichte
und Entwicklung des Begriffs** 1

▶ Übersicht: Metamorphose des Akronyms „ADR" 2

**2. Abschnitt: Ursachen und Ziele der Entwicklung
der Streitbehandlungslehre** 3

3. Abschnitt: ADR-Spektrum 5

1. Parameter der Entscheidungsfindung 5
   1.1 Drittbeteiligung 6

▶ Übersicht: Unterschiedliche Formen von Drittbeteiligung 6

   1.2 Entscheidungsmaßstab 6

2. Spektrum der Verfahrensformen 7

▶ Übersicht: Entscheidungsgewalt der Parteien und Bedeutung
   des Rechts in den unterschiedlichen Verfahren des
   ADR-Spektrums 9

▶ Übersicht zur Streitbehandlungslehre 10

2. Teil: Grundlagen des Konfliktmanagements 11

1. Abschnitt: Konfliktdefinition 11

2. Abschnitt: Konflikttypologie 12

1. Kategorisierung anhand der Streitgegenstände 13
   1.1 Sachkonflikte 13
   1.2 Wertekonflikte 14
   1.3 Beziehungskonflikte 14
   1.4 Verteilungskonflikte 15
   1.5 Überschneidungen 15

2. Kategorisierung anhand der Erscheinungsform des Konflikts 16

3. Kategorisierung anhand von Merkmalen der Konfliktparteien 17

3. Abschnitt: Konfliktdynamik 19

1. Mechanismen der Eskalationsdynamik 19
   1.1 Verzerrung der Wahrnehmung 20
   1.2 Projektion 20
   1.3 Polarisierung und Simplifizierung 21
   1.4 Ausweitung der Streitgegenstände und der sozialen Dimension ... 21
   1.5 Personalisierung 22

1.6 Wechselseitige Verflechtung von Ursachen und Wirkungen 22

1.7 Entfaltung der Mechanismen 23

2. Eskalationsphasen eines Konflikts 24

**4. Abschnitt: Anknüpfungspunkte für den Rechtsbeistand –
die juristische Perspektive** 24

1. Normbasierte Konfliktlösung 25

2. Juristische Vorgehensweise 26

3. Teil: Verhandlungsmanagement 28

1. Abschnitt: Ausgangssituation und Verhandlungsanalyse 29

1. Die Verhandlungssituation als Entscheidungssituation 29

▶ Übersicht: Die Verhandlungssituation 29

▶ Übersicht: Begrenzungen des Einigungsbereichs 30

2. Interessenorientierung 31

2.1 Positionen 32

2.2 Interessen 32

2.3 Das Eisbergmodell 33

2.4 Erweiterung des Verhandlungsspielraums 34

▶ Übersicht: Lösungssuche durch Interessenorientierung 34

▶ Übersicht: Bedürfnispyramide nach Maslow 36

3. Wertschöpfung und Wertverteilung 36

3.1 Integratives Verhandeln 36

3.2 Distributives Verhandeln 37

3.3 Verhandlungsdilemma 38

▶ Übersicht: Werte des Gefangenendilemmas 40

▶ Übersicht: Das Verhandlungsdilemma 40

3.4 Förderung von Kooperation 41

▶ Übersicht: Vorgehensweisen zur Überwindung des Verhandlungs-
dilemmas 41

3.4.1 Individuelle Strategien 41

3.4.2 Strukturelle Strategien 42

3.4.3 Kollektive Strategien 42

3.4.4 Kooperation begünstigende Rahmenbedingungen 43

4. Bedeutung des Verhandlungsgegenstandes 44

▶ Übersicht: Die potenziellen Ebenen einer Verhandlung 44

4.1 Sachebene 45

4.2 Verteilungsebene 46
4.3 Werteebene 47
4.4 Beziehungsebene 48

2. Abschnitt: Verhandlungsprozess 49

1. Prozessmanagement und Phasenstruktur 50

▶ Übersicht: Fünf Phasen des Verhandlungsprozesses 51

1.1 Eröffnung und Rahmenvereinbarung 51
1.2 Themensammlung 51
1.3 Hintergrundklärung und Interessensammlung 52
1.4 Lösungsentwicklung 52
    1.4.1   Optionensammlung 53
    1.4.2   Lösungsfindung 54
1.5 Vereinbarung und Abschluss 54

▶ Übersicht: Verhandlungsentwicklung anhand des Phasenmodells ... 55

2. Verhandlungsdynamik 55
2.1 Eskalationsdynamik 55
    2.1.1   Eskalationsfördernde Mechanismen und Einigungsbarrieren 55
        2.1.1.1 Verzerrung der Wahrnehmung der Konfliktsituation
            und der anderen Partei 56
        2.1.1.2 Projektion mit Fokussierung auf negative
            Einstellungen zur Gegenseite und feindselige
            und abwertende Betrachtungen 57
        2.1.1.3 Polarisierung und Simplifizierung 57
        2.1.1.4 Ausweitung der Streitgegenstände und der
            sozialen Dimension 57
        2.1.1.5 Personalisierung des Konflikts 57
        2.1.1.6 Wechselseitige Verflechtung von Ursachen
            und Wirkungen 58

▶ Übersicht: Das „Eskalationsgeflecht" veranschaulicht die Wechsel-
    wirkung der einzelnen Mechanismen 58

    2.1.2   Deeskalation 58
2.2 Emotionen in Verhandlungen 60
2.3 Macht in Verhandlungen 61

**3. Abschnitt: Verhandlungsverhalten und
     Verhandlungstaktiken** 62

1. Verhandlungsstile 62

▶ Übersicht: Das „Dual Concern Model" 63

2. Verhandlungstaktiken 65
2.1 Logische Argumentation 66
2.2 Handeln 67
2.3 Vermischung der Beziehungs- und der Sachebene 67

2.4 Manipulation 68

2.5 Druck 70

2.6 Beteiligung/Fragen 71

▶ Übersicht: Verhandlungsvorbereitung 72

4. Teil: Mediation und Schlichtung 73

1. Abschnitt: Mediation 73

1. Grundlagen 74

   1.1 Definition 74

   1.2 Ziele 75

   1.3 Grundsätze 76

   1.4 Prinzipien 77

   1.5 Mediationseignung von Konflikten 80

   1.6 Einsatz mediativer Elemente außerhalb der Mediation 81

2. Das Mediationsverfahren 82

   2.1 Überblick über den Mediationsverlauf 82

   2.2 Vorbereitung der Mediation 83

      2.2.1 Kontaktaufnahme 83

      2.2.2 Fallmanagement 84

         2.2.2.1 Anhaltspunkte und Kriterien 85

         2.2.2.2 Konsensuale Streitbeilegung oder Gerichtsentscheid 87

         2.2.2.3 Alternativen zu Mediation 89

      2.2.3 Geeignetheit des Mediators 89

      2.2.4 Beteiligte 90

      2.2.5 Informationsbeschaffung 91

      2.2.6 Situationsanalyse 91

      2.2.7 Mediationsvorbereitende Arbeit mit den Parteien 92

      2.2.8 Vertragliche Rahmenbedingungen 93

      2.2.9 Zeitliche Rahmenbedingungen 93

      2.2.10 Räumlichkeiten 94

   2.3 Phasenmodell der Mediation 94

      2.3.1 Phase I 95

      2.3.2 Phase II 96

      2.3.3 Phase III 98

      2.3.4 Phase IV 99

         2.3.4.1 Sammeln von Lösungsideen 99

         2.3.4.2 Auswertung 100

      2.3.5 Phase V 101

   2.4 Umsetzung des Mediationsergebnisses 102

3. Der Mediator und seine Aufgaben 103

   3.1 Grundhaltung gegenüber den Medianten 103

   3.2 Verfahrensleitung und Gesprächsmoderation 103

   3.3 Visualisierung 104

IV

3.4 Klärungshilfe 104
3.5 Ausgleich von Ungleichgewichten 105
3.6 Prozessbeobachtung 106
3.7 Selbstwahrnehmung und -reflektion 106

2. Abschnitt: Schlichtung 108

1. Definition 108

2. Ablauf und Verfahren 108

3. Abgrenzung Mediation – Schlichtung 110

4. Schlichtungsstellen 111
    4.1 Schiedsstellen 111
    4.2 Gütestellen von Berufs- und Wirtschaftsverbänden 112

3. Abschnitt: Vermittlungsmodelle 114

1. Grundlage 114

▶ Übersicht: Distributiver versus integrativer Verhandlungsansatz 115

2. Raster zur Erfassung von Mediationsformen und -stilen 115

3. Vermittlungsmodelle 117
    3.1 Sachbeurteilung – evaluative-narrow 117
    3.2 Umfassende Beurteilung – evaluative-broad 118
    3.3 Sachmoderation – facilitative-narrow 118
    3.4 Umfassende Moderation – facilitative-broad 118

▶ Übersicht: Vermittlungsmodelle 119

5. Teil: Rechtliche Grundlagen von Mediation 120

1. Abschnitt: Recht in der Mediation 120

1. Funktionen des Rechts in der interessenorientierten Mediation 120

2. Einführung des Rechts in die Mediation 121
    2.1 Beratungsmodelle 122
        2.1.1   Rechtsberatung durch Anwaltmediatoren 122
        2.1.2   Mediationsinterne Rechtsberatung durch Parteianwälte 123
        2.1.3   Punktuelle Rechtsberatung in der Mediation 124
        2.1.4   Externe Rechtsberatung 124
    2.2 Zeitpunkt der Einführung des Rechts in die Mediation 124
        2.2.1   Themensammlung und Informationsgewinnung 125
        2.2.2   Lösungsfindung 125
        2.2.3   Vertragsgestaltung 125
    2.3 Art und Weise der Einführung des Rechts 126

2. Abschnitt: Recht der Mediation 127

1. Vertragsgestaltungen in der Mediation 127
  1.1 Mediationsvertrag 128
    1.1.1   Rechtsnatur 129
    1.1.2   Vertragsbestandteile 129
        1.1.2.1 Vertraulichkeit 129
        1.1.2.2 Vergütung von Anwaltmediatoren 131
        1.1.2.3 Vergütung nichtanwaltlicher Mediatoren 133
  1.2 Vereinbarung der Parteien untereinander 133
    1.2.1   Rechtsnatur 133
    1.2.2   Einzelne Abreden 134
        1.2.2.1 Mitwirkungspflicht 134
        1.2.2.2 Klageverzicht 135
            1.2.2.2.1 Regelungsbedarf 135
            1.2.2.2.2 Wirkung / Rechtsfolge 136
        1.2.2.3 Schutz vor Verjährungseintritt 137
            1.2.2.3.1 Regelungsbedarf 137
            1.2.2.3.2 Regelungsmöglichkeiten 138
        1.2.2.4 Sicherung der Vertraulichkeit 138
            1.2.2.4.1 Verschwiegenheit der Parteien 139
            1.2.2.4.2 Sicherung der Vertraulichkeit durch
                      Prozessvertrag 140
        1.2.2.5 Verweis auf Mediations- oder Schlichtungsordnung 141
    1.2.3   Präventive Mediationsvereinbarung 142
        1.2.3.1 Inhalte einer präventiven Mediationsvereinbarung 142
        1.2.3.2 Rechtliche Wirksamkeit präventiver Klauseln 143
  1.3 Abschlussvereinbarung der Parteien untereinander 143
    1.3.1   Vertragsgestaltung 144
    1.3.2   Titulierung / Durchsetzbarkeit 144

2. Haftung des Mediators 146
  2.1 Vertragliche Haftung 146
    2.1.1   Nichtanwaltliche Mediatoren 146
    2.1.2   Anwaltmediatorpflichten 147
  2.2 Gesetzliche Haftung 148
  2.3 Strafrechtliche Verantwortlichkeit 148
    2.3.1   § 138 StGB 148
    2.3.2   § 203 Abs. 1 Nr. 3 StGB 148
    2.3.3   § 204 StGB 149
    2.3.4   § 356 StGB 149
    2.3.5   § 353 b StGB 150

3. Berufsrecht 152
  3.1 Schweigepflicht und Zeugnisverweigerungsrecht 152
    3.1.1   Regelungen zur Schweigepflicht 152
    3.1.2   Zeugnisverweigerungsrecht 152

3.2 Verbot der Wahrnehmung widerstreitender Interessen 153
   3.2.1   Regelungszusammenhang 154
   3.2.2   Widerstreitende Interessen 154
         3.2.2.1 Tätigwerden in derselben (rechtlichen)
               Angelegenheit 154
         3.2.2.2 Vorliegen widerstreitender Interessen 155
   3.2.3   Interessengleichheit in der Mediation 155
   3.2.4   Vorbefassung 155
   3.2.5   Parallele anwaltliche Mandate 157
   3.2.6   Parteimandate nach Beendigung des Mediationsverfahrens 157
   3.2.7   Weitere Mediationstätigkeit 157
   3.2.8   Tätigwerden Dritter 158
3.3 Rechtsberatung in der Mediation 158
   3.3.1   Erlaubnispflicht nach dem RBerG 158
   3.3.2   Besorgung von Rechtsangelegenheiten 159
   3.3.3   Ausnahmen von der Erlaubnispflicht 161
         3.3.3.1 Ausdrücklich privilegierte Berufsgruppen 161
         3.3.3.2 Privilegierte Tätigkeiten 161
   3.3.4   Zusammenfassung und Ausblick 162
3.4 Berufsbezeichnung 163
   3.4.1   Rechtsanwälte 163
   3.4.2   Notare 164
   3.4.3   Steuerberater 165
   3.4.4   Diplompsychologen 165
   3.4.5   Diplompädagogen 165
3.5 Interprofessionelle Zusammenarbeit (Co-Mediation) 165
   3.5.1   Rechtsanwälte und Angehörige sozietätsfähiger Berufe 165
   3.5.2   Rechtsanwälte und Angehörige nicht sozietäts-
         fähiger Berufe 166
         3.5.2.1 Zusammenschluss 166
         3.5.2.2 Zusammenarbeit im Rahmen von konkreten
               Aufträgen 166
   3.5.3   Angehörige nicht sozietätsfähiger Berufe 167

4. Gerichtsnahe und gerichtliche konsensuale Streitbeilegung 168
4.1 Vorgerichtliche obligatorische Güteverfahren 169
   4.1.1   § 15 a EGZPO 169
         4.1.1.1 Anwendungsbereich 170
         4.1.1.2 Zuständigkeit 171
         4.1.1.3 Verfahren 171
         4.1.1.4 Abschluss 172
         4.1.1.5 Einigungsversuch vor sonstiger Gütestelle 172
         4.1.1.6 Zeitlicher Geltungsbereich der Ausführungsgesetze 173
   4.1.2   § 104 i.V.m. §§ 87 ff. SachRBerG 174
   4.1.3   § 305 Abs. 1 Nr. 1 InsO 174
   4.1.4   § 380 StPO 175

4.2 Gerichtliche Möglichkeiten zur gütlichen Streitbeilegung 176
    4.2.1   Vorrang der gütlichen Einigung 176
    4.2.2   Richterliches Vorverfahren
           (Güteverhandlung, § 278 Abs. 2 ZPO) 177
    4.2.3   Verweisung, Güteverhandlung durch
           verordneten Richter 177
    4.2.4   Vorschlag außergerichtlicher Streitschlichtung 178
    4.2.5   Gerichtlicher Vergleich 179
    4.2.6   Gerichtsinterne Mediation 179

3. Abschnitt: Konsensuale Streitbeilegung im Rahmen der
            Schiedsgerichtsbarkeit 180

1. Grundlagen 181
  1.1 Begriff und Abgrenzung 181
  1.2 Schiedsvereinbarung 183
  1.3 Verfahren 185
  1.4 Schiedsspruch 186

2. Der Vergleich im Schiedsgerichtsverfahren 187
  2.1 Verfahrensbeendigung durch Beschluss 187
  2.2 Schiedsspruch mit vereinbartem Wortlaut 187

3. Kombination von Schiedsgerichtsverfahren und Mediation 189
  3.1 Kombination von Vermittlungs- und Schiedsverfahren im Fall
     des Scheiterns der Vermittlung (Mediation oder Schlichtung) 189
  3.2 Kombination von Mediationsvereinbarung und
     Schiedsspruch mit vereinbartem Wortlaut 190

6. Teil: Mediation in der Praxis 191

1. Abschnitt: Erscheinungsformen von Mediation 191

1. Betätigungsfelder für Mediatoren 191
  1.1 Die Familienmediation 191
  1.2 Die Wirtschaftsmediation 192
  1.3 Mediation im Arbeitsrecht 194
  1.4 Umweltmediation 195
  1.5 Online Dispute Resolution (ODR) 196
  1.6 Der Täter-Opfer-Ausgleich (TOA) 197

2. Mediationspraxis im Spiegel von Gesellschaft und Recht 198

2. Abschnitt: Implementierung von Mediation 199

1. Gerichtsnahe Mediation 199

▶ Übersicht: Gerichtsnahe Mediation 200

  1.1 Praxis gerichtsnaher Mediation 200
      1.1.1   Verweisungsrahmen 201

1.1.1.1 Rechtliche Grundlage bzw. Legitimierung
des Verweisungssystems 201
1.1.1.2 Ziele der Mediationsprogramme 201
1.1.1.3 Motivation der Parteien 202
1.1.1.4 Beziehung des Mediators zum Gericht 202
1.1.1.5 Ort der Durchführung des ADR-Verfahrens 203
1.1.1.6 Zeitpunkt der Mediation 204
1.1.1.7 Finanzierung des ADR-Verfahrens 204
1.1.1.8 Berichterstattungspflichten des Mediators 204
1.1.2 Verweisungssystematik 204
1.2 Praxis vorgerichtlicher Mediation 211
1.3 Praxis parallelgerichtlicher Mediation 212
1.4 Professionelle Berater als Konfliktberater 214
1.5 Prozesskostenhilfe 214
1.6 Rechtsschutzversicherungen 215
1.7 Unternehmens- und Industrieverbände 215

2. Standards für Mediation 216
2.1 Chancen und Risiken der Einführung von Standards 216
2.2 Trends in der Entwicklung von Mediationsstandards 217

▶ Überblick: Mediation in der Praxis..218

Anhang – Techniken zur Unterstützung des Kommunikationsprozesses.......220

▶ Übersicht: Gegenüberstellung der Streitbeilegungsverfahren 224

Stichwortverzeichnis...227

LITERATURVERZEICHNIS – HÄUFIG ZITIERTE LITERATUR

1. Lehrbücher und Monographien

Albers, Jan Hartmann, Peter	Baumbach/Lauterbach/Albers/Hartmann, Zivilprozessordnung, 63. Aufl., München 2005
Alexander, Nadja	Global Trends in Mediation, 1. Aufl., Köln 2003
Astor, Hilary Chinkin, Christine	Dispute Resolution in Australia, 1. Aufl., Sydney 2002
Besemer, Christoph	Mediation, Vermittlung in Konflikten, 1. Aufl., Königsfeld/Heidelberg/Freiburg 1993
Birner, Marietta	Das Multi-Door Courthouse, 1. Aufl., Köln 2003
Breidenbach, Stephan	Mediation, Struktur, Chancen und Risiken von Vermittlung im Konflikt, 1. Aufl., Köln 1995
Breidenbach, Stephan Henssler, Martin (Hrsg.)	Mediation für Juristen, 1. Aufl., Köln 1997
Chemnitz, Jürgen Johnigk, Frank	Rechtsberatungsgesetz, 11. Aufl., Köln 2003
Dulabaum, Nina	Mediation: Das ABC, Die Kunst, in Konflikten erfolgreich zu vermitteln, 1. Aufl., Weinheim/Basel 1998
Duve, Christian Eidenmüller, Horst Hacke, Andreas	Mediation in der Wirtschaft, 1. Aufl., Köln 2003
Eidenmüller, Horst	Vertrags- und Verfahrensrecht der Wirtschafts- mediation, 1. Aufl., Köln 2001
Feuerich, Wilhelm Weyland, Dag	Bundesrechtsanwaltsordnung, 6. Aufl., München 2003
Fisher, Roger Ury, William Patton, Bruce	Das Harvard-Konzept, Sachgerecht Verhandeln – Erfolgreich Verhandeln, 1. Aufl., Frankfurt/New York 1984 (Originaltitel: Getting to Yes – Negotiating Agreement Without Giving In, 1. Aufl., London/New York 1981)
Glasl, Friedrich	Konfliktmanagement. Ein Handbuch für Füh- rungskräfte, Beraterinnen und Berater, 7. Aufl., Bern 2002

Gottwald, Peter (Hrsg.) Konsensuale Streitbeilegung, Veröffentlichungen der wissenschaftlichen Vereinigung für Internationales Verfahrensrecht e.V., Band 13, 1. Aufl., Bielefeld 2001

Haft, Fritjof
von Schlieffen, Katharina
(Hrsg.) Handbuch Mediation, 1. Aufl., München 2002

Hartung, Wolfgang
Holl, Thomas Anwaltliche Berufsordnung, 2. Aufl., Köln 2001

Henssler, Martin
Koch, Ludwig (Hrsg.) Mediation in der Anwaltspraxis, 2. Aufl., Bonn 2004

Henssler, Martin
Prütting, Hanns Bundesrechtsanwaltsordnung, 2. Aufl., München 2004

Moore, Christopher The mediation process: practical strategies for resolving conflict, 1. Aufl., San Francisco 2003

Palandt BGB, Kommentar, 64. Aufl., München 2005

Pruitt, Dean
Sung Hee Kim Social Conflict: Escalation, Stalemate and Settlement, 3. Aufl., Boston u.a. 2004

Prütting, Hans (Hrsg.) Außergerichtliche Streitschlichtung – Ein Handbuch für die Praxis, 1. Aufl., München 2003

Schiffer, Jan (Hrsg.) Mandatspraxis – Schiedsverfahren und Mediation, 2. Aufl., Köln/Berlin/München 2005

Schulz von Thun, Friedemann Miteinander Reden (Band 1–3), 1. Aufl., Reinbek bei Hamburg 1981

Schulz von Thun, Friedemann
Thomann, Christoph Klärungshilfe, Handbuch für Therapeuten, Gesprächshelfer und Moderatoren in schwierigen Situationen, 1. Aufl., Reinbek 1988

Thomann, Christoph Klärungshilfe 2, Konflikte im Beruf. Methoden und Modelle klärender Gespräche, 1. Aufl., Reinbeck 1998 (Neuauflage 2004)

Slaikeu, Karl
Hasson, Ralph Controlling the costs of conflict: how to design a system for your organization, 1. Aufl., San Francisco 1998

Ury, William Schwierige Verhandlungen, Wie Sie sich mit unangenehmen Kontrahenten vorteilhaft einigen, 1. Aufl., München 1992
(Originaltitel: Getting past no: negotiating with difficult people, 1. Aufl., London, 1992)

1. Teil: Grundlagen der Streitbehandlungslehre

Verhandlung, Mediation und Schlichtung als Konfliktbearbeitungsverfahren sind nicht isoliert, sondern als Teile eines breiten Spektrums möglicher Streitbehandlungsmethoden zu betrachten. Als solche stellen sie für Juristen Alternativen im Rahmen der juristischen Streitbehandlungslehre dar.[1] Ziel dieser Streitbehandlungslehre ist, ein möglichst vielfältiges Verfahrensspektrum zur Verfügung zu stellen, aus dem die jeweils beste Bearbeitungsmethode für konkrete Konflikte ausgewählt werden kann.

Der Begriff „Streitbehandlung" impliziert, dass Ergebnis juristischer Streitbehandlung nicht zwingend eine Entscheidung im Konflikt sein muss, sondern dass neben der Entscheidung auch andere Formen der Streitbeendigung anzustreben sein können.[2]

1. Abschnitt: ADR – Entstehungsgeschichte und Entwicklung des Begriffs

Die Streitbehandlungslehre stellt eine Anschluss- und Parallelentwicklung zu der ADR-Entwicklung (ADR als Akronym für *Alternative Dispute Resolution*) im anglo-amerikanischen Rechtsraum dar.[3] Ausgangs- und Bezugspunkt der Streitbehandlungslehre war und ist das Gerichtsverfahren als traditionelle Methode der juristischen Streitbeilegung. Der Begriff *Alternative Dispute Resolution* entstand im angloamerikanischen Raum in den 60er Jahren des letzten Jahrhunderts. Er entstammt der so genannten *„litigation crisis"*, einer Krise des staatlichen Gerichtssystems, das die Entwicklung von Alternativen zum gängigen Konfliktaustragungsverfahren vor den staatlichen Gerichten notwendig erscheinen ließ. Einen wesentlichen Impuls dafür hatte 1976 Professor Frank Sander im Rahmen der so genannten *Pound-Conference*[4] gesetzt, welche die Schwächen des staatlichen Gerichtssystems zum Gegenstand hatte. Sein Vortrag *„Varieties of Dispute Processing"* regte dazu an, alternative Möglichkeiten der Streitbeilegung neben dem staatlichen Gerichtsverfahren anzuerkennen und zu nutzen.[5] In der Folgezeit wurden vielfältige unterschiedliche Verfahren zur

---

1 Zu den Begrifflichkeiten Streitbehandlung, Konfliktlösung, Konfliktbeilegung und Konfliktbehandlung vgl. Breidenbach, Mediation, S. 2, 4 ff.

2 Zum Teil wird der Schwerpunkt der Überlegungen im Rahmen der Streitbehandlungslehre ausschließlich in der prozessorientierten und nicht in der ergebnisorientierten Behandlung von Konflikten gesehen. Die Frage, ob und unter welchen Umständen Konflikte überhaupt nachhaltig Lösungen zugeführt werden können, spielt aus dieser Sicht eine untergeordnete Rolle, vgl. Breidenbach, Mediation, S. 6 m.w.N.

3 Diese Darstellung gilt primär für den rechtlichen Zweig der Entwicklungsinitiativen alternativer Entscheidungsfindungsmodelle. Daneben gab es in anderen Bereichen, beispielsweise in der Friedensbewegung, ähnliche Parallelentwicklungen.

4 Der Name *Pound Conference* ist zurückzuführen auf Roscoe Pound (amerikanischer Jurist und Dekan der *Harvard Law School* 1916–1936), der 1906 eine viel beachtete Rede über die Gründe der öffentlichen Unzufriedenheit mit der Justiz gehalten hatte. Zu parallelen Entwicklungen in Europa vgl. auch das von der Ford Stiftung, dem italienischen Nationalrat und dem *European University Institute* in Florenz initiierte *„Access to Justice Project"*, vgl. Cappelletti, *The Florence Access to Justice Project, Volumes I–IV*.

5 Sander, *Varieties of Dispute Processing*, 70 *Federal Rules Decisions* 111 (1976).

Streitbeilegung primär als Alternativen zum staatlichen Gerichtsverfahren entwickelt. Ergebnis dieser Entwicklung ist die Etablierung vieler dieser Verfahren als feste Bestandteile der juristischen Streitbehandlungslehre.[6]

Mit der Etablierung alternativer Streitbehandlungsmethoden änderte sich das Verständnis von ADR. Gegenstand der Streitbehandlungslehre ist nunmehr nicht mehr lediglich die Frage nach Alternativen zur staatlichen Gerichtsbarkeit, sondern vielmehr die Frage nach der für den konkreten Einzelfall jeweils adäquatesten und erfolgversprechendsten Methode der Streitbeilegung. Das Akronym ADR steht nunmehr für *„Appropriate Dispute Resolution"* und schließt alle Methoden der Streitbehandlung ein. Auch im Deutschen wäre dementsprechend der Begriff „alternative Streitbeilegung" weiterzuentwickeln zu „adäquate Streitbeilegung".[7]

Im (weiteren) Sinne von *Appropriate Dispute Resolution* umfasst ADR also alle Formen der Streitbeilegung, auch die staatliche Gerichtsbarkeit. ADR im (engeren) Sinne von *Alternative Dispute Resolution* hingegen bezeichnet Alternativen zur hoheitlich gerichtlichen Entscheidung *(„alternative to court litigation")*. Unter diesen engen ADR-Begriff fällt auch die private Schiedsgerichtsbarkeit.[8]

Übersicht: Metamorphose des Akronyms „ADR"

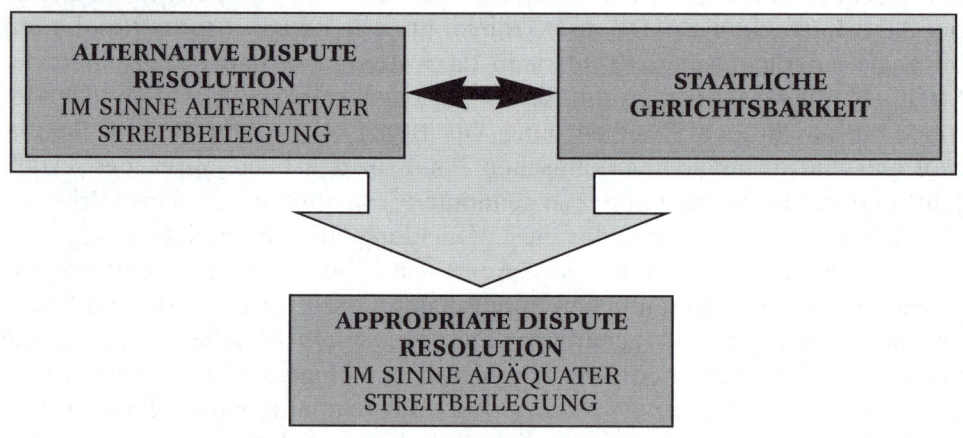

6 Zur Entwicklung der Mediation vgl. Hehn, Entwicklung und Stand der Mediation – ein historischer Überblick, in: Haft/Schlieffen, Handbuch der Mediation, § 6 Rdnr. 2, 46.

7 Die von PricewaterhouseCoopers zusammen mit der Europa-Universität Viadrina durchgeführte Studie „Commercial Dispute Resolution – Konfliktbearbeitungsverfahren im Vergleich" beschäftigt sich mit der Frage, welche Verfahren in welchen Konfliktfällen aus der Perspektive der Konfliktparteien als adäquat betrachtet werden. Dafür wurden überwiegend große bis sehr große deutsche Unternehmen zu Einsatzhäufigkeit, Nutzungspräferenzen und Erwartungen hinsichtlich der Verfahrensformen Verhandlung, Mediation, Schlichtung, Schiedsgutachten, Schiedsgerichtsbarkeit und Gerichtsverfahren befragt. Die Ergebnisse der Studie sind als kostenfreier pdf-download erhältlich unter http://www.pwc.com/de/dai.

8 Ball, *International Financial Law Review, October 1989*, S. 21. Daneben wird ADR auch ironisch mit *Allover Decrease in Revenues* oder *American Depositary Receipts* „übersetzt", siehe dazu Assmann, *American Depositary Receipts*, RIW 1982, S. 69 ff.

2. Abschnitt: Ursachen und Ziele der Entwicklung der Streitbehandlungslehre

Faktoren, die die Entwicklung von alternativen Streitbehandlungsmethoden begünstigt haben, beziehen sich vor allem auf folgende Verfahrensaspekte der staatlichen Gerichtsbarkeit:[9]

▶ **Vergleichsweise lange Dauer von Gerichtsverfahren**

Alternative Streitbeilegungsmethoden gehen in den meisten Fällen mit wesentlich kürzeren Verfahrenszeiten einher als streitige Verfahren vor der staatlichen Gerichtsbarkeit. Die Etablierung alternativer Streitbeilegungsmethoden könnte dazu beitragen, die Überlastung der staatlichen Gerichtssysteme und damit die durch die Überlastung bedingte Verfahrensdauer zu reduzieren.[10]

▶ **Vergleichsweise hohe direkte Verfahrens- und indirekte Transaktionskosten im Rahmen gerichtlicher Auseinandersetzungen**[11]

Prozesse der staatlichen Gerichtsbarkeit bringen zum Teil nicht im Verhältnis zum Streitwert stehende Verfahrenskosten mit sich. Transaktionskosten bezeichnen darüber hinausgehende Kosten, die indirekt durch laufende Prozesse verursacht werden. Beispiele für derartige Transaktionskosten sind die Bindung von Kapital während anhängiger Verfahren mit unsicherem Ausgang, die Kosten aufgrund von Stagnation laufender Bau- oder Produktionsprozesse oder Kosten, die durch den Verlust von Geschäftspartnern entstehen.

▶ **Beschränkung auf rein rechtlich relevante Gesichtspunkte des Gerichtsverfahrens**

Die Beschränkung des Gerichtsverfahrens auf rein rechtlich relevante Gesichtspunkte liegt in der Funktionsweise des Rechts begründet. Rechtlich relevant sind demnach nur solche Tatsachen, die sich unter gültige abstrakte Normen subsumieren lassen. Dieser Subsumtionsvorgang schließt regelmäßig solche Aspekte und Interessen von Auseinandersetzungen aus, die rechtlich nicht subsumierbar, gleichwohl aber oft für die Parteien relevant sind.[12]

---

9 Haft, Verhandlung und Mediation, in: Haft/Schlieffen, Handbuch der Mediation, § 2 Rdnr. 13; Breidenbach, Mediation, S. 30 ff. Zu den gesellschaftspolitischen Entwicklungen, die ebenfalls die Entstehung alternativer Streitbeilegungsmethoden förderten, wie beispielsweise Privatisierung und Globalisierung vgl. Alexander, *Global Trends in Mediation: Riding the Third Wave*, in: Alexander (Hg.), *Global Trends in Mediation*, S. 7.

10 Diese Entwicklung könnte wiederum die Attraktivität des staatlichen Gerichtsverfahrens erhöhen.

11 In den USA bedeutet das Nichtvorhandensein einer Kostenerstattungspflicht der unterlegenen Partei einen zusätzlichen Anreiz zur Minimierung der Verfahrenskosten.

12 Vgl. unten 2. Teil – Grundlagen der Konflikttheorie.

▶ **Vergangenheitsorientiertheit des gerichtlichen Verfahrens**

Rein rechtsbasierte Streitbeilegungsverfahren knüpfen nahezu ausschließlich an vergangene Sachverhalte an und leiten daraus Ansprüche für die Gegenwart ab, ohne die zukunftsgerichteten Interessen der Parteien zu berücksichtigen.

▶ **Unvorhersehbarkeit des Ausgangs von staatlichen Gerichtsverfahren**[13]

Die Unvorhersehbarkeit besteht insbesondere in neuartigen Rechtsgebieten oder im Rahmen von Streitigkeiten, die mehrere Rechtsordnungen berühren.

Ein Ziel der ADR-Bewegung im Sinne adäquater Streitbeilegung war und ist dementsprechend die Entwicklung und Institutionalisierung vielfältiger effektiver und effizienter Streitbeilegungsmethoden neben dem staatlichen Gerichtsverfahren. Derartige Methoden sollen – zum Teil komplementär zu oben genannten Unzulänglichkeiten des gerichtlichen Verfahrens – die Erfüllung folgender Verfahrensanforderungen gewährleisten:

▶ Effizienz in Bezug auf die relevanten Ressourcen der Parteien (Schonung der zeitlichen und sonstigen Ressourcen, Einsparung von Verfahrens- und Transaktionskosten)

▶ Berücksichtigung aller relevanten – auch zukunftsbezogenen – Interessen der Parteien unabhängig von deren juristischer Subsumierbarkeit

▶ Berücksichtigung des Wertes von (Geschäfts-)Beziehungen

▶ Flexibilität, um auf konkrete Verfahrensinteressen der Parteien reagieren zu können

▶ Förderung wertschöpfender und nachhaltiger Lösungen

Während die Rechtsentwicklung und der Bedeutungsgewinn von ADR in den USA in der zweiten Hälfte der siebziger Jahre in Deutschland zunächst das Interesse der Rechtssoziologen weckte, etablierten sich in praktischer Hinsicht hierzulande Ende der 80er Jahre die Familienmediation und die Umweltmediation – wenn auch überwiegend außerhalb der juristischen Verfahrensbegleitung.[14] Die Herausforderung der Institutionalisierung alternativer Verfahrensarten stellt sich aber insbesondere der Berufsgruppe der Rechtsanwälte, die in vielen Fällen die erste Anlaufstelle für „professionelle Bearbeitung" von Konflikten repräsentieren. Inzwischen sind dementsprechend die Mediation und andere Verfahren des ADR-Spektrums auch in Deutschland feste Bestandteile der Rechtskultur geworden.[15]

---

13 Dieser Aspekt gilt insbesondere für den US-amerikanischen Rechtsraum aufgrund der Entscheidung durch Laien*juries* im Rahmen von Geschworenengerichten.

14 Haft, Verhandlung und Mediation, in: Haft/Schlieffen, Handbuch der Mediation, § 2 Rdnr. 14.

15 Ein einheitlicher Dienstleistungsbereich Mediation befindet sich derzeit noch im Aufbau. Insbesondere ist die Frage, ob Mediation eindeutig einer bestimmten Disziplin zuzuordnen ist, umstritten, vgl. auch Alexander/Gottwald/Trenczek, *Mediation in Germany: The Long and Winding Road*, in Alexander (Hg.), *Global Trends in Mediation*, S.179 ff.

Exkurs: Vorgeschichte der Mediation – die Entwicklung des Gütegedankens in Deutschland

Der der Mediation zugrunde liegende Gütegedanke, der für Konfliktbeilegung im gegenseitigen Einvernehmen steht, ist dem deutschen Rechtswesen nicht fremd.[1]

Seine Wurzeln liegen im germanischen Recht, das – anders als der auf dem Streitgedanken beruhende römisch-kanonische Prozess – bereits im 14./15. Jahrhundert das Sühne- oder Vergleichsverfahren kannte, in dem eine einvernehmliche Konfliktlösung zwischen den Streitparteien herbeigeführt werden sollte. Bereits 1877 wurde der Gütegedanke an mehreren Stellen (z.B. in §§ 268, 471, 570 f. CPO) in die neue Zivilprozessordnung aufgenommen. § 18 der „Verordnung zur Entlastung der Gerichte" vom 09.09.1915 sah vor, dass im Rahmen einer Klage der Richter am Amtsgericht das Erscheinen beider Parteien vor dem Eintritt in die streitige Verhandlung vorsehen und den Versuch einer gütlichen Beilegung unternehmen sollte. Im Wege der Verordnung über das Verfahren in bürgerlichen Rechtsstreitigkeiten von 1924 („Emminger-Novelle") wurde das obligatorische Güteverfahren beim Amtsgericht eingeführt, allerdings 1950 einheitlich in der ganzen Bundesrepublik beseitigt. Der gleichzeitig neu formulierte § 495 II ZPO a.F. sah lediglich vor, dass der Richter in jeder Lage des Verfahrens auf eine gütliche Beilegung des Rechtsstreits hinwirken solle. 1976 wurde § 495 II ZPO a. F. mit dem seinerzeit für die Landgerichte geltenden § 296 a.F. ZPO zu § 279 ZPO i.d.F. bis zum 31.12.2001 zusammengefasst (§ 278 i.d.F. seit dem 01.01.2002), dessen Soll-Vorschrift für alle Gerichte gilt. In der Folgezeit wurde die erneute Einführung eines obligatorischen Güteverfahrens auf Bundesebene zunächst abgelehnt. Seit dem 01.01.2002 hat nunmehr der mündlichen Verhandlung vor dem Richter gemäß § 278 II ZPO eine Güteverhandlung vorauszugehen, es sei denn, dass diese bereits vor einer außergerichtlichen Stelle stattgefunden hat oder offensichtlich aussichtslos ist. § 15 a EGZPO sowie die Änderung des § 278 V S. 2 ZPO erlauben es zudem, diesbezüglich weiter gehende landesrechtliche Regelungen zu treffen.

1 Vgl. zur Geschichte des Gütegedankens Jansen, Die historische Entwicklung des Güteverfahrens in Deutschland, ZKM 2003, S. 24 ff.; Strempel, Rechtspolitische Aspekte der Mediation, in: Haft/Schlieffen (Hg.), Handbuch der Mediation, § 4 Rdnr. 2 ff.

3. Abschnitt: ADR-Spektrum

Das Spektrum der Verfahrensformen bietet ein breit gefächertes Instrumentarium. Den unterschiedlichen Verfahrensinteressen der Parteien entsprechend wird aus diesem das für den spezifischen Einzelfall erfolgversprechendste Verfahren ausgewählt.

1. Parameter der Entscheidungsfindung

Die unterschiedlichen Verfahren zur Streitbehandlung lassen sich anhand von zwei Ebenen unterscheiden, die mit den Verfahrensinteressen der Parteien abzugleichen sind. Auf ihnen werden die Parameter der Entscheidungsfindung definiert. Auf der ersten Ebene ist zu fragen, ob und inwieweit Dritte in die Entscheidung im Rahmen der Auseinandersetzung einbezogen werden sollen. Auf der zweiten Ebene ist zu fragen, anhand welcher Maßstäbe die Streitbeilegung erfolgen soll.

1.1 Drittbeteiligung

Zunächst stellt sich die Frage, ob und in welcher Form eine dritte Person in den Konflikt einbezogen werden soll. Dafür ergeben sich zwei prinzipiell unterschiedliche Möglichkeiten: Die dritte Person kann entweder im Sinne einer Prozessbegleitung den Entscheidungsfindungsprozess der Parteien unterstützen. Ihre Aufgabe besteht dann primär in einer Moderationsfunktion. Entscheidungsgewalt hat die dritte Person in diesen Fällen nicht. Vielmehr tragen die Parteien die Verantwortung für den Ausgang des Verfahrens. Beispiele sind Mediationen und Schlichtungsverfahren. Oder ein Dritter kann mit der Entscheidung der Auseinandersetzung beauftragt werden. Damit wird die Entscheidung des Konflikts delegiert. In diesen Fällen entscheidet der Dritte anstelle der Parteien und legt ein Ergebnis für die Auseinandersetzung fest. Die Parteien haben in dieser Konstellation nur eingeschränkt Kontrolle über den Ausgang des Verfahrens. Diese Konstellation findet sich in staatlichen und Schiedsgerichtsverfahren.

Während die Verfahren der Drittbegleitung im Idealfall zu einer Einigung führen, kommen Verfahren der Drittentscheidung zu einer Delegation der Entscheidung von den Parteien auf einen Dritten.

Übersicht: Unterschiedliche Formen von Drittbeteiligung

DRITTBETEILIGUNG IM SINNE VON	
Entscheidungs-unterstützung	**Entscheidungs-delegation**
Beispiele für Drittbegleitung: ▶ Mediation ▶ Schlichtung	Beispiele für Drittentscheidung: ▶ Private Schiedsgerichtsbarkeit ▶ Staatliche Gerichtsbarkeit

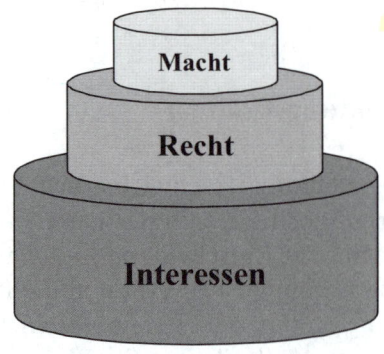

1.2 Entscheidungsmaßstab

Im zweiten Schritt stellt sich die Frage, auf welcher Basis bzw. anhand welchen Maßstabs eine Auseinandersetzung behandelt und entschieden werden soll. In Betracht kommt die interessenbasierte, die rechtsbasierte und die machtbasierte Behandlung von Konflikten.[16]

Im Rahmen einer **interessenbasierten** Vorgehensweise werden Lösungen gesucht, welche die Interessen der Parteien unabhängig von ihrer rechtlichen Relevanz

---

16 Vgl. Breidenbach, Mediation, S. 78.

möglichst optimal berücksichtigen.[17] Beispiele für überwiegend interessenbasierte Vorgehensweisen sind Verhandlungen und Mediationsverfahren.

Im Rahmen einer **rechtsbasierten** Konfliktbehandlung werden der rechtsrelevante Sachverhalt und die rechtsrelevanten Interessen extrahiert und unter geltendes Recht subsumiert, sodass anhand abstrakter Normen über die Auseinandersetzung entschieden werden kann. Recht ist typischerweise der Maßstab in Schiedsgerichtsverfahren und staatlichen Gerichtsverfahren.

Im Rahmen einer **machtbasierten** Vorgehensweise werden Entscheidungen nach Maßgabe der durchsetzungskräftigeren Partei getroffen.[18] Die Durchsetzungskraft kann beispielsweise auf Hierarchien, auf der Anzahl von Personen auf einer Parteiseite, auf Gewalt oder auf anderen, die Position besonders stärkenden äußeren Umständen beruhen.

Beispiel: Das Zusammenspiel von Interessen, Recht und Macht im Rahmen von Auseinandersetzungen veranschaulicht eine Anekdote über den Umgang mit gestohlenen Schuhen in einem Bauunternehmen: Ein Mitarbeiter stellt abends im Betrieb fest, dass ihm aus dem Umkleideraum seine Schuhe gestohlen wurden. Er verlangt von seinem Arbeitgeber Ersatz für die gestohlenen Schuhe. Dies stellt rein interessenorientiertes Vorgehen dar. Die zuständige Justiziarin klärt den Mitarbeiter darüber auf, dass den betriebsinternen Vorschriften entsprechend Ersatz nicht gewährt werden könne, da die Schuhe nicht verschlossen waren – im Sinne einer normbasierten Vorgehensweise. Der Mitarbeiter bewegt Kollegen zu einem kollektiven Streik, um eine arbeitnehmerfreundlichere Anpassung der Vorschriften zu erreichen – im Sinne einer machtbasierten Vorgehensweise. In Anbetracht des streikbedingten betriebswirtschaftlichen Schadens, der den Wert der Schuhe um ein Vielfaches übersteigt, beschließt die Unternehmensleitung den Ersatz der gestohlenen Schuhe – rein interessenorientiert.

2. Spektrum der Verfahrensformen

Aus den genannten Kategorisierungsansätzen lassen sich im wesentlichen vier grundsätzlich unterschiedliche Vorgehensweisen in Konfliktsituationen entwickeln: Vermeidung, Konsenssuche, Delegation und Machteinsatz.[19]

Vier Vorgehensweisen in Konflikten

Vermeidung	Konsenssuche	Delegation	Machteinsatz
Kein proaktives Vorgehen	*Verhandlung Mediation Schlichtung*	*Entscheidung durch* ▸ *Vorgesetzte* ▸ *Richter*	*Streik Gewalt*

Vermeidung steht für keine aktive Reaktion auf sich anbahnende oder bereits vorhandene Konflikte. **Konsenssuche** steht für die Suche nach einer Einigung

---

17 Zum Begriff der Interessen vgl. 3. Teil – Verhandlungsmanagement, Interessenorientierung.

18 Zum Begriff der Macht vgl. 3. Teil – Verhandlungsmanagement, Macht in Verhandlungen.

19 Vgl. Slaikeu/Hasson, *Controlling the Cost of Conflict*, S. 24.

zwischen den Parteien. **Delegation** steht für die Drittentscheidung, beispielsweise durch einen Vorgesetzten oder durch einen Richter. **Machteinsatz** steht für den Einsatz von Macht zur Beendigung einer Auseinandersetzung, beispielsweise durch Streik, Anwendung von Gewalt oder vergleichbare Aktionen.

Für die juristische Streitbehandlungslehre sind vor allem die Vorgehensweisen im Rahmen von konsensorientierter Zusammenarbeit und im Rahmen von Delegation relevant. Das Spektrum der juristischen Streitbeilegungsformen umfasst demnach im Wesentlichen Verhandlung, Mediation, Schlichtung, Schiedsgerichtsbarkeit und die staatliche Gerichtsbarkeit. Nur sie stellen Möglichkeiten im Sinne adäquater Streitbeilegung dar.

In **Verhandlungen**[20] entscheiden die Beteiligten weitgehend autonom über Inhalt und Verfahren ohne die Intervention eines Dritten. Das Verfahren wird meist in einem wenig strukturierten und nicht formalisierten Format angewandt. Entscheidungsmaßstäbe können Interessen, Rechtslage oder Macht sein.

Der Begriff **Mediation**[21] steht für ein freiwilliges Verfahren, in dem die Beteiligten mit Unterstützung einer allparteilichen dritten Person selbstbestimmt gemeinsam eine interessenorientierte Lösung erarbeiten können.[22] Der Mediator wird ermächtigt, auf der Verfahrensebene den Prozess zu moderieren, während die Parteien bzw. ihre Vertreter die Kontrolle über inhaltliche Entscheidungen behalten.[23] Entscheidungsmaßstäbe einer Mediation können je nach Parteiwille die Interessen der Parteien oder die zugrunde liegende Rechtslage sein.

Im Rahmen einer **Schlichtung**[24] versucht ein Dritter, ähnlich wie in der Mediation, zwischen den Parteien einen Konsens herzustellen. Anders als in der Mediation wird der Schlichter regelmäßig aufgrund seiner inhaltlichen Expertise in einem bestimmten Gebiet und/oder seiner besonderen Autorität in dem betreffenden Umfeld ausgewählt. Verglichen mit einem Mediator nimmt der Schlichter stärker inhaltlichen Einfluss. Er macht gewöhnlich inhaltliche Einigungsvorschläge, die die Parteien jedoch nicht annehmen müssen.[25] Entscheidungsmaßstab können je nach Parteiwille die Interessen der Parteien oder die zugrunde liegende Rechtslage sein.

Das **Schiedsgerichtsverfahren**[26] ist ein privates Gerichtsverfahren, bei dem die Parteien autonom über die Zusammensetzung des Schiedsgerichts entscheiden können. Die Parteien unterwerfen sich mit Wahl dieses Verfahrens dem Schiedsspruch, also der abschließenden Entscheidung des Schiedsrichters. Der Grad der Formalisierung des Verfahrens richtet sich nach der zugrunde liegen-

---

20 Siehe 3. Teil.
21 Siehe 4. Teil.
22 Zum Begriff der Allparteilichkeit vgl. 4. Teil.
23 Eine gängige US-amerikanische Definition lautet *„Mediation is negotiation carried out with the assistance of a third party"*, vgl. Goldberg/Sander/Rogers, *Dispute Resolution*, S. 103.
24 Siehe 4. Teil.
25 Rüssel, Schlichtungs-, Schieds- und andere Verfahren außergerichtlicher Streitbeilegung, JuS 2003, 380 ff.
26 Vgl. auch 5. Teil.

den Schiedsordnung. Entscheidungsmaßstab können unterschiedliche, von den Parteien zu bestimmende private oder staatliche Rechtsordnungen sein.

Im **Gerichtsverfahren** entscheidet das Gericht hoheitlich. Verfahrensrecht und materielles Recht sind die im konkreten Fall geltenden gesetzlichen Bestimmungen.[27]

Die folgende Grafik veranschaulicht das Verhältnis der Verfahrensformen zu einerseits Entscheidungsgewalt der Parteien und andererseits Rechtsbasiertheit der Entscheidungsfindung. Der Grad der Rechtsbasiertheit in den Verfahren Verhandlung, Mediation und Schlichtung ist von den Verfahrensinteressen der Parteiein abhängig.

Übersicht: Entscheidungsgewalt der Parteien und Bedeutung des Rechts in den unterschiedlichen Verfahren des ADR-Spektrums

				Rechtsbasiertheit
Verhandlung	Mediation	Schlichtung	Schiedsgerichts-barkeit	Gerichtsbarkeit
Entscheidungsgewalt der Parteien				

Neben diesen Verfahrensarten existieren weitere, in Deutschland bislang noch wenig verbreitete Verfahren innerhalb des ADR-Spektrums, die in speziellen Kontexten angewandt werden. Einige stellen Variationen, andere stellen Mischformen (Hybride) der erwähnten Verfahrensarten dar. Zu nennen sind *Early Neutral Evaluation, Mini-Trial, Final Offer Arbitration, High-Low Arbitration* und *Med-Arb*.

▶ *Early neutral evaluation:*[28] Im Rahmen dieses „frühen neutralen Bewertungsverfahrens" versucht ein Experte, Konflikte in einem möglichst frühen Stadium durch eine neutrale Bewertung des Streitgegenstandes beizulegen. Für den Fall des Scheitern kann der Dritte auf einen möglichst effizienten weiteren Verfahrensverlauf hinwirken.

▶ *„Mini-Trial"* oder *„Senior Executive Appraisal Mediation" (SEAM):*[29] Dieses Verfahren wird überwiegend in Wirtschaftsstreitigkeiten angewandt. Die Austragung des Konflikts wird in diesem Verfahren an andere, in der Regel

---

27 Im Rahmen des gerichtlichen Verfahrens wird jedoch nicht ausschließlich hoheitlich entschieden. Im deutschen Rechtsraum werden ca. 70% aller gerichtlichen Rechtsstreitigkeiten im Wege eines Vergleichs beigelegt. Die Quote sinkt in den Fällen, in denen die Streitparteien rechtsanwaltlich vertreten sind, auf 30%, vgl. Stock in: Gottwald/Strempel (Hg.), Streitschlichtung – Rechtsvergleichende Beiträge zur außergerichtlichen Streitschlichtung, S. 124. Zum Thema Anwaltsstrategien beim Vergleich vgl. Hendel, Strategien des Anwalts beim zivilrichterlichen Vergleich – Empfehlungen eines Richters, AnwBl. 1997, 509 ff.

28 Dazu ausführlich Peckham/Brazil/Kahn/Newman/Gold, *Early Neutral Evaluation: An Experiment to Expedite Dispute Resolution*, in: Fine/Plaping: *ADR and the Courts: A Manual for Judges and Lawyers*, S. 169 ff.

29 Dazu ausführlich Helm/Bechthold, Der Mini-Trial – Ein Modell zur Konfliktlösung im Großanlagenbau, ZKM 2003, 159 ff.; Breidenbach, Mediation, S. 22 ff.

hochrangige Vertreter der Parteien bzw. der Unternehmen mit Entscheidungsvollmacht abgegeben, die mit Unterstützung eines Mediators oder Schlichters eine Einigung herbeizuführen suchen. Besonderes Merkmal dieses Verfahrens ist die Beteiligung entscheidungsbefugter Dritter auf jeder Parteiseite. Diese sind meist nicht mit den Einigungshindernissen belastet, mit denen die direkt am Konflikt beteiligten Parteien konfrontiert sind, und nicht rechtlich vorbelastet, wie dies die ansonsten in ihrer Rolle ähnlichen anwaltlichen Vertreter wären.

▶ *Final Offer Arbitration:* Dieses Verfahren stellt eine Variation des Schiedsgerichtsverfahrens dar. Im Rahmen des Verfahrens gibt jede Partei ein endgültiges Angebot zur Erledigung des Konflikts ab, und der Schiedsrichter wählt dasjenige aus, das ihm subjektiv angemessener erscheint. Dadurch werden alle Parteien angeregt, annehmbare Angebote abzugeben.

▶ *High-Low Arbitration:* Dieses Verfahren ist ebenfalls eine Variation des Schiedsgerichtsverfahrens. Die Parteien einigen sich vor dem Verfahren auf einen Entscheidungskorridor, innerhalb dessen der Schiedsrichter einen Schiedsspruch fällen kann. Auf diese Weise können die Parteien der Gefahr unerwünschter „Alles-oder-Nichts-Entscheidungen" begegnen.

▶ *Med-Arb:* Med-Arb steht für 'mediation-arbitration' und ist eine Kombination beider Verfahrensformen. Es wird durch einen Dritten zunächst ein Mediationsverfahren durchgeführt und anschließend in den Bereichen, in denen keine Einigung zwischen den Parteien erzielt wurde, eine bindende Entscheidung wie in einem Schiedsverfahren getroffen.

Das vorliegende Skript ist den konsensbasierten Streitbeilegungsverfahren gewidmet. Innerhalb des aufgeführten ADR-Spektrums beschränkt es sich daher im Folgenden auf Verhandlung, Mediation und Schlichtung.

Übersicht zur Streitbehandlungslehre

Streitbehandlungslehre	Adäquate Streitbehandlung: Die Streitbehandlungslehre steht nicht mehr nur für die Entwicklung alternativer Streitbeilegungsmethoden, sondern für die Frage, welches Verfahren in konkreten Konfliktsituationen das erfolgversprechendste ist.
Parameter der Entscheidungsfindung	Drittbeteiligung ⟷ Drittentscheidung Interessen Recht } als Entscheidungsmaßstab Macht
Spektrum der juristischen Streitbehandlungsverfahren	Verhandlung — Mediation — Schlichtung — Schiedsgerichtsbarkeit — Gerichtsbarkeit

2. Teil: Grundlagen des Konfliktmanagements

Professionelle Konfliktmanager tauchen in unterschiedlichen Stadien und in unterschiedlichen Rollen auf. Sie sind regelmäßig Rechtsanwälte, Richter, Mediatoren, Schlichter, professionelle Verhandlungsführer oder Therapeuten. Ziel ihrer Arbeit ist die Streitbehandlung. Ausgangs- und Anknüpfungspunkt für ihre Intervention im Rahmen einer Auseinandersetzung, unabhängig von der Art der Intervention, ist der Konflikt.

Konflikte stellen regelmäßig sehr komplexe und vielschichtige Phänomene dar, in die die Beteiligten meist auf einer sehr persönlichen Ebene involviert sind. Weiterhin sind ihre Entwicklung und ihr Ausgang aufgrund der Eigendynamik, die ihnen innewohnt, meist schwer vorhersehbar, und sie enthalten abhängig von der Art der Austragung destruktives Potenzial.

Der Bearbeitung von Konflikten muss ein umfassendes Verständnis des Phänomens „Konflikt" zugrunde liegen. Für diesen Zweck sollte ein abstraktes Analysemuster zur Verfügung stehen, anhand dessen konkrete Konflikte untersucht und eingeschätzt werden können.[30] Dies beinhaltet auch eine Analyse der Konflikten innewohnenden Eigendynamiken, die jeweils spezifische Behandlungen erfordern. Die Behandlung dieser Kräfte bestimmt, ob Konflikte destruktive oder konstruktive Kräfte entfalten.[31] Wenn Konflikte konstruktive Kräfte entfalten, können sie Katalysatoren sein für Entwicklungsschritte zu einem besseren Zustand hin.[32] So verstanden sind sie Auslöser und Kristallisationspunkte für potenzielle Bereicherungsprozesse.

1. Abschnitt: Konfliktdefinition

Als Ausgangsbasis dient eine weite Konfliktdefinition:[33]

Ein sozialer Konflikt ist

► eine Interaktion
► zwischen Akteuren (Individuen, Gruppen, Organisationen etc.),
► wobei mindestens ein Akteur
► Unvereinbarkeiten
► im Denken, Vorstellen, Wahrnehmen
► und/oder Fühlen
► und/oder Wollen

---

30 Vgl. Crum, *The Magic of Conflict*, 1. Aufl. 1987, S. 49.
31 Davis, in: Breslin/Rubin, *Negotiation Theory and Practice*, 1. Aufl. 1991, S. 14.
32 Dies wird versinnbildlicht im chinesischen Schriftzeichen für „Konflikt". Es setzt sich zusammen aus den Bildern für „Gefahr" und „Chance". Umfassend zur verändernden Kraft von Konflikten: Dahrendorf, Gesellschaft und Demokratie in Deutschland, 1. Aufl. 1965, S. 16 ff.
33 Vgl. Glasl, Konfliktmanagement, 7. Aufl. 2003, S. 14.

▶ mit dem anderen Akteur (den anderen Akteuren) in der Art erlebt,

▶ dass im Realisieren eine Beeinträchtigung

▶ durch einen anderen Akteur (die anderen Akteure) erfolge.

Wesentliche Merkmale sind die Interaktion zwischen den Parteien, die erlebte Beeinträchtigung und der subjektive Aspekt dieses Konfliktverständnisses. Für das Vorliegen eines Konflikts genügt, dass die Wahrnehmung der Unvereinbarkeiten auf einer Seite vorliegt.[34]

2. Abschnitt: Konflikttypologie

Konflikte treten in unterschiedlichen Lebensbereichen und in unterschiedlichen Formen auf. Eine Konflikttypologie dient der Antizipierung des Schwerpunktes der Auseinandersetzung, einer realistischen Erwartungshaltung bezogen auf die zu erreichenden Ergebnisse sowie der Bestimmung der bestgeeigneten Interventionsmethode.

Eine Konflikttypologie differenziert zwischen einzelnen Konflikttypen anhand vorher festgelegter Kategorien. Im Rahmen einer Konfliktanalyse erfolgt eine Einordnung eines Konflikts in diese Kategorien.

Die konflikttheoretischen Ansätze zur Erstellung derartiger Kategorisierungen sind nahezu unüberschaubar. Dies liegt zum einen in der Vielzahl der unterschiedlichen Disziplinen begründet, aus deren Perspektive Konflikte betrachtet werden. Zu nennen sind vor allem Soziologie, Psychologie, Ökonomie, Politikwissenschaften und Spieltheorie.[35] Zum anderen basiert es auf den unterschiedlichen, zum Teil rein theoretischen Zielsetzungen, die mit den Kategorisierungsversuchen verfolgt werden.[36] Entsprechend den Zielen des Konfliktmanagers, bei der Analyse von Konflikten die vielversprechendste Interventionsmethode einsetzen zu können und den Schwerpunkt der Auseinandersetzung zu antizipieren, bietet sich an, aus den bestehenden Kategorisierungen eine handlungsorientierte Konflikttypologie auszuwählen.[37] In diesem Sinne werden aus den vielfältigen Kategorisierungsansätzen lediglich solche vorgestellt, die für die Intervention in Konflikten von Bedeutung sind.

Die zahlreichen vorhandenen Kategorisierungsansätze lassen sich im Wesentlichen in drei Gruppen einteilen:

---

34 Diese Begriffsbestimmung ist nicht auf juristische Konflikte beschränkt. Vgl. auch Röhl, Beraten, Vermitteln, Schlichten und Richten, SchlHA 1979, S. 138.

35 Einzelne bedeutende Vertreter in dieser Hinsicht sind der Ökomom K. Boulding, der Politologe K. Deutsch, der Soziologe G. Simmel, der Psychologe K. Lewin und der Spieltheoretiker Th. Schelling.

36 Vgl. beispielsweise Pruitt/Sung Hee Kim, *Social Conflict: Escalation, Stalemate and Settlement*, 3. Aufl. 2004, S. 15 ff.; Acland, *A Sudden Outbreak of Common Sense: Managing Conflict through Mediation*, 1. Aufl. 1990, S. 51 ff.

37 In diesem Sinne auch Glasl, Konfliktmanagement, 7. Aufl. 2003, S. 47 ff.

1. Die erste Gruppe beurteilt im Rahmen einer Konfliktanalyse vor allem den Streitgegenstand. Eine Einordnung findet anhand der Eigenschaften des Konfliktgegenstandes statt.

2. Die zweite Gruppe betrachtet die Erscheinungsform des Konflikts. Die Frage, wie der Konflikt zutage tritt, ist hier Schwerpunkt der Konfliktanalyse.

3. Die dritte Gruppe analysiert in erster Linie die Konfliktparteien und ihren Standpunkt zur Austragung des Konflikts.

Die vorstehend identifizierten Kategorien schließen einander nicht aus. Konflikte sind vielmehr auf allen Ebenen zu analysieren.

1. Kategorisierung anhand der Streitgegenstände

Im Rahmen der Kategorisierung nach Streitgegenständen wird nach den Streitfragen aus Sicht der Parteien gefragt. Hierbei wird primär auf den Kristallisationspunkt der Auseinandersetzung abgestellt. Dabei ist zu beachten, dass derartige Streitgegenstände lediglich Auslöser, Ursachen oder Nebenkriegsschauplätze darstellen können.

Es lassen sich folgende Arten von Streitgegenständen identifizieren: Sachkonflikte, Wertekonflikte, Beziehungskonflikte und Verteilungskonflikte.

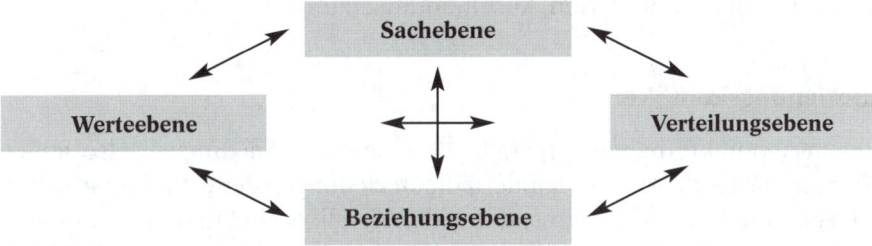

1.1 Sachkonflikte

Sachkonflikte werde auch als Interessenkonflikte bezeichnet.[38] Gegenstand ist eine Entscheidung über eine Frage, die aus Sicht der Parteien primär auf kognitiver Ebene gefällt werden muss. Parteien nehmen primär eine Unvereinbarkeit ihrer jeweiligen Interessen[39] bzgl. eines Streitobjekts wahr. Sie haben regelmäßig ähnliche Vorstellungen bzgl. der zugrunde liegenden Ziele und der grundsätzlichen Wertesysteme. Sie schätzen jedoch einzelne Aspekte des Gegenstandes anders ein oder haben beispielsweise unterschiedliche Erwartungen bezogen auf eine Situation.

---

38 Zum Interessenkonflikt grundlegend Bernard, *Parties and Issues in Conflict, Journal of Conflict Resolution* 1957, S. 11 ff.; Aubert, *Competition and Dissensus: Two Types of Conflict and Conflict Resolution, Journal of Conflict Resolution* 1963, S. 26 ff.

39 Zum Begriff „Interesse" siehe 3. Teil.

In diese Kategorie fallen auch Strategiekonflikte. In diesen Auseinandersetzungen besteht Einigkeit über die angestrebten Ziele, aber Dissens bzgl. der geeigneten Mittel zum Erreichen dieser Ziele.

Ebenfalls in diese Kategorie gehören Informationskonflikte, die ihren Ursprung in einer asymmetrischen Informationslage haben. Diese Inkongruenz oder auch eine unterschiedliche Interpretation von Informationen können auf verschiedenartigen Auswertungsverfahren, unterschiedlichen Prioritäten, falschen Informationen und/oder einem Mangel an Informationen beruhen.

1.2 Wertekonflikte

Wertekonflikte entstehen dadurch, dass die Kontrahenten eine Unvereinbarkeit von fundamentalen Werten, Grundsätzen oder Überzeugungen empfinden.[40] Derartige grundlegende Werte können moralischer, religiöser, kultureller oder ideologischer Art sein.

Werte und Anschauungen sind eng mit der Persönlichkeit der jeweiligen Person verbunden. Dadurch ist ein Abweichen von derart vertretenen Prinzipien unwahrscheinlich. Vielmehr wird jedes Abweichen von derartigen eigenen Wertvorstellungen als persönliche Niederlage, als Verrat an der eigenen Überzeugung empfunden. Eine kurzfristige Adaption neuer, bislang nicht vertretener Werte ist nicht zu erwarten. Besonders deutlich wird dies im Rahmen von religiös oder kulturell motivierten Auseinandersetzungen.

1.3 Beziehungskonflikte

Beziehungskonflikte haben primär keine objektiven Sachfragen, also außerhalb der Parteien liegende Anlässe, sondern die Beziehungen der Konfliktparteien selbst zum Gegenstand. Kristallisationspunkte des Konflikts sind in diesen Auseinandersetzungen Charakter, Eigenschaften oder Verhaltensweisen der Gegenpartei.

Beziehungskonflikte sind meist durch eine unzulängliche oder fehlende Kommunikation zwischen den Parteien gekennzeichnet. Ihre Ursachen können in reaktiven und emotionalen Verhaltensweisen, Missverständnissen, falschen Annahmen und Vorurteilen liegen.

Diese Kategorisierung entspricht der Differenzierung von substanziellen Konflikten, auch realistische oder echte Konflikte genannt, und affektiven Konflikten, auch unrealistische, unechte oder auch induzierte Konflikte genannt.[41]

---

40 Vgl. Bernard, *Parties and Issues in conflict, Journal of Conflict Resolution* 1957, S. 11 ff.; Aubert, *Competition and Dissensus: Two Types of Conflict and Conflict Resolution, Journal of Conflict Resolution* 1963, S. 26 ff. Röhl unterscheidet ebenso zwischen Interessen- und Wertekonflikten auf Basis der Arbeit von Aubert: Röhl, Beraten, Vermitteln, Schlichten und Richten, SchlHA 1979, S. 136 ff.

41 Eine grundlegende Übersicht zu den Begrifflichkeiten bietet Krysmanski, Soziologie des Konflikts. Zu realistischen Konflikten vgl. Guetzkow/Gyr, *An Analysis of conflicts in decision making groups, in: Human Relations,* 1954, S. 367 ff.; zu substanziellen und affektiven Konflikten sowie echten und unechten Konflikten vgl. Simmel, Soziologie.

Beipiel: Die einzelnen Konfliktebenen lassen sich anhand einer Unternehmensnachfolge in einem Familienunternehmen veranschaulichen: Die Frage, wie das zukünftige Management gestaltet werden soll, beinhaltet Strategie- und Sachfragen. Der Frage, welches Kind die Nachfolge antreten solle, liegen regelmäßig auch Beziehungsaspekte zugrunde. Die Frage, wer welche Anteile am Unternehmen erhalten soll, bezieht sich auf Verteilungsaspekte, und oft bringen die Beteiligten unterschiedliche Traditionen und Werte mit, die nicht selten zu Wertekonflikten führen.

1.4 Verteilungskonflikte

Verteilungskonflikte sind Auseinandersetzungen über die Verteilung knapper Ressourcen. Kristallisationspunkt ist regelmäßig ein unteilbares oder beschränkt verfügbares Gut, bezüglich dessen die Parteien sich gegenseitig als Konkurrenten wahrnehmen.

Beispiele für typische beschränkte Ressourcen sind finanzielle Mittel, u.a. im Rahmen von Preisverhandlungen, solche, die sich auf die Aufteilung von Einflussgebieten, also Machtfragen beziehen, solche, die sich auf zeitliche Ressourcen beziehen und solche, die sich auf die Verteilung von Risiken beziehen.

1.5 Überschneidungen

Die vorstehenden Kategorisierungen schließen sich nicht aus, und die skizzierten Merkmale ermöglichen keine eindeutigen Zuordnungen zu einzelnen Kategorien. Vielmehr treten Konflikte regelmäßig in mehreren Kategorien gleichzeitig auf. Insbesondere können Konflikte in einer Kategorie zu Konflikten in anderen Kategorien führen oder von solchen überlagert werden. Hinzu kommt, dass Konfliktparteien den Schwerpunkt einer Auseinandersetzung subjektiv oft sehr unterschiedlich wahrnehmen.

Überschneidungen können vom Eskalationsgrad der Auseinandersetzung abhängig sein. Beispielsweise tendieren Konfliktparteien auf höheren Eskalationsstufen zur Totalisierung und zur Ideologisierung sowie dazu, zusätzlich Personen und Konfliktebenen in den Konflikt hineinzuziehen.[42] Dies kann die Einbeziehung der Beziehungsebene oder ein Verschieben auf die Werteebene bedeuten.

---

42 Vgl. Glasl, Konfliktmanagement, 7. Aufl. 2003, S. 56 ff. Zu den Eskalationsstufen eines Konflikts siehe unten.

Methode

Die Kategorisierung nach Konfliktgegenständen sowie nach Überschneidungen und Überlagerungen der Kategorien ist für die Konfliktbearbeitung aus zweierlei Gründen wichtig: Einerseits muss der Konfliktmanager versuchen, den Konflikt zunächst auf der Ebene zu behandeln, auf der er gerade akut ist.[1] So ist bei Konflikten, die sich bereits verselbstständigt haben, bei denen die anfängliche Ursache inzwischen u.U. sogar irrelevant ist, die Forschung nach Ursachen nicht zielführend. Andererseits können Konflikte auf in der Vergangenheit liegenden Umständen beruhen, die für immer wieder aufflammende Konfliktherde sorgen. Solche Ursachen bedürfen einer Klärung, weil sie auf immer anderen Ebenen zu neuen Konflikten führen.

---

1 Zu den unterschiedlichen Behandlungszielen auf den jeweiligen Ebenen vgl. 3. Teil, 1. Abschnitt 4.

2. Kategorisierung anhand der Erscheinungsform des Konflikts

Bei der Typologisierung anhand der Erscheinungsform des Konflikts werden die äußere Erscheinungsform und die Art und Weise der Austragung des Konflikts untersucht.

In Bezug auf die Sichtbarkeit des Konflikts lassen sich latente und manifeste Konflikte unterscheiden. Der verborgene oder latente Konflikt bezieht sich auf eine Situation, in der das Verhalten der Parteien miteinander vereinbar ist, nicht aber ihre Interessen, Bedürfnisse oder Wertvorstellungen.[43] Diese Unvereinbarkeit ist noch nicht zutage getreten. Mindestens eine der Parteien ist sich nicht der Gründe der Spannung bewusst. Ein offenkundiger oder manifester Konflikt hingegen ist dadurch gekennzeichnet, dass alle Parteien die zwischen ihnen stehenden Differenzen auch als solche wahrnehmen. Der Konflikt äußert sich im Konfliktverhalten der Parteien, das sich für die Gegenpartei nachteilig auswirkt.

Bezüglich der Austragungsart wird eine gewaltsame und eine gewaltfreie bzw. friedliche Austragung der Konflikte unterschieden.[44]

Außerdem lässt sich eine institutionalisierte und nicht institutionalisierte Austragung der Konflikte unterscheiden.[45] Institutionalisierte Konflikte sind in eine höhere Organisationsstruktur eingebunden, und die Auseinandersetzung verläuft in dafür vorgesehenen und kontrollierbaren Bahnen. Die Organisationsstruktur kann hierbei in staatlichen, juristischen Formen oder in privaten, beispielsweise vereinbarten oder organisationsintern vorgesehenen Austragungsformen bestehen. Beispiele für derartige institutionalisierte Konflikte sind innerbetriebliche Auseinandersetzungen, die anhand des BetrVG behandelt werden. Im Rahmen von nicht institutionalisierten Austragungsformen bestehen keine Vorgaben zur Handhabung des konkreten Konflikts. Derartige Konflikte sind in ihrem Verlauf unberechenbar.

---

43 Grundlegend dazu Dahrendorf, Zu einer Theorie des sozialen Konfliktes; Condliffe, *Conflict Management*, S. 14.
44 Vgl. Glasl, Konfliktmanagement, 7. Aufl. 2003, S. 50.
45 Vgl. Glasl, Konfliktmanagement, 7. Aufl. 2003, S. 51.

Anknüpfend an den Verhaltensstil der Parteien im Konflikt lassen sich weiterhin so genannte *heiße* und *kalte Konflikte* unterscheiden.[46] Heiße Konflikte zeichnen sich durch Begeisterungsstimmung bei den Konfliktparteien aus. Diese sind jeweils von ihren Idealen beseelt und von der Redlichkeit und Reinheit ihrer Motive überzeugt. Die Konfliktaustragung erfolgt zur Überzeugung der Gegenseite von der Richtigkeit der eigenen Anschauung. Phänomene im Erscheinungsbild sind vor allem diese positiven Selbstbilder, eine sehr aktive Konfliktaustragung und eine starke Führerzentrierung.[47] Kalte Konflikte dagegen zeichnen sich durch weitgehende Desillusionierung und Frustration der Konfliktparteien aus. Der für heiße Konflikte charakteristische Aktionismus ist in diesen Fällen in einem fortgeschrittenen Stadium einem Fatalismus aufgrund der wahrgenommenen Machtlosigkeit gewichen. Die Austragung erfolgt möglichst entpersonalisiert, beispielsweise schriftlich oder durch Dritte. Direkte Kommunikation wird vermieden. Den Parteien fehlt ein positives Selbstbild. Charakteristische Phänomene in kalten Konflikten sind starke Resignation der Parteien und verdeckte schwer greifbare destruktive Aktionen.[48]

Methode

Vor allem die Differenzierung in institutionalisierte und nicht institutionalisierte sowie in heiße und kalte Konflikte kann für die Konfliktintervention von Bedeutung sein. Der Konfliktbehandlungsprozess wird sich regelmäßig an dem durch die Institutionalisierung vorgegebenen Rahmen orientieren. Bei kalten Konflikten ist zu beachten, dass die Parteien oft nicht (mehr) in der Lage und willens sind, den Konflikt überhaupt auszutragen.[1] Für eine konstruktive Konfliktbehandlung muss der Konflikt oft erst wieder angeheizt werden, damit die Parteien zu einer aktiven Konfliktaustragung bereit sind.

---

1 Vgl. Glasl, Konfliktmanagement, 7. Aufl. 2003, S. 79 ff.

3. Kategorisierung anhand von Merkmalen der Konfliktparteien

Im Rahmen der Kategorisierung nach Merkmalen der Konfliktparteien werden zum einen Anzahl und Art der Parteien bestimmt. Zum anderen wird – unabhängig von der bereits angesprochenen Frage nach der Konfliktursache – das Verhältnis der Konfliktparteien zueinander und zur Austragungsart untersucht.

Bezüglich der Anzahl und Art der Parteien ist danach zu fragen, ob es sich bei den Parteien um zwei oder mehr Individuen, um Gruppen oder um größere soziale Gebilde wie Staaten oder gar Bündnisse handelt.[49] Hieran schließt sich die Frage an, ob die Beteiligten selbst, über Stellvertreter oder über Repräsentanten involviert sind. Individuen können selbst oder über Stellvertreter involviert sein, Gruppen und größere soziale Gebilde können regelmäßig nur über Delegierte repräsentiert sein.

---

46 Vgl. Glasl, Konfliktmanagement, 7. Aufl. 2003, S. 69 ff.
47 Vgl. Glasl, Konfliktmanagement, 7. Aufl. 2003, S. 72.
48 Vgl. Glasl, Konfliktmanagement, 7. Aufl. 2003, S. 76.
49 Vgl. Glasl, Konfliktmanagement, 7. Aufl. 2003, S. 51.

In Bezug auf das Verhältnis der Parteien können etwaige strukturelle Unterschiede von Bedeutung sein.[50] In diesen Konstellationen stehen sich aus unterschiedlichen Gründen nicht ebenbürtige Konfliktparteien gegenüber. Es handelt sich um so genannte asymmetrische Konflikte. Derartige strukturelle Unterschiede zwischen streitenden Parteien können sich auf die sozialen, politischen und organisatorischen Strukturen beziehen, in die die Parteien eingebunden sind. Einzelne Faktoren, die zu derartigen strukturellen Unterschieden führen können, sind beispielsweise ungleiche Kontrolle, Besitz oder Verteilung von Ressourcen, ungleiche Machtverhältnisse, zeitliche Begrenzungen, geographische, physische oder Umwelt-Faktoren, die eine Kooperation ver- oder behindern.[51] Derartige Machtgefälle zwischen den Parteien wirken sich auf den Spielraum der Parteien sowie auf die zur Verfügung stehenden Interventionsmethoden aus.

Ohne dass ein Konflikt die Beziehung der Parteien zum Gegenstand haben muss, kann die Frage relevant sein, ob vor Beginn des Konfliktes eine Beziehung zwischen den Parteien vorhanden war. Dies gilt ebenso für private wie für geschäftliche Auseinandersetzungen.

Im Rahmen des Verhältnisses der Parteien zur Austragungsart wird die Einbindung der Parteien in übergeordnete Strukturen untersucht. Unterschieden wird zwischen endogenen und exogenen Konflikten.[52] Im Rahmen von endogenen Konflikten sind die Parteien Teile eines übergeordneten Supersystems, das den Konflikt notfalls kontrollieren könnte. Ist ein solches übergeordnetes Supersystem nicht vorhanden, handelt es sich um exogene Konflikte. Diese Einordnung ist ähnlich wie bei der Frage nach der Institutionalisierung relevant für die Auswahl der Interventionsform, z.B. bei internationalen Konflikten.

Methode

Vor allem die Information, ob asymmetrische oder endogene bzw. exogene Konflikte vorliegen, ist für den Konfliktmanager relevant. Derartige strukturelle Unterschiede führen oft dazu, dass mindestens eine Konfliktpartei eine Änderung der Gesamtorganisation oder der gesamten Rahmenbedingungen anstrebt.

Beispielsweise können in asymmetrischen Konflikten auf Gleichberechtigung basierende Verfahren ausgeschlossen sein. In Situationen, in denen gerade der strukturelle Rahmen Gegenstand des Konfliktes ist, ist eine Konfliktlösung im Rahmen der strukturellen Vorgaben erschwert.

In exogenen Konflikten, beispielsweise in Teilen des Völkerrechts, in denen es keine kontrollierende und notfalls durchsetzende Instanz gibt, kommen nur konsensbasierte Verfahren in Betracht.

---

50 In diesen Fällen ist auch von strukturellen Konflikten die Rede, vgl. Moore, *The Mediation Process: Practical Strategies for Resolving Conflict*, S. 60.
51 Moore, *The Mediation Process: Practical Strategies for Resolving Conflict*, S. 60.
52 Vgl. Rapaport, *Conflict in Man-Made Environment*.

3. Abschnitt: Konfliktdynamik

Konflikte – gleich welcher Art sie sind und auf welchen Ursachen sie basieren – sind dynamische Erscheinungen. Konflikte entwickeln sich und sind eigenen Dynamiken ausgesetzt. Eine wesentliche Dynamik bei unkontrollierter Entwicklung eines Konfliktes ist die Eskalationsdynamik. Diese wirkt sich auf die Konfliktgegenstände, den sozialen Rahmen und die Art und Weise der Konfliktaustragung aus.[53]

Die Eskalations- oder Konfliktdynamik wird gefördert von einzelnen eskalierend wirkenden Aktionen und Reaktionen der Konfliktparteien. Bei diesen Aktionen lassen sich einzelne stereotype Muster identifizieren, die die Eskalationsdynamik fördern. Außerdem lassen sich Merkmale für Stadien identifizieren, die eine Einschätzung des Eskalationsgrads einer Auseinandersetzung ermöglichen.

1. Mechanismen der Eskalationsdynamik

Konflikteskalation als Dynamik entfaltet sich unkontrolliert, weil ihr zumeist unbewusst befolgte Aktions- und Reaktionsmuster zugrunde liegen. Diese werden als Mechanismen der Eskalationsdynamik bezeichnet.[54] Diese eskalationsfördernden Interaktionen der Parteien haben gemeinsame Merkmale:

▶ Sie entspringen emotional und zeitlich bedingten Stresssituationen – in diesen Situationen neigen Konfliktparteien zu irrationalem Verhalten, das sich im Nachhinein oft schwer nachvollziehen lässt.
▶ Sie beruhen auf einem Wechselspiel von Aktionen und Reaktionen der Konfliktparteien, die sich gegenseitig bedingen.

Es gibt unterschiedliche Ansätze, eskalierende Mechanismen in Konflikten einzeln oder in Kategorien zu erfassen.[55] Zum Teil werden sie als Einigungshindernisse oder -barrieren bezeichnet, zum Teil wird nach Eskalationsmechanismen und Wirkungen unterschieden.[56] Im Folgenden werden sechs solcher zusammenhängender Interaktionsmuster vorgestellt. Es sind:

▶ Verzerrung der Wahrnehmung der Konfliktsituation und der anderen Partei
▶ Projektion mit Fokussierung auf negative Einstellungen zur Gegenseite und Fördern feindseliger und abwertender Betrachtungen
▶ Polarisierung und Simplifizierung
▶ Ausweitung der Streitgegenstände und der sozialen Dimension

---

53 Vgl. oben und Röhl, Beraten, Vermitteln, Schlichten und Richten, SchlHA 1979, S. 136.
54 Glasl, Konfliktmanagement, 7. Aufl. 2003, S. 191 ff.
55 Vgl. Duve in: Duve/Eidenmüller/Hacke, Mediation in der Wirtschaft, S. 27 ff.; Glasl, Konfliktmanagement, 7. Aufl. 2003, S. 191 ff.
56 Für Einigungshindernisse vgl. Duve in: Duve/Eidenmüller/Hacke, Mediation in der Wirtschaft, S. 27 ff., zu Eskalationsmechanismen vgl. F. Glasl, Konfliktmanagement, 7. Aufl. 2003, S. 191 ff.

▶ Personalisierung des Konflikts
▶ Wechselseitige Verflechtung von Ursachen und Wirkungen

1.1 Verzerrung der Wahrnehmung

Wahrnehmung und Informationsverarbeitung erfolgen selektiv. Menschen sehen immer nur Ausschnitte der sie tatsächlich umgebenden Realität. Dieser Filterprozess bei der Aufnahme und Verarbeitung von Informationen ist unentwegt im Gange. Dies führt zu subjektiven, oft unterschiedlichen Sichtweisen auf Realitäten und läßt die Erforschung einer richtigen Wahrnehmung oder Wahrheit unmöglich erscheinen. Dieser Prozess der selektiven Wahrnehmung wirkt sich jedoch in spannungsreichen Situationen in besonderem Maße aus. Menschen erleben derartige Spannungssituationen, wenn sie mit Informationen konfrontiert werden, die mit ihrer eigenen Einstellung oder ihrem Vorhaben nicht vereinbar sind – wie in Konfliktsituationen. Gemäß dem Phänomen der kognitiven Dissonanz werden in derartigen Situationen unbewusst aktiv Informationen gesucht und genutzt, die die eigene Einstellung stützen.[57] Entgegenstehende Eindrücke dagegen werden unterdrückt. Dies kann dazu führen, dass Konfliktparteien eine gemeinsam erlebte Situation vollkommen unterschiedlich wahrnehmen. Demgemäß ziehen sie andere Folgerungen aus den jeweiligen Wahrnehmungen und verhalten sich entsprechend anders.

1.2 Projektion

Der Mechanismus der Projektion ist die Neigung, eigene unerwünschte Vorstellungen und Gefühle nach außen zu verlagern.[58] In einer streitigen Auseinandersetzung werden demnach negative Elemente der Auseinandersetzung projiziert, d.h. der anderen Seite zugeschrieben. Dies gilt für alle Arten von mit negativen Assoziationen behafteten Facetten der Auseinandersetzung. Bei eigenem Fehlverhalten erscheint einer Konfliktpartei das vorangegangene Verhalten der anderen Partei als Ursache und Rechtfertigung für das eigene, nicht adäquate Konfliktverhalten. Damit werden nicht nur äußere ungünstige Umstände der Gegenseite angelastet, sondern auch eigene in der Vergangenheit begangene Fehler und in der eigenen Position empfundene Schwachpunkte. Im Rahmen des Projektionsvorgangs werden diese entäußert oder externalisiert und auf diese Weise verdrängt.[59] Aus eigener Sicht falsches oder unfaires Verhalten wird primär bei der anderen Seite gesucht und entsprechend den Prinzipien der selektiven Wahrnehmung auch gefunden.

---

57 Grundlegend dazu Festinger, *A Theory of Cognitive Dissonance*.
58 Das Konzept der Projektion geht zurück auf S. Freud und C.G. Jung. Vertiefend dazu Bühlmann, Zur Entwicklung des tiefenpsychologischen Begriffs der Projektion, 1. Aufl. 1957.
59 Vgl. Glasl, Konfliktmanagement, 7. Aufl. 2003, S. 198 m.w.N.

1.3 Polarisierung und Simplifizierung

Die wechselseitige Projektion führt dazu, dass die Parteien ihre Positionen als immer weiter auseinander liegend wahrnehmen. Dieser Mechanismus geht einher mit einer Simplifizierung des Konfliktgeschehens. Die durch die Ausweitung des Konfliktes erreichte Komplexitätszunahme wird kompensiert durch eine Komplexitätsreduktion in der Wahrnehmung, in deren Folge die Argumentation der Gegenseite negiert wird. Diese Reaktion beruht auf dem Phänomen, dass mit zunehmendem Stress die Fähigkeit zur Bewältigung komplexer Probleme wesentlich abnimmt.[60] Das Unbehagen, das sich aus der Überforderung durch Komplexität ergibt, führt zu radikalen und drastischen Simplifikationen der eigenen wie der gegnerischen Argumentation. Jede Partei entwickelt möglichst einfache und viel erklärende Kausalitätsmodelle und Konfliktschemata, in denen eine vermeintlich notwendige Schuld auf die andere Seite verlagert wird. Informationen und Argumente werden nur noch diesem Schema entsprechend zugeordnet und wirken dadurch plakativ. Aufgrund der hiermit verbundenen Generalisierungen und Totalisierungen wird eine differenzierte Zuordnung von Informationen und Argumenten erschwert, Schwarz-Weiß-Denken entsteht.

Beispiele für Polarisierungen sind negative Überzeichnungen der jeweils anderen Charaktereigenschaften, wenn etwa Vorsicht als Feigheit, Kühnheit als Leichtsinn, Toleranz als Gleichgültigkeit oder Engagement als eitler Aktionismus betrachtet wird.[61]

1.4 Ausweitung der Streitgegenstände und der sozialen Dimension

Die Ausweitung der Streitgegenstände bedeutet die Vermengung des Konfliktes mit benachbarten Themenfeldern.[62] Sie beruht auf der Tendenz von Konfliktparteien, die Konfliktlandkarte zu vergrößern, um mehr „Material" für die eigene Argumentation zu sammeln. Gleichzeitig werden zusätzliche Personen in den Konflikt involviert. Dies dient zunächst dazu, die eigene Position zu stützen und die andere Partei zu isolieren und ruhig zu stellen. Es führt zur beiderseitigen Erweiterung des sozialen Konfliktumfeldes und zur Lagerbildung. Diese bringt wiederum eine Vergrößerung des Potenzials für Missverständnisse mit sich. Das wiederum begünstigt die Entstehung stereotyper, entpersonalisierter Feindbilder.

Aus dem Mechanismus der Themenerweiterung ergibt sich oft eine Verschiebung auf eine andere Ebene der Konfliktgegenstände.

---

60 March/Simon, *Organisations*, S. 116 ff.
61 Vgl. hierzu das Werte- und Entwicklungsquadrat von Schulz von Thun, Miteinander Reden II, S. 40 ff., S. 52 ff.
62 Vgl. Glasl, Konfliktmanagement, 7. Aufl. 2003, S. 198; Luhmann, Legitimation durch Verfahren, S. 101 ff.

1.5 Personalisierung

Personalisierung bedeutet die Verlagerung des Konfliktes auf die persönliche Ebene, die Beziehungsebene. Die Auseinandersetzung konzentriert sich auf einzelne Personen. Nicht Standpunkte oder Argumente erscheinen unakzeptabel, sondern die sie vertretende Person.[63] Die Personen werden selbst Gegenstand und Objekt der Auseinandersetzung. Kristallisationspunkte des Konfliktes werden vermehrt Charaktereigenschaften und Haltungen der Parteien. Entsprechend der so genannten Attributionstheorie wird als negativ empfundenes Verhalten dem Charakter der Personen zugeschrieben, wohingegen als positiv empfundenes Verhalten der Situation zugeschrieben wird.[64]

1.6 Wechselseitige Verflechtung von Ursachen und Wirkungen

Die wechselseitige Verflechtung von Ursachen und Wirkungen steht für eine Verschiebung der Wahrnehmung bzgl. der vermeintlichen Kausalitätsbeziehungen im Konflikt. Die Begründungsmodelle der Parteien für Ursachen von Konflikten und einzelne Aktionen weichen regelmäßig stark voneinander ab. Das Konzept der Verursachung in Konflikten wird mit dem Konzept von Schuld und Unschuld verbunden. In dem Bestreben, die Schuld bei der anderen Seite zu verorten, werden Ursachen und Wirkungen im Resultat ineinander verflochten. Was der einen Seite als Ursache erscheint, erscheint der anderen Seite als Wirkung. Jede Partei nimmt ihre eigene Rolle als Reaktionsrolle wahr.[65] Lösungen der einen Partei werden von der anderen Partei lediglich als Symptombekämpfung angesehen.[66]

Diese unterschiedlichen Erklärungsmodelle können neue Konfliktherde begründen, wenn sie nicht aufgeklärt werden. Konfliktgegenstand wird dann der Prozess der Auseinandersetzung selber. Es kann sich so ein vom eigentlichen Konflikt abgekoppelter „Konflikt über den Konflikt" entwickeln. Beispielsweise ist den Parteien in fortgeschrittenen Konflikten oft der Ursprung der Auseinandersetzungen nicht mehr bewusst. Bevor es zur Konfliktklärung kommt, reagiert jede Seite vermeintlich nur auf die Aktionen der Gegenseite.

---

63 Vgl. Glasl, Konfliktmanagement, 7. Aufl. 2003, S. 205.
64 Vgl. Pruitt/Kim, *Social Conflict: Escalation, Stalemate and Settlement*, S. 106.
65 Vgl. Watzlawik/Beavin/Jackson, *Pragmatics of Human Communications*.
66 Vgl. Glasl, Konfliktmanagement, 7. Aufl. 2003, S. 201.

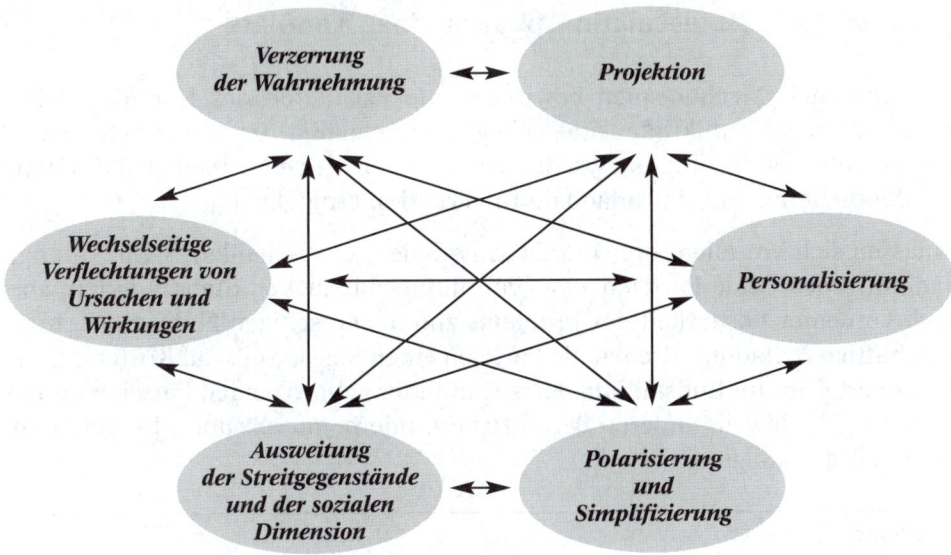

1.7 Entfaltung der Mechanismen

Die dargestellten Mechanismen verstärken sich gegenseitig. Die Grafik der Eskalationsmechanismen veranschaulicht anhand der Pfeile die Dynamik, die in dem Phänomen und den jeweiligen Aktionen steckt. Einzelne Aktionen können mehrere andere Mechanismen befördern oder in Gang setzen und rufen dementsprechend oft überproportional starke Wirkungen hervor.

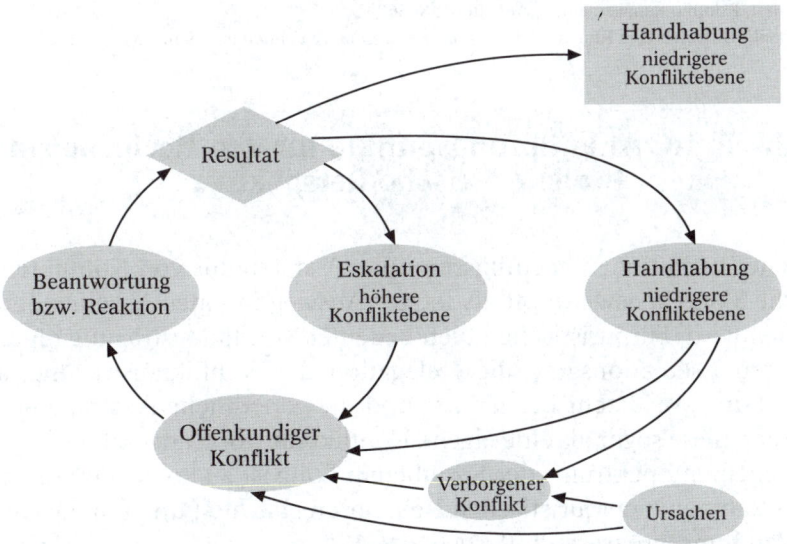

Konfliktdynamik: Die Dynamik eines Konfliktes verweist auf die potenzielle Eskalation eines Konfliktes und eine Steigerung auf eine jeweils höhere Stufe.[67]

---

67 Vgl. Alexander, Wirtschaftsmediation in Theorie und Praxis, S. 53.

23

2. Eskalationsphasen eines Konflikts

Die genannten Mechanismen bewirken eine Eskalation des Konflikts. Diese Steigerung der Konfliktintensität erfolgt unregelmäßig. Im Sinne einer handlungsorientierten Konfliktanalyse lassen sich auch hier einzelne Eskalationsstufen identifizieren, die eine adäquate Intervention ermöglichen.

Es lassen sich vor allem drei Eskalationsstadien unterscheiden:[68] Im Anfangsstadium gehen beide Parteien zwar von unterschiedlichen Standpunkten, aber noch von einer Lösbarkeit des Problems zum beiderseitigen Nutzen aus. In einem mittleren Stadium streben die Parteien einen Sieg jeweils auf Kosten der anderen Partei an. Im Endstadium eines Konfliktes geht es beiden Parteien darum, einen Sieg der jeweils anderen Partei zu verhindern, notfalls unter Inkaufnahme einer Selbstschädigung.

Methode

Die Identifikation von Eskalationsstufen in einem Konflikt gibt Hinweise für die zu wählende Interventionsform. Konfliktlösung wird einerseits umso schwieriger, je stärker der Konflikt eskaliert ist. Je weiter eine Auseinandersetzung fortgeschritten ist, desto stärker muss dementsprechend die Interventionsart sein. Dabei wird einerseits vertreten, dass ab einem bestimmten Eskalationsgrad als Intervention nur noch eine machtbasierte Drittentscheidung infrage kommt.[1] Andererseits entwickelt sich oft ab dem dritten Stadium, also mit der Erkenntnis, dass eine Auseinandersetzung einseitig nicht mehr zu gewinnen ist, mithin mit Wahrnehmung einer Patt-Situation, eine neue Bereitschaft, auf die andere Partei zuzugehen und den Konflikt gemeinsam konstruktiver zu behandeln.[2]

---

1 Vgl. Glasl, Konfliktmanagement, 7. Aufl. 2003, S. 360 ff.
2 Vgl. Pruitt, D./Sunjg Hee Kim, *Social Conflict: Escalation, Stalemate and Settlement*, S. 172.

4. Abschnitt: Anknüpfungspunkte für den Rechtsbeistand – die juristische Perspektive

Rechtliche Institutionen beeinflussen unser Verständnis von Konflikten, da die rechtliche Vorgehensweise oft als letzter Ausweg in einer Auseinandersetzung angesehen wird. Für juristische Laien bedeutet Konfliktaustragung oft ab einem bestimmten Eskalationsgrad die Delegation der Konfliktaustragung, also die Hinzuziehung von Rechtsbeiständen und die gerichtliche Austragung. Vereinzelt werden diese sogar als eine eigene Konfliktkategorie angesehen.[69] Im Lichte des allgemeinen Spektrums der Streitbehandlung ist zu konstatieren, dass Konflikte im Rahmen einer juristischen Behandlung bewusst und unbewusst gesteuerten Wandlungsprozessen unterliegen.

---

68 Vgl. Glasl, Konfliktmanagement, 7. Aufl. 2003, S. 215.
69 Vgl. Boulding, *Conflict and Defense*; Glasl, Konfliktmanagement, 7. Aufl. 2003, S. 48; Rüttinger, Konflikt und Konfliktlösen.

1. Normbasierte Konfliktlösung

Durch die Einschaltung von Juristen im Rahmen der Konfliktaustragung wird im oben genannten Sinne der Konflikt zunächst juristisch institutionalisiert. Für die gerichtliche Behandlung wird der Ausgangskonflikt „verrechtlicht".[70] Das bedeutet, dass aus einem Sachverhalt die juristisch subsumierbaren Bestandteile extrahiert werden. Dies entspricht dem eingangs erwähnten Entscheidungsmaßstab im Rahmen der rechtsbasierten Austragung: Der Maßstab sind abstrakte Normen, die für eine Vielzahl von Fällen prophylaktisch und unabhängig vom konkreten Fall entwickelt wurden. Der beschriebene Subsumtionsprozess im Rahmen der rechtlichen Aufbereitung führt zu einer Verengung des zu behandelnden Lebensausschnitts.

Dabei besteht einerseits oft die Hoffnung und Chance, dass die Auseinandersetzung auf die tatsächlich relevanten Aspekte beschränkt und mithin „versachlicht" wird. Es besteht andererseits die Gefahr, dass relevante Interessen der Parteien unberücksichtigt bleiben. Das hat vor allem zwei Gründe:

Erstens sind Interessen zum Teil nicht abstrakt erfassbar. Beispiele sind emotionale Aspekte oder viele ökonomische Interessen von Konflikten.[71] Zusätzlich entwickelt sich das Recht entsprechend den gesellschaftlichen Bedürfnissen nur mit – zum Teil signifikanter – Zeitverzögerung fort. Das bedeutet, dass in einigen Konstellationen Interessen noch keinen Einzug in die Gesetze erhalten haben.[72] Selbst bei anerkannter Relevanz einzelner Aspekte ist das Recht oft nicht in der Lage, alle potenziell auftretenden Interessenlagen prophylaktisch aufzunehmen.[73] Das Recht würde damit unüberschaubar und die rechtliche Behandlung ineffizient.

Zweitens kann das Recht eine Orientierung an zukunftsgerichteten Erwartungen und Wünschen der Parteien in den meisten Fällen nicht leisten. Eine rechtliche Lösung ist regelmäßig vergangenheitsorientiert. Dieser Umstand ist der Funktionsweise des Rechts inhärent: Anspruchsnormen knüpfen an Tatbestände in der Vergangenheit an. Hieraus werden im Wege der Subsumtion Rechtsfolgen abgeleitet. Zukunftsgerichtete Erwartungen bleiben in den meisten Fällen unberücksichtigt.

Begleiterscheinungen dieses Verrechtlichungsvorgangs sind eine Reduktion der Komplexität, eine Unterdrückung der Emotionalität und Partizipation, eine Orientierung der Entscheidung an der Vergangenheit sowie der „Alles-oder-Nichts-Charakter" potenzieller Lösungen.[74]

---

70 Vgl. Breidenbach, Mediation, S. 50 ff.

71 Z.B. Wertschätzung der Arbeit bei Abfindungsstreitigkeiten in Kündigungsfällen oder in Trennungssachen; vgl. auch Breidenbach, Mediation, S. 49.

72 Ein Beispiel hierfür ist das erst im Jahr 2000 in das BGB aufgenommene Recht auf Nachbesserung beim Kauf, das vorher schon in vielen AGB enthalten, aber noch nicht vom BGB erfasst war.

73 Ein Beispiel ist die Behandlung von Sachverhalten im Zusammenhang mit neuen Medien wie dem Internet, das viele gänzlich neue Konstellation und Rechtsfragen mit sich brachte.

74 Vgl. Gottwald, Streitbeilegung ohne Urteil, S. 62.

2. Juristische Vorgehensweise

Neben der potenziellen Verlagerung der Konfliktgegenstände beeinflusst das juristische Verfahren den Konfliktverlauf signifikant.

Zunächst geben die Parteien mit Einschaltung ihrer Interessenvertreter die Verantwortung für den Konfliktverlauf und -ausgang ab. Durch diese Delegation verlieren sie die direkte Kontrolle über den Konflikt.

Weiterhin prägt die kontradiktorische Ausgestaltung des Gerichtsverfahrens das Verfahren und die Aktionen der beteiligten Rechtsanwälte. Sie führt in der Praxis dazu, dass eher positionsorientierte Verhandlungstaktiken zur Anwendung kommen. Im Rahmen des kontradiktorischen Gerichtssystems nehmen die Parteien und deren Vertreter in einem Streitfall einander typischerweise als Gegner wahr. Gewinne auf der einen Seite korrelieren scheinbar direkt mit Niederlagen auf der anderen Seite. Die juristische Auseinandersetzung wird als Wettbewerb, schlimmstenfalls als Kampf empfunden.

Die rechtliche Streitbeilegung führt wie dargelegt dazu, dass die Austragung sich lediglich auf die in der Vergangenheit liegenden, rechtlich relevanten Aspekte des Konflikts fokussiert. Dies kann dazu führen, dass die Konfliktaustragung auf Fragen der Beweisbarkeit von Tatsachen reduziert wird. Aufgrund der Tatsachenbasiertheit der juristischen Vorgehensweise entsteht dann häufig ein Konflikt über den Konflikt in dem Sinne, dass Tatsachen verschoben oder unterdrückt werden, um rechtliche Konsequenzen zu vermeiden oder herbeizuführen.

Aus Parteisicht birgt die Verrechtlichung von Sachverhalten zwei Gefahren: Sie kann zum einen – wie dargelegt – zu einer Reduktion der Komplexität des Falles auf den juristisch relevanten Sachverhalt führen. Das kann die Vernachlässigung von relevanten Aspekten und Interessen bedeuten.

Die Verrechtlichung kann außerdem zu einer Expansion der Streitgegenstände auf andere juristisch relevante Aspekte führen. Das bedeutet oft im Rahmen einer vermeintlichen „Versachlichung" eine Ausweitung und Eskalation des Konflikts. In Auseinandersetzungen, in denen ein juristisch schwer greifbarer Beziehungskonflikt dominiert, besteht beispielsweise die Gefahr, dass Sachkonflikte erst entwickelt werden. Beispiele sind die Einbeziehung der Kinder in Trennungsangelegenheiten oder Grenzkonflikte in Nachbarschaftsstreitigkeiten.

Juristische Konfliktbehandlung birgt damit oft die Gefahr einer Symptombehandlung statt einer Konfliktlösung. Die rein rechtsbasierte Konfliktaustragung kann so zu einer Stärkung der eingangs skizzierten Vorbehalte gegenüber Konflikten führen.[75] Der Blick auf Konflikte als Chancen, als Katalysatoren von Entwicklung wird oft verstellt.

---

75 In Abels „*Model of Litigation*" wird das Gerichtsverfahren in der modernen Gesellschaft als ein generelles Übel betrachtet: Abel in: Blankenburg (Hg.), *Innovations in the Legal Services*, 1980, S. 173.

Konflikttypologie	**Kategorisierung anhand von**
	
	▶ Streitgegenstand
	  – Sachkonflikt
	  – Beziehungskonflikt
	  – Verteilungskonflikt
	  – Wertekonflikt
	
	▶ Erscheinungsform
	  – latent/manifest
	  – institutionalisiert/nicht institutionalisiert
	  – heiß/kalt
	
	▶ Parteimerkmalen
	  – direkt/indirekt beteiligt
	  – strukturell unterschiedlich
	  – übergeordnete Strukturen

Konfliktdynamik	**Der Entwicklung von Konflikten liegen einzelne** ▶ Mechanismen der Eskalationsdynamik zugrunde, die eine Zuordnung der Auseinandersetzung zu einzelnen ▶ Eskalationsstufen erlauben.
Juristische Konfliktbehandlung	**Verrechtlichung** von Sachverhalten bedeutet Verengung der Konfliktaustragung auf rechtlich relevante Aspekte.

3. Teil: Verhandlungsmanagement

Verhandlungsmanagement ist die zielgerichtete Einflussnahme auf Verlauf und Ausgang der Verhandlung durch eine Partei. Ausgangspunkt einer Verhandlung ist eine Angelegenheit, bezüglich derer die Beteiligten gegenläufige und gemeinsame Interessen verfolgen: Gäbe es entweder keine gemeinsamen oder keine unterschiedlichen Interessen, müssten die Parteien nicht verhandeln.

Dieser Ausgangspunkt einer Verhandlung veranschaulicht bereits das Spannungsverhältnis, das sich aus der Verhandlungssituation ergibt: Die Parteien müssen trotz unterschiedlicher zugrunde liegender Interessen gemeinsam eine Lösung erarbeiten. Ein wesentliches Ziel von Verhandlung besteht dabei in der Wertschöpfung, also darin, gemeinsam mit der anderen Seite mehr zu erreichen als die Durchsetzung der eigenen Forderung. Ohne diesen Wertschöpfungsaspekt bedeuten Verhandlungen lediglich ein Ringen um Standpunkte. So verstanden stellt Verhandlung sich als ein Nullsummenspiel dar, in dem der Gewinn einer Partei den Verlust der anderen Partei bedeutet.

Zum Verständnis des Verhandlungsgeschehens und zur Entwicklung einer Verhandlungsmethodik haben vor allem die Entscheidungstheorie, die kognitive Psychologie und die Spieltheorie beigetragen. Auf sie wird im Folgenden immer wieder Bezug genommen. Anhand der Entscheidungstheorie und der Spieltheorie wird dabei primär versucht, rationales Verhandlungsverhalten zu erklären und zu fördern, wohingegen mit Elementen der kognitiven Psychologie versucht wird, irrationales Verhalten zu erklären.

Komponenten, aus denen sich methodisches Verhandlungsmanagement zusammensetzt, beziehen sich dabei auf drei Themenbereiche, die im Folgenden näher erläutert werden:[76]

▶ Analyse der Verhandlungssituation einschließlich des Verhandlungsgegenstandes
▶ Prozess der Verhandlungsführung
▶ Verhandlungsstile und Verhandlungstaktiken.

---

76 Unter methodischem Verhandlungsmanagement wird hier der bewusste und zielgerichtete Umgang mit Verhandlungssituationen verstanden. Andere haben Begriffe wie interessenorientiertes Verhandeln oder kooperatives Verhandeln als Modelle geprägt. Der Ansatz des interessenorientierten Verhandelns geht insbesondere zurück auf Mary Parker Follet, vgl. Metcalf/Urwick, Mary Parker Follet, *Dynamic Administration: The Collected Papers of Mary Parker Follet*; s.a. Davis, *An Interview with Mary Parker Follet*, in: Breslin/Rubin, *Negotiation Theory and Practice*, 1. Aufl. 1991, S. 14. Der Begriff des interessenorientierten Verhandelns hat durch das Buch von Fisher/Ury/Patton, *Getting to Yes – Negotiating Agreement Without Giving In*, 1. Aufl. 1981, große Verbreitung erlangt.

1. Abschnitt: Ausgangssituation und Verhandlungsanalyse

Verhandlungen werden durch sehr viele unterschiedliche Faktoren beeinflusst. Dadurch stellen Verhandlungssituationen oft hochgradig komplexe und vielschichtige Konstellationen dar. Der systematische Umgang mit einigen konstanten Parametern und allgemeinen Methoden, die für eine Vielzahl von Situationen Gültigkeit haben, hilft, diese Komplexität zu beherrschen und optimale Ergebnisse zu erreichen.

Allen Verhandlungen liegt das folgende abstrakte, statische Muster zugrunde, das unabhängig von dem Verhandlungsprozess erarbeitet werden kann.

1. Die Verhandlungssituation als Entscheidungssituation

Die Ausgangssituation der Verhandlung beschreibt das Verhältnis der Parteien zu potenziellen Verhandlungslösungen und zueinander. Alle Parteien stehen in der Verhandlung parallel zueinander vor der Frage, ob eine Einigung über den Verhandlungsgegenstand mit der anderen Seite für sie jeweils vorteilhafter ist als eine Nichteinigung.[77] Diese Frage müssen sie in der Verhandlung beantworten. Die Verhandlung stellt somit primär einen von den Verhandlungsbeteiligten gemeinsam geführten Entscheidungsfindungsprozess dar.

Beide Parteien haben für den Umgang mit dem Verhandlungsgegenstand regelmäßig mehrere Optionen. Diese lassen sich einteilen in gemeinsame Optionen, Einigungsoptionen und einseitige Optionen, Nichteinigungsalternativen. Einigungsoptionen sind Optionen, die die Parteien nur mit der anderen Seite gemeinsam verwirklichen können. Nichteinigungsalternativen sind Optionen, die eine Seite gegebenenfalls auch ohne die andere Seite oder gegen deren Willen verwirklichen kann. Das verbindende Element der Partien ist demnach die Sammlung potenziell gemeinsamer Optionen bezogen auf den Verhandlungsgegenstand. Diese Einigungsoptionen bilden den Einigungsbereich.

Übersicht: Die Verhandlungssituation

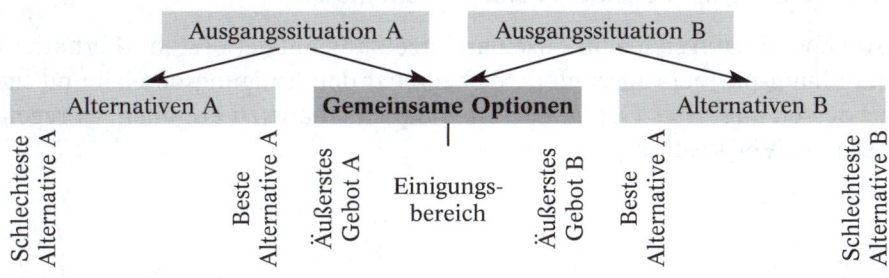

---

77 Vgl. Eidenmüller, Ökonomische und spieltheoretische Grundlagen von Verhandlung/Mediation, in: Breidenbach/Henssler, Mediation für Juristen, 1. Aufl. 1997, S. 40.

Die Entwicklung der Verhandlungssituation bedeutet die Ausarbeitung des potenziellen Einigungsbereiches und der jeweils besten Alternativen zu einer potenziellen Einigung für alle Beteiligten.

Im Rahmen der Verhandlungsanalyse ensteht der Einigungsbereich mit den potenziellen Lösungen durch die Ausarbeitung der jeweils besten Alternativen zu einer Einigung oder der jeweiligen Höchstgebote oder Mindestforderungen. Die jeweils besten Alternativen (auch *BATNA* genannt als Akronym für *best alternative to negotiated agreement*) und Höchstgebote bzw. Mindesforderungen begrenzen und definieren dadurch den Einigungsbereich.[78] Anders als die besten Alternativen befinden sich die äußersten Gebote, auch *reservation price* genannt, innerhalb des Einigungsbereichs. Äußerste Gebote setzen sich beispielsweise aus Einkaufs- oder Produktionspreisen zusammen.

Beispiel: In einer Kaufpreisverhandlung über einen Pkw werden die Parteien vor der Verhandlung alternative Angebote einholen. In der Verhandlung selber wird ein potenzieller Käufer nicht mehr als den Preis für ein gleichwertiges alternatives Angebot bieten.

Übersicht: Begrenzungen des Einigungsbereichs

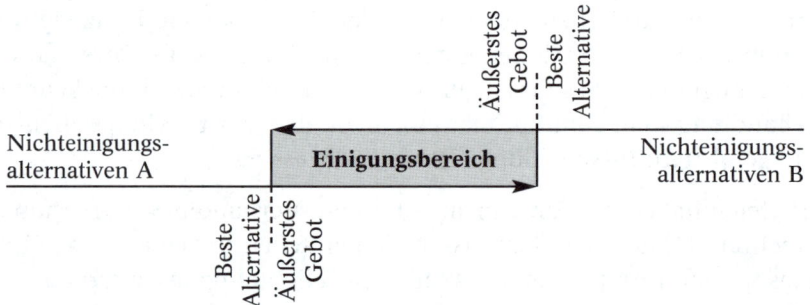

Den besten Alternativen kann auch taktische Bedeutung zukommen: Je attraktiver die Nichteinigungsalternative einer Partei, desto geringer der Einigungsdruck. Eine konkrete Vorstellung eines attraktiven Alternativszenarios schützt vor vorschnellen Abschlüssen, die sich im Nachhinein als suboptimal herausstellen könnten. Anders betrachtet kann die Nichtbeschäftigung mit Alternativszenarien zu einer frühzeitigen Festlegung auf eine Einigung führen und damit einer Auslieferung an die andere Seite gleichkommen.

Entsprechend kann sich eine Auseinandersetzung mit der besten Alternative des Verhandlungspartners auszahlen: Sie begrenzt den Einigungsbereich und signalisiert dessen äußerstes Gebot. Diesem möglichst nahe zu kommen, ist regelmäßig Ziel der Verhandlung.

---

78 Vgl. Fisher/Ury/Patton, Das Harvard-Konzept: Sachgerecht verhandeln – erfolgreich verhandeln, 22. Aufl. 2003, S. 148 ff.

Exkurs: Die juristische Vergleichsverhandlung

In juristischen Vergleichsverhandlungen spielt die beste Alternative regelmäßig in Form der gerichtlichen Auseinandersetzung eine wichtige Rolle. Parteien stehen in Vergleichsverhandlungen vor der Wahl, ein Vergleichsangebot anzunehmen oder Klage zu erheben, bzw. eine bereits erhobene Klage weiter zu verfolgen. Deshalb empfiehlt es sich für eine Partei mit einer rechtlichen Forderung, vor der Aufnahme von Vergleichsverhandlungen im Rahmen einer so genannten Prozessrisikoanalyse den Wert der Alternative „Klageverfolgung" möglichst genau zu bestimmen.[1] Eine derartige Risikoanalyse lässt sich am Beispiel einer Schadensersatzforderung veranschaulichen: Zunächst wäre zu bestimmen, wie groß die Chance eines Obsiegens im Falle der Klageverfolgung ist, welche Schadensersatzsumme das Gericht bei erfolgreicher Klage zusprechen würde und wie hoch die damit verbundenen Kosten sind. Die Mulitiplikation der Wahrscheinlichkeit des Obsiegens mit der angestrebten Schadensersatzsumme abzüglich der erwarteten anteilig zu tragenden Prozesskosten ergibt einen fiktiven Erwartungswert. Dieser Erwartungswert stellt die beste Alternative zu dem aktuellen Vergleichsangebot dar. Rein rationale Verhandlungspartner werden ein Vergleichsangebot der Klageverfolgung vorziehen, wenn das Vergleichsangebot den errechneten Wert der Klageverfolgung übersteigt. Der Wert der Klageverfolgung begrenzt damit als BATNA den Einigungsbereich im Rahmen der Vergleichsverhandlung.

---

1 Vgl. zum Konzept der Prozessrisikoanalyse Eidenmüller, Prozessrisikoanalyse, ZZP 2000, 133 ff.

Die Ausarbeitung dieser Parameter, der Alternativen und des Einigungsbereichs, erfolgt anhand der jeweiligen Referenzsysteme der Parteien. Elemente hiervon sind die Interessen der Parteien, der rechtliche Rahmen, persönliche Wertvorstellungen und die Beziehungsbasis der Parteien.

2. Interessenorientierung

Die Interessenorientierung ist ein zentrales Merkmal wertschöpfender Verhandlungsmodelle.[79] Sie stellt die wesentliche Methode zur Vermeidung eines Nullsummenparadigmas dar. Dieses kann sich in Verhandlungen wie folgt entwickeln:

Ausgangspunkt von Verhandlungen ist regelmäßig die Formulierung von Zielen und Forderungen der Parteien bezüglich des Verhandlungsgegenstandes. Diese stellen die Erwartungen der Parteien dar, die aus ihrer Sicht im Rahmen der Verhandlung angestrebt und erfüllt werden sollen. Verhandlungen, die primär auf Basis derartiger unterschiedlicher, möglicherweise gegenläufiger Forderungen und Ziele geführt werden, stellen sich als Ringen um Kompromisse dar. Die Verhandlungssituation wird als Nullsummenspiel wahrgenommen, im Rahmen dessen der eigene Vorteil jeweils den Nachteil der anderen Seite bedeutet. Angestrebte Lösungen entsprechen dem Gewinner-Verlierer-*(Win-Lose-)*Schema, und die Parteien nehmen sich als Konkurrenten und nicht als Verhandlungspartner wahr. Die eigentliche Verhandlung besteht bei diesem Grundverständnis in einem Wechselspiel von Überzeugungstaktiken (oft unter Einsatz von

---

79 Vgl. Fisher/Ury/Patton, Das Harvard-Konzept: Sachgerecht verhandeln – erfolgreich verhandeln, 22. Aufl. 2003, S. 68; Mähler/Mähler, Mediation – eine interessengerechte Konfliktregelung, in: Breidenbach/Henssler, Mediation für Juristen, 1. Aufl. 1997, S. 18 ff.

Macht oder Manipulation). Die jeweils andere Seite soll umgestimmt und es soll nicht eine gemeinsame Lösung entwickelt werden.[80]

Dieses Szenario soll durch die Fokussierung auf die Interessen vermieden werden. Die Interessenorientierung in der Verhandlung bedeutet, formulierte Forderungen und Ziele der Parteien zu hinterfragen und übergeordnete Interessen zur Grundlage der Verhandlung zu machen. Derartige übergeordnete Interessen sind weiter gefasst als konkrete Forderungen. Dadurch ermöglichen sie oft Wertschöpfung über den Kompromiss auf der Ebene der Forderungen hinaus. Dies liegt darin begründet, dass durch die Verlagerung auf die Interessenebene meist eine Erweiterung des Verhandlungsspielraums erreicht wird. Mehrere Lösungsoptionen erscheinen plausibel. Verhandlung wird somit nicht als bloßer Verteilungsprozess verstanden, sondern als Chance zur Generierung zusätzlicher Werte. Anstatt eines einseitigen Gewinnens werden so genannte *Win-Win*-Lösungen angestrebt.

2.1 Positionen

Für die Konzentration auf die der Interessen ist zunächst die Unterscheidung zwischen Positionen, die in der Praxis regelmäßig den Ausgangspunkt von Verhandlungen darstellen, und Interessen notwendig.

Positionen sind eindeutige Forderungen und konkretisierte Zielsetzungen, die nur durch exakte Erfüllung vollständig befriedigt werden können. Durch ein von Positionen dominiertes Verständnis der Verhandlungssituation wird der Blick auf bereits eingenommene Standpunkte verengt und damit die Perspektive auf andere potenzielle Ebenen und Optionen verstellt. Diese Art der Verhandlung konzentriert sich auf eine Kompromisslinie und behindert Wertschöpfung.

2.2 Interessen

Interessen liegen gedanklich unter bzw. hinter den Positionen. Hinter einzelnen Positionen können viele verschiedene Interessen liegen. Interessen hinter unvereinbar erscheinenden Positionen können sich als gegenläufig, identisch oder aber sich ergänzend erweisen.

Interessen sind die Anliegen, die Parteien in Bezug auf eine Verhandlungssituation haben. Für eine Verwendung als Maßstab für eine später folgende Optionenbewertung eignet sich folgender Arbeitsbegriff:[81]

---

80 Raiffa beschreibt dieses Phänomen auch als Negotiation Dance, vgl. Raiffa, *The Art and Science of Negotiation*, 1. Aufl. 1982, S. 127.

81 Vgl. Gläßer/Kirchhoff, Lehrmodul 2: Interessenermittlung, ZKM 2005, 130 ff.

Interessen sind
▶ *lösungsoffen,*
▶ *konkret*
▶ sowie *positiv formuliert*
▶ und treffen auf *emotionale Resonanz.*

Lösungsoffen heißt, dass zur Befriedigung eines Interesses mehrere Lösungen denkbar erscheinen müssen. **Konkret** bedeutet, sie müssen möglichst greifbar formuliert sein, sodass sie geeignet sind, den Optionenraum einzugrenzen. **Positiv formuliert** sind Anliegen, die nicht benennen, was eine Partei nicht will, sondern was sie will. Es findet keine Eingrenzung über Ausgrenzung statt, sondern über zielorientierte Umschreibung. **Emotionale Resonanz** bedeutet, dass das Interesse für die Partei eine Relevanz auf der Gefühlsebene hat.

Beispiele: Interessen hinter einer Schadensersatzforderung können Genugtuung oder Kompensation sein, die möglicherweise auch anders als durch Leistung einer bestimmten Summe – etwa durch Entschuldigung oder Aussöhnung – zu erreichen wären. Interessen hinter der Höhe einer Abfindungssumme im Rahmen eines Aufhebungsvertrages können Anerkennung für geleistete Arbeit, Kompensation für künftigen Verdienstausfall oder finanzielle Absicherung für den erwarteten Zeitraum der Stellensuche sein.

2.3 Das Eisbergmodell

Die Suche nach den zugrunde liegenden Interessen lässt sich anhand des Bildes von zwei Eisbergen veranschaulichen, die aus dem Wasser ragen. Die Eisberge stellen die jeweiligen Positionen dar. Unter der Wasseroberfläche, zunächst nicht sichtbar, verbergen sich die Interessen. Bei Untersuchung des Eisberges, Hinterfragen der Positionen, kann sich herausstellen, dass es gemeinsame Bezugspunkte und/oder mehr Verhandlungsmasse gibt als ursprünglich angenommen.

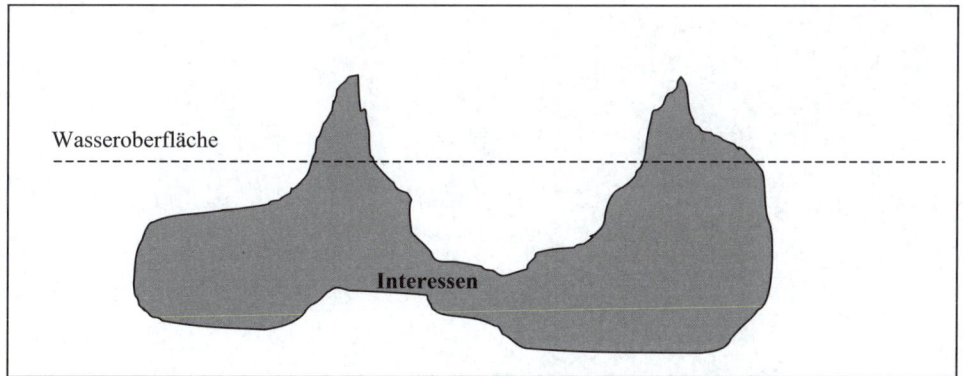

33

2.4 Erweiterung des Verhandlungsspielraums

Ziel der Interessenorientierung ist, das Feilschen um Positionen zu vermeiden und ein breiteres Spektrum an potenziellen Lösungen (Optionen) zuzulassen. Dafür muss die positionsorientierte Kompromissline verlassen werden. Im Rahmen der interessenorientierten Verhandlung stellen die Ausgangspositionen lediglich einzelne Optionen neben anderen dar. Je weiter die Verhandlungspartner im Laufe der Verhandlung zusätzliche Optionen entwickeln, den Spielraum erweitern und die Verhandlungsmasse vergrößern, desto eher ist ein für alle Seiten Gewinn bringendes Ergebnis möglich.

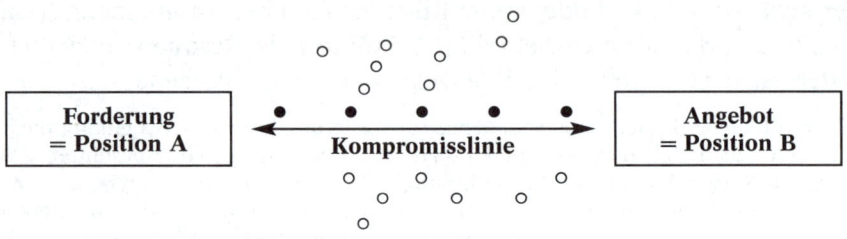

o = zusätzliche Optionen

Im Rahmen der Interessenorientierung erfolgt die Lösungssuche über die Interessen zu den Optionen.

Übersicht: Lösungssuche durch Interessenorientierung

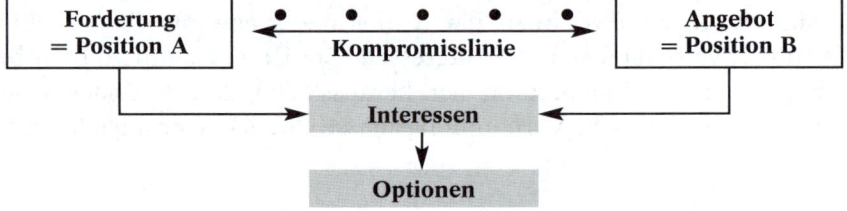

Exkurs: Interessenorientierung und Recht

Insbesondere Juristen fällt die interessenorientierte Vorgehensweise oft schwer. Dies liegt an der bereits erwähnten Verrechtlichung von Konflikten im Rahmen der juristischen Streitbeilegung.[1] Juristische Konfliktbearbeitung bedeutet eine Filterung von Lebenssachverhalten. Nur diejenigen Bestandteile aus Lebenssachverhalten werden berücksichtigt, die juristisch subsumierbar sind.[2] Aus diesen juristisch relevanten Tatsachen werden im Folgenden Ansprüche hergeleitet, die gerichtlich verfolgt werden können. Im Verhandlungskontext stellen derartige Ansprüche Positionen dar. Die Arbeit auf Ebene der Positionen ist der juristischen Arbeitsweise also inhärent.

Dieser Verrechtlichungsprozess hat vor allem zwei Konsequenzen: Zum einen bedeutet diese positionsorientierte Vorgehensweise eine Reduzierung der Auseinandersetzung auf ein eindimensionales Konfliktverständnis, das zu einer kontradiktorischen Behandlung der Gegenstände als Nullsummenspiel führt.[3] Potenziell kreative, für beide Seiten vorteilhafte Optionen bleiben dann meist unberücksichtigt. Zum anderen führt er zur Vernachlässigung der nicht juristisch subsumierbaren Interessen.

Dies bedeutet für die Verhandlung bereits verrechtlichter Sachverhalte, insbesondere für Vergleichsverhandlungen, dass oftmals ein Prozess der Entrechtlichung notwendig ist. Diese Entrechtlichung besteht in der Herausarbeitung der mit der Verfolgung juristischer Ansprüche verbundenen Interessen. Die Entrechtlichung wird notwendig, wenn sich abzeichnet, dass mit der Verfolgung der jeweiligen Ansprüche die ursprünglichen Interessen einer Partei nicht mehr erreicht werden können.

---

1 Vgl. 2. Teil, 4. Abschnitt.
2 Vgl. Breidenbach, Mediation, 1. Aufl. 1995, S. 50.
3 Vgl. dazu auch Mähler/Mähler, Mediation – eine interessengerechte Konfliktregelung, in: Breidenbach/Henssler, Mediation für Juristen, 1. Aufl. 1997, S. 25 f.

Vertiefung – Bedürfnisse:

Konkreten Interessen der Beteiligten liegen Bedürfnisse zugrunde, die von den Interessen zu unterscheiden sind. Bedürfnisse sind allgemeiner und elementarer als Interessen. Das Bedürfnis steht für einen Mangelzustand, an dem sich Verhaltenssteuerung orientiert, die ein Abstellen des Mangels anstrebt. So verstanden werden Bedürfnisse nur aus einer defizitären Situation heraus wahrgenommen. Systematisch erarbeitet können Bedürfnisse als eine Art „Schlüssel" zu den relevanten Interessen nutzbar gemacht werden.

Bedürfnispyramide nach Maslow:[1]

Maslow nennt fünf Kategorien von Bedürfnissen, deren Befriedigung für den Menschen existenziell wichtig ist und die sein Verhalten motivieren: Grundbedürfnisse, Sicherheit, Zuneigung, Anerkennung und Selbstverwirklichung. Nach seiner Theorie hat diese Motivation von Menschen einen dilatorischen, aufschiebenden Charakter: Erst wenn die fundamentalen Bedürfnisse weitgehend befriedigt sind, gelangen die jeweils nächsthöheren ins Blickfeld. Daraus ergibt sich eine Hierarchie der Bedürfnisse, die „Maslow'sche Bedürfnispyramide".

---

1 Grundlegend dazu Maslow, *A Theory of Human Motivation, Psychological Review* 50 (1943), S. 370–396.

Übersicht: Bedürfnispyramide nach Maslow

3. Wertschöpfung und Wertverteilung

Die Dynamik einer Verhandlung ist geprägt von einer Spannungssituation zwischen Wertschöpfung und Wertverteilung. Ein bereits genanntes Ziel von Verhandlungsmanagement ist die gemeinsame Wertschöpfung. Gleichzeitig ist unter dem Aspekt der Wertverteilung legitimes Ziel aller Beteiligten in Verhandlungen mit Verteilungskomponente, den eigenen Gewinnanteil möglichst groß zu halten. Diese Ziele stehen in einem Spannungsverhältnis zueinander.

3.1 Integratives Verhandeln

Wertschöpfendes Verhandeln, auch als integratives Verhandeln bezeichnet, bedeutet die Entwicklung zusätzlicher Werte und Verhandeln zum beidseitigen Nutzen im Unterschied zum einseitigen Durchsetzen von Forderungen oder zum Schließen eines Kompromisses.[82] Ziel dieses integrativen Verhandelns ist die optimale Berücksichtigung der Interessen möglichst aller Beteiligter. In diesem Bereich ergeben sich die so genannten *Win-Win*-Lösungen.

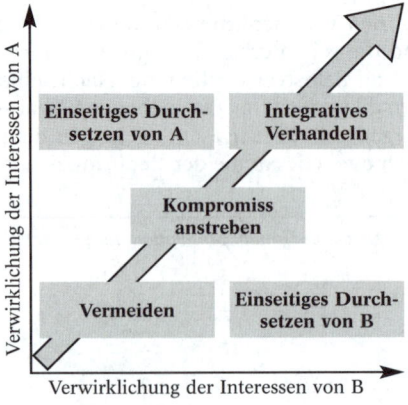

---

82 Vgl. hierzu Eidenmüller, Ökonomische und spieltheoretische Grundlagen von Verhandlung/Mediation, in: Breidenbach/Henssler, Mediation für Juristen, 1. Aufl. 1997, S. 40.

Wertschöpfung ist die Realisierung von Kooperationsgewinnen. Diese können sich durch Skaleneffekte oder durch zunächst verdeckte gemeinsame oder sich ergänzende Interessen ergeben.

Skaleneffekte sind Synergieeffekte. Beispiele sind Kooperationsgewinne bei der gemeinsamen Entwicklung neuer Produkte oder Einsparungen aufgrund höherer Stückzahlen bei gemeinsamer Produktion oder Bestellung.

Wertschöpfung durch gemeinsame oder sich ergänzende Interessen ist die Realisierung von bislang unbekanntem Gewinnpotenzial. Gemeinsame, also gleiche Interessen können regelmäßig gemeinsam effizienter befriedigt werden. Sich ergänzende, oft unterschiedliche Interessen ermöglichen dagegen Gewinn durch die Nutzung von Tauschpotenzialen.

Beispiele für derartige sich ergänzende Interessen in Wirtschaftsstreitigkeiten sind unterschiedliche Risikobereitschaft oder unterschiedlicher Liquiditätsbedarf der beteiligten Parteien. Die Anerkennung eines Anspruchs eines illiquiden Schuldners unter Stundung des Anspruchs durch einen liquiden Gläubiger ist ein gängiges Beispiel für derartige Wertschöpfung in Auseinandersetzungen bei drohender Insolvenz des Schuldners. Ein gängiges Beispiel für Wertschöpfung aufgrund unterschiedlicher Risikobereitschaft ist die Garantie. Der Hersteller oder Verkäufer kann die Risiken in Bezug auf Funktionalität oder Stabilität in der Regel besser einschätzen als der Käufer und ist damit auch bereit, die Gewähr für derartige Merkmale zu übernehmen. Bezogen auf Verfahrensfragen bedeutet die Vermeidung von Verfahrenskosten, beispielsweise Rechtsanwalts- oder Prozesskosten, bereits die Realisierung von Kooperationsgewinnen.

Orangen-Beispiel: Ein Schulbeispiel für sich ergänzende Interessen ist der Streit von zwei Schwestern um die letzte Orange: Eine typische Kompromisslösung durch die Mutter wäre, die Orange in der Mitte zu teilen und jeder Schwester eine Hälfte zu geben. Bei der Frage danach, wie die Schwestern die Orange jeweils verwenden möchten, stellt sich heraus, dass eine Schwester das Fruchtfleisch essen und die andere das Aroma der Schale zum Backen verwenden möchte. Durch Einbeziehung der Interessenebene können die Wünsche der Schwestern voll erfüllt werden.

Voraussetzung für die Ausschöpfung derartiger Wertschöpfungspotenziale ist weitgehende Informationstransparenz. Die Parteien müssen bereit und in der Lage sein, die jeweiligen Hintergrundinformationen und Interessen offen zu legen, um das gemeinsame Wertschöpfungspotenzial ausschöpfen zu können. Dementsprechend ist wertschöpfendes Verhandeln von einer kooperativen Vorgehensweise und einer interessenorientierten, offenen Verhandlungsatmosphäre geprägt.

3.2 Distributives Verhandeln

Distributives Verhandeln bezeichnet die Wertverteilung, den Aufteilungsprozess bereits bekannter Werte. Ziel der Parteien bzgl. der Wertverteilung ist regelmäßig nicht die Maximierung des Gesamtgewinns, sondern die Maximierung des jeweils eigenen Anteils. Dieser Schritt der Verhandlung ist regelmäßig geprägt von Wert beanspruchenden, positionsorientierten, tendenziell nicht kooperativen Vorgehensweisen.

Die dem integrativen und distributiven Verhandeln zugrunde liegenden kooperativen bzw. unkooperativen Vorgehensweisen stehen in einem Spannungsverhältnis zueinander.

3.3 Verhandlungsdilemma

Das Spannungsverhältnis zwischen distributivem und integrativem Verhandlungsverhalten führt zu einem Dilemma zwischen der Verfolgung gemeinsamer Wertschöpfungsstrategien, Gesamtoptimierungsstrategien, und jeweils einzeln verfolgter einseitiger Gewinnmaximierungsstrategien, Einzeloptimierungsstrategien: Dies ist das Verhandlungsdilemma.[83]

Die Parteien stehen dabei vor der Frage, ob sie der Gegenseite alle potenziell relevanten Informationen zukommen lassen sollen, um das Wertschöpfungspotenzial ausschöpfen zu können, oder ob sie Informationen zurückhalten sollen auf die Gefahr hin, das gesamte Wertschöpfungspotenzial nicht auszuschöpfen, aber den eigenen Gewinnanteil größer zu halten als bei Offenlegung aller Informationen. Das Dilemma besteht darin, dass aus Sicht der einzelnen Partei eine unkooperative Vorgehensweise oft vorteilhafter, zumindest aber sicherer erscheint als eine kooperative Vorgehensweise, obwohl sie für beide Parteien gemeinsam betrachtet suboptimale Ergebnisse produziert.[84]

Die einzelne Partei geht davon aus, dass sich ihre Situation besser darstellt, wenn sie auf sowohl kooperative als auch auf unkooperative Strategien der anderen Seite unkooperativ reagiert:

Wenn sich die andere Partei kooperativ verhält und alle relevanten Informationen offenbart, kann sie ihrerseits verdeckte Wertschöpfung betreiben und im Rahmen der Wertverteilung den eigenen Gewinnanteil maximal halten. Deutlich wird dies an der jeweiligen besten Alternative der Parteien: Sobald eine Partei ihre beste Alternative offen legt oder Informationen offenbart, aus denen sich die beste Alternative ableiten lässt, wird die andere Partei dies ausnutzen und auf eine Lösung möglichst nah an diesem Wert hinarbeiten, ohne die eigene beste Alternative zu nennen.

Wenn sich die andere Partei unkooperativ verhält und Informationen zurückhält, läuft sie bei kooperativer Verhandlungsweise Gefahr, ausgenutzt zu werden.

---

83 Vgl. zum Verhandlungsdilemma: Lax/Sebenius, *The Manager as Negotiator: The Negotiator's Dilemma: Creating and Claiming Value*, in: Goldberg/Sander/Rogers, *Dispute Resolution*, 2. Aufl. 1992, S. 49 ff. Grundsätzlich zu diesem Bereich: Axelrod, *The Evolution of Cooperation*, 1. Aufl. 1984; Raiffa, *The Art and Science of Negotiation*, 1. Aufl. 1982.

84 Eidenmüller, Verhandlungsmanagement durch Mediation, in: Henssler/Koch, Mediation in der Anwaltspraxis, 2. Aufl. 2004, S. 39 ff.

Beidseitig unkooperatives Verhalten birgt die Gefahr, dass vorhandenes Wertschöpfungspotenzial nicht ausgenutzt wird und für beide Parteien suboptimale Ergebnisse erzielt werden.

Die Herausforderung in Verhandlungen besteht darin, ein situationsgerechtes Verhältnis zwischen Gesamtoptimierungsstrategien, also Strategien zur gemeinsamen Wertschöpfung, und Einzeloptimierungsstrategien, also Strategien zur einseitigen Gewinnmaximierung, zu entwickeln.

Impulse zur Behandlung dieses Dilemmas ergeben sich aus der Spieltheorie.[85] Die spieltheoretische Analyse behandelt Konstellationen, in denen rational handelnde Akteure durch bestimmte Vorgehensweisen Kooperationsgewinne erzielen können, während gleichzeitig Anreize zur Nichtkooperation bestehen.

Die der Spieltheorie und der Verhandlung gemeinsame Ausgangssituation kann anhand des aus der Friedensforschung und der Spieltheorie bekannten so genannten Gefangenendilemmas veranschaulicht werden:[86]

Gefangenendilemma

A und B werden bei einem vermeintlichen Einbruchdiebstahl ertappt und verhört. Ihnen droht eine Verurteilung entweder wegen Hausfriedensbruchs (regelmäßig ein Jahr Freiheitsstrafe) oder wegen Einbruchdiebstahls (regelmäßig drei Jahre Freiheitsstrafe). Sie werden jeweils getrennt voneinander vor die Wahl gestellt, den Einbruchdiebstahl zu gestehen und dafür entsprechend belohnt zu werden oder zu schweigen und gegebenenfalls nicht wegen Einbruchdiebstahls verurteilt zu werden, da ihnen dieser ohne Aussage nicht nachgewiesen werden kann. Bei einem Geständnis nur eines der Beteiligten greift die Kronzeugenregelung, und der Aussagende kommt frei. Gestehen beide, erhalten sie jeweils eine Reduzierung der Strafe auf zwei Jahre.

Die beiden Beschuldigten stehen unabhängig voneinander vor der Frage, ob sie mit dem anderen kooperieren (schweigen) sollen oder nicht kooperieren (gestehen) sollen. Wenn B kooperiert (schweigt) und A nicht kooperiert (gesteht), kommt A frei und B erhält drei Jahre Freiheitsstrafe. Kooperieren (schweigen) A und B, werden beide zu jeweils einem Jahr Freiheitsstrafe verurteilt. Wenn A und B beide nicht kooperieren (gestehen), werden beide zu zwei Jahren Freiheitsstrafe verurteilt.

---

85 Berühmt sind die Forschungen zum so genannten Sicherheitsdilemma im Rahmen des Rüstungswettlaufs während des kalten Krieges: Für jede Seite einzeln gesehen schien Aufrüstung rational, um für eine eventuelle Eskalation oder einen eventuellen Angriff gewappnet zu sein, für alle gemeinsam stellt Abrüstung die bessere Alternative, vgl. dazu Pruitt/Sung Hee Kim, *Social Conflict: Escalation, Stalemate and Settlement*, 3. Aufl. 2004, S. 26 ff. Zur Geschichte der Spieltheorie vgl. Axelrod, Die Evolution der Kooperation, 5. Aufl. 2000, S. 23 ff.

86 Das Beispiel ist unabhängig von einer bestimmten Rechtsordnung zu betrachten; vgl. hierzu Eidenmüller, Ökonomische und spieltheoretische Grundlagen von Verhandlung/Mediation, in: Breidenbach/Henssler, Mediation für Juristen, 1. Aufl. 1997, S. 31 ff.

Übersicht: Werte des Gefangenendilemmas

	B kooperiert (schweigt)	B kooperiert nicht (gesteht)
A kooperiert (schweigt)	1 / 1	0 / 3
A kooperiert nicht (gesteht)	3 / 0	2 / 2

Das Dilemma besteht darin, dass sich bei rein rationaler Betrachtungsweise einerseits im Sinne einer Einzeloptimierungsstrategie in jeder Alternative das Geständnis, also das Nichtkooperieren, als die attraktivere Alternative darstellt (null ggü. einem Jahr bzw. zwei ggü. drei Jahren). In diesen Alternativen werden beide gemeinsam gesehen zu drei bzw. vier Jahren verurteilt. Im Sinne einer Gesamtoptimierungsstrategie fällt andererseits bei beidseitiger Kooperation das Gesamtergebnis für beide betrachtet mit insgesamt zwei Jahren optimal aus. Das Einzelergebnis bleibt jedoch mit einem Jahr hinter der im Rahmen einer Einzeloptimierungsstrategie potenziell zu erzielenden Freiheit zurück.

In der einmaligen Konstellation im Rahmen des Gefangenendilemmas erscheint also die Strategie, nicht zu kooperieren, durchaus plausibel, obgleich in der Gesamtbetrachtung suboptimale Ergebnisse erzielt werden. In wiederkehrenden Konstellationen fördert nicht kooperatives Verhalten langfristig wechselseitige Nichtkooperation. Das ergibt sich daraus, dass das jeweilige vorangegangene Verhalten bekannt und entsprechend reagiert wird. Es drohen für alle Beteiligten dauerhaft suboptimale Ergebnisse.

In derartigen wiederkehrenden Situationen stellt sich somit die Kooperation als die insgesamt vorteilhaftere Strategie heraus. Die Schwierigkeit besteht darin, Kooperation aufzubauen und gleichzeitig das Risiko, dass diese Kooperation ausgenutzt wird, zu minimieren.

Übersicht: Das Verhandlungsdilemma

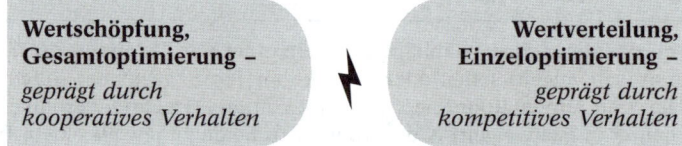

Das Gefangenendilemma entspricht dem Verhandlungsdilemma. Gradmesser der Kooperation ist die Preisgabe von Informationen: Die Offenlegung von Information ist notwendig zur gemeinsamen Wertschöpfung, birgt aber gleichzeitig die Gefahr, zur einseitigen Gewinnmaximierung ausgenutzt zu werden. Der Reiz im Sinne der Einzeloptimierung kann aus taktischen Gründen zur Nichtkooperation in der Verhandlung, beispielsweise zur Zurückhaltung von Informationen verleiten, die wiederum maximale Wertschöpfung verhindern kann.

Kooperatives Verhalten wird in der Verhandlungssituation zusätzlich dadurch behindert, dass eine Partei einseitig schwer beurteilen kann, ob ein Wertschöpfungsprozess tatsächlich beidseitig offen erfolgt oder ob eine Partei sich nur scheinbar kooperativ und tatsächlich unkooperativ verhält. Zu nicht kooperativem Verhalten verleitet auch, dass die Parteien in vielen Fällen auch nach Abschluss der Verhandlung nie erfahren, ob sie übervorteilt wurden oder nicht.

3.4 Förderung von Kooperation

Zur Überwindung dieses Dilemmas werden in unterschiedlichen Disziplinen Ansätze untersucht, die beidseitige Kooperation fördern sollen und die sich für Verhandlungssituationen fruchtbar machen lassen.[87] Entscheidend für ein kooperatives Verhandlungsklima ist das gegenseitige Vertrauen der Verhandlungspartner. Verhandlungspartner, die sich vollständig vertrauen und keine Übervorteilung durch die andere Seite fürchten, werden regelmäßig offener mit den ihnen zugänglichen Informationen umgehen als misstrauische Verhandlungspartner. Derartiges Vertrauen kann durch die Verhandlungspartner und durch die Umstände der Situation gefördert werden.

Zur aktiven Förderung kooperativen Verhaltens durch die Beteiligten gibt es drei Ansätze:

Übersicht: Vorgehensweisen zur Überwindung des Verhandlungsdilemmas

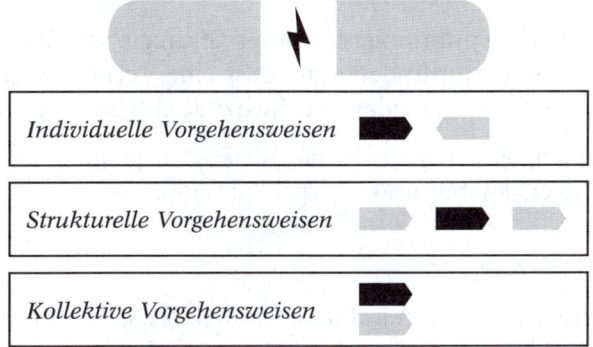

3.4.1 Individuelle Strategien

Individuelle Strategien basieren auf dem Konzept, während des Prozesses ein vertrauensvolles Kommunikationsklima herzustellen und zu erhalten.

Tit for Tat

Eine bekannte Methode dieser Art basiert auf dem Computerprogramm „*Tit for Tat*".[1] Es wurde im Rahmen eines Turniers entwickelt, in dem in einer vergleichbaren Dilemmasituation Computerprogramme gegeneinander antraten, und erzielte hier die besten Ergebnisse. Im Wesentlichen hat dieses Programm zwei Merkmale. Das erste Merkmal besteht in anfänglichen „Kooperationsvorschüssen". Die Gegenseite sollte durch anfängliches kooperatives Verhalten ihrerseits zu kooperativem Verhalten animiert werden. Das zweite Merkmal besteht in der Herstellung von Reziprozität des jeweiligen Verhaltens. *Tit for Tat* reagiert auf die Spielweise des Gegenübers jeweils identisch, „belohnt" also kooperatives Verhalten mit kooperativem Verhalten und „bestraft" unkooperatives Verhalten mit unkooperativem Verhalten. Ein später hinzugefügtes drittes Merkmal für Fälle sich wiederholender beidseitiger Nichtkooperation war die in regelmäßigen Abständen signalisierte „Verhandlungsbereitschaft" in Form einseitiger Kooperationsvorschüsse.

---

1 Zu „Tit for Tat" und den Computerturnieren vgl. Axelrod, Die Evolution der Kooperation, 5. Aufl. 2000, S. 25 ff.

---

87 Vgl. Axelrod, Die Evolution der Kooperation, 5. Aufl. 2000, S. 112.

In der Verhandlungssituation bestehen entsprechende Strategien in anfänglicher einseitiger offener Vorgehensweise eines Verhandlungspartners, beispielsweise in offener Darlegung der eigenen Ausgangslage. Das zweite Merkmal, die Reziprozität der Aktionen, entspricht in Verhandlungssituationen der Anpassung an das von der Gegenseite angewandte, beispielsweise konfrontative oder kooperative Verhandlungsverhalten. Besonders verschlossenen und kompetitiven Verhandlungspartnern würde dementsprechend ebenso verschlossen und konfrontativ begegnet, während ein offener Verhandlungsstil entsprechend offen beantwortet würde. Dem dritten Merkmal entsprechen in Verhandlungen Signale des Entgegenkommens, der Verhandlungsbereitschaft, wenn die Verhandlungssituation aufgrund beidseitiger Blockaden festgefahren scheint.

Ein bekanntes **Beispiel** für einen Kooperationsvorschuss ist der Besuch Sadats in Jerusalem zum Auftakt der Verhandlungen zwischen Israel und Ägypten nach dem Sechs-Tage-Krieg im November 1977. Völlig unerwartet besuchte Sadat seinen Verhandlungspartner in der israelischen Hauptstadt. Er begab sich bildlich in die Hände der Gegenseite und signalisierte damit guten Willen und Verhandlungsbereitschaft.

Voraussetzung für das Funktionieren dieser Strategie ist, dass entweder viele Verhandlungen in Folge stattfinden, oder dass eine Verhandlung aus vielen einzelnen Bestandteilen besteht, sodass Reziprozität aufgebaut werden kann.

Derartige Strategien bergen jedoch das Risiko, ausgenutzt zu werden, da sie meist nur einseitig einsetzbar und überprüfbar sind.

3.4.2 Strukturelle Strategien

Strukturelle Strategien basieren auf dem Modell der Trennung von Wertschöpfungsprozessen und Wertverteilungsprozessen. Die Interessenorientierung stellt eine solche strukturelle Strategie zur Förderung kooperativer Verhandlungsformen dar. Sie beinhaltet die Loslösung der Ausgangsforderungen und des Verteilungsprozesses von der Interessenorientierung zur gemeinsamen Wertschöpfung.[88]

Bei strukturellen Strategien ist zu berücksichtigen, dass eine klare Trennung von Wertschöpfung und Wertverteilung in den meisten Fällen nicht möglich ist, da diese Prozesse parallel gedacht werden und zum Teil zwangsläufig parallel stattfinden.

3.4.3 Kollektive Strategien

Im Rahmen von kollektiven Strategien gehen die Parteien gemeinsam erklärtermaßen offen vor. Voraussetzung ist eine bereits vorhandene tragfähige Vertrauensbasis.

Eine Methode zur Förderung derartigen kollektiven Vorgehens kann das Konzept ständig fortlaufender Verhandlungsprozesse sein. Transparenz wird geför-

---

88 Vgl. zur Interessenorientierung Fisher/Ury/Patton, Das Harvard-Konzept: Sachgerecht verhandeln – erfolgreich verhandeln, 22. Aufl. 2003, S. 67 ff.

dert, indem immer Anspruch und Raum für Nachverhandlungen gewährt wird. Die Einigung wird also nicht als ein punktueller Moment im Sinne des Grundsatzes „pacta sunt servanda" verstanden, sondern als ein sich ständig wandelnder Zustand, der neuen Umständen anzupassen ist. Übertragen auf Verhandlungssituationen bedeutet dies, dass Vereinbarungen und Verträge immer nur auf der Basis der gerade verfügbaren Informationen gültig sein sollen. Bei Änderung der Informationslage besteht die Möglichkeit, betroffene Vertragsbestandteile entsprechend zu verändern. Eine juristisch vorgesehene Form hiervon für besonders schwerwiegende Fälle ist die Störung der Geschäftsgrundlage.

Diese Vorgehensweise eignet sich besonders für auf Dauer angelegte Vertragsbeziehungen. Hier muss davon ausgegangen werden, dass relevante Informationen wie beispielsweise Zuliefererpreise, Kosten für Rohmaterial oder ähnliche Daten dem Vertragspartner früher oder später bekannt werden. Für diese Fälle erscheint das Nachverhandlungsrecht als ein effektiver Anreiz zur gegenseitigen Kooperation.[89]

Diese gemeinsame Strategie kann ein wirksames Mittel zur Überwindung des Verhandlungsdilemmas darstellen, entspricht aber häufig nicht den Erwartungen der Parteien bzgl. Verbindlichkeit und Stabilität eines einmal erzielten Ergebnisses.

Exkurs: Kulturelle Unterschiede

Bemerkenswert ist die bewusste und unbewusste Anwendung derartiger Strategien je nach kulturellem Hintergrund. Verhandlungen in Japan beginnen meist mit einer – oft über Tage – ausgedehnten Anbahnungsphase. In dieser Phase spielt die Sachebene, der eigentliche Verhandlungsgegenstand, keine Rolle. Vielmehr wird bei sozialen Anlässen die Tragfähigkeit der zugrunde liegenden Beziehung ergründet und Vertrauen aufgebaut. Erst wenn dies geschehen ist, beginnen die Verhandlungen auf den anderen Ebenen. Diese Vorgehensweise folgt dem Modell der kollektiven Strategie.

3.4.4 Kooperation begünstigende Rahmenbedingungen

Kooperation kann auch durch die Umstände der Verhandlungssituation gefördert werden.

Derartige Umstände beziehen sich vor allem auf die Reziprozität der Handlungen und die Dauerhaftigkeit von Beziehungen. Sind Verhandlungspartner über einen längeren Zeitraum aufeinander angewiesen und müssen sie befürchten, dass Nichtkooperation entsprechend „bestraft" wird, stellt sich die beidseitige Kooperation fast automatisch als vorteilhaftere Vorgehensweise heraus. Dies lässt sich im Sinne von Strategien nutzbar machen durch Verlängerung der zugrunde liegenden Beziehung, durch die Teilung von Verhandlungsgegenständen in viele Bestandteile oder durch Erweiterung des Verhandlungsgegenstandes um

---

89 Zum Konzept der Nachverhandlungspflicht im Kontext von Vertragsbeziehungen vgl. Nelle, Neuverhandlungspflichten zur Vertragsanpassung und Vertragsergänzung als Gegenstand von Pflichten und Obliegenheiten, 1. Aufl. 1993.

weitere Aspekte, um die Bedeutung von Wechselseitigkeit zu erhöhen.[90] Unter diesem Aspekt ist der Status der zugrunde liegenden Beziehung der Verhandlungspartner zu beachten: Handelt es sich um eine punktuelle Begegnung, einen Beziehungsaufbau, um die Pflege bestehender Beziehungen oder Beendigung von bestehenden Verhältnissen?

Daneben können normative Bedingungen kooperatives Verhalten fördern. Sie beziehen sich auf rechtliche, moralische oder technische Standards, die als allgemein akzeptierte Verhaltensnormen zu kooperativem Verhalten anhalten können.[91]

4. Bedeutung des Verhandlungsgegenstandes

Im Rahmen der Konfliktanalyse wurden im 2. Abschnitt des 2. Teils unterschiedliche Konfliktebenen vorgestellt, die sich nutzbar machen lassen für die Verhandlungsanalyse. Die Konfliktebenen entsprechen den potenziellen Verhandlungsebenen der Verhandlungsgegenstände.

Eine Analyse des Verhandlungsgegenstandes verfolgt zwei Ziele: Zum einen ermöglicht sie eine Vorhersage über den zu erwartenden Schwerpunkt und die Art und Weise des Verlaufs der Verhandlung. Zum anderen lassen sich aus einer Einordnung des Verhandlungsgegenstandes Anhaltspunkte für Strategien und realistische Ziele für das Verhandlungsmanagement ableiten.

Vier potenzielle Verhandlungsebenen wurden im 2. Abschnitt des 2. Teils vorgestellt.

Übersicht: Die potenziellen Ebenen einer Verhandlung

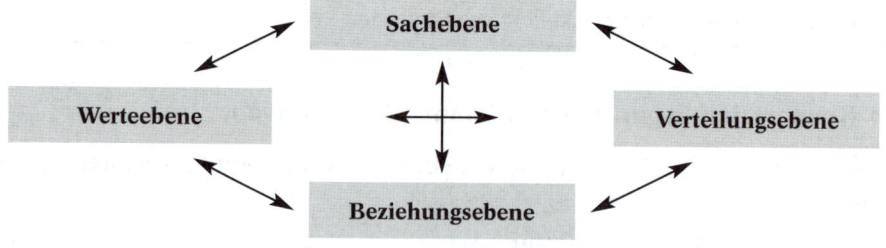

---

90 Vgl. Axelrod, Die Evolution der Kooperation, 5. Aufl. 2000, S. 139 f., 164 f. Zum Konzept der Fraktionalisierung vgl. Fisher, *Fractionating Conflict*, in: Fisher, *International Conflict and Behavioral Scene: The Craigville Papers*, 1. Aufl. 1964.

91 Vgl. Eidenmüller, Ökonomische und spieltheoretische Grundlagen von Verhandlung/Mediation, in: Breidenbach/Henssler, Mediation für Juristen, S. 51, und Eidenmüller, Effizienz als Rechtsprinzip: Möglichkeiten und Grenzen der ökonomischen Analyse des Rechts, 1. Aufl. 1995, S. 87 ff.

> **Wiederholung:**
>
> Sachkonflikte bestehen aus reinen Entscheidungskonstellationen. Die Verhandelnden suchen die bestmögliche Lösung für eine rational definierbare Fragestellung, beispielsweise im Rahmen von Strategieentscheidungen. Bei Verhandlungen über Verteilungsfragen müssen die Verhandelnden begrenzte Ressourcen unter sich aufteilen. Gängige Beispiele sind Preisverhandlungen. In Verhandlungen, in denen die Werteebene berührt ist, sind Gegenstände der Auseinandersetzung persönliche Wertvorstellungen und Überzeugungen, beispielsweise religiöse oder politische Ansichten der Beteiligten. Auf der Beziehungsebene bilden die Beteiligten selbst und ihr Verhältnis zueinander den Gegenstand der Auseinandersetzung, was sich in der Personalisierung derartiger Auseinandersetzungen zeigt.

Bei der Verwendung der bislang nur deskriptiv eingeführten Verhandlungsebenen sind folgende Aspekte zu beachten:

Verhandlungen und Konflikte finden immer auf mehreren Ebenen statt. Dies liegt daran, dass Verhandlungen meist zwar einen Sachkonflikt zum Anlass haben, aber im Rahmen von Kommunikation, von Interaktion durch Menschen ausgetragen werden. Diese Kommunikation berührt auch die Beziehungsebene der Parteien. Werte- und/oder Verteilungsfragen können, müssen jedoch nicht in Verhandlungen enthalten sein.

Die Ebenen stehen in einem wechselseitigen Abhängigkeitsverhältnis zueinander, die Interaktionen auf den unterschiedlichen Ebenen haben direkte Auswirkungen auf die anderen Ebenen. Die Bedeutung von Vertrauen und Glaubwürdigkeit, die primär auf der Beziehungsebene entwickelt werden, für den Wertschöpfungsprozess in Verhandlungen ist bereits angesprochen worden.[92] Beeinträchtigungen auf der Beziehungsebene wie als unfair empfundene Taktiken können sich kontraproduktiv auf der Sachebene auswirken.

Aus dieser gleichzeitigen Berührung unterschiedlicher Verhandlungsebenen ergibt sich bereits ein elementares Gebot in Verhandlungen: Die getrennte Behandlung der Ebenen, insbesondere von Sach- und Beziehungsebene. Bei Vermischung dieser beiden Ebenen droht die Vermischung des Problems mit der Person des Verhandlungspartners und damit Personalisierung der Auseinandersetzung.[93]

4.1 Sachebene

Ziel bei der Bearbeitung reiner Entscheidungskonstellationen ist eine interessenorientierte Vorgehensweise. Hierfür werden die allseitigen Hintergrundinformationen möglichst vollständig ausgetauscht, um eine gemeinsame Informationsbasis und ggf. Verständnis für die jeweiligen Sichtweisen herzustellen.

Der Schwerpunkt der Auseinandersetzung liegt in einer umfassenden Interessenklärung. Hierbei ist nach gemeinsamen und sich möglicherweise ergänzen-

---

[92] Vgl. die Notwendigkeit des Vertrauensaufbaus zur Überwindung des Verhandlungsdilemmas.
[93] Vgl. dazu Fisher/Ury/Patton, Das Harvard-Konzept: Sachgerecht verhandeln – erfolgreich verhandeln, 22. Aufl. 2003, S. 42 f.: Menschen und Probleme getrennt voneinander behandeln.

den Interessen zu fragen. Aufgrund der grundsätzlichen Einigkeit in Bezug auf die zugrunde liegenden Werte- und Rahmenbedingungen ist meist eine rationale integrierende Vorgehensweise möglich.

Ergebnis kann nach erfolgter Interessenklärung anhand eines gemeinsam entwickelten Bezugssystems eine interessenbasierte gemeinsame Lösung sein.

4.2 Verteilungsebene

Verteilungskonflikte repräsentieren typische Verhandlungssituationen. Preis- oder Gehaltsverhandlungen und Verhandlungen über begehrte Stellen oder andere begrenzte Ressourcen gehören zu dieser Kategorie. Verhandlungen dieser Kategorie werden häufig als besonders unangenehm empfunden, weil die Parteien oft nur einen Verteilungskampf und sich gegenseitig als Konkurrenten wahrnehmen, sodass derartige Verhandlungen oft stark kompetitiv geprägt sind. Tatsächlich werden in derartigen Verhandlungskonstellationen Wertschöpfungsmöglichkeiten und die Rolle der anderen Ebenen oft unterschätzt.

Auseinandersetzungen mit Verteilungscharakter verlaufen idealerweise in drei Schritten:

Zuerst werden die zu verteilenden Ressourcen vollständig erfasst und – wenn möglich – vergrößert. In diesem Schritt findet – soweit möglich – die Wertschöpfung statt.

Der zweite Schritt besteht in der gemeinsamen Entwicklung von Verteilungsmaßstäben als Bezugssystem für eine Entscheidung. Hierunter fallen legitime und möglichst neutral formulierte Verteilungsmaßstäbe, die die Parteien als gerecht anerkennen.[94] Beispiele sind Drittgutachten, abstrakte Beurteilungskriterien bei Gehaltsverhandlungen, Preislisten, Standardverträge oder gesetzliche Regelungen.

Eine Variante innerhalb dieses Schrittes ist die Entwicklung eines gerechten Verteilungskonzeptes unabhängig von der eigentlichen Verteilung. Im Rahmen der Entscheidung über das Sorgerecht in Trennungsangelegenheiten könnten zum Beispiel zunächst Besuchsmodalitäten und -häufigkeiten geregelt werden, bevor darüber entschieden wird, wer das Sorgerecht erhalten soll und für wen die Besuchsmodalitäten demnach gelten werden.

Dritter Schritt ist der eigentliche Verteilungsprozess, im Rahmen dessen bestenfalls die jeweilige Verteilungssituation nur unter das zuvor ausgewählte Bezugssystem subsumiert wird. Je nach identifiziertem Bezugssystem kann dies unter Offenlegung aller Informationen in einem „fairen" Kompromiss, dem gegenseitigen Entgegenkommen, einem Losentscheid oder sonstigen Verteilungsprozessen liegen.

---

94 Vgl. Fisher/Ury/Patton, Das Harvard-Konzept: Sachgerecht verhandeln – erfolgreich verhandeln, 22. Aufl. 2003, S. 121 ff.

Eine andere Methode fairen Teilens ist die „Einer-schneidet-der-andere-wählt-Methode": Bei der Aufteilung einer gleichen Ressource, wie beispielweise Grundstücken in Erbschaftsangelegenheiten, kann eine Seite die Aufteilung vornehmen, wobei der anderen Seite das Auswahlrecht zusteht.

Die Trennung der Ebenen, also die Abstraktion der Verteilungsebene von der Beziehungsebene ist aufgrund der ohnehin bereits empfundenen Konkurrenzsituation zentral für derartige Konstellationen.

4.3 Werteebene

Wertekonflikte sind insbesondere aufgrund der engen Verbindung mit der Persönlichkeit der Parteien und des langen Entstehungsprozesses von Wertvorstellungen oder Überzeugungen schwer lösbar.[95] Eine Kompromisslösung, also ein beiderseitiges Entgegenkommen, ist hier selten möglich. Wesentlicher Bestandteil in Verhandlungen, in denen persönliche Werte direkt oder indirekt berührt sind, sollte zunächst ein gegenseitiges Verständnis und Anerkennen der jeweiligen Wertesysteme sein. Wegen der Verflechtung von Werten mit der jeweiligen Persönlichkeit ist auch bei der Berührung der Werteebene die Trennung zur Beziehungsebene besonders zu beachten. Bei der Behandlung des eigentlichen Konfliktes kann ausgenutzt werden, dass Wertekonflikte oft konkrete Auseinandersetzungen über Sachfragen überlagern. Häufig beeinflussen eskalierte Wertekonflikte eine Vielzahl von derartigen Sachproblemen, die – losgelöst vom Wertekonflikt – rational lösbar sind.

Ein Beispiel für die Bedeutung derartiger Verständnissicherung sind die meist im politischen Umfeld und oft mit radikalen Verhandlungspartnern geführten Verhandlungen von Hans-Joachim Wischnewski. Auf die Frage in einem Interview, ob seinem Verhandlungserfolg eine bestimmten Taktik zugrunde liege, gab er als seine wesentliche Strategie an: Dem jeweiligen Verhandlungspartner zu Beginn der Verhandlung dessen eigene Position, dessen Interessenlage und Ziele zu präsentieren, um ihm das Gefühl zu geben, mit seinem Bezugssystem ernst genommen zu werden.[96]

Idealerweise erfolgt die Verhandlung demnach in zwei Schritten:

Erster Schritt ist die Förderung von Verständnis für die jeweiligen Wertesysteme der Parteien, ohne dass dabei eine Seite von dem Wertesystem der anderen überzeugt werden sollte. Dies ermöglicht den Parteien, den Bezugsrahmen und das Bewertungssystem der jeweils anderen Partei zumindest kennen zu lernen. Die jeweiligen Motivationen und Ziele können so nachvollzogen werden. Ein derartiges Verständnis in Unterschiedlichkeit eröffnet dann den Weg zur Konfliktlösung.

In einem zweiten Schritt werden die relevanten Sachkonflikte der Auseinandersetzung identifiziert. Das grundsätzliche Verständnis des Wertesystems der anderen Seite erleichtert die Entwicklung rationaler Lösungen. Dies kann dann

---

95 Vgl. Perloff, *The Dynamics of Persuasion*, 1. Aufl. 1993, S. 181 f.
96 Vgl. Interview mit Hans-Joachim Wischnewski in Brand eins, September 2001.

anhand der bei der Behandlung von Sachkonflikten beschriebenen Interessenklärung geschehen. In Konstellationen, in denen eine Sachentscheidung ohne Beschneidung auf der Werteebene unmöglich ist, bleibt die Herausforderung, die ungeklärten Fragen unter möglichst schonendem Umgang mit den betroffenen Werten zu beantworten.

Beispiele:

Trotz fundamentaler religiöser und kultureller Differenzen kann im Nahost-Konflikt in manchen Konstellationen über Sachfragen wie die Teilung der Stadt Jerusalem oder die Rückkehr der Flüchtlinge rational verhandelt werden.

Trotz fundamentaler Differenzen zwischen Abtreibungsgegnern und -befürwortern konnte die Sachfrage der Strafbewehrtheit von Abtreibungen abgekoppelt behandelt werden von einer Auseinandersetzung auf der Werteebene, auf der die grundsätzliche Rechtswidrigkeit der Abtreibung weiter Bestand hatte.

Beispiele für Konstellationen, in denen sich die Werteebene schlecht von der Sachebene abkoppeln lässt, finden sich bei Auseinandersetzungen im Rahmen von Planungsprojekten zwischen Umweltschutzvertretern und Vorhabensträgern.

4.4 Beziehungsebene

Die Beziehungsebene ist regelmäßig zentral in Verhandlungen, weil sich hier das für die Überwindung des Verhandlungsdilemmas notwendige Vertrauen entwickelt. Die Beziehungsebene ist in Verhandlungen immer bereits dadurch berührt, dass jeder Verhandlungskonstellation eine persönliche Beziehung der Interaktionspartner, die die Verhandlung führen, zugrunde liegt. Sie kann aber auch dadurch, dass das Verhältnis der Parteien zueinander primär Gegenstand der Auseinandersetzung ist, besonderes Gewicht haben.

Auf der Beziehungsebene spielen die Gefühlswelt, die Emotionen und die Selbst- und Fremdwahrnehmung der Parteien wesentliche Rollen. Erstrebenswert ist ein respektvoller, anerkennender und bestenfalls wertschätzender Umgang der Parteien miteinander. All diesen Faktoren gebührt entsprechende Beachtung in Verhandlungen. Eine Vernachlässigung oder Unterdrückung der Beziehungsebene kann sich kontraproduktiv auf die gesamte Verhandlungssituation auswirken.[97]

Anknüpfungspunkt für gutes Beziehungsmanagement ist die Kommunikation. Primäres Ziel im Rahmen der Kommunikation ist gegenseitiges Verstehen – im besten Fall im Sinne eines Verständnisses füreinander. Dieser Prozess kann gefördert werden durch Nachfragen, Aufklärung von Missverständnissen, eine anerkennende und wertschätzende Gesprächshaltung und durch gezielt eingesetzte Gesprächstechniken wie aktives Zuhören, Spiegeln und gezielte Fragetechniken, die einen Perspektivenwechsel begünstigen.

---

97 Vgl. dazu Thomann, Negative Gefühle ausdrücken? Perspektive Mediation. Beiträge zur Konfliktkultur 2005, 36 ff.

Ähnlich wie bei Wertekonflikten ist bei Beziehungskonflikten ein Fokussieren und gegebenenfalls Wechsel auf Sachfragen möglich, soweit diese Ebenen bewusst getrennt behandelt werden. Auf dieser Ebene können Interessenerforschung und das Entwickeln sachgerechter Lösungen erfolgen.

Exkurs: Rechtspositionen und Verhandlungsgegenstand

Eine rechtliche Analyse des Verhandlungsgegenstandes kann zweierlei ergeben:

Erstens können sich aus der bereits erwähnten „Verrechtlichung" des Sachverhaltes konkrete Ansprüche, Positionen, ergeben. Im Sinne der Verhandlungsebenen bedeutet dieser Verrechtlichungsprozess eine Fokussierung auf eine vermeintlich „sachliche" Ebene. Diese sachliche Ebene ist nicht gleichzusetzen mit der oben beschriebenen Sachebene, da juristische Entscheidungen zwar rational, aber meist rein auf Positionsebene behandelt werden. Beziehungsrelevante Aspekte von Auseinandersetzungen sind meist juristisch nicht erfassbar und finden in der rechtlichen Bearbeitung keine Berücksichtigung.

Diese Herangehensweise kann durchaus gewünscht und hilfreich sein in Konstellationen, in denen sich die Parteien darin einig sind, dass die Konfliktaustragung nur in Bezug auf die rechtlich relevanten Aspekte erfolgen soll.

Zweitens kann eine rechtliche Analyse den Spielraum ergeben, den das Recht in Bezug auf einen Gegenstand öffnet.[1] Aus Ansprüchen können sich neben den von den Parteien zu entwickelnden Optionen oft wichtige Richtwerte ergeben. Der Spielraum ist im Wesentlichen begrenzt durch §§ 134, 138 BGB. Innerhalb der Grenzen besteht weitgehend Vertragsautonomie.[2]

Die frühzeitige Einbeziehung von juristischen Positionen kann aufgrund der Vernachlässigung nicht subsumierbarer Interessen zu einer Verengung der Interessenlage auf diese Positionen und auch die entsprechenden Interessen führen. Eine weitere Verengung der Perspektive ergibt sich daraus, dass derartige juristische Ansprüche vor allem solche sind, die sich aus vergangenem Verhalten und nicht aus potenziellen zukunftsorientierten Interessen ableiten lassen.

Beispiele für diese Vermengung der Ebenen im Rahmen der juristischen Streitbehandlung bilden Kündigungsklagen vor den Arbeitsgerichten: Motivation für derartige Klagen sind oftmals Anlässe auf der Beziehungsebene.[3] Die rechtliche Auseinandersetzung vollzieht sich jedoch auf der Sachebene entlang der Frage, ob die Kündigung rechtmäßig war. Die Auseinandersetzung endet in den meisten Fällen als Verteilungsfrage über die Höhe der zu zahlenden Abfindung.

---

1 Breidenbach, Mediation, 1. Aufl. 1995, S. 207 ff.

2 Dies gilt unbeschadet der AGB-Regeln und anderer Schutzvorschriften. Vgl. dazu auch unten 5. Teil.

3 Beispielsweise gaben in einer Untersuchung über die Hälfte der Kläger an, dass Grund der Kündigungsschutzklage sei, dem Arbeitgeber zu signalisieren, dass er „nicht nach Belieben mit Arbeitnehmern verfahren kann", vgl. Breidenbach, Mediation, 1. Aufl. 1995, S. 49.

2. Abschnitt: Verhandlungsprozess

Der Verhandlungsprozess bezieht sich auf Verlauf und Steuerung der eigentlichen Verhandlung. In diesem Bereich sind folgende Elemente des Verhandlungsmanagements zu beachten: Das Prozessmanagement, einzelne verhandlungstypische Dynamiken, die Steuerung der Kommunikation und gegebenenfalls die Anwendung von Hilfsmitteln zur Kommunikationserleichterung und Verständnissicherung.

Im Rahmen des Prozessmanagements wird die Verhandlung in eine strukturierte chronologische Abfolge einzelner Verhandlungsphasen aufgeteilt. Diese steigert die Effizienz des Prozesses und begünstigt die Wertschöpfung.[98]

Während des Prozessmanagements sind Risiken der Eskalation zu beachten, die sich insbesondere unbemerkt im Laufe des Kommunikationsprozesses oder aus einseitigen taktischen Zügen ergeben können.

Hilfsmittel für die Verhandlungsführung, die den Prozess transparent und auch im Nachhinein nachvollziehbar machen sollen, sind vor allem einzelne Techniken zur Dokumentation und Verständnissicherung wie Visualisierung mit unterschiedlichen Hilfsmitteln.

1. Prozessmanagement und Phasenstruktur

Die im Folgenden erläuterte Phasenstruktur folgt dem gängigen Modell zur Entscheidungsfindung. Das Modell begünstigt zum einen effiziente Verfahrensführung in Bezug auf die zeitlichen und sonstigen betroffenen Ressourcen der Parteien. Zum anderen fördert das Modell als Ausprägung der oben beschriebenen strukturellen Strategien zur Förderung kooperativen Verhaltens den Wertschöpfungsprozess.

Die Phasenstruktur sieht zunächst eine Organisation der Rahmenbedingungen der Verhandlung vor. Hierauf folgt die Benennung der zu verhandelnden Themen. Im nächsten Schritt erfolgt ein Austausch der relevanten Hintergrundinformationen zur Verständnisförderung und eine möglichst umfassende Interessensammlung zur Erweiterung des Verhandlungsspielraums. Erst hieran schließt sich die ergebnisoffene Suche nach Optionen an, die strikt von der dann folgenden Bewertung dieser Optionen und Auswahl einer Lösung zu trennen ist. Die Verhandlung endet regelmäßig mit der verbindlichen Vereinbarung des Ergebnisses und einem Plan zur dessen Implementierung.

---

[98] Grundlegend zu Strukturen in Verhandlungen Haft, Verhandlung und Mediation – Die Alternative zum Rechtsstreit, 2. Aufl. 2000, S. 69 ff.

Übersicht: 5 Phasen des Verhandlungsprozesses

Phase 1:

Eröffnung und Rahmenvereinbarung

Phase 2:

Themensammlung

Phase 3:

Hintergrundklärung und Interessensammlung

Phase 4:

Lösungsentwicklung

Phase 5:

Vereinbarung und Abschluss

1.1 Eröffnung und Rahmenvereinbarung

Zu Beginn einer Verhandlung wird der Rahmen der Verhandlung bestimmt und die Basis für die Zusammenarbeit gelegt, in zeitlicher und räumlicher, aber auch persönlicher und atmosphärischer Hinsicht.

Arbeitsschritte in dieser Phase und zum Teil in einer Vorphase vor dem ersten Treffen sind die Bestimmung der zur Verfügung stehenden Zeit sowie die Festlegung der Vorgehensweise und der ggf. zu beteiligenden Personen (ggf. mit Vollmachten).[99] Zur Klärung der Arbeits- und Vorgehensweise zählen ggf. die Phasenstruktur sowie Visualisierung und Protokollierungsvereinbarungen.

In dieser Phase der Verhandlung wird die Atmosphäre der folgenden Verhandlung maßgeblich bestimmt.[100] Unabhängig vom eigentlichen Verhandlungsgegenstand haben die Parteien die Chance, reine „Beziehungspflege" zu betreiben und die Basis für die folgende Zusammenarbeit vor allem in persönlicher Hinsicht zu legen.

1.2 Themensammlung

Im nächsten Schritt sind die zu behandelnden Themen zu bestimmen. Dies sind die Angelegenheiten, bezüglich derer die Parteien eine Klärung oder Lösung anstreben, um die Auseinandersetzung als beigelegt betrachten zu können. Themen sind möglichst neutral zu formulieren, um eine Abgrenzung von den jeweiligen Positionen und Interessen zu gewährleisten und einen kontroversen positionsorientierten Verhandlungseinstieg zu vermeiden.

---

99 Zu den Aspekten, die in Bezug auf Merkmale der Konfliktparteien zu beachten sind, vgl. oben 2. Teil, 2. Abschnitt, 3.

100 Zur Beziehungspflege in der Eröffnungsphase vgl. Haft, Verhandlung und Mediation – Die Alternative zum Rechtsstreit, 2. Aufl. 2000, S. 127 f.

Über die Themensammlung erhalten die Parteien ein Bild vom Umfang der Verhandlung, und sie können anschließend die Themenfelder strukturieren. Am Ende der Sammlung wird dementsprechend geprüft, ob es eine logische Reihenfolge oder Präferenzen der Bearbeitung gibt, aus der dann die weitere Agenda entwickelt werden kann. Diese kann sich beispielweise daraus ergeben, dass sich die gesammelten Themen auf unterschiedlichen Verhandlungsebenen befinden.

Methode: Visualisierung

Die Themen sollten visualisiert, das heißt für alle sichtbar an einer Tafel oder Flip-Chart festgehalten werden. Die Visualisierung dient der Klarheit und Transparenz im Prozess ebenso wie der Dokumentation.

1.3 Hintergrundklärung und Interessensammlung

Diese Phase stellt den Kern der Verhandlung dar. Die Phase verfolgt zwei Ziele: Zum einen sollen in einem überwiegend rückwärts gewandten Klärungsteil Einigungswiderstände überwunden und Verständnis gefördert werden. Dies geschieht primär durch die Erklärung und Offenlegung der jeweils relevanten Hintergrundinformationen, wodurch sich etwaige Missverständnisse lösen und konträre Positionen nachvollzogen werden können. Zum anderen wird durch die Interessensammlung ein Bezugs- und Referenzsystem für die folgende Phase der Entscheidungsfindung erstellt. Die gesammelten Interessen dienen später als Maßstab, an dem Vorschläge für das Verhandlungsergebnis gemessen werden.

Erster Arbeitsschritt dieser Phase ist dementsprechend der Austausch der relevanten Informationen der Parteien. Dieser erfolgt durch Erklärung der jeweiligen Sichtweisen auf den Verhandlungsgegenstand. Zweiter Schritt ist die zukunftsorientierte Erarbeitung der hinter den Themen und Positionen liegenden Interessen. Die Interessen sollten ausformuliert und schriftlich festgehalten werden. So bilden sie ein Bezugssystem für die Lösungssuche und können später auf Berücksichtigung überprüft werden.

Methode: Fragen[1]

In der Phase der Hintergrundklärung und Interessensammlung spielen Fragetechniken eine besondere Rolle. Die gesamte „Klaviatur" von Fragen in Anwendung und Wirkung zu beherrschen, kann in dieser Phase sehr hilfreich sein. Beispiele sind offene und geschlossene Fragen, problemorientierte und lösungsorientierte Fragen, Spezifikationsfragen, rhetorische Fragen oder dissoziierende Fragen.

---

1 Vgl. auch Anhang – Techniken zur Unterstützung des Kommunikationsprozesses.

1.4 Lösungsentwicklung

Diese vierte Phase der Verhandlung dient der gemeinsamen Entwicklung einer möglichst wertschöpfenden Lösung. In dieser Phase wird vorausgesetzt, dass die Parteien das relevante Bezugs- und Referenzsystem bestehend aus der Interessenlage, der zugrunde liegenden Wertesysteme und der rechtlichen Beschränkungen aller beteiligter Parteien kennen. Auf dieser Basis erfolgt eine gemeinsame Lösungssuche für alle Parteien.

Entsprechend der oben erwähnten strukturellen Strategie zur Überwindung des Verhandlungsdilemmas hat diese Phase idealerweise zwei Bestandteile.[101] Der erste Teil besteht in der gemeinsamen Sammlung von Optionen, also die Interessen potenziell befriedigenden Lösungen. Dieser Teil hat typischerweise einen integrativen und kreativen Charakter. Der zweite Teil besteht in der gemeinsamen Entwicklung eines konkreten Lösungspakets aus den gesammelten Optionen. Dieser Teil hat regelmäßig einen eher distributiven Charakter.

1.4.1 Optionensammlung

Die Suche nach neuen Optionen erfordert das Verlassen der von dem anfänglichen positionsorientierten Handeln geprägten Denkstrukturen – und vor allen Dingen Kreativität.[102] Die Aufgabe enthält schöpferische und spielerische Elemente, die unterstützt werden können durch eine klare Veränderung der Umstände, beispielsweise der Räumlichkeiten oder der Sitzordnung.[103]

Methode: Optionenentwicklung

Techniken, die Kreativität in dieser Phase fördern können, sind u.a. *Brainstorming, Brainwriting* oder einfache *Perspektivenwechsel*.

Brainstorming und *Brainwriting* basieren auf dem Gedanken, dass Ideen sich gegenseitig befruchten und Impulse für neue Denkrichtungen geben können.

Brainstorming erfolgt unter Beteiligung von möglichst vielen – auch verhandlungsfremden – Personen. Es sind grundsätzlich alle Ideen erlaubt und willkommen. Es können ausdrücklich auch unrealistische Ideen eingefordert werden, die wiederum andere vielleicht realistischere und innovative Ansätze anregen können. Da diese Dynamik durch vorschnelles Analysieren und Beurteilen einzelner Optionen im Keim erstickt wird, sollte jede Form der Bewertung in diesem Stadium vermieden werden. Während der Brainstormphase herrscht absolutes Kritikverbot. Die Ideen werden ungefiltert wörtlich gesammelt und visualisiert. Erst wenn eine Mindestzahl von Optionen entwickelt wurde, werden die generierten Ideen bewertet, weiterentwickelt oder verworfen.

Brainwriting folgt dem gleichen Prinzip: Im Rahmen dieser Technik schreiben die Anwesenden drei Ideen auf eine Karte und geben diese an ihren Nachbarn weiter. Die Nachbarn müssen jeweils die Ideen ihrer Vorgänger um drei Ideen erweitern. Auf diese Weise können vorher ungeahnte Gedankenstränge entstehen, die im nächsten Schritt bewertet und weiterentwickelt werden können.

Perspektivenwechsel bedeutet die Veränderung der Fragestellung zur Erweiterung des Horizontes: „Wie würde eine dritte Person XY dieses Problem angehen?" „Was könnte man versuchen, wenn es unsere spezifischen Limitierungen nicht gäbe?" „Was hätten wir vor 25 Jahren getan?"

---

101 Zum Brainstorming vgl. de Bono, *Lateral Thinking*, 3. Aufl. 1990, S. 131 ff.

102 Grundlegend zur Kreativität in Verhandlungen vgl. Greiter, Kreativität bei Verhandlungen und im Alltag – 444 Denkanstöße, 157 Beispiele, 2001.

103 Zum Hinzuziehen von Personen s.a. de Bono, *Lateral Thinking*, 3. Aufl. 1990, S. 134.

1.4.2 Lösungsfindung

Nach dem Sammeln von Ideen folgt eine erste Durchsicht mit Vetorecht der Parteien in Bezug auf offensichtlich nicht realisierbare oder einzelnen Interessen grundsätzlich widersprechende Vorschläge. Anschließend werden die verbleibenden Vorschläge *„geclustert"*, also nach gemeinsamen Ansätzen sortiert. Sofern sich noch keine Lösung abzeichnet, sollten die verbleibenden, insbesondere die innovativen Ansätze weiterentwickelt werden. Hierfür eignet sich die so genannte PMI-Methode:[104]

Methode: PMI

PMI steht für Plus-Minus-Interests. Für die einzelnen Ansätze werden jeweils Aspekte gesammelt, die für sie sprechen, dann Aspekte, die gegen sie sprechen, und dann Fragen, die dieser Ansatz offen lässt. Diese Methode begünstigt einen differenzierten, ergebnisoffenen und konstruktiven Umgang mit den jeweiligen Vorschlägen.

Bei der Beurteilung der Optionen stellt sich regelmäßig die Frage nach den Bewertungsmaßstäben, die der Beurteilung zugrunde zu legen sind. Hilfreich ist hier wiederum der Rückgriff auf allgemein anerkannte legitime und objektive Kriterien.[105] So kann auf einer von den Ausgangspositionen unabhängigen Basis verhandelt werden, nämlich auf der Grundlage von – soweit möglich – objektiven Kriterien. Dies können beispielsweise allgemein zugängliche Methoden zur Preiskalkulation oder Referenzlisten anderer Unternehmen, der Verkehrs- oder Marktwert einer Sache sein.[106]

Im letzten Schritt ist die sich abzeichnende Lösung mit den gesammelten Interessen und Themen abzugleichen. Erst wenn alle Interessen berücksichtigt und alle Themen bearbeitet werden konnten, wird das endgültige Lösungspaket geschnürt.

1.5 Vereinbarung und Abschluss

Die letzte Phase ist der Vereinbarung der gefundenen Lösung, der Planung der Implementierung und dem Abschluss der Verhandlung gewidmet.

Eine schriftliche Ausarbeitung der Lösung in Form eines Vertrages erleichtert die spätere Zusammenarbeit bei der Umsetzung und beugt künftigen Missverständnissen vor. Begleitend zum eigentlichen Regelwerk können auch die Zwischenprotokolle, die den Weg der Ergebnisfindung und besonders die Interessen der Partner wiedergeben, dem Vertrag hinzugefügt werden.

Wichtiger Bestandteil des Abschlusses von Verhandlungen, insbesondere wenn sie ein in die Zukunft reichendes Kooperationsverhältnis begründen oder verän-

---

104 Vgl. auch Anhang, einzelne Techniken zur Unterstützung des Prozesses und DeBono, Neue Denkschule: kreativer denken, effektiver arbeiten, mehr erreichen, 1. Aufl. 2002, S. 25.
105 Vgl. Fisher/Ury/Patton, Das Harvard-Konzept: Sachgerecht verhandeln – erfolgreich verhandeln, 22. Aufl. 2003, S. 121 f.
106 Vgl. oben 1. Abschnitt 4.2.

dern, ist die Vereinbarung eines *Follow-Up*-Verfahrens. Ein solches *Follow-Up*-Verfahren besteht in einem Überprüfungs- oder Nachverhandlungstermin nach einer vorher bestimmten Umsetzungsfrist. Es dient dazu, den Parteien Gelegenheit zu geben, das Verhandlungsergebnis zu überprüfen und gegebenenfalls zusätzliche Schritte zu vereinbaren.

Die folgende Grafik veranschaulicht den Wertschöpfungsprozess entlang des Phasenmodells.

Übersicht: Verhandlungsentwicklung anhand des Phasenmodells

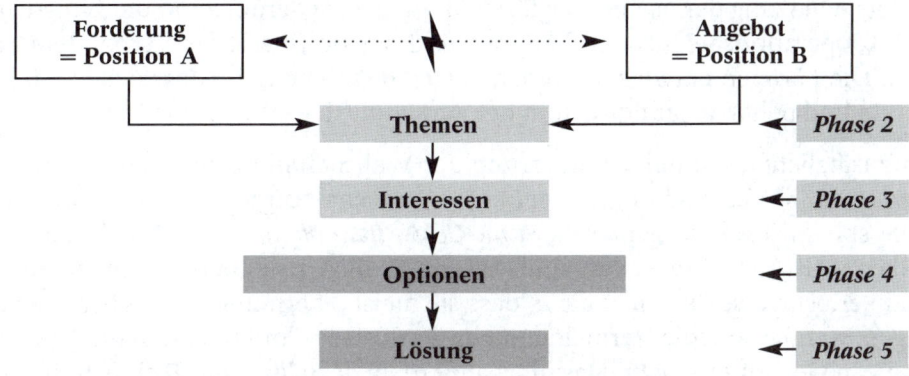

2. Verhandlungsdynamik

Der Verhandlungsverlauf wird durch die Eskalationsdynamik und auch durch die der konkreten Konstellation zugrunde liegenden emotionalen und machtbezogenen Aspekte wesentlich beeinflusst.

2.1 Eskalationsdynamik

Im ersten Abschnitt wurde das Phänomen der Eskalation in Konflikten, basierend auf Erkenntnissen aus der kognitiven Psychologie, bereits angesprochen. Die Gefahr der Eskalation besteht auch in Verhandlungssituationen. Eskalation kann dazu führen, dass die Verhandlung einer Eigendynamik, der Eskalationsdynamik, folgt, und die Parteien die Kontrolle über die Verhandlung und deren Ausgang verlieren. Die bereits erwähnten eskalationsfördernden Mechanismen wirken in Verhandlungssituationen zusätzlich als Einigungsbarrieren.

2.1.1 Eskalationsfördernde Mechanismen und Einigungsbarrieren

Eskalationsfördernde Mechanismen werden oft bewusst einseitig durch konfrontative Verhandlungstaktiken und durch die der Verhandlungssituation zugrunde liegende Stresssituation zusätzlich gefördert.[107] Diese Stresssituation

---

107 Zu derartigen einseitigen Verhandlungstaktiken vgl. unten 3. Abschnitt.

kann durch die Komplexität von Verhandlungssituationen, durch etwaigen Einigungsdruck oder anderen, auf die Verhandlung und die Parteien wirkenden Druck begründet sein.

2.1.1.1 Verzerrung der Wahrnehmung der Konfliktsituation und der anderen Partei

Das bereits erwähnte Phänomen der kognitiven Dissonanzen führt in Verhandlungen zu einer überoptimistischen Einschätzung der eigenen Situation.[108] Diese Überschätzung der eigenen (ggf. Rechts-)Lage wiederum kann die Einigungs- und Kooperationsbereitschaft hemmen und positionsbasiertes Verhandeln fördern. Die Parteien entwickeln in den Augen der Gegenseite überzogene Standpunkte und beharren auf diesen in der Annahme, jeweils „im Recht" zu sein.

Ein zusätzlicher, auf einer Verzerrung der Wahrnehmung basierender Mechanismus, der in Verhandlungen – gerade in Wirtschaftsstreitigkeiten – häufig eine Rolle spielt, ist das so genannte *Sunk-Cost-Phenomenon*, das Prinzip der versunkenen Kosten. Menschen sind unterschiedlich risikobereit, aber überwiegend verlustavers. Das führt dazu, dass sie meist zu erhöhter Risikobereitschaft neigen, wenn es um die Vermeidung von Verlusten – und nicht um die Realisierung von Gewinnen – geht. Das führt außerdem dazu, dass das Risiko, hohe, unsichere Verluste zu erleiden, eher in Kauf genommen wird als geringe, aber sichere Einbußen hinzunehmen.[109]

Daraus ergibt sich eine Abneigung dagegen, bereits getätigte Investitionen in Bezug auf finanzielle oder andere Ressourcen endgültig abzuschreiben. Um solche zu retten, sind Parteien überraschend risikofreudig. Nicht selten wird in diesem Sinn im Rahmen von Sanierungsverhandlungen „gutes Geld schlechtem hinterhergeworfen". Das Prinzip der versunkenen Kosten dagegen besagt, dass zu jedem Zeitpunkt die Rentabilität von neuen Investitionen überprüft werden sollte, unabhängig davon, wie viel in der Vergangenheit bereits investiert wurde. Vergangene Kosten sind als bereits „versunken" anzusehen.

Übertragen auf Verhandlungssituationen bedeutet das, dass unabhängig davon, wie viel bereits in eine Verhandlung und eine entsprechende Einigung investiert wurde (an Zeit, Geld oder sonstigen Ressourcen), die Parteien sich zu jedem Zeitpunkt der Verhandlung neu fragen sollten, ob die derzeitigen Bemühungen noch durch das erhoffte Ergebnis gerechtfertigt sind. Hierfür stellt die beste Alternative eine wesentliche Hilfe dar. Sie ist immer präsent zu halten, um zu vermeiden, dass sich Parteien durch den Verhandlungsprozess zu einem Ergebnis drängen lassen, das schlechter als die eigene beste Alternative ist.

---

108 Dieses Phänomen ist durch Studien für den Prozessausgang in zivilgerichtlichen Verfahren bestätigt worden. Regelmäßig tendieren beide Seiten zu einer Überschätzung der eigenen Lage. Vgl. Neale/Bazermann, *Cognition and Rationality* in Negotiation, 1. Aufl. 1991, S. 53 ff.

109 Vgl. Duve/Eidenmüller/Hacke, Mediation in der Wirtschaft, S. 48; Kahneman/Tversky, *Prospect Theory: An Analysis of Decision under Risk*, 1. Aufl. 1979, S. 263 ff.

2.1.1.2 Projektion mit Fokussierung auf negative Einstellungen zur Gegenseite und feindselige und abwertende Betrachtungen

Verzerrte Wahrnehmungen und negative Einschätzungen der Gegenseite können zu reaktiver Abwertung, *reactive devaluation*, führen.[110] Anregungen und Bewertungen werden demnach nur deshalb abgelehnt, weil sie von der „anderen Seite" gemacht werden.

2.1.1.3 Polarisierung und Simplifizierung

Polarisierung steht für die Zunahme von Gegensätzlichkeiten in der Verhandlung oder die Zunahme der Wahrnehmung solcher Gegensätzlichkeiten. Diese Polarisierung wird besonders durch positionsorientiertes Verhandeln und sehr forderndes Verhandlungsverhalten gesteigert. Das entspricht dem Phänomen, dass die Parteien sich als Konkurrenten wahrnehmen.[111] Diese Polarisierung führt oft gleichzeitig zu einer vereinfachenden Darstellung des Konfliktes, wodurch sich die Wahrnehmung auf die gegensätzlichen Pole fokussiert.

2.1.1.4 Ausweitung der Streitgegenstände und der sozialen Dimension

Die Ausweitung der Streitgegenstände kann eine Erweiterung der Themen ausschließlich auf der sachlichen Ebene bedeuten. Dies geschieht oft im Prozess der Verrechtlichung von Konflikten. Die rechtliche Analyse ergibt oft Ansprüche in Bezug auf Themen, die bislang nicht Verhandlungsgegenstand waren.

Die Ausweitung der sozialen Dimension bedeutet, dass immer mehr Parteien sich zu einer Seite bekennen und dass sich somit Lager bilden.

Exkurs: Verrechtlichung und Eskalation

Die Verrechtlichung wirkt bereits durch die kontradiktorische Ausgestaltung des Gerichtsverfahrens eskalierend. Zumeist führt eine solche Verrechtlichung und das Gerichtsverfahren auch zu einer Beendigung des Verhältnisses. Gleichzeitig schwinden im Rahmen der rechtlichen Auseinandersetzung die Chancen, beziehungsrelevante Aspekte zu klären, da diese dem Recht oft nicht zugänglich sind, was wiederum die Eskalationsspirale weiter schürt.

2.1.1.5 Personalisierung des Konflikts

Die Personalisierung der Auseinandersetzung ist ein Phänomen der fortgeschrittenen Eskalation. Sie geht oft mit der Verlagerung der Auseinandersetzung auf die Beziehungsebene einher. In diesem Zuge werden verstärkt die zugrunde liegenden Beziehungen und beteiligten Menschen infrage gestellt.

---

110 Vgl. Ross, L., *Reactive Devaluation in Negotiation and Conflict Resolution*, in: Arow/Mnookin/Ross: *Barriers to Conflict Resolution*, New York u.a. 1995, S. 27 ff.

111 Vgl. Duve/Eidenmüller/Hacke, Mediation in der Wirtschaft, 1. Aufl. 2003, S. 48.

2.1.1.6 Wechselseitige Verflechtung von Ursachen und Wirkungen

Die wechselseitige Verflechtung von Ursachen und Wirkungen kann sich als Dynamik im Rahmen positionsbasierter Argumentation entwickeln. Dabei besteht die Gefahr, dass der eigentliche Verhandlungsgegenstand aus dem Blick gerät und die Parteien sich primär auf den Argumentationsprozess konzentrieren.

Übersicht: Das „Eskalationsgeflecht" veranschaulicht die Wechselwirkung der einzelnen Mechanismen

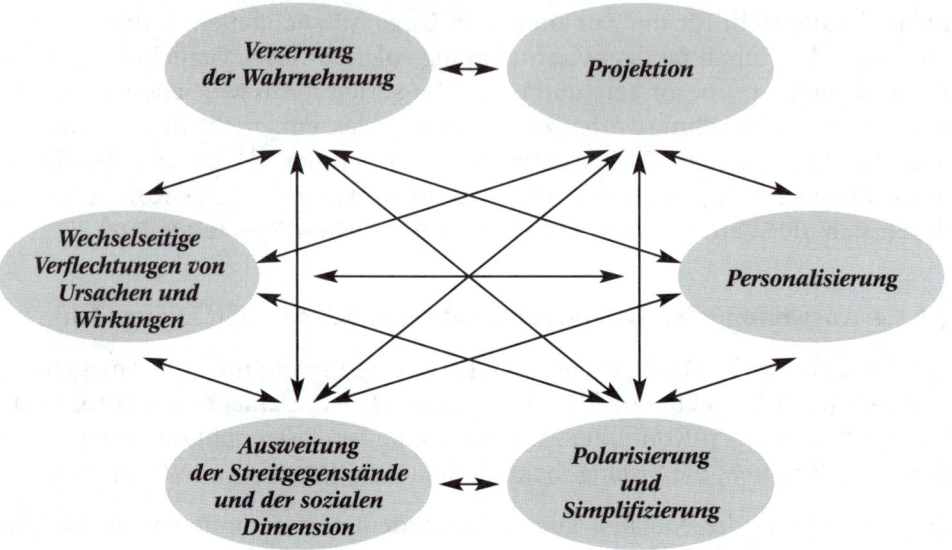

2.1.2 Deeskalation

Für die Parteien in Verhandlungen stellt sich die Frage, wie sie die Eskalationsspirale vermeiden, stoppen oder gar „zurückdrehen" können. Einen Ansatzpunkt dafür bieten die den Mechanismen der Eskalationsdynamik zugrunde liegenden gemeinsamen Elemente.

Einen wesentlichen Nährboden der Dynamik stellt die Stresssituation in der Verhandlung dar. Diese kann durch unterschiedliche Ursachen wie Zeitdruck, Einigungsdruck, emotionalem Druck oder andere äußere Umstände, die auf den Parteien lasten, bedingt sein. Deeskalierend wirken hier ansetzende „entschleunigende" Maßnahmen, die diesen Druck verringern können. Hierzu gehören z.B. Pausen, um Abstand zur Situation zu gewinnen, oder die Überprüfung der eigenen besten Alternative, um einen etwaig bestehenden Einigungsdruck zu kontrollieren.

Ein weiteres, den Mechanismen gemeinsames Element ist das die Eskalation begünstigende Wechselspiel der Aktionen der Parteien. Die einzelnen eskalationsfördernden Maßnahmen sind den Parteien regelmäßig nicht bewusst. Ein Weg zur Unterbrechung dieses Ursache- und Wirkungskreislaufes ist die Erforschung des jeweils eigenen Beitrages zu diesem Kreislauf. Parteien in einer eskalierenden Auseinandersetzung setzen häufig selber eskalationsfördernde Signale, ohne sich dessen bewusst zu sein. Einmal identifizierte eigene Beiträge sind regelmäßig leicht abzustellen und können ein Ende der Eskalationsspirale bedeuten.

Ein wechselseitiger Projektionsprozess kann einseitig nur unterbrochen werden, wenn mindestens eine Partei bereit ist, den Projektionsvorgang zu erkennen, das idealisierte Selbstbild infrage zu stellen und das eigene Fehlverhalten zu benennen.[112] Dazu kann das Infragestellen und Abstandnehmen von eigenen Behauptungen gehören.

Wahrnehmungsverzerrungen können vermieden oder dekonstruiert werden durch Wahrnehmungsabgleiche. Diese bestehen in Überprüfungen der eigenen und jeweils anderen Wahrnehmung. Hierbei helfen unterschiedliche Kommunikationstechniken wie aktives Zuhören und Spiegeln.[113] Das in positionsbasierten Verhandlungen oft zu beobachtende Wechselspiel von Argumenten, ohne dass eine Argumentationslinie überhaupt erfasst wurde, kann damit ebenfalls unterbrochen werden.

Ein weitergehender Ansatz, Wahrnehmungsverzerrungen zu begegnen, ist der bereits beschriebene Perspektivenwechsel, das Hineinversetzen in die jeweils andere Partei. Solcherart geförderter Verstehen muss nicht zu Verständnis führen, bewirkt aber meist zumindest eine Wahrnehmungsentzerrung.

Ein Ansatz zur Behandlung des Phänomens der Ausweitung der Streitgegenstände und der sozialen Dimension ist die Rückführung des Konfliktes auf die tatsächlichen Kernbereiche. Hierzu werden die Verhandlungsgegenstände und beteiligten Personen getrennt und einzeln systematisch themen- und interessenorientiert bearbeitet. Durch die Trennung von Sach- und Beziehungsebene kann vor allem der Personalisierung der Auseinandersetzung entgegengewirkt werden.

Ein Ansatz im Rahmen der wechselseitigen Verflechtung von Ursachen und Wirkungen ist das Abkoppeln der Verhandlung von der Suche nach einer Ursache oder eines Schuldigen und die Fokussierung auf die Interessenlage. Die Frage danach, welche Partei in einer Auseinandersetzung welche Ursachen gesetzt hat, bleibt meist ergebnislos und fördert unnötig den Eskalationsprozess.

---

112 Vgl. Glasl, Konfliktmanagement, 7. Aufl. 2002, S. 194.
113 Siehe Anhang – Techniken zur Unterstützung des Kommunikationsprozesses.

Exkurs: Kommunikation in Verhandlungen

Kommunikation ist das Interaktionswerkzeug für Verhandlungspartner. Sie verbindet die Parteien und kann eskalierend oder deeskalierend wirken. Kommunizieren bedeutet die möglichst verlustarme Verbindung von Information, Mitteilung und Verstehen. Vor allem dem Verstehen wird in Verhandlungen oft zu wenig Aufmerksamkeit gewidmet. Das Verstehen ist jedoch auch bei Verhandlungen wesentlicher Bestandteil nicht nur für die Gewährleistung von Kommunikation, sondern auch für gute Argumentation. Diese ist nur dann erfolgreich, wenn sie an der Wahrnehmungs- und Vorstellungswelt der zu überzeugenden Seite anknüpft. Methoden zum Wahrnehmungsabgleich können den Kommunikationsprozess effektiv unterstützen.

2.2 Emotionen in Verhandlungen

Gefühle sind fester Bestandteil des tatsächlichen Verhandlungsgeschehens – im Sinne ihrer negativen und positiven Ausprägung. In der Auseinandersetzung sind sie zunächst Ausdruck der Bedeutung von Wirklichkeit oder Möglichkeit in einer und für eine Partei.[114] Gleichzeitig bestehen gerade in – oft juristischen – Kontexten, in denen rein rationales Verhandeln als besonders erstrebenswert gilt, Berührungsängste gegenüber der Gefühlswelt der beteiligten Parteien.

Je nach Schwerpunkt des Konfliktgegenstandes auf der Sach- oder der Beziehungsebene und je nach emotionaler Bedeutung des Verhandlungsgegenstandes für die Parteien können sie Auslösung, Begleitung, Bestimmung oder Überlagerung des Konfliktverhaltens von Parteien bedeuten. Damit kommt ihnen während der Auseinandersetzung regelmäßig eine wesentliche Bedeutung zu: Sie dominieren die Beziehungsebene, die wiederum die Art und Weise der Auseinandersetzung auf allen anderen Ebenen beeinflusst. Emotionen sollten deshalb unter verschiedenen Aspekten beachtet werden.

Starke Gefühle, die – aus welchen Gründen auch immer – nicht artikuliert werden können oder dürfen, können den Kommunikations- und Verhandlungsprozess hemmen. Der Ausdruck von Emotionen hingegen wirkt meist befreiend.

Weiterhin können Emotionen den Anfang eines Klärungsprozesses bilden. Oft sind sich die Beteiligten in einer Auseinandersetzung nicht der Wirkung ihrer Aktionen bewusst. Sie realisieren beispielsweise nicht, dass einzelne ihrer Aktionen von der anderen Seite als verletzend wahrgenommen werden. Wenn derartige Muster bewusst gemacht und verstanden werden, kann entsprechend deeskalierend darauf reagiert werden. Der bewusste aktive Umgang mit Emotionen im Sinne von Verbalisieren und Hinterfragen von Emotionen kann so zur Klärung auf der Beziehungsebene beitragen.[115]

Emotionen können außerdem als diagnostisches Element sehr hilfreich sein in Verhandlungen: Sie können als Indikatoren und Informationsquellen für die

---

114 Vgl. Breidenbach, Mediation, 1. Aufl. 1995, S. 48.
115 Vgl. Thomann, Negative Gefühle ausdrücken?, in: Perspektive Mediation 2005, S. 36 ff.

Bedürfnisse und Interessen der Parteien dienen, die sich auch anhand ihrer emotionalen Resonanz manifestieren lassen.[116] Für den Entscheidungsfindungsprozess relevante Interessen, Bedürfnisse und Werte können über die durch sie hervorgerufenen Emotionen identifiziert werden.[117] So verstanden sind sie wichtige Elemente in Verhandlungen und können bei der Erforschung der Interessen der Parteien nutzbar gemacht werden.

Unter den genannten Aspekten und bei entsprechender Anerkennung und Behandlung können Emotionen somit durchaus zu einem klareren Verständnis der Verhandlungsrealität beitragen.

2.3 Macht in Verhandlungen

Verhandlungen finden idealerweise zwischen gleichen und gleichberechtigten Partnern statt. Dahinter steckt die Annahme, dass ein gemeinsames Hinwirken auf eine Konsenslösung nur notwendig und möglich sei, wenn eine Seite nicht ohnehin der anderen Seite die von ihr favorisierte Lösung oktroyieren kann. Machtungleichgewichte können tatsächlich Verhandlungen erschweren und sogar obsolet machen. Dennoch spielen Sie – wenn auch oft verdeckt – in fast allen Verhandlungen eine bedeutsame Rolle.

Der Schlüssel zum Umgang mit Macht liegt darin, sie zu dekonstruieren und transparent zu machen. Zur Dekonstruktion ist eine Auseinandersetzung mit dem Begriff „Macht" erforderlich. Der Begriff ist soziologisch amorph. Macht bedeutet jede Chance, innerhalb einer sozialen Beziehung den eigenen Willen auch gegen Widerstreben durchzusetzen, unabhängig davon, worauf diese Chance beruht. Viele denkbare Qualitäten eines Menschen und Konstellationen können jemanden in die Lage versetzen, seinen Willen in einer gegebenen Situation durchzusetzen.[118]

Dementsprechend können für Machtunterschiede sehr unterschiedliche Konzepte vorliegen: Hierarchiebedingte formale Macht, Experten-Macht, Macht durch Informationsvorsprung, Macht durch moralische oder rechtliche Legitimation, numerische Macht, Macht durch Assoziation/„Verbündete", Macht durch Ressourcenbeherrschung, Verfahrensmacht, Sanktionsmacht, u.v.m. Die unterschiedlichen Konzepte von Macht verdeutlichen, dass nur selten ein eindimensionales Machtgefälle vorliegen wird, das zur Bündelung der gesamten Entscheidungsgewalt bei einer Partei führt. Tatsächlich sieht sich meist auch die vermeintlich mächtigere Partei aus möglicherweise nicht transparenten Gründen zur Verhandlung „gezwungen" oder nicht in der Lage, ihre Macht auszuspielen.[119]

---

116 Vgl. oben 3. Teil, 1. Abschnitt.
117 Vgl. dazu insbesondere das Modell der gewaltfreien Kommunikation von Marshall Rosenberg: Rosenberg, Gewaltfreie Kommunikation, 1. Aufl. 2001.
118 Vgl. Weber, Grundriss der Sozialökonomik, III. Abteilung: Wirtschaft und Gesellschaft, 1. Aufl. 1922, S. 28 f.
119 Vgl. Breidenbach, Mediation, 1. Aufl. 1995, S. 102; Schelling, *The Strategy of Conflict*, 1. Aufl. 1960, S. 22 ff.

Soweit Macht den Einigungsprozess zu behindern droht, kann also eine Strategie im Umgang mit ihr sein, sie gemeinsam zu definieren, zu hinterfragen und gleichzeitig Machtfaktoren zu suchen, die die eigene Verhandlungsposition stärken.

Die Gefahr eines echten eindimensionalen Ungleichgewichts, das die Entscheidungsgewalt einseitig verteilt, stellt ein Risiko für einen echten Konsensfindungsprozess dar.[120] Im Extremfall wäre das Vorliegen einer Verhandlungssituation zu verneinen, da der Verhandlungsausgang nicht mehr von mehreren Seiten beherrscht und ein echter Konsens demnach nicht angestrebt wird.

3. Abschnitt: Verhandlungsverhalten und Verhandlungstaktiken

Verhandlungsverhalten lässt sich anhand von Verhandlungsstilen kategorisieren, denen Verhandlungstypen zugeordnet werden können. Verhandlungstaktiken behandeln einseitige Überzeugungs- und Überredungsmethoden, die die Gegenseite zur Annahme eines bestimmten Standpunktes oder zur Vornahme einer bestimmten Handlung bewegen sollen.

1. Verhandlungsstile

Es gibt zahlreiche Versuche, stereotype Verhaltensmuster in der zwischenmenschlichen Interaktion zu konstatieren, um leicht identifizierbare Typen kategorisieren zu können.[121] Derartige Versuche, Verhalten zu typologisieren, dienen vor allem zwei Zielen: Sie sollen zum einen eine fundierte Selbsteinschätzung unterstützen, um Schwächen und Stärken des eigenen Verhaltens besser einschätzen und dieses weiterentwickeln zu können. Zum anderen dienen sie der Fremdeinschätzung und dem Wunsch, fremdes Verhalten antizipieren zu können.

Derartige Typologien versuchen meist, eine Verbindung zwischen leicht identifizierbaren Verhaltensweisen und komplexen psychologischen Zusammenhängen herzustellen. Dies bedeutet stets zwangsläufig eine drastische Vereinfachung der tatsächlichen Zusammenhänge. Derartig vereinfachende Einschätzungen können dem Bedürfnis nach einer umfassenden und zuverlässigen Einschätzung von Menschen nicht gerecht werden, sondern nur vorsichtige Annäherungsversuche an Persönlichkeitstypen darstellen, und sind deshalb nur zurückhaltend vorzunehmen.

---

120 Die Behandlung von Machtungleichgewichten stellt deshalb auch eine besondere Herausforderung für einen Dritten in Konflikten, einen Mediator, dar. Vgl. dazu auch Breidenbach, Mediation, 1. Aufl. 1995, S. 111.

121 Vgl. Herzlieb, Erfolgreich verhandeln und argumentieren, 1. Auflage 2000, S. 84 ff. Knapp/Novak, Effizientes Verhandeln, 1. Aufl. 2003, S. 75 ff.; Mnookin/Peppet/Tulumello, *The Tension between Empathy and Assertiveness*, 12 Negotiation Journal S. 217–228 (1996).

Die meisten auf Stereotypen basierenden Verhaltenstypologien stellen auf grundlegende Verhaltenstendenzen und Handlungsmotivationen ab, die im Rahmen eines Schemas miteinander gekoppelt werden. Beispiele derartiger Tendenzen und Motivationen sind „Extraversion-Intraversion", „Fühlen-Intuition",[122] „hartes und weiches Verhandlungsverhalten",[123] „Selbstbehauptung" und „Einfühlung" in Verhandlungen,[124] „offensives" oder „defensives" Verhandlungsverhalten und „beziehungsorientiertes" oder „aufgabenorientiertes" Vorgehen.[125]

Ein für Verhandlungssituationen geeignetes Konzept dieser Art stellt das *Dual Concern Model* dar.[126] Es basiert auf einer Verknüpfung des Grades der Berücksichtigung der respektiven Belange der jeweiligen Parteien. Die besondere Berücksichtigung der eigenen Belange steht für die Verhaltenstendenz „Selbstbehauptung" und die besondere Berücksichtigung der jeweils anderen Belange steht für die Verhaltenstendenz „Einfühlung", im Original *„Assertiveness"* und *„Empathy"*. Selbstbehauptung wird erkennbar an dem Willen und der Fähigkeit, eigene Positionen und Interessen zu formulieren und zu vertreten. Einfühlung wird durch die Bereitschaft und Fähigkeit, die Perspektive des Verhandlungspartners verstehen zu können und dessen Erwartungen auch befriedigen zu wollen, sichtbar. Parteien in Verhandlungen tendieren regelmäßig bis zu einem bestimmten Grad zu diesen Verhaltensweisen.

Miteinander kombiniert ergeben sich aus den Variationen wenig bis sehr selbstbehauptend und wenig bis sehr einfühlend fünf Verhaltensstile, zu denen Parteien in Verhandlungen oder in der Konfliktaustragung neigen. Dies sind der sich durchsetzende, der vermeidende, der nachgebende, der Kompromiss anstrebende und der kooperierende Stil.

Übersicht: Das „Dual Concern Model"

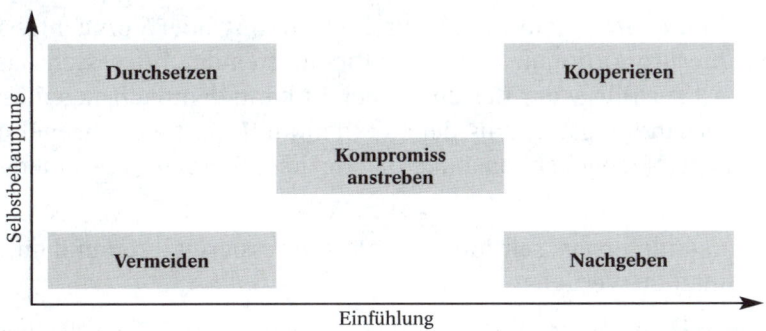

122 So Myers Briggs *„Type Indikator"*, vgl. Bents/Blank, M.B.T.I. Eine dynamische Persönlichkeitstypologie, 1. Aufl. 1995.

123 Knapp/Novak, Effizientes Verhandeln, 1. Aufl. 2003, S. 75 ff.

124 Mnookin/Peppet/Tulumello, The Tension between Empathy and Assertiveness, 12 Negotiation Journal S. 217–228 (1996).

125 Heinz-Jürgen Herzlieb, Erfolgreich verhandeln und Argumentieren, 1. Aufl. 2000, S. 84 ff.

126 Vgl. Pruitt/Sung Hee Kim, *Social Conflict: Escalation, Stalemate and Settlement*, 3. Aufl. 2004, S. 40 ff.; Thomas/Kilmann, *Conflict Mode Instrument*, 1. Aufl. 1974, S. 9. Ähnlich auch: Blake/Mouton, *The Managerial Grid III: The Key to Leadership Excellence*, 1. Aufl. 1985.

Ziel dieser Stilkategorisierung ist zum einen die deskriptive Darstellung der Stile und zum anderen die Untersuchung der ihnen zugrunde liegenden Motivation.

Die einzelnen Stile haben jeweils Vor- und Nachteile und können situationsspezifisch in verschiedenen Konstellationen unterschiedlich adäquat sein. Dementsprechend soll hier nicht ein Stil als besonders erstrebenswert identifiziert werden.

Der **vermeidende Stil** steht für Nicht-Konfrontation. Er ist durch wenig Selbstbehauptung und wenig Einfühlung gekennzeichnet. Dieser Typ tendiert dazu, Auseinandersetzungen aus dem Weg zu gehen oder sie zu umgehen oder zu verschieben. Diese Haltung kann bei trivialen Anlässen und in Situationen, in denen die Kosten der Auseinandersetzung den angestrebten Nutzen überwiegen, vorteilhaft sein.

Ein entsprechendes Verhalten kann sich auch als Taktik darstellen, wenn eine Seite ohnehin den Status quo favorisiert. In diesen Fällen erreicht diese Partei ihr Ziel gerade dadurch, dass sie eine Auseinandersetzung vermeidet.[127]

Der **durchsetzende Stil** ist gekennzeichnet durch viel Selbstbehauptung und wenig Einfühlung. Der durchsetzende Typ bewertet die eigenen Interessen höher als die des Verhandlungspartners und tendiert dazu, eigene Interessen unter Vernachlässigung oder auf Kosten der Interessen des Verhandlungspartners zu verwirklichen.

Dieser Stil eignet sich für Situationen, in denen schnelle Entscheidungen erforderlich sind und entsprechende Durchsetzungsmacht besteht, oder wenn auf einen entsprechenden durchsetzenden Stil reagiert werden muss.

Er birgt das Risiko der Vernachlässigung von Wertschöpfungspotenzial und der Eskalation in Auseinandersetzungen.

Der **nachgebende Stil** zeichnet sich durch Negierung oder Vernachlässigung eigener und überproportionale Berücksichtigung fremder Interessen aus. Dieser Stil trägt meist zur Pflege der Beziehung bei. Er kann demnach angemessen sein, wenn das Verhandlungsergebnis dem Verhandlungspartner sehr viel mehr bedeutet als dem Nachgebenden oder die Beziehungsebene besonders gepflegt werden soll.

Der Stil kann andererseits selbstlos oder desinteressiert wirken und birgt das Risiko, ausgenutzt zu werden.

Der **Kompromiss suchende Stil** steht für Entgegenkommen. Ziel ist weder das eigene Durchsetzen noch das Nachgeben. Angestrebt wird vielmehr ein – fairer – Ausgleich aller relevanten Interessen.

Der **kooperierende Stil** zeichnet sich durch Selbstbehauptung und Einfühlung aus. Er ist gekennzeichnet durch beidseitiges Zusammenwirken zum beidseitigen und nicht nur einseitigen Vorteil. Angestrebt wird ein alle Interessen befrie-

---

127 Vgl. Pruitt/Sung Hee Kim, *Social Conflict: Escalation, Stalemate and Settlement*, 3. Aufl. 2004, S. 39.

digendes und möglichst wertschöpfendes Ergebnis. Dieser Stil entspricht damit den Zielen, die mit dem integrativen Verhandeln verfolgt werden und die durch die interessenorientierte Vorgehensweise gefördert werden sollen. Er ist auf den Verhandlungsprozess bezogen der aufwendigste, und der Einsatz sollte deshalb immer in einem ausgewogenen Verhältnis zur Bedeutung des Verhandlungsgegenstandes stehen.

Das Modell eignet sich für die Einordnung eigenen und fremden Verhandlungsverhaltens sowie für ein besseres Verständnis der dem jeweiligen Verhalten zugrunde liegenden Motive.

Kenntnisse über den eigenen, intuitiv verfolgten Stil und den favorisierten Stil des Verhandlungspartners können in der Vorbereitung einer Verhandlungsstrategie hilfreich sein. Risiken der jeweiligen intuitiven Verhaltensmuster sollten durch entsprechendes gegensteuerndes Verhalten ausgeglichen werden. Ensprechende Strategien zur Förderung kooperativen Verhaltens sind bereits vorgestellt worden, Durchsetzungstaktiken sind Gegenstand des folgenden Kapitels.[128]

Die Motivation der Parteien trägt wesentlich zur – oft unbewussten – Wahl eines der genannten Stile bei. Entsprechend erlaubt die Motivation der Parteien Rückschlüsse auf das zu erwartende Verhandlungsverhalten. So ist durch zahlreiche Studien belegt, dass Konstellationen, in denen Parteien die eigenen wie die Belange der Gegenseite gleichermaßen berücksichtigen (müssen), kooperatives Verhalten fördern. Dieses Phänomen lässt sich beispielsweise in kleinen Gerichtsbezirken beobachten, in denen die Rechtsanwälte regelmäßig aufeinander treffen. Ein anderes Beispiel sind Konstellationen, in denen die Parteien aus laufenden (Vertrags-)Beziehungen voneinander abhängig sind.[129] Dies entspricht der oben beim Verhandlungsdilemma vorgestellten Beobachtung, dass kooperatives Verhalten dadurch gefördert wird, dass Parteien wiederholt miteinander verhandeln müssen und eine langfristig tragfähige Beziehung haben oder aufbauen müssen.[130] Entsprechend fördert ein starkes Interesse am Verhandlungsgegenstand hingegen das Durchsetzungsbestreben einer Partei.[131]

2. Verhandlungstaktiken

Verhandlungstaktiken haben die Beeinflussung des Verhandlungsverhaltens des Verhandlungspartners zum Gegenstand. Erkenntnisse zur wirksamen Beeinflussung von Verhandlungspartnern stammen im Wesentlichen aus der in der Psychologie beheimateten Persuasionsforschung.[132] Diese versucht, die Mechanismen zwischenmenschlicher Überzeugungsprozesse zu erklären.

---

128 Vgl. oben.
129 Für eine Übersicht über unterschiedliche Studien dieser Art vgl. De Dreu/Weingart/Kwon, *Influence and Social Motives on Integrative Negotiation: A Meta-Analytical Review and Test of two Theories*, Journal of Personality and Social Psychology, 78 (1991), S. 889 ff.
130 Vgl. Pruitt/Sung Hee Kim, *Social Conflict: Escalation, Stalemate and Settlement*, 3. Aufl. 2004, S. 45 f.
131 Vgl. Pruitt/Sung Hee Kim, *Social Conflict: Escalation, Stalemate and Settlement*, 3. Aufl. 2004, S. 43 f.

Im Folgenden werden einige oft zu beobachtende und häufig unbewusst eingesetzte Taktiken in ihrer Funktionsweise erläutert. Dies dient dem besseren Verständnis des Verhandlungsgeschehens, soll den Umgang mit Taktiken des Verhandlungspartners erleichtern und den gezielten Einsatz in der Verhandlung anregen.

Verhandlungstaktiken werden planmäßig bewusst oder unbewusst zum Erreichen der eigenen Ziele eingesetzt. Dies kann im Rahmen eines durchsetzenden, eines den Kompromiss suchenden oder auch im Rahmen eines kooperativen Stils der Fall sein.

Viele der folgenden Taktikten kommen häufiger zum Einsatz in unbewusst oder bewusst positionsorientiert geführten Verhandlungen, eindimensionalen Verhandlungen (beispielsweise reinen Verteilungssituationen wie etwa Preisverhandlungen) oder aber in speziellen Verhandlungssituationen, die tendenziell kontradiktorisch verlaufen (beispielsweise im Rahmen der Optionenbewertung im Rahmen von Phase IV des oben beschriebenen Phasenmodells, s. 2. Abschnitt).

Verhandlungstaktiken zielen entweder auf die Umstimmung und Gewinnung des Verhandlungspartners für die eigene Sache ab – dann sind sie geprägt von Überzeugungstaktiken. Oder sie zielen darauf ab, den Widerstand des Verhandlungspartners zu brechen – dann sind sie von Manipulation oder dem Ausüben von Druck geprägt.

Alle Taktiken dieser Art funktionieren nur, wenn und solange ihnen die Perspektive, die Interessen und das Wertesystem des Verhandlungspartners zugrunde liegt. Für eine wirksame Argumentation ist daher ein umfassendes Verständnis der Sicht des Verhandlungspartners unverzichtbar.

Die meisten Überzeugungstaktiken setzen sich aus einer rationalen und einer emotionalen Komponente zusammen.[133] Sie werden im Folgenden anhand des Schwerpunktes dieser Komponenten vorgestellt.

2.1 Logische Argumentation

Logische Argumentation besteht in rein rationalen Überzeugungsversuchen.[134] Diese basieren entweder auf für den Verhandlungspartner neuer Information oder auf einer Reorgansiation bekannter Information. Logisches Überzeugen kann zwei Ausprägungen annehmen:[135]

Erstens kann die Argumentation dahin gehen, dass die fordernde Person ein legitimes Recht auf die Erfüllung der Forderung habe. Ein Beispiel stellt die rechtliche Argumentation in Vergleichsverhandlungen dar.

---

132 Vgl. grundlegend dazu Perloff, *The Dynamics of Persuasion*, 1. Aufl. 2003; Dillard/Pfau, *The Persuasion Handbook. Development in Theory and Praxis*, 1. Aufl. 2001; Cialdini, *Influence: Science and Practice*, 4. Aufl. 2001.

133 Vgl. Jackob, Überzeugend argumentieren mit Fallbeispielen, Anekdoten und Statistiken, Fachjournalist 2004, 8.

134 Grundlegend zu logischer Argumentation vgl. Minto, Das Pyramiden-Prinzip, Logisches Denken und Formulieren, 1. Aufl. 1993.

135 Vgl. Pruitt/Sung Hee Kim, *Social Conflict: Escalation, Stalemate and Settlement*, 3. Aufl. 2003, S. 68 f.

Zweitens kann argumentiert werden, die Erfüllung der jeweiligen Forderung stelle auch die beste Option für die Gegenseite dar, sie erfolge damit also im gemeinsamen Interesse.

Logische Argumentation setzt allseits rationales Verhandlungsverhalten, also primär Verhandeln über Sachthemen voraus. Unter anderen Umständen kann logische Argumentation eskalationsfördernd wirken. So wirkt Logik tendenziell polarisierend und kontraproduktiv, wenn der Adressat sich sehr emotional verhält und bereits eine starke Ablehnung gegen einen Standpunkt oder den Sender besteht.[136]

2.2 Handeln

Handeln als Taktik steht für den Austausch von – den Parteien möglicherweise unterschiedlich wichtigen – Bestandteilen der Verhandlungsmasse, einen Kompromiss oder einen Handel mit Gefälligkeiten.

Die bedeutendste Variante ist das Entgegenkommen auf unterschiedlichen Verhandlungsebenen. Dies geschieht oft unter wertschöpfender Erweiterung der Verhandlungsmasse auf Aspekte, die mit der ursprünglichen Verhandlung in keinem Verhältnis stehen.[137] Beispiele sind „kostenlose Extras" bei Preisverhandlungen oder die Vereinbarung neuer zukünftiger Aufträge bei Abwicklung aktueller Aufträge.

Eine andere Variation des Tausches ist das Versprechen einer zukünftigen Belohnung für den Fall der Erfüllung der Forderung.[138] Die zukünftige Belohnung besitzt dabei für die erfüllende Partei einen höheren Wert als der mit der anstehenden Erfüllung erlittene Verlust. Dieses Konzept setzt Glaubwürdigkeit des Versprechens aufgrund bestehenden Vertrauens oder anderer Form von Absicherung voraus. Erfolgt die Absicherung über zu gewährendes Vertrauen, ist dieses Konzept wesentlich auf der Beziehungsebene verankert. Es entsteht die Gefahr von Abhängigkeit.

2.3 Vermischung der Beziehungs- und der Sachebene

Die Vermischung der Beziehungs- mit der Sachebene steht für die aktive Einbeziehung der persönlichen Ebene in die Verhandlung.

Der Verhandelnde spekuliert dabei zum einen auf einen „Gefallen" oder auf ein Entgegenkommen aufgrund der vermeintlich guten zwischenmenschlichen Beziehung. Der „Gefallen" basiert wie der Tausch auf einem Austauschmodell – die einlenkende Seite dürfte ihrerseits einen entsprechenden Gefallen auch

---

136 Vgl. Jackob, Überzeugend argumentieren mit Fallbeispielen, Anekdoten und Statistiken, Fachjournalist 2004, 8.

137 Diese Taktik spielt oft eine Rolle in Delegiertenverhandlungen. Hier können die Verhandlungsführer – möglicherweise zulasten der eigenen vertretenen Parteien – die Verhandlungsmasse um rein persönliche Angelegenheiten erweitern.

138 Zu Vor- und Nachteilen des Konzeptes Versprechen vgl. auch Pruitt/Sung Hee Kim, *Social Conflict: Escalation, Stalemate and Settlement*, 3. Auflage 2003, S. 66 ff.

einfordern. In diesem Fall ist motivierendes Element das Vertrauen auf die Erfüllung aufgrund der Beziehung der Parteien zueinander. Zum anderen liegt diesem Modell die Erkenntnis zugrunde, dass Menschen geneigt sind, Veränderungsimpulse von ihnen nahe stehenden Personen eher zu akzeptieren als solche von fremden Personen.[139]

Variationen dieser Taktik bestehen immer in dem Herstellen von Reziprozität zwischen Aktionen auf der Sachebene und auf der Beziehungsebene. Beispiele sind – meist nicht ausgesprochene, aber implizit vermittelte – Androhung von Liebes- oder Freundschaftsentzug oder aber das Angebot der Vertiefung der Beziehung bei Erfüllung auf der Sachebene.

Eine andere Variation besteht in einem Abwerten der gegnerischen Partei als Person – beispielsweise durch Hinterfragen von deren moralischer Integrität –, wodurch gleichzeitig deren Glaubwürdigkeit und Argumentation auf der Sachebene abgewertet oder infrage gestellt werden soll. Dies geschieht häufig im Rahmen der bereits beschriebenen Personalisierung durch die Vermengung von Standpunkten mit den diese vertretenden Personen. Entsprechend den oben beschriebenen Eskalationsmechanismen geschieht dies meist unbewusst.

In diese Kategorie fällt ebenso der im Rahmen der kollektiven Strategien zur Überwindung des Verhandlungsdilemmas beschriebene Vertrauensaufbau vor Verhandlungsbeginn.

Momente auf der Beziehungsebene können spontane Sympathie, offenes Appellieren an Freundschaft, soziale Bestätigung im Sinne von Schmeicheln, jede Art von empathischem Verhalten oder Antipathie und offene Ablehnung sein.[140]

Die Einschätzung als Taktik fällt nicht eindeutig aus. Bei Zugrundeliegen einer authentisch guten Beziehung entspricht das Vorgehen normalen sozialen Gepflogenheiten. Bei Ausnutzen der Beziehungsebene erscheint das Vorgehen dagegen missbräuchlich. In solchen Fällen kann sich diese Taktik sehr schädlich auf der Beziehungsebene auswirken.

2.4 Manipulation

Manipulation bedeutet von der anderen Partei unbemerkte Beeinflussung.[141] Sie besteht meist in der Beeinflussung der Wahrnehmung des Verhandlungspartners. Ziel ist, die jeweils eigens favorisierte Lösung als möglichst attraktiv erscheinen zu lassen.

Hierfür stehen unterschiedliche Variationen der Manipulation des Einigungsbereichs zur Verfügung. Die Beeinflussung der Erscheinung der eigenen Nichtei-

---

139 Vgl. Cialdini, *Influence: Science and Practice*, 4. Aufl. 2001, S. 35 ff.

140 Vgl. Gordon, *Impact of Ingratiation on Judgements and Evaluations: A Metaanalytical Investigation*, Journal of Personality and Social Psychology 71 (1996), S. 54–70.

141 Zu den unterschiedlichen Manipulationstechniken vgl. Craver, *Effective Legal Negotiations and Settlement*, 2. Aufl. 1996, S. 124 ff.

nigungsalternativen als besonders mannigfaltig oder gut begrenzen den Einigungsbereich zugunsten der eigenen Position („ich bin auf eine Einigung mit Ihnen nicht angewiesen"). Die Beeinflussung der Erscheinung der fremden Nichteinigungsalternativen als besonders rar oder schlecht erhöht entsprechend den Druck auf die Gegenseite, den Einigungsbereich zu ihren Ungunsten zu erweitern. In Vergleichsverhandlungen geschieht dies beispielsweise durch Dekonstruktion der juristischen Argumentation und damit der BATNA der Gegenseite. Die Beschreibung der Einigungsoptionen als besonders attraktiv (beispielsweise durch „Schön-Reden" des Kaufgegenstandes) stellt eine weitere Variante von Manipulation dar.[142]

Eine zusätzliche Methode der Manipulation ist das „*Framing*", die Manipulation der Umstände des Gegenstandes.

Knappheit als Eigenschaft von Verhandlungsobjekten erhöht deren Attraktivität, und die Darstellung eines Gutes als „äußerst selten" oder „limitiert" („limitierte Auflage") steigert somit das Verlangen danach.[143]

Ebenfalls in den Bereich der Verdeutlichung und möglicherweise Manipulation der Grenzen des Einigungsbereichs fällt das so genannte *Commitment*, die Selbstbindung einer Partei.[144] Beim *Commitment* werden einzelne Optionen ausgeschlossen, als Nichteinigungsoptionen deklariert, und damit bestimmte Positionen als unausweichlich oder schicksalhaft dargestellt.[145] Für den Fall der Nichtakzeptanz eines Angebots oder der Nichtvornahme der gewünschten Handlung wird beispielsweise ein Ergebnis in Aussicht gestellt, das derart angekündigt wird, dass es sich scheinbar der Einflussnahme der sich selbst bindenden Seite entzieht. Entsprechende Beispiele sind öffentliche Ankündigungen von Tarifparteien im Rahmen von Tarifgesprächen, ein Gebot unter XY „niemals" akzeptieren zu können oder der – manchmal vorgetäuschte – Ausschluss potenzieller Einigungsoptionen durch ein nicht direkt beteiligtes Überwachungsgremium wie einen Aufsichtsrat.

Commitment

Eine anschauliche Anekdote zum *Commitment* stellt die Begegnung von zwei Lkw-Fahrern auf einer Straße dar, die so eng ist, dass einer von beiden ausweichen muss. Indem einer von beiden sein Lenkrad entfernt, sichtbar aus dem Fenster wirft und sich damit bindet, weiter geradeaus zu fahren, signalisiert er dem anderen Fahrer, dass die Entscheidung für oder gegen eine Kollision nur noch in dessen Händen liegt.

Eine weitere Manipulationsmethode stellt das so genannte *Anchoring*, Ankern, dar.[146] Es besteht in der Abgabe eines überzogenen ersten Gebots. Dadurch,

---

142 Vgl. hierzu auch Lax/Sebenius, *The Manager as Negotiator: Bargaining or Cooperation and Competitive Gain*, 1. Aufl. 1986, S. 119 ff.

143 Cialdini, *Influence: Science and Practice*, 4. Aufl. 2001, S. 231.

144 Vgl. Schelling, *The Strategy of Conflict*, 1. Aufl. 1960, S. 22 ff.

145 Vgl. hierzu Eidenmüller, Ökonomische und spieltheoretische Grundlagen von Verhandlung/Mediation, in: Breidenbach/Henssler, Mediation für Juristen, 1. Aufl. 1997, S. 47 f.

146 Vgl. dazu Edwards/James, *The Lawyer as a Negotiator*, 1. Aufl. 1977, S. 115 f.

dass es oft den ersten fixen Wert in einer Verhandlung darstellt, wird es oft als Orientierungswert wahrgenommen. Ein weites „Herunterhandeln" von diesem Orientierungspunkt wird dann als Verhandlungserfolg aufgefasst, obgleich dieses Gebot überzogen und unrealistisch war.

Weitere Arten der Manipulation bestehen im schlichten Täuschen, *bluffen*, oder dem Berufen auf nicht überprüfbare Daten oder Autoritäten.

2.5 Druck

Druck kann viele unterschiedliche Ausprägungen annehmen. Hierunter fällt der Aufbau von Zeitdruck, von emotionalem Druck, das Drohen mit oder das Warnen vor unangenehmen Folgen.

Emotionaler Druck kann beispielsweise durch eine als unangenehm empfundene Atmosphäre (beispielsweise auch durch Beschämen oder Erniedrigen) aufgebaut werden, der der andere Verhandlungspartner durch schnelle Einigung zu entgehen versucht.[147]

Die Drohung mit Gewalt oder sonstigem Übel ist ein gängiges Druckmittel. Wesentliches Element der Drohung ist ihre Glaubwürdigkeit.

Beispiel: Stress

Ein Beispiel für das künstliche Herbeiführen einer unangenehmen Verhandlungssituation ist das Verhalten Chruschtschows, der in einer Weltsicherheitsratssitzung unvermittelt mit einem Schuh auf den Tisch trommelte. Später stellte sich heraus, dass er den Schuh mitgebracht haben musste, da er während des Trommelns zwei Schuhe an den Füßen trug – die Aktion war entsprechend geplant gewesen.

Die Drohung ist zu unterscheiden von der Warnung. Bei der Warnung hat der Warnende keinen Einfluss auf die Realisierung des Ereignisses, vor dem gewarnt wird. In dem Sinne, dass die Warnung Übel für den Fall der Nichtbefolgung voraussagt, stellt sie eine Variation des Druck-Ausübens dar.

Druck kann weiterhin durch Zwang oder Gewalt ausgeübt werden. Beim Zwang wird das Übel bereits zugefügt und es wird implizit mit der Fortführung der Zufügung des Übels gedroht. Bei Anwendung von Zwang, mindestens bei stellvertretender gewaltsamer Vornahme der gewünschten Handlung kann die freie Willensbetätigung so weit eingeschränkt sein, dass keine Überzeugung und damit Taktik mehr vorliegt.

Bei allen Methoden, mit denen Druck auf die Gegenseite ausgeübt werden soll, sind die damit verbundenen Gefahren zu beachten: Drohungen können kontraproduktiv sein, einengend wirken und irrationalen Widerstand erzeugen. Dann ist die Folge nicht selten Aggression der Gegenseite – häufig unter Ingangsetzen einer Eskalationsspirale. Zum anderen besteht bei der Drohung die Gefahr der Eskalation in dem Sinne, dass bei Nichtbefolgung die Verwirklichung der Dro-

---

147 Dazu Macioszek, Chruschtschows dritter Schuh, 1. Aufl. 2000.

hung notwendig werden kann, obgleich diese nicht vorgesehen war, weil mit der Erfüllung der Forderung gerechnet wurde.

„Guter Polizist – böser Polizist"

Den Gefahren der unkontrollierbaren Eskalation durch Drohungen wird oft mit dem Spiel „guter Polizist – böser Polizist" begegnet: In diesem Konzept besteht eine Seite aus zwei Personen: Eine Person spielt einen drohenden Verhandlungspartner und die andere Person spielt einen beschwichtigenden Partner, der so die Gefahren der Drohung kontrollieren und ggf. kompensieren kann.

2.6 Beteiligung/Fragen

Eine Methode zur Überwindung von Widerständen stellt die echte oder nur scheinbare Beteiligung dar. Im Rahmen dieser Methode wird eine – bestenfalls die favorisierte – Lösung gemeinsam entwickelt.[148]

Als Ausgangslage wird dabei das gemeinsame Problem auf Basis der Position des Verhandlungspartners formuliert, für das gemeinsam eine Lösung entwickelt werden soll.[149] Durch gezieltes Einbinden des Verhandlungspartners und durch dessen aktive Teilnahme am Entwicklungsprozess steigt die Bereitschaft, Veränderungen in der Wahrnehmung oder im Verhalten zuzulassen.[150] Die Einbindung erfolgt durch gezielte und lenkende Fragen.

Wenn die Methode gezielt genutzt wird, um Widerstände gegen eine eigene Lösung oder Tendenz zu umgehen, wirkt sie wie Manipulation. Bei ergebnisoffener Anwendung birgt sie die Gefahr, dass die Verhandlung sich in eine unvorhergesehene Richtung entwickelt.

Exkurs: Umgang mit unfairen Methoden

Auf die eskalationsfördernden Aspekte einzelner der beschriebenen Taktiken sowie auf die Gefahren bei der Vermischung von Verhandlungsebenen insbesondere in Bezug auf die Sach- und Beziehungsebene ist an anderer Stelle bereits eingegangen worden.

Die adäquate Reaktion auf unfaire Verhandlungsmethoden ist stark abhängig vom eigenen Verhandlungstyp. Zentral ist ein kontrollierter und bewusster Umgang mit derartigen Situationen, um das Ingangsetzen einer unkontrollierbaren Eskalationsspirale zu vermeiden.

Einzelne Methoden können in dem offenen Benennen und Hinterfragen der Taktik oder notfalls in der Wahl einer Nichteinigungsalternative bestehen.

Grundsätzlich gilt für derartige Situationen das im Rahmen der Deeskalationsstrategien Gesagte. Die zugrunde liegenden Mechanismen weisen große Überschneidungen auf.

---

148 Der Methode liegt eine Experimentreihe der sechziger Jahre in den USA zugrunde, im Rahmen derer Widerstände in Veränderungsprozessen untersucht wurden, vgl. Lewin, *Forces behind Food Habits and Methods of Change*, in: *Bulletin of the National Research Council*, Nr. 108, S. 35–65.

149 Kriesberg, *Social Conflicts*, 2. Aufl. 1982, S.115 ff.

150 Vgl. Lewin, *Forces behind Food Habits and Methods of Change*, in: *Bulletin of the National Research Council*, Nr. 108, S. 35–65.

Übersicht: Verhandlungsvorbereitung

Ausgangs-situation	**Bestimmung des** ▸ Einigungsbereichs **durch Herausarbeitung der** ▸ jeweiligen besten Alternative und des ▸ jeweiligen äußersten Gebots	
Planung in Bezug auf den Verhandlungs-gegenstand	**Ebene**	**Vorgehensweise**
	Sachebene	Interessenorientierung
	Verteilungsebene	Wertschöpfung Nutzung objektiver Kriterien
	Werteebene	Verständnissicherung Bearbeitung von Sach-konflikten
	Beziehungsebene	Kommunikationsklärung
Planung der Verhandlungs-führung	**Verhandlungsprozess**	
	▸ Wer sind die (notwendig zu beteiligenden) Verhandlungs-partner? ▸ Örtlichkeiten ▸ Zeitrahmen	
	I. Rahmenvereinbarung	
	II. ▸ Eigene Themen – Themen des Verhandlungs-partners? ▸ Verhandelbarkeit der Themen?	
	III. ▸ Notwendige Hintergrundinformationen – Welche Informationen fehlen? ▸ Eigene Interessen – Interessen des Verhandlungs-partners?	
	IV. ▸ Optionenentwicklung ▸ Optionenbewertung ▸ Rechtlicher Rahmen?	
	▸ Follow-Up-Verfahren ▸ Umsetzung	
	Verhandlungsstrategie	
	▸ Wird eine kooperative oder kompetitive Vorgehensweise angestrebt? ▸ Ggf. Vorbereitung einzelner Verhandlungstaktiken	

4. Teil: Mediation und Schlichtung

Vermittlungsverfahren zeichnen sich durch ihre Struktur sowie durch spezifische Arbeitsweisen und Zielsetzungen aus. Es existiert eine große Bandbreite an Stilen und Formen.[151] Ihr gemeinsames Merkmal besteht darin, dass eine dritte Person die Parteien darin unterstützt, eine einvernehmliche Lösung für ihren Streitfall zu finden.

Mediation wird im deutschsprachigen Raum bislang vornehmlich als interessenorientierte Vermittlung durch einen allparteilichen Dritten, der keine inhaltlichen Lösungsvorschläge einbringt, verstanden. Charakteristisch für diese Form der Vermittlung ist der Aufbau gegenseitigen Verständnisses (Perspektivwechsel), bevor an Lösungsmöglichkeiten gearbeitet wird.[152]

Schlichtung beschreibt demgegenüber eine Form der Vermittlung, die sich tendenziell stärker auf rechtliche Einschätzungen stützt und bei der die vermittelnde Person den Parteien einen Vorschlag zur Beilegung des Konfliktes unterbreitet. Die umfassende Erarbeitung von Interessen und ein Perspektivwechsel der Parteien sind nicht notwendige Bestandteile eines Schlichtungsverfahrens.

Mediation	Schlichtung
Konfliktlösung durch Parteien	Konfliktlösung (Vorschlag) durch vermittelnden Dritten

Die Übergänge zwischen den Vermittlungsmodellen sind in der Praxis oft fließend. Mediation und Schlichtung wurden in der Vergangenheit zum Teil synonym, zum Teil als Ober- oder Unterbegriffe verwandt. Obgleich es diesbezügliche Tendenzen gibt, kann hinsichtlich des Verhältnisses der Begriffe bislang nicht von einem einheitlichen Verständnis gesprochen werden.[153]

1. Abschnitt: Mediation

Mediation dient den Beteiligten eines Konfliktes dazu, gemeinsam möglichst interessengerechte und wertschöpfende Ergebnisse zu erarbeiten. Das hier zugrunde gelegte Modell eignet sich für die Bearbeitung diverser Konfliktsituationen in zahlreichen Lebensbereichen und kann auch bei komplexen und/oder schwierigen Verhandlungen und Entscheidungsprozessen eingesetzt werden.

---

151 S. 3. Abschnitt.

152 Das hier vorgestellte Mediationsmodell baut auf einem „integrativen Verhandlungsansatz" auf und ist tendenziell der im 3. Abschnitt erläuterten moderierenden Vermittlung *(facilitative-broad)* zuzuordnen. Dieser Mediationsansatz zeichnet sich durch einen ausgeprägten Kontrast zur traditionellen juristischen Denk- und Arbeitsweise aus und lohnt daher einen genauen Blick. Die Kenntnis des gesamten ADR-Spektrums, d.h. aller Vermittlungsmodelle und ihrer Charakteristika, ermöglicht es im Einzelfall, das angemessene Verfahren und die geeignete Vermittlungsstelle oder -person zu wählen bzw. zu empfehlen.

153 S. u.a. Rüssel, JuS 2003, 380 ff. m.w.N.

1. Grundlagen

Entsprechend der Vielfalt der Lebensbereiche, in denen Mediation eingesetzt wird, und der unterschiedlichen professionellen Hintergründe von Mediatoren findet sich kein einheitliches Verständnis von Mediation, wie es auch kein allgemein gültiges, einheitliches Berufsbild gibt.[154]

1.1 Definition

Es gibt zahlreiche Definitionsansätze, welche die unterschiedlichen professionellen Hintergründe, Praxisbereiche und Auffassungen von Mediation widerspiegeln: „ ... Mediation ...

▶ ... ist eine rein private Form der Schlichtung, d.h. ein freiwilliges, außergerichtliches Verfahren der Konfliktaustragung, bei dem die Beteiligten durch einen Dritten, z.B. einen Rechtsanwalt, als Mediator unterstützt werden.“[155]

▶ ... ist Vermittlung in Streitfällen durch unparteiische Dritte, die von allen Seiten akzeptiert werden und den Streitenden helfen, eine einvernehmliche Lösung ihrer Probleme zu finden.“[156]

▶ ... [ist] ein außergerichtliches, freiwilliges Konfliktbearbeitungsverfahren, in dem Konfliktpartner mit Unterstützung eines neutralen Dritten ohne inhaltliche Entscheidungsbefugnis gemeinsame, aufeinander bezogene Entscheidungen treffen ...“[157]

▶ ... ist eine Kunst, Konflikte in einer konstruktiven Art zu deeskalieren und zu bearbeiten.“[158]

▶ ... ist ein nicht-förmliches Verfahren, in dem ein Dritter die Parteien in ihrem Verhandlungsbemühen unterstützt.[159]

▶ ... ist durch Dritte unterstützte Verhandlung.“ – *„Mediation is negotiation carried out with the assistance of a third party.“*[160]

▶ ... ist nach bisherigem Verständnis ein außergerichtliches Konfliktlösungsverfahren zwischen allen am Konflikt Beteiligten, das von einem oder mehreren Mediatoren als externen, unabhängigen und neutralen Dritten durchgeführt wird, das von den Prinzipien der Freiwilligkeit, Eigenverantwortlichkeit und der Gemeinsamkeit getragen wird und an dessen Ende eine fall- und problemspezifische Konfliktregelung oder -lösung steht, die von den Konfliktparteien selbst erarbeitet wurde. Die Mediatoren sind verantwortlich für die Kommunikation und den Ausgleich zwischen den Parteien, nicht jedoch für das inhaltliche Ergebnis der Verhandlungen. Das Ergebnis wird schriftlich festgehalten.“[161]

---

154 Als Mediatoren arbeiten u.a.: Juristen, Rechtsanwälte, Notare, Richter, Psychologen, Soziologen, Sozialwissenschaftler, Sozialarbeiter, Unternehmensberater, Betriebswirte, Steuerberater, Kommunikationswissenschaftler, Ingenieure, Politologen, Pädagogen, Theologen und Architekten. Die Aufzählung ist keinesfalls abschließend; unabhängig vom Hauptberuf können sich grundsätzlich alle Menschen zusätzlich für Mediationstätigkeit qualifizieren.

155 Albers in: Baumbach/Lauterbach/Albers/Hartmann, ZPO, 63. Aufl. 2005, Grundz. § 1025, Rdnr. 11.

156 Besemer, Mediation – Vermittlung in Konflikten, 7. Aufl. 2000, S. 14.

157 Breidenbach, Mediation – Struktur, Chancen und Risiken von Vermittlung im Konflikt, 1995, S. 137; Mähler/Mähler in: Breidenbach/Henssler, Mediation für Juristen, 1. Aufl. 1997, S. 15.

158 Dulabaum, Mediation – Das ABC, 4. Aufl. 1998, S. 8 f. mit fünf weiteren möglichen Antworten auf die Frage „Was ist Mediation?“.

159 Sinngemäß: Duve, BB 1998, Beil. 10, S. 9 ff.

160 Goldberg/Sander/Rogers, *Dispute Resolution – Negotiation, Mediation and other Processes*, 2. Aufl. 1992, S. 103.

161 www.bmj.bund.de.

Das Mediationsverfahren, wie es insbesondere auch in Standards und Richtlinien der größeren Mediationsverbände[162] im deutschsprachigen Raum dargestellt und vertreten wird, zeichnet sich durch folgende Merkmale aus:

► **Selbstbestimmung der Parteien (Medianten)** – Die Beteiligten haben größtmöglichen Einfluss auf und Verantwortung für Inhalt und Ergebnis. Sie entscheiden in eigener Sache. Mediation beruht auf dem Gedanken der Privat- bzw. Parteiautonomie.

► **Nicht entscheidungsbefugte „Dritte" (Mediatoren)** – Kennzeichnend für Mediation ist die Trennung von Inhalts- und Verfahrensverantwortung (Prozess- und Ergebnisherrschaft). Der Mediator ist verantwortlich für den Prozess und unterstützt die Kommunikation der Parteien. Er ist nicht verantwortlich für Inhalt und Ergebnis.

► **Anwesenheit aller am Konflikt Beteiligten** – Überwiegend wird die Präsenz aller Beteiligten angestrebt. Sämtliche Informationen sollen allen Beteiligten gleichermaßen zukommen. Unterschiedliche Sichtweisen und Wahrnehmungen werden dadurch offen gelegt und können bearbeitet werden. Die Anwesenheit ist Voraussetzung für die Entwicklung gegenseitigen Verständnisses und die Ermöglichung von Perspektivwechseln.

► **Orientierung an einem Phasenmodell** – Mediation ist ein strukturiertes Verfahren, dem ein Phasenmodell zugrunde liegt. Dieses kann fallbezogen an die konkrete Situation und die Bedürfnisse der Beteiligten angepasst werden.[163]

► **Konsensorientiertheit** – Mediation hat die einvernehmliche, vom Einverständnis aller Beteiligten getragene Lösung von Konflikten zum Ziel.

► **Interessenorientiertheit** – Prägender Bestandteil des Verfahrens ist die Orientierung an den Interessen der Beteiligten. Diese sind regelmäßig wichtigster Maßstab bei der Lösungsfindung.[164]

1.2 Ziele

Die gemeinsame, auf der Basis gegenseitigen Verständnisses und der Anerkennung der Interessen des jeweils anderen beruhende, umfassende und wertschöpfende Regelung einer Konfliktsituation kann als Idealziel von Mediation bezeichnet werden.[165]

In der Praxis werden häufig Teilziele erreicht. Die Gründe für ein Zurückbleiben hinter dem maximal Erreichbaren sind sehr unterschiedlicher Natur: Sie können u.a. in der mangelnden Bereitschaft, Zeit und/oder Geld zu investieren, lie-

---

162 S. 6. Teil, 2. Abschnitt.

163 Zu den Mediationsphasen s. 2. Abschnitt.

164 Zum Interessenbegriff s. 3. Teil, 1. Abschnitt, 3.

165 Abhängig von Lebensauffassung, Mediationsverständnis und den Gegebenheiten der Situation im Einzelfall differieren die Zielsetzungen der Beteiligten erheblich. S. hierzu den 3. Abschnitt; zu Metazielen einzelner Beteiligter eines Mediationsverfahrens s. Breidenbach/Gläßer, ZKM 1999, 207 ff.

gen, auf örtlichen und/oder zeitlichen Hindernissen oder Gegebenheiten oder auf mangelndem Vertrauen in das Verfahren beruhen oder sich in der persönlichen Entwicklung der einzelnen Beteiligten (in ihrer Konfliktwahrnehmung, ihrem Konfliktverhalten o.Ä.) gründen. Auch mangelnde Erfahrung und Fähigkeiten des Mediators bei der Unterstützung der Medianten können dazu führen, dass das bestmögliche Ergebnis verfehlt wird.

Ziele von Mediation

▶ (Konflikt-)Regelungen für die Zukunft
  – Verwirklichung der Interessen
  – Nachhaltigkeit
  – Wertschöpfung

▶ Klärung der Konfliktsituation
  – Klärung der Bedürfnisse und Interessen
  – Perspektivwechsel
  – Gegenseitiges Verständnis

Die Konfliktklärung ist Teil des Prozesses und ein Ziel von Mediation.

Im Einzelfall erfolgt die Zielsetzung durch die Parteien. Der Mediator unterstützt und berät die Parteien a) in der Wahl des Verfahrens, das für sie und ihre Ziele angemessen erscheint, und b) in der Erreichung der Ziele im Rahmen der Mediation. Ob der Schwerpunkt einer Mediation in der Klärung und/oder der Regelung des Anliegens der Parteien liegt, bestimmt sich nach dem Konfliktgegenstand und den Zielvorgaben der Parteien.

Beispiel: In der Mediation stellt sich heraus, dass eine weitere Zusammenarbeit von einem oder allen Beteiligten nicht gewünscht wird. Es besteht das Bedürfnis nach Distanz; eine weitere gemeinsame Klärung der Konflikthintergründe wird ausgeschlossen. In einem solchen Fall kann es das Ziel der Mediation sein, die den Umständen entsprechende bestmögliche und schnellste Lösung zu erarbeiten und Verluste (materieller und immaterieller Art) dabei so gering wie möglich zu halten. Verluste können sich beispielsweise durch eine (vermeidbare) Verlängerung der Unsicherheits- bzw. Streitphase, die Hinauszögerung wichtiger Regelungen für die Zukunft oder die Bindung von Ressourcen ergeben.

1.3 Grundsätze

Dem Mediationsgedanken liegen eine Reihe von Erkenntnissen und Annahmen zugrunde, die die Entwicklung und die Wahrnehmung des Menschen sowie sein Verhalten betreffen:[166]

▶ **Subjektivität der Wahrnehmung** – In der Mediation werden verschiedene Wahrheiten anerkannt, es wird daher auch keine Tatsachenfeststellung vorgenommen. (Hinter-)Gründe für die unterschiedlichen Wahrnehmungen können bei der Klärung und Lösung des Konfliktes eine wichtige Rolle spielen.

---

166 S. u.a. Dulabaum, Mediation – Das ABC, 4. Aufl. 1998, S. 86 f.

▶ **Konflikte als Chance** – Konflikte an sich sind nichts Negatives, ihr Auftreten ist normaler Bestandteil von Entwicklungsprozessen. Sie werden als Belastung erlebt und wirken sich im Ergebnis vor allem dann negativ aus, wenn Menschen destruktiv oder hilflos auf die als Konflikt erlebte Situation reagieren. Der konstruktive Umgang mit Konflikten und komplexen Verhandlungssituationen ermöglicht die notwendige Anpassung an Veränderungen und eine als positiv wahrgenommene Weiterentwicklung.

▶ **Expertise der Beteiligten** – Die Parteien kennen die Umstände, d.h. den zugrunde liegenden Lebenssachverhalt, und wissen, worauf es ihnen ankommt. Sie sind diejenigen, welche mit dem Ergebnis leben und es umsetzen müssen. Demzufolge können sie ihre Konflikte grundsätzlich selbst am besten lösen.

▶ **Gewinn durch kooperatives Verhalten** – Kooperation und Konsensorientiertheit sind langfristig betrachtet günstiger und mit höherem Gewinn für alle Beteiligten verbunden als konkurrierendes Verhalten und Nullsummenspiele *(Win-lose-Situationen)*. Kooperatives Vorgehen erweist sich meist als langfristig rational, unkooperatives Verhalten hingegen kann sich als irrational herausstellen.[167]

▶ **Wertschöpfung durch Erweiterung des Verhandlungsspielraums** – In der überwiegenden Anzahl der Fälle gibt es durch Orientierung an den Interessen aller und durch Berücksichtung der Gesamtumstände die Möglichkeit zur Gewinnoptimierung für alle Beteiligten. Insbesondere sind die meisten (Verhandlungs-/Konflikt-)Situationen keine reinen Verteilungsfragen; es spielen regelmäßig mehrere Ebenen eine Rolle, deren Berücksichtigung weitere Optionen eröffnet.[168]

▶ **Steigerung der Ergebnisqualität durch Trennung von Inhalts- und Verfahrensverantwortung** – Eine konstruktive Prozessführung ist oft schwierig, wenn die Beteiligten zugleich um „ihre Sache" kämpfen müssen. Die gleichzeitige Wahrnehmung von Inhalts- und Verfahrensverantwortung kann sich negativ auf den Verhandlungsprozess auswirken. Die Unterstützung durch eine unabhängige Person, die keine eigenen Interessen in Bezug auf die zu verhandelnde Sache einbringt, die nicht „verstrickt" ist und sich inhaltlich nicht beteiligt, kann sich daher positiv auf den Prozess und somit auch auf das Ergebnis auswirken.

1.4 Prinzipien

Auf der Basis der genannten Annahmen und Erkenntnisse wurde eine Reihe von Regeln – zumeist Prinzipien genannt – erarbeitet, die für das Gelingen von Mediation förderlich sind. Sie dienen den Beteiligten, insbesondere den Mediatoren, als Bewertungsmaßstab, Verhaltensrichtlinie und Orientierung.

---

167 Ergebnisse der spieltheoret. Forschung bestätigen diese Annahme, vgl. 3. Teil, 1. Abschnitt, 3.1.
168 Vgl. 3. Teil, 1. Abschnitt, 4.

a) Verantwortungsübernahme der Parteien – Mediation hat das Ziel, eine selbstbestimmte Konfliktbearbeitung (bzw. -klärung) und Entscheidungsfindung zu unterstützen bzw. zu ermöglichen. Die Medianten sollen in ihrer Sache möglichst autonom entscheiden. Die Entscheidungs- und damit auch die Beurteilungsbefugnis wird nicht an Dritte abgegeben. Dies setzt voraus, dass sie sich informieren, aktiv ihre Bedürfnisse und Interessen einbringen, sich mit den Bedürfnissen und Interessen der anderen Beteiligten auseinander setzen und Verantwortung für ihr Handeln und dessen Folgen übernehmen (können).

b) Freiwilligkeit der Beteiligten – Das Prinzip der Freiwilligkeit entspricht dem Gedanken von Privatautonomie; dieser setzt den Willen und die Freiheit zur Selbstbindung voraus. Ein Höchstmaß an Freiwilligkeit, an Abwesenheit von (äußerem) Zwang, sowohl aufseiten der Parteien als auch aufseiten der Mediatoren ist Voraussetzung für einen möglichst konstruktiven Prozess; nur so kann eine wertschöpfende, interessen- und beziehungsgerechte Zusammenarbeit stattfinden. Innere und äußere Zwänge, welche die Freiwilligkeit der Beteiligten begrenzen, gilt es zu erkennen und ihren (möglichen) Einfluss auf die Mediation darzustellen.[169] Freiwilligkeit bedeutet insbesondere auch für alle Beteiligten die jederzeitige Möglichkeit, aus dem Mediationsverfahren ohne diesbezügliche Nachteile aussteigen zu können.

c) Vertraulichkeit – Mediation setzt voraus, dass die Parteien sich trauen, schwierige und unangenehme Themen anzusprechen. Erforderlich ist auch die Bereitschaft, Informationen preiszugeben, um auf der Basis beiderseitiger Informiertheit gemeinsam ein Ergebnis zu erarbeiten. Hierfür brauchen die Beteiligten ein Mindestmaß an Vertrauen dem Mediator und der anderen Partei gegenüber: Vertrauen, dass keine unerwünschten Informationen nach außen getragen werden, insbesondere nicht in einem nachfolgenden Prozess gegen sie verwandt werden, Vertrauen, dass das Zeigen von Gefühlen und (vermeintlichen) Schwächen nicht ausgenutzt oder missbraucht wird. Um ein solches Vertrauen möglich zu machen und zu schützen, ist es wichtig, dass der Mediator selbst zur Verschwiegenheit verpflichtet ist und das Seine dazu beiträgt, dass auch die Parteien die erforderliche Vertraulichkeit gegenüber Dritten wahren, indem er Verschwiegenheitsvereinbarungen der Medianten untereinander vorschlägt.[170] In eskalierten Konfliktsituationen haben die Beteiligten das Vertrauen untereinander oftmals verloren. Im Laufe der Mediation muss es langsam wieder erarbeitet werden. Die Vereinbarung von Vertraulichkeit ist dann häufig Anlass, den Verlust oder das Nichtvorhandensein von Vertrauen zu thematisieren und ein erster Schritt, verloren gegangenes Vertrauen zurückzugewinnen.

d) Kooperationsbereitschaft – Die Medianten sollten grundsätzlich bereit sein, kooperativ zusammenzuarbeiten. Gerade weil es keine dritte Entscheidungsinstanz gibt und die Beteiligten eine Übereinkunft finden müssen, mit der beide Seiten zufrieden sind, ist es wichtig, dass die Parteien einander mit einer koope-

---

169 Freiwilligkeit begrenzende Momente sind z.B. die wirtschaftliche Situation einzelner Beteiligter, Abhängigkeiten durch die Art der Beziehung – Freundschaft, Lebensgemeinschaft, Arbeitsverhältnis etc.

170 S. 5. Teil, 2. Abschnitt.

rativen Grundhaltung begegnen. Bekommt der Mediator z.B. den Eindruck, dass eine Partei die Mediation lediglich benutzten möchte, um eine Position durchzusetzen, so thematisiert er dies und bricht die Mediation gegebenenfalls ab.

e) Akzeptanz – Eine Atmosphäre des gegenseitigen Akzeptierens ist Grundvoraussetzung für das Gelingen von Mediation. Da es Konfliktbeteiligten in der Regel eher schwer fällt, sich und die jeweiligen Bedürfnisse voll anzuerkennen, ist es von entscheidender Bedeutung, dass die Mediatoren allen Beteiligten mit Akzeptanz begegnen. Sie vermitteln den Parteien, dass sie mit ihren Anliegen ernst genommen, gehört und unterstützt werden. Dies ist die Basis dafür, dass die Medianten offen miteinander arbeiten können. Vermitteln die Mediatoren erfolgreich ihr ernst gemeintes Interesse, ihre Akzeptanz und Anerkennung für die beteiligten Personen und deren Anliegen (unabhängig von persönlicher Ausstrahlung, Verhaltensweisen, Stärken und Schwächen), so ist es auch bei eskalierten Konflikten, starkem Misstrauen etc. möglich, dass die Parteien sich auf die Mediatoren und aufeinander einlassen. Akzeptanz und Vertrauen der Medianten untereinander können sich dann im Laufe des Mediationsprozesses langsam entwickeln.[171]

f) Ergebnisoffenheit – Mediation ist ein ergebnisoffener Prozess. Für die Mediatoren bedeutet dies insbesondere, dass sie die Fähigkeit haben müssen, Bewertungen und eigene Ergebniswünsche und -ideen zurückstellen und Unsicherheiten aushalten zu können. Die Medianten müssen die Bereitschaft mitbringen, sich auf die lösungsoffene Arbeitsweise einzulassen.

g) Zukunftsorientierung – In der Mediation werden Themen zukunftsorientiert bearbeitet. Sie dient nicht dem Zweck der Vergangenheitsbewältigung. Unzufriedenheiten, Missverständnisse und Verletzungen, die in der Vergangenheit liegen, werden thematisiert, um Verständnis zu ermöglichen. Ziel bleibt es aber, interessengerechte Regelungen für die Zukunft zu entwickeln.

h) Neutralität/Allparteilichkeit – Die vermittelnde Person ergreift nicht Partei für die eine oder andere Seite, ihre neutrale Haltung wird gestützt durch die gegenüber den Parteien größere Distanz hinsichtlich des Streitgegenstandes und der beteiligten Personen. „Allparteilichkeit" geht in dem Sinne über ein unparteiliches oder neutrales Verhalten hinaus, wie der Mediator alle Beteiligten in der Herausarbeitung, Formulierung und Verwirklichung ihrer Interessen – unabhängig davon, ob diese widerstreitender Natur sind oder miteinander harmonieren – unterstützt; er versetzt sich in die Parteien hinein, um deren Bedürfnisse, Befürchtungen und Wünsche wirklich zu verstehen und nachvollziehen zu können. Kennzeichnend für die Mediation ist eine empathische Grundhaltung des Vermittlers, die er während des gesamten Prozesses beibehält, bzw. zu der er immer wieder zurückfinden muss.[172]

---

171 U.a. Dulabaum, Mediation – Das ABC, 4. Aufl. 1998, S. 16 ff. mit Hinweis auf Cohn, Von der Psychoanalyse zur themenzentrierten Interaktion, 1997; Gordon, Die neue Familienkonferenz, 18. Aufl. 2004, S. 239; Rogers, Die klientenzentrierte Gesprächspsychotherapie, 16. Aufl. 2003, S. 34 ff.

172 Zu Empathie s. Unterabschnitt 3.1. Zum Begriff der Allparteilichkeit s. Mähler/Mähler in: Büchting/Heussen, Beck´sches Rechtsanwaltshandbuch, 8. Aufl. 2004, B 5 Rdnr. 65; kritisch Kracht in: Haft/von Schlieffen, Handbuch Mediation, 2002, § 15 Rdnr. 24.

79

1.5 Mediationseignung von Konflikten

Die Frage nach am besten geeigneten Anwendungsfeldern für Mediation lässt sich durch eine abstrakte Aufzählung nicht beantworten. Das Verfahren ist grundsätzlich in vielen Lebensbereichen einsetzbar, in denen Konflikte auftreten:

▶ zwischen und innerhalb von gemeinnützigen und gewinnorientiert arbeitenden Organisationen,

▶ in Familien, Schulen, Nachbarschaften und Gemeinden,

▶ bei Miet- und Verbraucherbeziehungen,

▶ im Täter-Opfer-Ausgleich,

▶ im politischen Bereich.

Im rechtlichen Bereich wird Mediation insbesondere bei Trennungen, Scheidungen, Gründungen, Erbfallregelungen und jeglicher Art von dauerhaften Vertragsbeziehungen eingesetzt.[173]

Anhaltspunkte für die Beantwortung der Frage nach der Mediationseignung von Konflikten und Verhandlungssituationen:

▶ In Abgrenzung zu den anderen Formen der Streitbeilegung mit Drittbeteiligung (Schlichtung, Schiedsgerichts- und Gerichtsverfahren) ist Mediation insbesondere dann geeignet, wenn die Interessen der Beteiligten maßgeblich sein sollen für das Ergebnis **(Interessenorientierung)** und die Beteiligten Wert darauf legen, die Entscheidung nicht aus der Hand zu geben **(Entscheidungsgewalt der Parteien)**, sie nicht Dritten, einem Schlichter oder (Schieds-)Richter zu überlassen.[174]

▶ Im Vergleich zur Verhandlung ohne Drittbeteiligung kann die **Komplexität** eines Verhandlungsgegenstandes der Anlass für eine Mediation sein. Die Masse, der Umfang, die qualitativen Anforderungen zu regelnder Themen oder deren (nicht überschaubare) Tragweite können dafür sprechen, den Prozess durch eine Person begleiten zu lassen, die sich ganz auf die Steuerung des Verfahrens konzentriert.[175]

▶ **Verhandlungshindernisse** bzw. -erschwernisse wie Ansätze von Misstrauen, ausgeprägt strategisches oder irrationales Verhandlungsverhalten, Konkurrenz bezüglich der Verhandlungsführung, Machtgefälle, beiderseitige Unklarheit über die Interessenlage, Zweifel hinsichtlich der Transparenz und (scheinbare) Aussichtslosigkeit, ein wertschöpfendes Ergebnis zu finden, können für eine Mediation sprechen, wenn eine Einigung gewünscht ist und/ oder weil gemeinsam vorteilhaftere Ergebnisse erwartet werden.

---

173 S. hierzu 6. Teil, 1. Abschnitt, 2.
174 Der Schlichter entscheidet zwar nicht, schlägt den Parteien aber eine Einigung vor; s. dazu 2. Abschnitt.
175 S.o. 3. Teil, 2. Abschnitt, 2.

▶ Mediation bietet sich regelmäßig an, wenn vergangene und/oder (mögliche) aktuelle **Differenzen auf der Beziehungsebene** eine Verhandlung oder ein Klärungsgespräch beeinträchtigen und das mögliche Ergebnis gefährden bzw. ein nicht zufrieden stellendes Ergebnis wahrscheinlich machen.[176] Sobald ein Gespräch der Beteiligten untereinander nicht mehr dazu beiträgt, dass Konflikte geklärt werden, sondern eher weitere Konfliktthemen und -ereignisse hinzukommen (Eskalation), ist eine Mediation empfehlenswert.[177]

Mediation bietet sich an, wenn

▶ Menschen ein gemeinsames klärungs- und/oder regelungsbedürftiges Anliegen haben, das sie selbst (am besten) regeln können, und

▶ sie dies mit Unterstützung eines Mediators besser, d.h. beziehungsgerechter, interessengerechter, umfassender, wertschöpfender, nachhaltiger, schneller oder leichter, erreichen.

Grenzen von Mediation:

▶ Bedürfnis nach Drittentscheidung / Verantwortungsabgabe

▶ Fehlende Kooperationsbereitschaft

▶ Nicht vorhandener Kooperationsgewinn und nicht vorhandener bzw. geringer Verhandlungsspielraum[1]

▶ Nicht vorhandene Lösungsoffenheit

▶ Tiefergehende Störungen der Beziehung, intrapersonelle Schwierigkeiten, die einer zeitintensiveren Auseinandersetzung und anderer Formen der Bearbeitung bedürfen

---

1 Das Nichtvorhandensein eines Einigungsbereichs ist regelmäßig eher die Ausnahme und den Beteiligten ohne den Austausch mit der anderen Seite nicht bekannt. Eine Mediation kann somit auch in solchen Fällen insoweit Sinn machen, als die Verhandlungspartner Sicherheit erlangen können, dass keine Kooperations- und Wertschöpfungspotenziale unberücksichtigt bleiben und Möglichkeiten der Schadensreduzierung nicht übersehen werden. S. Raiffa in: Arrow/Mnookin/Ross/Tversky/Wilson, *Barriers to Conflict Resolution*, 1995, S. 134 ff.

1.6 Einsatz mediativer Elemente außerhalb der Mediation

„Mediative Elemente" werden auch in anderen Kontexten angewandt, zum Beispiel bei Verhandlungen, Schlichtungen, Gerichts- und notariellen Verfahren, soweit nicht zwingende Rechtsvorschriften entgegenstehen, oder in der (Beratungs-)Praxis von Rechtsanwälten, Steuerberatern, Wirtschaftsberatern, Psychologen, Sozialarbeitern, generell in der Zusammenarbeit und bei der Leitung von Mitarbeitern etc.

---

176 Mit Glasls Worten: Wenn der „ ... Umgang mit einer Differenz..." so erlebt wurde, dass ein „ ... « Aktor(s) » durch das Handeln eines anderen « Aktors » beeinträchtigt [wurde], selbst die eigenen Vorstellungen, Gefühle oder Absichten zu leben oder zu verwirklichen." Glasl, Selbsthilfe in Konflikten, 3. Aufl. 2002, S. 23. Vgl. auch die Konfliktdefinition nach Glasl im 2. Teil, 1. Abschnitt.

177 Richter als Vermittler lassen in der Praxis die Frage der Geeignetheit zunehmend durch die Parteien und ihre Rechtsanwälte beantworten: Mediation ist demnach dann geeignet, wenn die Anwälte und Parteien dem zustimmen. Mähler/Mähler in: Büchting/Heussen, Beck'sches Rechtsanwaltshandbuch, 8. Aufl. 2004, Rdnr. 55.

Als mediative Elemente werden Techniken und Methoden zur

- Verständnissicherung (Aktiv Zuhören, Loopen),
- Gesprächs- und Verhandlungsstrukturierung,
- Interessen- und Lösungsorientierung,
- Generierung von Optionen und
- zur aktiven Verfahrensführung

bezeichnet.[178] Neben mediativen Kommunikationsmethoden unterstützen Wissen und Fähigkeiten, die im Zusammenhang mit Mediation vermittelt, entwickelt und ausgebildet werden, den bewussteren Umgang mit unterschiedlichen Rollen/Funktionen (Partei, Vermittler, Schlichter, Richter, Berater) in diversen professionellen Kontexten.

Grundprinzipien (in) der Mediation
- Selbstbestimmung und -verantwortung
- Freiwilligkeit
- Vertraulichkeit
- Kooperation
- Akzeptanz
- Ergebnisoffenheit
- Zukunftsorientierung
- Allparteilichkeit der Mediatoren

2. Das Mediationsverfahren

In der Literatur sind verschiedene Darstellungen des Mediationsverfahrens zu finden, inhaltlich sind sich diese sehr ähnlich, sie ergänzen sich mehr als dass sie sich widersprechen.

2.1 Überblick über den Mediationsverlauf

Der Verlauf wird zumeist in drei zeitlichen Abschnitten vorgestellt. Der erste Abschnitt, auch Vorphase genannt, umfasst die Zeit und sämtliche Aktionen und Geschehnisse, die vor der eigentlichen Mediation liegen, von der Kontaktaufnahme bis zum ersten Mediationstermin. Der zweite Abschnitt beinhaltet die Vermittlungsgespräche, die Mediation im engeren Sinne. Mit Abschluss der Mediation folgt der dritte Abschnitt, die Phase der Umsetzung des Mediationsergebnisses.[179]

---

178 S. u.a. Mähler/Mähler in Beck'sches Rechtsanwaltshandbuch 1999/2000, C8 Rdnr. 28; Eidenmüller, BB, Beil. 10/1998, S. 19 ff.

179 S. u.a. Besemer, Mediation – Vermittlung in Konflikten, 7. Aufl. 2000, S. 56 ff.

Mediationsverlauf
▶ Vorbereitung
▶ Mediationsgespräche
▶ Umsetzung, Nachbereitung

Bei Zwischenvereinbarungen und Teilergebnissen kann es zu zeitlichen Überschneidungen zwischen fortlaufenden Mediationsgesprächen und der beginnenden Umsetzung von gefundenen (Teil-)Lösungen kommen.

2.2 Vorbereitung der Mediation

Die Vorbereitungsphase der Mediation umfasst unter anderem: Kontaktaufnahme, Vorgespräche, Informationsbeschaffung, vorbereitende Situationsanalyse, ggf. mediationsvorbereitende Arbeiten mit den Parteien, Klärung und Planung der Rahmenbedingungen (Beteiligte, Zeit, Ort, Honorar etc).

2.2.1 Kontaktaufnahme

Im Vorfeld der Mediation nehmen die Parteien Kontakt zu den Mediatoren auf. Manchmal findet die Kontaktaufnahme auch umgekehrt von den Mediatoren zu den Parteien bzw. zu einer Partei oder über Dritte statt.

Hinweis: Anwaltmediatoren müssen auch aus berufsrechtlichen Gründen gleich beim Erstkontakt klären, in welcher Funktion sie für ihr Gegenüber tätig werden: vermittelnd, als Mediator oder Schlichter, im Auftrag beider Parteien oder als Parteianwalt im Auftrag einer Seite; rechtsberatend oder als Experte für Kommunikationssicherung und Verfahrenssteuerung (Prozessbegleitung). Entsprechendes empfiehlt sich für andere beratende Berufsgruppen wie beispielsweise Steuer- und Wirtschaftsberater und Psychologen. Für Anwaltmediatoren (und Richter) gilt auch, dass sie die Unterschiede von Mediation, Schlichtung und Schiedsgerichtsverfahren besonders klar darstellen und diesbezügliches Verständnis sicherstellen müssen. S. hierzu 5. Teil, 2. Abschnitt, 4.3.

Am günstigsten ist es, wenn die Parteien gemeinsam eine Mediation anfragen. In diesem Fall ist weitestgehend gewährleistet, dass die Mediation von beiden Parteien gewünscht ist.[180] Für die Möglichkeit oder den Verdacht einseitiger Beeinflussung durch längere Vorkontakte zu nur einer Partei sollte schon zu Anfang so wenig wie möglich Anlass gegeben werden. In der Praxis kommt es häufig vor, dass eine Partei sich erst alleine bei dem Mediator meldet. Dann kann es auch sein, dass der Mediator erstmalig zu der anderen Seite Kontakt aufnimmt und sie über das Mediationsanliegen informiert.

Beispielsfall: Wirtschaftskonflikt „GEFÄHRLICHE MUFFINS", Sachverhaltseinführung:

Das Bäckereiunternehmen M bezieht von dem Zulieferer S Rosinen, um diese mit weiteren Zutaten zu M's weltbekannten Muffins zu verarbeiten. M pflegt seit über zwanzig Jahren

---

180 Besemer, Mediation – Vermittlung in Konflikten, 7. Aufl. 2000, S. 61 ff.

freundschaftliche Beziehungen zu S. Der Geschäftsführer von M ist mit einem im letzten Jahr ausgeschiedenen Mitglied der Geschäftsführung von S schon seit der gemeinsamen Studienzeit befreundet. Zulieferer S kauft die Rosinen insbesondere von Unternehmen R, das auf die Verarbeitung von Rosinen verschiedenster Art spezialisiert ist. M hat seine Rosinen niemals direkt von R bezogen, sondern immer bei dem Zwischenhändler S geordert.

Nach der letzten Lieferung von S wurden bei M Spuren zerbrochenen Glases in den Muffins festgestellt. M startete unverzüglich eine mit erheblichen Kosten verbundene Rückrufaktion, um möglichen Verletzungen bei Verbrauchern vorzubeugen. Da M eine Rufschädigung fürchtete, wurde zusätzlich eine Werbekampagne gestartet, die der Entstehung eines negativen Images frühzeitig entgegenwirken sollte. Durch werkseigene Lebensmittelchemiker wurde bei M festgestellt, dass das Glas von R stammt. Es besteht die Vermutung, dass die neue Geschäftsführung von S radikale Einsparungen vornimmt, indem sie u.a. kostengünstigere Rosinen von R bezieht und diese, ohne die Einsparung an M weiterzugeben, zu denselben Konditionen wie früher an M weiterverkauft.

M möchte den entstandenen Schaden ersetzt bekommen und sich Klarheit darüber verschaffen, ob für die Zukunft mit einwandfreien Lieferungen gerechnet werden kann. Andernfalls sähe M sich gezwungen, seine Rosinen anderweitig zu beziehen.

Um Zeit und Kosten zu sparen, schlägt die Geschäftsführung von M den Unternehmen S und R vor, die Sache außergerichtlich zu verhandeln und einen Mediator hinzuzuziehen. R und S signalisieren ihre Bereitschaft, da sie insbesondere kein weiteres öffentliches Aufsehen wünschen. Der Geschäftsführer von M schlägt Rechtsanwalt und Mediator A vor, den er erst kürzlich kennen gelernt und mit dem er in einem ersten Orientierungsgespräch, das auch die Chancen einer außergerichtlichen Konfliktlösung zum Inhalt hatte, seine Möglichkeiten im „Muffin-Rosinen-Fall" besprochen hatte. Diese Erstberatung kommt bei seinem Vorschlag gegenüber R und S nicht in Erwähnung. Als Rechtsanwalt A von M mit Zustimmung der anderen angesprochen wird, schlägt dieser unter Hinweis auf sein Berufsrecht die Hinzuziehung eines unbeteiligten Mediators vor.[181] Er vermittelt M, dass seine Vorbefassung für den Erfolg der Mediation gefährlich sein könnte: Sie könnte Misstrauen hervorrufen und im Falle des Stockens der Verhandlungen für R und S ein zusätzliches Argument für einen Abbruch sein. M wendet sich daraufhin an eine von A empfohlene Kollegin, die nach Anfrage unverzüglich Kontakt zu allen Beteiligten aufnimmt und einen gemeinsamen ersten Termin vereinbart. Rechtsanwalt A dagegen wird die bereits übernommene Funktion des Rechtsbeistandes und der parteilichen Beratung M's fortsetzen.

2.2.2 Fallmanagement

Vor der ersten Sitzung oder im Rahmen erster Informationsgespräche findet die Auftragsklärung und eine Analyse hinsichtlich der geeigneten Vorgehensweise statt: Mediation ist ein Verfahren zur Konfliktlösung unter anderen. Welche Vorgehensweise, insbesondere welches Verfahren angemessen ist, muss bezogen auf den Einzelfall ausgearbeitet werden. Handelt es sich bei Konflikten um (potenzielle) Rechtsstreitigkeiten, so ist gemeinsam mit den Beteiligten zu prüfen, ob eine konsensuale Lösung gesucht wird und wenn ja, ob im Wege der Mediation oder Schlichtung, oder ob eine Entscheidung durch das staatliche oder ein Schiedsgericht getroffen werden soll. Durch eine genaue Analyse der Gründe, die Mediation für einen Fall als (un-)geeignet erscheinen lassen, unterstützt der Mediator die Beteiligten, sie gewinnen neue Informationen und Einsichten zu ihrem Anliegen und dem weiteren, angemessenen Vorgehen.

---

181 S. 5. Teil, 2. Abschnitt, 4.3.

2.2.2.1 Anhaltspunkte und Kriterien

Gründe, die für oder gegen die Geeignetheit einer Mediation sprechen, können sich aus dem Verhandlungsgegenstand ergeben und/oder auf den beteiligten Personen beruhen.

a) Dispositionsbefugnis der Beteiligten – Voraussetzung für eine Mediation ist, dass die Parteien über den Verhandlungsgegenstand verfügen können, er unterliegt ihrer Entscheidungsgewalt. Entgegenstehen können zwingende Rechtssätze und die Entscheidungsgewalt Dritter, einer höheren Institution oder Person. In solchen Fällen kann Mediation vorbereitend eingesetzt oder in einzelnen, mediationsgeeigneten Fragen/Unterpunkten begleitend durchgeführt werden.

Beispiele: Im Täter-Opfer-Ausgleich besteht hinsichtlich der strafrechtlichen Verfolgung keine Privatautonomie, diesbezüglich kann eine Mediation nicht durchgeführt werden. Durch ein Vermittlungsverfahren kann aber das „Bemühen, einen Ausgleich mit dem Verletzten zu erreichen" (§ 46 a Nr. 1 StGB, § 153 a Abs. 1 Nr. 5 StPO u.a.) unterstützt werden.[182] Ähnliches gilt im Rahmen von Verfahren der öffentlichen Verwaltung. Die Entscheidung obliegt hier oftmals einem Hoheitsträger. Auf dem Weg zur Entscheidung kann eine mediationsähnliche Verfahrensbegleitung aber oftmals hilfreich sein, um umfassende Information, Partizipation und Komplexitätsbewältigung zu ermöglichen.[183] Bei nicht oder nicht voll geschäftsfähigen Kindern und Jugendlichen ist die Zustimmungsbedürftigkeit von Willenserklärungen durch die gesetzlichen Vertreter zu berücksichtigen (§§ 104 ff. BGB).

b) Konsensorientierung und -bereitschaft – Die Beteiligten wollen eine einvernehmliche (gemeinsame) und interessenorientierte Lösung, es geht ihnen insbesondere nicht um die Durchsetzung bestimmter Positionen, ihrer alleinigen Interessen oder die Klärung von Rechten.[184] Das Bedürfnis nach einer erstmaligen rechtsverbindlichen Regelung (Präzedenzfall) schließt eine konsensuale Streitbeilegung aus. Geht es den Parteien oder einer Partei vornehmlich um die Beendigung des Konflikts möglichst ohne umfangreiches persönliches Engagement, und die Beziehung zu der Gegenseite spielt für die Zukunft kaum keine Rolle, so spricht dies auch eher gegen die Geeignetheit von Mediation. Gleiches gilt, wenn die Geltendmachung und Durchsetzung einer Forderung das Hauptinteresse einer Seite ist. Der Rechtsweg oder die Entscheidung durch einen Schlichter oder Schiedsrichter können dann interessengerechter sein als eine Mediation.[185]

c) Ergebnisoffenheit – Die Beteiligten sind grundsätzlich offen für verschiedene Lösungen/Ergebnisse. Die notwendige Offenheit kann aus ganz unterschiedlichen Gründen eingeschränkt sein: äußere Umstände, Zeitdruck, persönliche Unflexibilität/Unbeweglichkeit im Handeln und Denken, Sicherheitsbedürfnisse, Befürchtungen etc. Gegebenenfalls sind solche, die Ergebnisoffenheit einschränkenden Momente zu thematisieren.

---

182 Informationen zum Täter-Opfer-Ausgleich: TOA Infodienst, Rundbrief zum Täter-Opfer-Ausgleich, DBH e.V., www.toa-servicebuero.de.

183 S. zur Vermittlungstätigkeit im Verwaltungsrecht und deren Besonderheiten u.a. Holznagel/Ramsauer in: Haft/Schlieffen, Handbuch Mediation, 2002, § 44 m.w.N.

184 Zur Unterscheidung von Positionen u. Optionen s. 3. Teil, 1. Abschnitt, 2.

185 Hilfreich bei der Prüfung ist die Frage nach den Konsequenzen: Welche Folgen auf Sach- und Beziehungsebene wird die gerichtliche Durchsetzung des Rechtsanspruchs haben?

d) Komplexität der Verhandlungsmasse – Umfang und/oder Thematik des Verhandlungsgegenstandes beanspruchen und binden die Ressourcen der Beteiligten (Aufmerksamkeit, Personal, Zeit etc.) in hohem Maße, sodass die zusätzliche Verantwortung für und die Arbeit mit Prozessgestaltung und Verfahrensleitung mit Nachteilen für die Verhandlung und deren Ergebnis verbunden wären.

e) Schwierige Kommunikation – Personenbedingt oder thematisch fällt es den Beteiligten schwer, konstruktiv miteinander zu verhandeln. Unausgesprochene Vorbehalte, schlechte Erfahrungen, „heikle" Themen etc. können eine große Belastung für die Kommunikation darstellen. Insbesondere eine verfestigte, unkonstruktive Verhandlungskultur kann die Hinzuziehung eines Mediators sinnvoll machen. Aus unterschiedlichen Gründen kann es den Parteien/einer Partei schwer fallen, ihre Interessen in einer direkten Verhandlung alleine, ohne Unterstützung, zu äußern und/oder angemessen zu vertreten. Große öffentliche Aufmerksamkeit und Druck können sich ebenfalls negativ auf die Kommunikation der Verhandlungspartner auswirken.

f) Erfolglosigkeit früherer Streitbeilegungsversuche – Die Beteiligten haben es in der Vergangenheit nicht geschafft, ihren Konflikt alleine, in einem direkten Gespräch miteinander zu lösen.

g) Interesse an zukünftiger Beziehung – Den Beteiligten ist an einer guten Beziehung in der Zukunft gelegen. Das Interesse an der zukünftigen Beziehung kann aus verschiedensten Gründen gegeben sein: Alter, Dauer der Beziehung (privat oder geschäftlich) in der Vergangenheit, Sympathie, Abhängigkeiten, geschäftliche Interessen, Außenwirkung, räumliche oder persönliche Nähe (wie zum Beispiel Gesellschafter, Team, Kollegen, Nachbarschaft, Dorfgemeinschaft, Kleinstadt, Verband, Verein, Familie etc.).

h) Gegenseitige Anerkennung – Die Beteiligten akzeptieren einander grundsätzlich als gleichberechtigte Träger von Interessen.

i) (Macht-)Gleichgewicht – Es gibt keine gravierenden Ungleichgewichte beziehungsweise bestehende Machtunterschiede können thematisiert und auf eine Art berücksichtigt werden, die der Arbeitsweise in der Mediation nicht maßgeblich entgegensteht.[186]

j) Selbstverantwortung – Die Beteiligten sind grundsätzlich fähig und bereit, Verantwortung für das Ergebnis zu tragen, sich auszudrücken, ihre Bedürfnisse und Interessen selbstständig wahrzunehmen und durchzusetzen.

k) Freiwilligkeit – Die Parteien sollten sich aus möglichst freiem Willen dazu entschließen, ihre Sache im Rahmen einer Mediation zu bearbeiten. Druck von außen kann die Freiwilligkeit einschränken; er kann sowohl durch drohende Verschlechterung („Strafe") als auch durch Verbesserung („Belohnung") ausgeübt werden. In wirtschaftlichen und/oder psychischen Abhängigkeitsverhältnis-

---

186 Zum Umgang mit Machtungleichgewichten s.a. Unterabschnitt 3.5.

sen – zum Beispiel im Rahmen von Familie, Schule, Arbeitsstelle, im Obrigkeits-
verhältnis – und in Täter-Opfer-Beziehungen gibt es häufig die Freiwilligkeit
einschränkende Momente. Aber auch öffentlicher Druck kann sich negativ auf
die Freiwilligkeit der Parteien auswirken. Bei Zweifeln hinsichtlich der Freiwilligkeit einer Partei müssen die möglichen Konsequenzen für die Durchführung
der Mediation betrachtet, der Mangel möglicherweise thematisiert und gegebenenfalls die Mediation abgelehnt werden.

l) Gefahr der Situationsverschlechterung für eine Partei – Der Mediator oder
die beteiligten Parteianwälte müssen prüfen, ob die Gefahr besteht, dass sich die
Situation einer Partei durch die Einleitung und Durchführung einer Mediation
verschlechtern könnte. Zu den möglichen Verschlechterungen zählen: Drohen
eines Anspruchsverlusts, Enstehen von Durchsetzungshindernissen, sonstige
Erschwernisse in der Verwirklichung eines Rechtsanspruchs. Weiter sind finanzielle Verschlechterungen und Gefahren für die psychische Stabilität einer Partei zu berücksichtigen. Besteht die Möglichkeit der Situationsverschlechterung
in irgendeiner Weise, so muss thematisiert werden, was das für die Parteien bedeutet, welche Auswirkungen es auf die Mediation haben kann und wie der Eintritt der Verschlechterung ggf. verhindert oder gemildert werden kann. Die Gefahr einer Situationsverschlechterung kann Grund sein, einen Fall als eher nicht
geeignet einzuschätzen und den Beteiligten von einer Mediation abzuraten.

Beispiele: Drohender Fristablauf und damit einhergehender Anspruchsverlust im Falle der
Kündigung eines Arbeitsverhältnisses – Im Bereich des Täter-Opfer-Ausgleichs, insbesondere
bei Gewalttaten, ist die psychische Verfassung der Beteiligten von Bedeutung.[187]

2.2.2.2 Konsensuale Streitbeilegung oder Gerichtsentscheid

Es ist Aufgabe des mit der (rechtlichen) Interessenwahrnehmung seines Mandanten beauftragten Rechtsanwalts, im Beratungsgespräch die Interessen des
Mandanten zu erfragen, ggf. mit ihm gemeinsam zu erarbeiten. Erst auf der Basis
der Mandanteninteressen lässt sich die geeignete Vorgehensweise im Streitfall
ermitteln. Oft spielen Interessen eine Rolle, die rechtlich nicht zu verwirklichen
sind. Mandant und Anwalt müssen dann gemeinsam erörtern, worauf es dem
Mandanten ankommt. Des Weiteren sind sowohl der Rechtsweg als auch die außergerichtliche Einigung mit dem Risiko der Erfolglosigkeit und damit einhergehender Verluste verbunden. Eine vergleichende Risiko- und Kostenanalyse
kann den Mandanten unterstützten, eine sachangemessene Verfahrensentschei-
dung zu treffen. Bei den Transaktionskosten einer gerichtlichen Auseinandersetzung sind Kapitalbindungen, Stagnation laufender Arbeits- und Entwicklungs-
prozesse und damit verbundene entgangene Gewinnmöglichkeiten mit einzubeziehen.

Aus der Betrachtung von Gesamtinteressenlage und dem abstrakten Wertschöpfungspotenzial ergeben sich die potenziellen Kooperationschancen.

---

187 S. zum TOA 6. Teil, 1. Abschnitt, 2.1.

Um eine angemessene Entscheidung zu treffen, ist daneben auch das Verhalten der anderen Beteiligten in die Abwägung mit einzubeziehen. Eine echte *win-win*-Lösung ist im konkreten Fall nur möglich, wenn alle Beteiligten zu einer kooperativen und gründlichen Zusammenarbeit bereit sind. Dabei sollte allerdings nicht vorschnell die mangelnde Bereitschaft als (unveränderliche) Gegebenheit vorausgesetzt werden; auch eine Gegenseite, die zunächst nicht kooperationswillig erscheint und mit der keine wertschöpfende Zusammenarbeit erwartet wird, könnte sich dennoch zu einer moderierten Vergleichsverhandlung, einer Schlichtung oder einem schiedsrichterlichen Verfahren bereit erklären. Diese Alternativen können im Vergleich zu einem ggf. langwierigen und konflikteskalierenden hoheitlichen Gerichtsverfahren vorzuziehen sein.[188]

Agenda in der Mandantenberatung[1]

▶ Interessen des Mandanten
▶ Rechtliche Durchsetzbarkeit / Verwirklichung der Interessen
▶ Notwendigkeit einer hoheitlichen Entscheidung
▶ Zeitliche Ressourcen und Notwendigkeiten
▶ Verfahrens- und Transaktionskosten
▶ Auswirkungen eines Rechtsstreits auf der Beziehungsebene
▶ Kooperationschancen (Gesamtinteressenlage)
▶ Wertschöpfungspotenzial / Gestaltungsmöglichkeiten
▶ Kooperationsbereitschaft der anderen Beteiligten

---

1 Die Liste ist nicht abschließend; die Punkte werden im Einzelfall variiert und ergänzt. In der Praxis sind Checklisten hilfreich, um die Vollständigkeit zu klärender Fragen sicherzustellen.

Beispielsfall: Wirtschaftskonflikt „GEFÄHRLICHE MUFFINS" (zum Sachverhalt s. S. 83 f.)

Indizien, die auf die Geeignetheit des Falles für eine Mediation hinweisen: Konflikte, Klärungs- und Regelungsbedarf existieren auf verschiedenen Ebenen. Es sind Informationsdefizite erkennbar. Soweit M und S früher auf Freundschaftsbasis verhandelt haben und dies seit der Umstrukturierung bei S nun nicht mehr der Fall ist, kommen daraus resultierende Beziehungs- und strukturelle Konflikte in Betracht. Weiter lassen sich potenzielle Interessenkonflikte zwischen allen drei Beteiligten erkennen. M möchte den Schaden, der aufgrund des Glases in den Rosinen seiner Muffins entstandenen ist, ersetzt bekommen. Weiter möchte er für die Zukunft die Qualität seiner Muffins gesichert wissen. S möchte die Geschäfte mit M für sich profitabler gestalten. Für R wiederum ist der Erhalt der umfangreichen Geschäftsbeziehung mit S existenziell wichtig. Die Wiederherstellung von Vertrauen, Offenheit und Sicherheit dürfte eine große Rolle spielen, wenn es darum geht, zukünftig weiterhin miteinander Geschäfte zu machen.

<u>Weitere Merkmale</u>, die für die Geeignetheit eines Mediationsverfahrens sprechen:
▶ Öffentliche Aufmerksamkeit ist für keinen der Beteiligten von Vorteil.
▶ Die Verhandlungsmasse besteht aus diversen „Gegenständen", der Fall ist komplex und bietet umfangreichen Verhandlungs- und Wertschöpfungsspielraum.
▶ Es besteht (mindestens bei einer Partei) das ausdrückliche Anliegen, die Vereinbarungen aus der Vergangenheit für die Zukunft neu zu gestalten.
▶ Zeitlich und finanziell erscheint die Durchführung einer Mediation zur Regelung der klärungsbedürftigen Themen angemessen und sinnvoll; insbesondere würde eine zukunftsorientierte, dauerhafte Regelung der Geschäftsbeziehungen inklusive Qualitätssicherstellung den Beteiligten Zeit und Kosten ersparen. Eine rechtskräftige Gerichtsentscheidung über

---

188 Zu Risiko- und Kostenanlyse s. 3. Teil, 1. Abschnitt, 1.

bestehende Schadensersatzansprüche wäre erst nach Jahren zu erwarten, die Geschäftsbeziehung von M zu S wäre dann möglicherweise zerstört, R und S hätten beide einen Auftrag (-geber) weniger, und M müsste neben der Führung des Rechtsstreits einen neuen Zulieferer suchen und mit diesem in einem separaten Verfahren, in dem er seine Ansprüche gegenüber S und R nicht einbringen könnte, die Lieferbedingungen regeln.

2.2.2.3 Alternativen zu Mediation

Je nach Umständen, Konfliktart und der Persönlichkeit der beteiligten Personen kann es sein, dass eine andere Form der Konfliktlösung einer Mediation vorgezogen wird und/oder vorzuziehen ist. Neben den im Spektrum der Streitbeilegungsformen zu Anfang des Skriptes dargestellten Verfahrensarten (⇨ Verhandlung, Mediation, Schlichtung, Schiedsgerichtsbarkeit, Staatliche Gerichtsbarkeit) gibt es diverse Methoden, Techniken sowie beratende und begleitende Unterstützungsformen, die sich unmittelbar oder mittelbar mit Konfliktlösung beschäftigen.[189] Handelt es sich um einen Konflikt, dem (auch) intrapersonale Konflikte zugrunde liegen, so können Einzelberatung, Coaching oder Psychotherapie die angemesseneren nächsten Schritte sein. Bei Konflikten in Familien zum Beispiel kann eine familientherapeutische Begleitung notwendig sein, um an etablierten Verhaltens- und Wahrnehmungsmustern arbeiten zu können. Sind nicht alle Beteiligten eines Konfliktes bereit, gemeinsam an einer Lösung im Rahmen einer Mediation zu arbeiten, so kann es für einzelne Personen, die Unterstützung suchen, dennoch hilfreich sein, im Rahmen einer Supervision oder eines Klärungsgespräches („Clearing") ihre Situation zu reflektieren und für sich Handlungsmöglichkeiten zu finden.

2.2.3 Geeignetheit des Mediators

Es gibt Gründe in der Person des Mediators oder den Rahmenbedingungen, die eine Weiterverweisung der Mediationsanfrage an andere Mediatoren ratsam erscheinen lassen. Solche Gründe können u.a. sein: eine eigene Beziehung zu den Parteien, mangelnder Abstand zum Thema/eigene Involviertheit, fehlende Erfahrung etc. Einige können durch die Zusammenarbeit mit einem Co-Mediator ausgeglichen werden.

Co-Mediation – Die Zusammenarbeit in einem interdisziplinären bzw. -professionellen Team dient der Qualitätssicherung und -steigerung der Mediatorenleistung. Gegenstände eines Mediationsverfahrens berühren sämtliche Bereiche, in denen Konflikte auftreten und sich äußern. Um umfassend arbeiten zu können und die Vollständigkeit der behandelten Bereiche im Blickfeld zu behalten, ist es daher in vielen Fällen förderlich, in einem Mediationsteam zu arbeiten, das einander ergänzende Berufssparten und das damit verbundene Wissen, Erfahrungen, Denk- und Arbeitsweisen zusammenbringt.[1]

---

1 Bernhardt/Winogradt in: Haft/von Schlieffen, Handbuch Mediation, 2002, § 23 zur Zusammenarbeit von Rechtsanwälten und Psychologen; Koch in: Henssler/Koch, Mediation in der Anwaltspraxis, 2. Aufl. 2004, § 1 Rdnr. 16; allgemein zur interdisziplinären Zusammenarbeit Paul/Schwartz in: Henssler/Koch, Mediation in der Anwaltspraxis, 2. Aufl. 2004, § 8; Spörer/Frese in: Haft/von Schlieffen, Handbuch Mediation, 2002, § 3.

---

189 U.a. Moderation, Coaching, Supervision, Psycho-Therapie, (therapeutische) Klärungshilfe, Team- und Organisationsentwicklung.

2.2.4 Beteiligte

Die in der Mediation anwesenden Personen müssen entscheidungsbefugt hinsichtlich möglicherweise zu regelnder Inhalte sein.[190] Es ist daher zu prüfen, welche Personen entscheidungsbefugt sind und wer ansonsten und auf welche Weise involviert ist. Werden Personen übersehen, die maßgeblich beteiligt sind, so kann es passieren, dass eine gefundene Einigung nicht umsetzbar und/oder nicht nachhaltig ist. Fehlen Entscheidungsträger, so verzögert dies den Prozess der Lösungsfindung bzw. wird eine gefundene Lösung später blockiert. Sind andererseits Personen beteiligt, die weder entscheidungsbefugt sind noch aus eigener Betroffenheit oder Verantwortungsübernahme im Rahmen der Durchführung ein Mitspracherecht ableiten können, so kann dies die Lösungsfindung und Ergebnisumsetzung ebenfalls verkomplizieren und den Prozess hinauszögern.

> **Stellvertretung** – Nur im Ausnahmefall ist es im Rahmen einer Mediation sinnvoll und möglich, dass Beteiligte sich vertreten lassen. In einem solchen Fall muss geklärt und transparent gemacht werden, wie weit die Befugnisse der stellvertretenden Person reichen und wie sie mit der Partei, in deren Interesse sie an dem Vermittlungsverfahren teilnimmt, kommuniziert.

Sind die Parteien Teil einer Gruppe, eines Teams, einer Organisation, und spielt der Konflikt im Rahmen dieses Systems eine Rolle, so muss besonders untersucht werden, wer alles involviert ist und wie die unterschiedlichen Beteiligten in die Mediation einbezogen werden können. Fragen: Wer spielt im Rahmen des Konflikts eine Rolle? Wer ist von dem Konflikt betroffen? Wer wäre von einer Lösung, wie auch immer sie aussieht, betroffen? Ohne wen könnte eine Einigung nicht umgesetzt werden?

Zu Beginn eines Mediationsverfahrens ist nicht immer ersichtlich, wer alles dabei sein sollte. Im Rahmen einer Themensammlung können beispielsweise Anliegen genannt werden, die andere oder weitere Personen betreffen. In solchen Fällen ist es empfehlenswert, gleich zu Beginn darauf hinzuweisen, dass möglicherweise weitere Personen zur Mediation hinzuzuziehen sind. Sind die Betreffenden schon absehbar, so werden sie informiert und auf dem Laufenden gehalten. Wenn mögliche weitere Beteiligte schon im Vorfeld ihre Bereitschaft erklären können, in die Mediation einzusteigen, vereinfacht dies den weiteren Prozess erheblich: Vorbehalte und Befürchtungen können frühzeitig thematisiert und berücksichtigt werden; die jeweilige Person betreffende Themen lassen sich leichter aus dem laufenden Mediationsgespräch ausklammern. Fruchtloses Reden über Abwesende lässt sich auf diese Weise einfach unterbinden.

Beispielfall: Wirtschaftskonflikt „GEFÄHRLICHE MUFFINS"

In den Vorgesprächen zur Mediation wurde gesammelt, wer in dem Fall alles eine Rolle spielt(e): Entscheidungsträger, Verhandlungsakteure, Mitarbeiter … Anschließend wurde vereinbart, dass die Mediation mit den verhandlungsbeauftragten Geschäftsführern stattfinden

---

190 Die Befugnis kann unterschiedlich hergeleitet werden, im Zweifel ist sie vorher zu prüfen oder in einem der eigentlichen Mediation vorgelagerten Prozess zu klären.

soll. Die Rechtsanwälte sollen an geeigneter Stelle hinzugezogen werden. Später stellt sich inhaltlicher Klärungsbedarf hinsichtlich der bestehenden Verträge zwischen M und S heraus. Der Verhandlungsführer von M gerät unter Druck. Sein Studienfreund, der frühere Geschäftsführer von S, der die damaligen Verhandlungen für S leitete, wird zur Unterstützung hinzugeholt. Da dieser bereits zu Anfang informiert wurde, sich zur Teilnahme bereit erklärt hatte und Bedenken seines Nachfolgers hinsichtlich seiner Beteiligung auch schon im Vorfeld thematisiert worden waren, kann der Mediationsprozess an dieser Stelle ohne Verzögerung fortgesetzt werden.

2.2.5 Informationsbeschaffung

Soweit möglich und sinnvoll, werden in der Vorbereitung Informationen gesammelt, Sach- und Rechtsfragen geklärt. Falls notwendig, werden zusätzlich Experten befragt. Die umfassende Informiertheit der Beteiligten ist Grundlage der Mediation, sie ermöglicht die selbstverantwortliche, nachhaltige Regelung des gemeinsamen Anliegens. Die Mediatoren fördern die selbstständige Informationsbeschaffung der Beteiligten und unterstützen den Informationsaustausch der Medianten untereinander.[191]

Beispiel: Zu den wichtigen Unterlagen für eine Scheidungsmediation gehören u.a. die Arbeitspapiere beider Partner, Belege von Einkünften und Nebeneinkünften, Rentenversicherungsunterlagen, Sparbücher, Krankenkasse und Versicherungsnummer, Geburts- und Heiratsurkunde, Unterlagen der Kinder etc. Es ist oft sehr mühevoll für alle Beteiligten, bis sämtliche wichtigen Dokumente zusammengetragen sind. Falls es Fragen oder Ungleichgewichte im Erfassen finanzieller Sachverhalte gibt, kann es sinnvoll sein, dass sich die Parteien den Rat von Fachleuten (Rechtsanwälten, Steuerberatern) holen. Es ist wichtig, dass jede Partei die Sachlage selber versteht.

2.2.6 Situationsanalyse

Insbesondere wenn es mehr als zwei Parteien gibt, ist es oft wichtig, dass schon vor Beginn der Mediation eine Situationsanalyse stattfindet, die Aufschluss gibt über Beteiligte und ihre Rollen, Beziehungen, Hierarchien, mögliche verdeckte Konflikte, Eskalationsstufen von Konflikten, Erwartungen etc. Bei umfangreichen Themen, viel Verhandlungsmasse, komplizierten Sachfragen, vielen Beteiligten usw. arbeiten sich die Mediatoren in der Regel zuvor in die Thematik ein und machen sich mit der Situation des Falles vertraut.

Beispielfall: Wirtschaftskonflikt „GEFÄHRLICHE MUFFINS"

Das Wissen um die seit der gemeinsamen Studienzeit bestehende Freundschaft zwischen dem Geschäftsführer von M und dem früheren Geschäftsführer von S und deren Bedeutung für die Geschäftsbeziehung zwischen M und S ist eine wichtige Hintergrundinformation für die Mediatoren. Zum einen kann es sein, dass der frühere Geschäftsführer von S immer noch Verbindungen zum und Einfluss auf das Unternehmen hat. Zum anderen kann sich die freundschaftliche Qualität der Beziehung in der Vergangenheit auf die Verhaltensweise und Erwartungen des Geschäftsführers von M auswirken. Sein Auftreten gegenüber dem Nachfolger könnte beispielsweise geprägt sein von einer Wahrnehmung, die den Wechsel als allein ursächlich für den eingetretenen Schaden betrachtet. Eine solche Störung in der Beziehung der Verhandlungspartner müsste im Verlauf der Mediation zur Sprache kommen, wenn für die Zukunft ein gutes Geschäftsklima gewünscht wird und tragfähige Vereinbarungen getroffen werden sollen.

---

191 Zu der Frage, wie und wann das Recht in die Mediation geholt wird, siehe 5. Teil, 1. Abschnitt, 2.

Einarbeitung, Informationsgewinnung und Analyse können u.a. auf der Basis von Einzelgesprächen und/oder Informationsterminen mit allen Beteiligten erfolgen. Ersteres empfiehlt sich, wenn ein vertraulicher Rahmen gewünscht ist, um Informationen zu bekommen, die in größerer Runde und/oder Anwesenheit bestimmter anderer Personen vorerst nicht mitgeteilt würden. Die Anwesenheit aller unterstützt Transparenz und ein Kennenlernen der Beteiligten. Auch das bloße Beobachten von alltäglichen Gesprächssituationen kann hilfreich sein, um Erkenntnisse über Konfliktverhalten und -wahrnehmung zu erlangen.

Aufwand und Umfang dieser Vorarbeiten hängen stark von begleitenden Faktoren, den Beteiligten, ihrem Umfeld, Zeit, Organisationsstrukturen und dem Auftragsvolumen ab. Ergebnis der Analyse sollte ein Entwurf zur geeigneten weiteren Vorgehensweise sein, der mit den Auftraggebern besprochen werden kann.[192] In überschaubaren Fällen kann die Auftragsklärung mit der ersten Mediationssitzung in einem Termin zusammengelegt werden.

Beispiel: Gerichtsanhängiger Nachbarschaftsstreit wegen gegenseitiger Belästigungen – Die Mediation ist den Parteien von dem zuständigen Richter empfohlen worden. Im ersten Termin stellen die Mediatoren den Beteiligten Mediation vor, beantworten Fragen und gehen auf Befürchtungen ein. Besonderes Augenmerk legen sie auf die Frage der Kooperationsbereitschaft und der Offenheit bezüglich des Ergebnisses, da die Parteien sich ja bereits in einem Rechtsstreit befinden, Klageschrift und -erwiderung somit Positionen vorgegeben haben, welche die Parteien aufzugeben bereit sein müssen. Des Weiteren müssen die Parteien bereit sein, das Gerichtsverfahren ruhen zu lassen, ihre rechtlichen Ansprüche, solange die Mediation andauert, nicht auf dem gerichtlichen Wege weiter zu verfolgen. Nachdem Fragen geklärt und die Verfahrensgrundsätze von Mediation besprochen sind, wird eine Arbeitsvereinbarung getroffen. Anschließend leiten die Mediatoren den nächsten Verfahrensschritt ein (ausführlich zu den einzelnen Schritten im Folgenden unter 2.3).

2.2.7 Mediationsvorbereitende Arbeit mit den Parteien

Im Vorgespräch und/oder zu Beginn der Mediation bespricht der Mediator regelmäßig mit den Parteien Arbeitsweise, Ablauf und mögliche Ziele einer Mediation und die Rolle des Mediators. In vielen Fällen ist es notwendig, die Parteien umfassend über Mediation und andere Möglichkeiten, mit ihrer Situation umzugehen, zu informieren. Sind Parteien sehr zerstritten, besteht viel Misstrauen oder sind sie zögerlich, so sind Einzelgespräche, in deren Rahmen Vertrauen sowohl in die Person des Mediators als auch in das Verfahren aufgebaut werden kann, keine Seltenheit. Bei Mediationen in Teams oder Gruppen werden vor dem Einstieg in die Mediation Einzelgespräche geführt, in denen die Beteiligten ihre Konfliktwahrnehmung und ihre Ziele in Ruhe formulieren können. In Wirtschaftsstreitigkeiten können sie dazu beitragen, das Verhandlungsdilemma zu überwinden.[193]

---

192 Vgl. Besemer, Mediation – Vermittlung in Konflikten, 7. Aufl. 2000, S. 64 f.
193 Eidenmüller in: Breidenbach/Henssler, Mediation für Juristen, 1997, S. 52.

Einzelgespräche mit den Parteien können hilfreich sein, da sie einen vertraulichen Rahmen bieten. In Vermittlungsprozessen, deren Ziel es ist, einen schnellen Vergleich (Kompromiss) zu erzielen, werden sie oft erfolgreich eingesetzt. Für den Mediator ohne Inhalts- und Ergebnisherrschaft bergen sie die Gefahr einer (ungewollten) Verantwortungsübernahme und -abgabe aufseiten der Medianten: Die Tatsache, dass der Vermittler informierter ist und die Medianten keine Sicherheit haben, was er weiß, kann bei diesen zu Unsicherheit führen, dem Mediator verleiht es Macht und Verantwortung. Es besteht die Möglichkeit der Fixierung auf einzelne Personen und Sichtweisen. Zum anderen können aufseiten der Medianten Zweifel an der Neutralität hervorgerufen oder genährt werden. Einzelgespräche bergen auch die Gefahr, dass eine Partei den Mediator tendenziell als Vertrauensperson oder Berater wahrnimmt. Unklarheiten über die Rolle des Mediators wirken sich nachteilig auf den Einigungsprozess aus. Dies gilt nicht nur für die Vorbereitungsphase, sondern während des gesamten Mediationsprozesses.

Weiter werden in Fällen, in denen mehrere Beteiligte involviert sind und die Gesprächskultur eine tendenziell unkooperative, verständnishindernde ist, manchmal vor der Mediation Kommunikationsmethoden vorgestellt und geübt. Bei Großgruppenprozessen müssen ggf. im Vorfeld geeignete Repräsentanten gefunden werden, welche die einzelnen Beteiligten oder beteiligte Gruppen im weiteren Verfahren vertreten. Der Umfang der Vorarbeiten und die Dauer der Vorbereitung hängen von dem jeweiligen Anliegen der Parteien und den sonstigen Rahmenbedingungen des Auftrags ab.[194]

2.2.8 Vertragliche Rahmenbedingungen

Es ist zu prüfen, wie die vertraglichen Beziehungen zwischen Mediator(en), Parteien und – falls nicht mit den Medianten identisch – der auftraggebenden Seite geregelt werden sollten. In einfachen Fällen reicht ein schriftlicher Vertrag, der die Auftragsbedingungen zwischen den Medianten und dem Mediator festhält. In komplexeren Fällen können eine ganze Reihe von Vereinbarungen notwendig sein.[195]

Gleich zu Beginn sind vor allem die Kosten der Mediation für die Beteiligten zu klären. An einer Mediation nehmen regelmäßig mehrere Personen teil; die Frage ist, ob und wie sie die Kosten untereinander aufteilen. Im Sinne von Gleichberechtigung und Kooperation ist es wünschenswert, wenn die Kosten von allen Beteiligten zu gleichen Teilen getragen werden. Es gibt aber auch Situationen, wo das (wirtschaftliche) Interesse an der Mediation vornehmlich bei einer Partei liegt, sodass diese als Auftraggeber die Kosten übernimmt.

2.2.9 Zeitliche Rahmenbedingungen

Vor Beginn der eigentlichen Mediation steht die Überlegung, wann und wie viel Zeit die Parteien für die Mediation haben und welche Dauer und Zeitabstände der einzelnen Mediationssitzungen in dem konkreten Fall angemessen erschei-

---

194 Besemer, Mediation – Vermittlung in Konflikten, 7. Aufl. 2000, S. 64 f.
195 Zu den einzelnen Vertragsarten s. 5. Teil, 2. Abschnitt, 1.

nen. Es sollte eingeschätzt werden, wie dringend bereits vorgetragene, aber auch mögliche weitere Anliegen der Parteien sind, wie schnell sie demnach bearbeitet werden müssen. Ziel sollte es immer sein, die Rahmenbedingungen für das Mediationsanliegen der Parteien möglichst optimal zu gestalten.

Eine Mediation streckt sich, abhängig vom Thema, in der Regel über mehrere Termine bzw. Sitzungen. Die Länge der Sitzungen kann individuell vereinbart werden. Wenn eine Mehrzahl von Parteien beteiligt ist oder große räumliche Entfernungen überwunden werden müssen, wird aus Termingründen oft auch über einen bis mehrere Tage hinweg gearbeitet. Der Zeitraum zwischen zwei Terminen ist allerdings oft sehr sinnvoll und nützlich, da die Parteien dann die Möglichkeit haben, sich weiter mit dem Thema zu beschäftigen – das bisher in der Mediation Erfahrene zu überdenken und selbstständig weiterzuentwickeln.

Mediationsgespräche erfordern ein hohes Maß an Konzentration von allen Beteiligten. Bei der Terminvereinbarung und Planung ist zu berücksichtigen, dass die normale Konzentrationsdauer in einer durchschnittlichen Situation etwa 90 Minuten beträgt – ein Erfahrungswert, der auch in anderen Kontexten, zum Beispiel bei Gruppenveranstaltungen, und in der psychotherapeutischen Arbeit berücksichtigt wird.

2.2.10 Räumlichkeiten

Die Räume müssen für das Mediationsverfahren geeignet sein, das heißt hinsichtlich Größe und Ausstattung für den konkreten Fall geeignet. Insbesondere bei Mehrpersonenparteien sollten Räume vorhanden sein, in denen sich die Parteien separat beraten können. Für mögliche Einzelgespräche sollten ebenfalls separate Räume vorhanden sein. Ist für die Mediation ein längerer Zeitraum eingeplant, so muss die Verpflegung sichergestellt werden.

2.3 Phasenmodell der Mediation

Die eigentliche Mediation orientiert sich an einem Phasenmodell, das von einer spezifischen Struktur, Arbeitsregeln und dem Rollenverständnis des Mediators geprägt ist. Alles zusammen bildet den Rahmen, der den Medianten zur Verfügung steht, um ihre Anliegen zu bearbeiten. Die folgende Darstellung gliedert die Mediation in 5 Phasen.[196] Sie entspricht dem im 3. Teil vorgestellten Verhandlungsmodell. Zusätzliche Stufen aus anderen Darstellungen finden sich in Unterpunkten wieder.[197]

---

196 Vgl. Besemer, Mediation – Vermittlung in Konflikten, 7. Aufl. 2000, S. 56 ff.; Mähler/Mähler in: Büchting/Heussen, Beck´sches Rechtsanwaltshandbuch, 8. Aufl. 2004, B.5. Modelle mit mehr Phasen finden sich u.a. bei Eidenmüller in: Henssler/Koch, Mediation in der Anwaltspraxis, 2. Aufl. 2004, § 2 Rdnr. 58 ff.; Kessen/Troja in: Haft/von Schlieffen, Handbuch Mediation, 2002, § 16, Rdnr. 4 ff.
197 S. Übersicht am Ende dieses Abschnitts.

MEDIATIONSPHASEN
I.   Eröffnung, Mediationsvereinbarung
II. Bestandsaufnahme, Themensammlung
III. Bearbeitung und Klärung der Themen
IV. Sammlung und Bewertung der Lösungsideen
V.   Vereinbarung und Abschluss

Das Modell stellt die einzelnen Phasen als voneinander abzugrenzende Schritte dar. Sie zeichnen den Fortschritt im Prozess nach. Dies bedeutet nicht, dass eine Mediation linear verläuft. Die Entwicklung läuft nicht immer in der vorgestellten Reihenfolge ab, häufig ist die Vorwärtsbewegung eher eine kreisende.

2.3.1 Phase I

Phase I – Eröffnung der Mediation: *Begrüßung, Arbeitsvereinbarung, Zieldefinition – Einleitung und Schaffung eines sicheren Rahmens, in dem die Beteiligten gut arbeiten können. Der Mediationsprozess wird geplant und vereinbart.*

In Phase I der Mediation wird eine Atmosphäre geschaffen, in der konstruktive Kommunikation und Zusammenarbeit möglich ist. Sie beinhaltet die Vorstellung der Beteiligten, den Aufbau von Beziehung, die Herstellung von Kontakt und Vertrauen. Die Mediatoren erklären den Weg zur Mediation, die Medianten ergänzen und korrigieren die Darstellung gegebenenfalls. Dieser Informationsaustausch dient der Transparenz, er fördert Vertrauen und beugt Missverständnissen und Misstrauen vor. Die Mediatoren erklären die Vorgehensweise in der Mediation und die Rollen der Beteiligten. Sie erkundigen sich nach Fragen, Erwartungen und Befürchtungen der Parteien. Hierbei ist es wichtig, dass sie Zweifel ernst nehmen und auf sie eingehen. Des Weiteren werden die organisatorischen Rahmenbedingungen besprochen, soweit dies noch nicht im Vorfeld der Mediation stattgefunden hat. Insbesondere sind die Dauer und der Umgang mit Unterbrechungen zu klären, damit alle wissen, wie viel Zeit zur Verfügung steht und wie mit Pausen umgegangen wird.

Das Ziel der Mediation wird formuliert. Spätestens im Verlauf der Phase I kommt es zu einer Mediationsvereinbarung. Sie ist Ausdruck für die Beauftragung der Mediatoren und für das Einlassen der Parteien auf die Mediation. Regelmäßig werden auch Gesprächsregeln[198] für die Mediation vereinbart. Diese bestimmen sich danach, was die Mediatoren und die Medianten brauchen, um in der Mediation gut arbeiten zu können.

---

198 Zum Beispiel „Ausreden", „Zuhören", „Ich-Botschaften". Was vereinbart wird, hängt vom einzelnen Fall und vom Mediator ab – es gibt keine Regel. Bei Bedarf werden im Laufe der Mediation weitere Vereinbarungen getroffen.

Agenda Phase I, Mediationsbeginn

▶ Begrüßung

▶ Vorstellung aller Teilnehmenden

▶ Informationsstand: Was ist bisher gelaufen?

▶ Organisatorisches: Zeit, Verpflegung, Pausen, Geschäftliches, Termine etc.

▶ Verfahren: Prinzipien, Vorgehens- und Arbeitsweisen

▶ Aufgaben/Funktionen aller Beteiligten, ggf. Vertretungsbefugnisse: Mediatoren, Medianten, weitere Beteiligte wie Anwälte und andere beratende Personen

▶ Erwartungen

▶ Befürchtungen

▶ Zielformulierung

▶ Mediationsvereinbarung: z.B. Gesprächsregeln, Vertraulichkeit, Offenheit, Umgang mit Störungen, Mitwirkungsbereitschaft

---

2.3.2 Phase II

Phase II – Bestandsaufnahme: *Darstellung des Themas oder der Themen – Die Medianten stellen die Situation jeweils aus ihrer Sicht dar. Die Themen werden gesammelt, die Reihenfolge der Bearbeitung festgelegt.*

Die Medianten erhalten die Möglichkeit, das Thema oder die Themen aus ihrer Sicht vorzustellen. Die Mediatoren achten darauf, dass alle gleich viel Zeit und Raum bekommen. Im Anschluss haben die Medianten die Möglichkeit, auf den Vortrag des oder der anderen einzugehen. Die Mediatoren sichern durch Wiederholen und Zusammenfassen das Verständnis. Sie schreiben die Themen für alle sichtbar mit. Die Visualisierung[199] dient der Klarheit und der Orientierung. Sie ist Grundlage der Einigung der Medianten darüber, welche Themen Inhalt der Mediation sein sollen und in welcher Reihenfolge sie besprochen und bearbeitet werden.

Bei eskalierten Konflikten kann es sein, dass die Parteien ihrem Ärger erst einmal „Luft machen" müssen, bevor sie sich auf eine strukturierte Themensammlung einlassen können.

Am Ende der Phase II gibt es eine Themen- oder Konfliktlandschaft, welche die Parteien gemeinsam erarbeitet haben. Die visualisierte Themenlandschaft spiegelt häufig das an diesem Punkt der Mediation bereits erreichte Bewusstsein der Medianten wider, dass nicht die andere Person, der Konfliktpartner, das Problem ist, sondern sie gemeinsam ein oder mehrere Konfliktthemen haben.

---

199 S. Anhang.

Konfliktdarstellung[200]

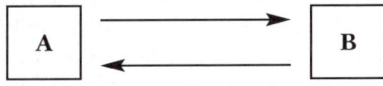

A und B beschuldigen sich gegenseitig: **destruktiv**

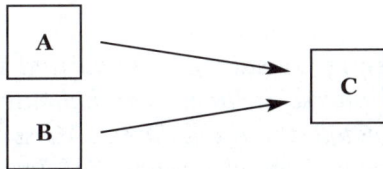

A und B erkennen, dass sie gemeinsam ein Problem C haben: **konstruktiv**

Typischerweise beginnen die Parteien eine Mediation mit offen geäußerten oder zumindest gedachten Schuldzuweisungen an die andere Partei. Ungeachtet einer juristischen oder moralischen Legitimation der jeweiligen Ansichten ist eine solche Haltung und die damit verbundene Herangehensweise zur Findung einer (gemeinsamen) Lösung nicht förderlich. Wesentlich konstruktiver ist eine Konzentration auf die gemeinsamen Probleme, welche die Parteien beschäftigen. Die Darstellung illustriert diese beiden gegensätzlichen Denkweisen.

Die Mediatoren unterstützen die Parteien, indem sie Vorwürfe und Positionen umformulieren und sie wertfrei als Themen aufschreiben. Die Themen werden am besten in Form von nicht wertenden Fragestellungen oder Problemdefinitionen formuliert.

Beispielfall: Wirtschaftskonflikt „GEFÄHRLICHE MUFFINS"

M beschuldigt S, Informationen verheimlicht und von der unterschlagenen Minderqualität profitiert zu haben. In der Formulierung ist der Vorwurf des Betrugs und der (ungerechtfertigten) Bereicherung unter Inkaufnahme einer Gefährdung der Allgemeinheit enthalten. S könnte sich dagegen zur Wehr setzen, indem er M vorwirft, nur aufgrund der Freundschaft erlangte, unverhältnismäßig günstige Konditionen auszunutzen. Damit riskiert S allerdings, den Konflikt zusätzlich ins eigene Unternehmen zu befördern, da sich der Vorwurf gleichzeitig auch gegen den früheren Geschäftsführer, der die Konditionen verhandelt und vereinbart hat, richten oder so verstanden werden könnte.

In der ersten Mediationssitzung werden die zu regelnden Themen – Schadensregulierung, zukünftige Qualität, Geschäftsbeziehungen, Konditionen, Informationsfluss – gesammelt und in Frageform auf dem Flip-Chart festgehalten.

THEMENSAMMLUNG

1) Wie und durch wen kann/soll entstandener Schaden kompensiert werden?
2) Welche Maßnahmen zur Qualitätssicherung können im Hinblick auf die Rosinenlieferungen an M ergriffen werden?
3) Wie können die Geschäftsbeziehungen zwischen M und S (und R) in Zukunft aussehen?
4) Wie kann Vertrauen geschützt werden?
5) Wie kann Transparenz gesichert werden?

---

200 Besemer, Mediation – Vermittlung in Konflikten, 7. Aufl. 2000, S. 24 f.

Die Beteiligten sind sich einig, dass, wenn sie zu einvernehmlichen Lösungen/Antworten auf die Fragen kommen sollten, diese in einem neuen Vertrag festgehalten werden. Die Neuverhandlung der Verträge war zuvor ein Thema, das M nicht diskutieren wollte. Die schon im Vorfeld schriftlich erhobene Forderung von S drohte die Mediation beinahe infrage zu stellen. Durch die positive Formulierung der Themen als gemeinsam zu beantwortende Fragen konnte M den Vorschlag des S aus einem anderen Blickwinkel betrachten, insbesondere auch die darin enthaltenen, für ihn selbst wichtigen Themen wahrnehmen.

2.3.3 Phase III

Phase III – Konfliktklärung: *Verständnisaufbau und Interessenfindung – Die Themen werden vertieft, unterschiedliche Wahrnehmungen, Bedürfnisse, Wünsche und Ziele werden geäußert und anerkannt. Missverständnisse und Verletzungen kommen zur Sprache. Danach können die relevanten Interessen der Medianten herausgearbeitet werden. Es entsteht ein Verständnis für die jeweils andere Sichtweise und Interessenlage (Perspektivwechsel und Erweiterung des Betrachtungswinkels).*

Die Phase III ist das Kernstück der Mediation. Sie dient der so genannten Konflikterhellung. Ziel ist es, dass die Parteien gegenseitiges Verständnis (nicht: Einverständnis!) entwickeln und ihre Interessen erarbeitet werden.[201] Die Mediatoren unterstützen die Beteiligten, indem sie offene Fragen stellen, aktiv zuhören und mit einer gegenüber allen Beteiligten wohlwollenden Haltung Verständnis sichern.[202] Unterschiede in der Wahrnehmung, im Empfinden und auch im Wollen der Parteien werden transparent gemacht.

Insbesondere bei eskalierten Konflikten findet die schrittweise Klärung im Wege einer zirkulären Bearbeitung statt. Durch kontinuierliches aktives Zuhören/ „Loopen" vonseiten des Mediators entwickelt sich von Schleife zu Schleife eine klarere Vorstellung und Verständnis nicht nur der eigenen Bedürfnisse und Interessen, sondern auch derjenigen der anderen Seite. Dabei nimmt der Mediator nicht nur verbale Äußerungen, sondern auch nonverbale Rückmeldungen auf. Gefühlsäußerungen und Schilderungen von Emotionen sind häufig der Ausgangspunkt für die Klärung. Sie bieten Zugang zu den relevanten Bedürfnissen und Interessen und ermöglichen die Thematisierung von wichtigen Gefühlen.[203] Solange ein Mediant das Gefühl hat, nicht richtig verstanden worden zu sein, wird er sich auch nicht vorbehaltlos auf eine gemeinsame wertschöpfende Lösungsfindung einlassen. Ungeklärte Missverständnisse und Misstrauen aus der Vergangenheit können in der Zukunft zu neuen Konflikten führen. Die Thematisierung unterschiedlicher Interessen – auch sich ausschließender – ist außerordentlich wichtig im Hinblick auf die Vollständigkeit der Problembearbeitung. Finden die tatsächlich relevanten Interessen keinen Eingang in die Lösung, so kann es sein, dass eine Partei später einen „Rückzieher" macht oder dass die Vereinbarung nicht umgesetzt wird.

---

201 Zum Begriff der Interessen s. 3. Teil, 1. Abschnitt, 2.
202 S. in diesem Abschnitt 3.1.
203 Gefühle, die im Klärungsprozess eine relevante Rolle spielen, können Ärger, Enttäuschungen, Verletzungen, Unsicherheit sein, aber auch Zuneigung, Sympathie, Freude, Stolz etc.

98

Das Ansprechen der **Nichteinigungsalternativen** kann helfen, Blockadesituationen, Stillstand in der Mediation zu überwinden. Verzerrte Wirklichkeitswahrnehmungen – zu optimistische Einschätzung der Alternativen – werden so korrigiert und angeglichen. Die Kenntnis der Alternativen sämtlicher Beteiligten gibt im weiteren Verlauf Sicherheit. Die Diskussion der Nichteinigungsalternativen ist Teil der Sachverhaltsklärung und ein wichtiger Schritt im Mediationsprozess. An welchem Punkt und durch wen sie angesprochen werden, kann sehr unterschiedlich sein. Werden sie nicht zu Beginn schon thematisiert, beispielsweise aufgrund mangelnden Vertrauens, so können sie in Phase IV der Mediation als Kontrolle für Einigungsoptionen dienen.

Die Phase III schließt mit der (schriftlichen) Ausformulierung der für die Medianten relevanten Interessen ab.

Beispielfall: Wirtschaftskonflikt „GEFÄHRLICHE MUFFINS", Interessensammlung:

Interessen		
M	**S**	**R**
Den guten Ruf bezüglich der Qualität der Muffins wiederherstellen bzw. erhalten	Öffentliche Befassung mit der unterlassenen Weitergabe des Warnhinweises vermeiden	Öffentliche Befassung mit der minderen Qualität der Rosinen vermeiden
Kosten gering halten	Kosten gering halten	Kosten gering halten
Erhalt der guten Geschäftsbeziehung mit S	Die Geschäftsbeziehung zu M erhalten	Erhalt der guten Geschäftsbeziehung mit S
Auch in der Zukunft Muffinrosinen zu guten Konditionen bekommen	Das Geschäft mit M für S in der Zukunft profitabler gestalten	M als (End-)Abnehmer halten
Kosten des Rückrufs der Muffins ersetzt bekommen	etc.	etc.
Kosten für die Werbekampagne ersetzt bekommen		
etc.		

2.3.4 Phase IV

Phase IV – Lösungssuche: *Sammlung von Lösungsideen (Optionen) mit anschließender Bewertung und Auswahl der Ergebnisse, die den Interessen der Medianten auf die gewinnbringendste Art am meisten gerecht werden.*

Wenn die Medianten überzeugt sind, dass alles Notwendige geklärt ist, die Interessen formuliert und verstanden wurden, kann mit dem Sammeln von Lösungsideen begonnen werden.

2.3.4.1 Sammeln von Lösungsideen

Die Medianten sammeln und entwickeln Optionen – Ideen, Möglichkeiten, Alternativen – in Form eines *brainstorming*, bei dem Kreativität und Quantität im

Vordergrund stehen.[204] Aufgabe der Mediatoren ist es, ein schöpferisches, von Wertungen freies Gedankenspiel zu fördern. Sie achten darauf, dass keine wertenden Kommentare einfließen, welche die Kreativität blockieren, anstatt sie freizusetzen. Alle Ideen werden von den Mediatoren visualisiert, in der Regel auf einem Flip-Chart mitgeschrieben.

Für das Sammeln von Ideen kann es hilfreich sein, die **Sitzordnung** zu verändern: Während es in der Klärungsphase wichtig und hilfreich ist, dass sich alle gegenseitig anschauen können, ist es jetzt unterstützend, wenn die Parteien ihren Blick auf die Tafel o.Ä. richten, wo die Ideen festgehalten werden. So wird zum einen die Konzentration auf das Ersinnen neuer Vorschläge unterstützt und assoziatives Denken angeregt, zum andern erschwert es das Abgleiten in Diskussionen über einzelne Vorschläge.

Einbringen von Lösungsvorschlägen durch den Mediator – Zu der Frage, ob der Mediator Lösungsvorschläge einbringen darf oder sollte, existieren unterschiedliche Auffassungen: Dafür spricht u.a., dass es das Generieren von Ideen für die Parteien erleichtern kann. Der Mediator kann ggf. neue Aspekte, andere Blickwinkel einfließen lassen, auf welche die Parteien situationsbedingt oder mangels Erfahrung und/oder Wissen in dem Moment nicht kommen. Auf der anderen Seite besteht die Gefahr, dass der Mediator aus Leistungsdruck, Ungeduld o.Ä. dazu verleitet wird, mit Vorschlägen für eine Lösung einzugreifen, und die Initiative der Parteien damit eher ausbremst. Mit eigenen inhaltlichen Vorschlägen übernimmt der Mediator, sei es auch nur in geringfügigem Maße, inhaltliche Verantwortung. Dies steht im Gegensatz zu dem Ansatz, Selbstbestimmung zu fördern und die Parteien als Experten in eigener Sache anzuerkennen. Die inhaltliche Mitarbeit an dem Ergebnis kann dazu führen, dass die Parteien sich weniger mit diesem und dem Erfolg identifizieren. Die Nachhaltigkeit des Mediationsergebnisses und seine Umsetzung können so, möglicherweise unnötig, beeinträchtigt werden.[1]

---

1 Dulabaum, Mediation – Das ABC, 4. Aufl. 1998, S. 65; zu den unterschiedlichen Vermittlungsansätzen mehr im 3. Abschnitt.

2.3.4.2 Auswertung

Erst nach der Ideensammlung folgt im zweiten Teil der Phase IV das kritische Be- und Auswerten der gesammelten Optionen. Diese werden an den zuvor erarbeiteten Interessen und ihrem Wertschöpfungspotenzial gemessen und im Hinblick auf die Realisierbarkeit überprüft. Neben den Interessen dienen insbesondere die Nichteinigungsalternativen zur Überprüfung der gefundenen Ergebnisse. Weitere Bewertungskriterien, auf die sich die Beteiligten geeinigt haben, können hinzugezogen werden (Recht, Handelsbrauch etc.).[205]

Die Medianten handeln anschließend, unterstützt von den Mediatoren, eine Einigung miteinander aus. Die Mediatoren unterstützen die Medianten dabei, Wertschöpfungspotenzial zu erkennen und auszunutzen.[206] Auch in dieser Phase des Verfahrens stellt sich die Frage, ob und wie weit die Mediatoren die reine Vermittler-Rolle verlassen und als Berater tätig werden (wollen).

---

204 S. 3. Teil, 2. Abschnitt, 1.4.
205 S. 3. Teil, 2. Abschnitt, 1.4.
206 Zum Wertschöpfungsprozess im Einzelnen s. 3. Teil, 1. Abschnitt, 3.

Die Einordnung einer Lösungsoption hinsichtlich ihrer Reichweite und ihres Wirkungsgrades durch den Mediator kann die Parteien unterstützen, nicht hinter dem von ihnen gewünschten Ergebnis zurückzubleiben.

Mögliche Reichweiten bzw. Wirkungsgrade einer Einigung:[1]

Sachliche Einigung	Verfahrenseinigung
Dauerhafte Einigung	Vorläufige Einigung
Umfassende Einigung	Partielle Einigung
Einigung im Detail	Prinzipielle Einigung
Bedingungslose Einigung	Bedingte Einigung
Bindende Einigung	Nicht bindende Einigung
Erstrangige Einigung	Nachrangige Einigung

---

1 Besemer, Mediation, 7. Aufl. 2000, S. 77, nach Fisher/Ury, Das Harvard Konzept – Sachgerecht verhandeln – erfolgreich verhandeln, 1991, S. 104.

2.3.5 Phase V

Phase V – Vereinbarung: *Einigung der Medianten – Die Lösung wird detailliert, die (rechtliche) Gestaltung der Vereinbarung(en) wird erarbeitet und die Umsetzung sichergestellt. Das Ergebnis wird (schriftlich) ausformuliert und angenommen (unterzeichnet). Die Mediation wird mit einem symbolischen Akt beendet.*

Die Lösung(en), auf die sich die Medianten geeinigt haben, wird/werden ausgearbeitet. Die Ausarbeitung beinhaltet das Konkretisieren, Detaillieren, Überprüfen, kritische Hinterfragen und Dokumentieren der Einigungsinhalte. Die Unterstützung der Medianten durch die Mediatoren erfolgt vornehmlich in der Form, dass die Mediatoren Verständnis sichern und Fragen stellen. Das Ergebnis soll insbesondere klar, verständlich, genau (auch in den Zeitangaben), weitestgehend bedingungsfrei und positiv ausformuliert werden. Inhaltlich sollte es ausgewogen in den Verpflichtungen und realistisch hinsichtlich der erwünschten Umsetzung sein.[207] Bei Bedarf wird die Vereinbarung durch Kontrolltermine und Präventionsklauseln ergänzt.

Die rechtsverbindliche Ausarbeitung der gefundenen Vereinbarungen erfolgt durch die Parteianwälte der Beteiligten und/oder sonstige, die Parteien beratende Experten (Notare, Steuerberater, Wirtschaftsberater etc.).[208]

Vertragsgestaltung ist Rechtsbesorgung im Sinne des Rechtsberatungsgesetzes. Je nach Inhalt und abhängig davon, ob die Mediation von Rechtsanwälten begleitet wurde, findet die rechtliche Gestaltung der gefundenen Einigung im Rahmen oder außerhalb (zum Beispiel im Anschluss) an die eigentliche Mediation statt. Haben die Mediatoren keine Erlaubnis zur Rechtsbesorgung, so können die Ergebnisse dokumentiert werden und als Grundlage für die rechtsverbindliche Ausarbeitung dienen.[1]

---

1 Art. 1 § 1 Abs. 1 Rechtsberatungsgesetz; s. hierzu 5. Teil, 2. Abschnitt, 3.3.

---

207 Besemer, Mediation – Vermittlung in Konflikten, 7. Aufl. 2000, S. 76, 82.

208 Ein Anwaltmediator kann diese Aufgabe (berufs-)rechtlich gesehen auch selbst übernehmen. Zur Problematik der Wahrnehmung dieser unterschiedlichen Funktionen s. a. 5. Teil, 1. Abschnitt.

Am Ende der Mediation können unterschiedliche Formen der „Besiegelung" des gefundenen Ergebnisses stehen: Das kann das gegenseitige Unterschreiben von Verträgen mit anschließendem Händedruck sein, eine Feier, die öffentliche Bekanntgabe usw. Welche Form ihnen und dem Anlass entspricht bzw. angemessen erscheint, entscheiden die Parteien.[209]

2.4 Umsetzung des Mediationsergebnisses

Die Umsetzung der Mediationsergebnisse erfolgt zumeist ohne die Beteiligung der Mediatoren. Zur Unterstützung der Parteien kann es sinnvoll sein, dass die Mediatoren mit den Parteien ein Nachtreffen vereinbaren oder sich nach Ablauf eines gewissen Zeitraums zumindest telefonisch bei diesen erkundigen, wie es ihnen in Bezug auf ihre Vereinbarung, ihr Thema und ihre Beziehung mittlerweile geht. Inhalt eines Nachfolgetreffens können die Auswertung des Geschehens nach Mediationsende und die Besprechung von möglichen Problemen bei der Umsetzung sein. Eventuell ergibt sich hinsichtlich des Mediationsergebnisses Nachbesserungsbedarf. Nachverhandlungen zur Berücksichtigung der Ergebnisse einer Testphase können aber auch von Beginn an eingeplant werden. Nach Abschluss einer Mediation bleiben die Mediatoren als Ansprechpartner erreichbar und unterstützen die Medianten am besten durch eine unaufdringliche Präsenz, die nicht den Eindruck einer Kontrolle erweckt. Die Verantwortung für die erfolgreiche Umsetzung liegt bei den Beteiligten.

Mediationsverlauf	
Vorbereitung	▸ Kontaktaufnahme ▸ Informationsbeschaffung ▸ Prüfung der Geeignetheit, vorbereitende Situationsanalyse ▸ Konfliktberatung ▸ Mediationsvorbereitende Arbeiten mit den / der Parteien ▸ Verträge
Mediation	**5-Phasen-Modell** I. Eröffnung / Mediationsvereinbarung II. Bestandsaufnahme III. Bearbeitung der Konfliktfelder IV. Lösungoptionen V. Vereinbarung / Abschluss
Umsetzung	▸ Implementierung ▸ Nachverhandlungen ▸ Anpassungen und Optimierungen ▸ Nachtreffen ▸ Reflektion der Mediation

209 Dulabaum, Mediation – Das ABC, 4. Aufl. 1998, S. 67.

3. Der Mediator und seine Aufgaben

Während des gesamten Mediationsprozesses unterstützt der Mediator die Parteien in der Klärung und Lösung ihrer Anliegen, indem er

- förderliche Rahmenbedingungen herstellt,
- das Verfahren leitet,
- die Kommunikation, insbesondere das gegenseitige Verständnis unterstützt,
- die Interessen- und Ergebnisorientiertheit in der Mediation sicherstellt.

3.1 Grundhaltung gegenüber den Medianten

Basis ist eine empathische Grundhaltung des Mediators. **Empathie** bedeutet die Bereitschaft und die Fähigkeit, sich in die Einstellung eines anderen Menschen einzufühlen.[210] Sie steht für eine wohlwollende, akzeptierende Atmosphäre, die Verständnis und Einfühlung signalisiert – das Gegenteil von ignorant, abwertend, verurteilend, benutzend, misstrauend.[211] Eine empathische Grundhaltung zeichnet sich auch dadurch aus, dass Menschen in der Mediation in ihren Unklarheiten, Widersprüchlichkeiten und Widerständen an- und ernst genommen werden. Es geht nicht darum, den Parteien zu erklären, was glaubhaft, besser oder richtig ist, Widersprüchlichkeiten und logische Ungereimtheiten aufzudecken oder Widerstände aus dem Weg zu räumen; vielmehr ist es das Ziel, subjektive Wahrnehmung anzunehmen. „Der Gesprächshelfer ist kein Richter, sondern Prozesshelfer."[212]

3.2 Verfahrensleitung und Gesprächsmoderation

Der Mediator moderiert das Gespräch.[213] Er eröffnet und beschließt formell die Mediation und die einzelnen Sitzungen. Er achtet darauf, dass Regeln eingehalten werden. Durch regelmäßiges aktives Zuhören, „Loopen",[214] konkretisierendes Nachfragen und Auf-den-Punkt-bringen unterstützt er die Parteien in der Darstellung und Klärung ihrer Themen und im gegenseitigen Verständnis ihrer Gefühle, Bedürfnisse und Interessen. Er achtet darauf, dass das Gespräch möglichst beziehungsgerecht verläuft, z.B. durch Übersetzung von angreifenden Ärgermitteilungen in nicht verletzende Botschaften und durch die Anregung, gegebenenfalls auch Vereinbarung von Ich-Botschaften.[215]

---

210 Duden – Fremdwörterbuch, 5. Auf. 1990, S. 216.

211 S. die von Carl Rogers beschriebenen Grundhaltungen für den klientenzentrierten Gesprächspsychotherapeuten bei Carl R. Rogers, Die klientenzentrierte Gesprächspsychotherapie, 16. Aufl. 2003, S. 214.

212 Thomann/Schulz von Thun, Klärungshilfe – Handbuch für Therapeuten, Gesprächshelfer und Moderatoren in schwierigen Situationen, 1988, S. 73.

213 S. hierzu u.a. „Methoden der Moderation in der Klärungshilfe" in: Thomann/Schulz von Thun, Klärungshilfe – Handbuch für Therapeuten, Gesprächshelfer und Moderatoren in schwierigen Situationen, 1988, S. 32–52, mit Formulierungsbeispielen.

214 S. Anhang.

215 S. Anhang.

Als Verfahrensleiter macht der Mediator klare Vorschläge und er gibt Anweisungen, die den Prozess auf der Verfahrensebene in die gewünschte Richtung lenken. Orientiert an der Phasenstruktur sorgt er dafür, dass der Prozess interessen- und lösungsorientiert verläuft und das Ergebnis nachhaltig ist. Auf Wünsche und Bedürfnisse der Parteien reagiert der Mediator, ohne dabei den „Prozesshut" abzugeben. Die Aufteilung der Verantwortung für Prozess (Mediator) und Inhalt (Parteien) etabliert und vertieft er bei Bedarf immer wieder neu. Er macht dies auf eine transparente Art und Weise, die es den Parteien ermöglicht, sein Handeln nachzuvollziehen. Kommen vonseiten der Parteien Anregungen zum Ablauf und/oder zu den Rahmenbedingungen der Mediation, also auf der Prozessebene angesiedelte Wünsche, so berücksichtigt er diese, wenn es in seinen Augen der Mediation dienlich erscheint. Wenn dies nicht der Fall ist, legt er seine Gründe für eine Ablehnung offen.[216] Es ist weiter Aufgabe des Mediators, Zwischenergebnisse mündlich und schriftlich festzuhalten.[217]

Transparenz – In seiner Arbeit sorgt der Mediator für Transparenz, das heißt Deutlichkeit und Verstehbarkeit seines Verhaltens. Dazu gehört, dass er Prozessentscheidungen offen legt, nachvollziehbar begründet und (mögliche) Konsequenzen auf der inhaltlichen und der Verfahrensebene darlegt. Er unterstützt damit die Selbstbestimmung und -verantwortung der Parteien („Inhalts- und Ergebnisherrschaft") und die eigene Rollenklarheit (Prozessbegleitung). Ein wichtiges Hilfsmittel transparenter Verfahrensbegleitung ist die Visualisierung der Mediationsinhalte: Sie fördert (Ein-)Verständnis und Orientierung aller Beteiligten in der Mediation.

3.3 Visualisierung

Das Visualisieren von Inhalten dient als Orientierungshilfe für alle Beteiligten (Mediatoren und Medianten), unterstützt das Verständnis, erleichtert die Kommunikation, sichert Ergebnisse, fördert Transparenz und gibt Sicherheit.

Beispiel: Schriftlichkeit fordert und fördert Genauigkeit. Trifft eine Formulierung (noch) nicht den Kern des Themas einer Partei, so wird der Mediant, spätestens nachdem das Thema für alle sichtbar aufgeschrieben wurde, diese unweigerlich korrigieren oder ergänzen. Der Mediator unterstützt die Genauigkeit, indem er Rückfragen an die Parteien stellt, bevor er Gesagtes schriftlich fixiert – „Soll ich das Thema Zuverlässigkeit aufschreiben?" – und Rückmeldungen, auch Nonverbale, aufgreift – „Sie runzeln die Stirn, ich frage mich, ob Sie unzufrieden sind mit dem, was da steht?"

3.4 Klärungshilfe

Im Rahmen der Mediation wird auch die Selbstklärung der Parteien unterstützt. Bevor sie Verständnis füreinander, für die Bedürfnisse und Interessen des andern entwickeln, müssen sie erst einmal ihre eigenen Bedürfnisse wahrnehmen

---

216 S. dazu auch Thomann/Schulz von Thun, Klärungshilfe – Handbuch für Therapeuten, Gesprächshelfer und Moderatoren in schwierigen Situationen, 1988, S. 51 f.: „ ... [zur Oberhandsicherung des Klärungshelfers mit dem Ziel der] Wiederherstellung von Kontakt, Austausch und Verständnis".

217 Zum Beispiel die Mediationsvereinbarung, die Einigung über das Thema, bzw. die Themen, die Interessen der Parteien etc.

und kommunizieren können.[218] Im Rahmen der Phasenstruktur hat die Klärungshilfe insbesondere in Phase III, die von manchen auch als Phase der Konflikterhellung bezeichnet wird, ihren Schwerpunkt. Aber auch in allen anderen Phasen, z.B. im Rahmen der Vereinbarung über Zeiten, Termine, Themen und deren Reihenfolge usw. unterstützen die Mediatoren jede Partei darin, ihre Bedürfnisse und Interessen umfassend einbringen zu können.[219]

(Einige) Grundtechniken der Unterstützung zur Selbstklärung:[1]

▶ Aktives Zuhören
▶ Einfache Fragen
▶ Zusammenfassen
▶ Drastifizieren
▶ Ins Blaue vermuten und zum Klartext anregen
▶ Kontrasuggestion
▶ Konkretisierendes Zuhören
▶ Akzeptierendes Bestätigen
▶ Reales Folgern
▶ Reales Folgern mit suggestivem Aspekt
▶ Auf die Ebene der konkreten Erfahrung wechseln
▶ Verbale Hinweise aufgreifen
▶ Botschaft des Körpers ermitteln und verbalisieren

Gerade auch im Rahmen der Klärungshilfe ist Empathie für die Haltung und das Verhalten der Mediatoren von großer Bedeutung.[2]

---

1 Nach Thomann & Schulz von Thun, Klärungshilfe – Handbuch für Therapeuten, Gesprächshelfer und Moderatoren in schwierigen Situationen. Einige der Gesprächstechniken werden im Anhang kurz vorgestellt. Bei Thomann/Schulz von Thun werden noch weitere Mittel aufgeführt, alle werden anhand von Beispielen erläutert.
2 Thomann & Schulz von Thun erweitern den Begriff um die „einfühlende Distanz": Während der Gesprächshelfer (Mediator) sich ganz auf den einzelnen Menschen einlässt, interessiert ist an der Person, ihrer Einzigartigkeit und Unverwechselbarkeit, sie anerkennt unabhängig von Stärken und Schwächen, darf er seine Selbstständigkeit und Unabhängigkeit dabei nicht verlieren. Thomann/Schulz von Thun, Klärungshilfe – Handbuch für Therapeuten, Gesprächshelfer und Moderatoren in schwierigen Situationen, 1988, S. 71 ff.

3.5 Ausgleich von Ungleichgewichten

Erhebliches Machtgefälle zwischen den Medianten kann eine Mediation gefährden oder sogar unmöglich machen.[220] Mediatoren haben – soweit die Parteien grundsätzlich bereit sind, als Gleichberechtigte miteinander zu arbeiten – die Aufgabe, ungewollte Auswirkungen bestehender Machtunterschiede auszugleichen. Hierfür brauchen sie den Auftrag und das Einverständnis aller Beteiligten (Ermächtigung). Bei geringfügigen Ungleichgewichten, die im Verlauf der Mediation auch wechseln können, zum Beispiel auf der Kommunikationsebene, kann schon die empathische Unterstützung durch den Mediator ausreichen, um die

---

218 „Selbstklärung ist sowohl Wert und Ziel in sich selbst als auch die Voraussetzung für eine klare Kommunikation", Thomann/Schulz von Thun, Klärungshilfe – Handbuch für Therapeuten, Gesprächshelfer und Moderatoren in schwierigen Situationen, 1988, S. 55, mit Ausführungen zu den Ursachen der „Diskrepanz zwischen expliziter Äußerung und innerem Zustand", dem wirklich Gefühlten und Gewollten, und Erläuterungen zu den Mitteln, die einem Gesprächshelfer zur Verfügung stehen, um den Einzelnen darin zu unterstützen, seine Gefühle und Gedanken authentisch zu äußern.
219 Eine solche Unterstützung ist Ausdruck dessen, was als Allparteilichkeit des Mediators bezeichnet wird.
220 Vgl. zu Machtungleichgewichten in Verhandlungen 3. Teil, 2. Abschnitt.

jeweilige Partei zu stärken. Die Anerkennung (Offenlegung) von Ungleichgewichten und daraus folgender Konsequenzen kann ein entscheidender Schritt sein, um eine kooperative Zusammenarbeit der Medianten (wieder) möglich zu machen.

Beispiel: Im Rahmen der Mediation öffnet sich eine Seite sehr weit, bringt entscheidungserhebliche Tatsachen ein und erläutert ihre Bedürfnisse und Motivationen, während sich die andere Partei weitgehend verschlossen zeigt. Das Ungleichgewicht an Informationspreisgabe und Vertrauen birgt die Gefahr, dass die zurückhaltende Partei ihren Wissensvorsprung ausnutzt. Die Partei, die sich geöffnet hat, wird dann das Gefühl haben, über den Tisch gezogen worden, im Extremfall genötigt worden zu sein. Der Mediator muss also die Wechselseitigkeit hinsichtlich Vertrauen und Informationsoffenlegung im Auge behalten und ggf. intervenieren, wenn diese nicht gegeben ist.

Ein anderer Weg ist die vorbereitende Verhandlungs- oder Konfliktberatung beider Parteien. Im diesem Rahmen kann die schwächere Seite ihre Stärken erarbeiten und den eigenen (Ver-)Handlungsspielraum erweitern. Mit der mächtigeren Seite können im Rahmen der Konfliktberatung die Gründe erarbeitet werden, die (auch) aus ihrer Sicht für eine kooperative Einigung und gemeinsame Lösung im Wege der Mediation sprechen. Übt eine Seite im Verlauf der Mediation Druck aus, dem die andere Partei nicht gewachsen ist, so kann das Thematisieren dieser Vorgehensweise und deren Konsequenzen vonseiten des Mediators eine hilfreiche Intervention sein. Seine Ermächtigung hierzu folgt aus der Mediationsvereinbarung der Parteien. Druckausübung und Machtgebrauch der Parteien untereinander kann für den Mediator ein Grund sein, die Mediation abzubrechen.[221]

3.6 Prozessbeobachtung

Während der Mediation überprüft der Mediator kontinuierlich, wie sich der Prozess entwickelt, wie es den Beteiligten geht und ob die Rahmenbedingungen weiterhin stimmen. Nicht jeder Konflikt ist von Anfang an in seinen Dimensionen und in seiner Dynamik erfassbar. Es können sich Veränderungen und Entwicklungen ergeben, welche der Mediator wahrnehmen und berücksichtigen muss. Er achtet daher weiter auf die Eignung des Verfahrens und der eigenen Person für die Parteien und ihre Anliegen, die Anwesenheit/Beteiligung der richtigen Personen und den Zustand der Parteien. Zur Kontrolle seiner eigenen Wahrnehmung bittet er die Parteien regelmäßig um Rückmeldung, wie es ihnen mit dem Verlauf und dem in der Mediation Gesagten geht.

3.7 Selbstwahrnehmung und -reflektion

Selbstwahrnehmung und -reflektion vonseiten des Mediators sind unverzichtbarer Bestandteil der Tätigkeit und dienen der Qualitätssicherung in laufenden Mediationsprozessen. Sie sind Voraussetzung für den Ausbau der mediativen

---

221 Zum Umgang mit Machtgefällen s.a. 3. Teil, 2. Abschnitt, und Besemer, Mediation – Vermittlung in Konflikten, 7. Aufl. 2000, S. 92 ff.

Fähigkeiten. Der Mediator macht sich das eigene Befinden, die eigenen Reaktionen, Gefühle und Bestrebungen immer wieder bewusst und reflektiert sie, damit er sie gegebenenfalls gestalten kann. Die regelmäßige und systematische Auswertung des Mediationsprozesses ist ebenfalls notwendiger Bestandteil professioneller Mediationstätigkeit.[222] Von den Medianten bekommen Mediatoren im Laufe des Mediationsprozesses und im Zusammenhang mit Nachgesprächen direkte oder indirekte Rückmeldung. Zusätzlich ist es unabdingbar für die professionelle Weiterentwicklung und Qualitätssicherung, regelmäßig geschulte kollegiale Beratung und Supervision in Anspruch zu nehmen. Bei Co-Mediationen sind die Form und die Qualität der Zusammenarbeit Fragestellungen der gemeinsamen Nachbereitung.[223]

5-Phasen-Modell	
Phasen	**Inhalte**
I. Eröffnung / Basis	▶ Beziehungs- und Kontaktaufbau ▶ Schaffung einer Vertrauensbasis ▶ Klärung des Zeitrahmens, der Verantwortlichkeiten/Aufgaben u. der Vorgehensweise
II. Themensammlung	▶ Konfliktdarstellung beider Seiten ▶ Visualisierung der Themen u. Fragestellungen ▶ Einigung über Inhalt und Reihenfolge der Themen ▶ Zielformulierung ▶ Informationsbedarf
III. Bearbeitung der Konfliktfelder	▶ Entwicklung gegenseitigen Verständnisses/ Perspektivenwechsel ▶ Klärung der Bedürfnisse ▶ Herausarbeitung der Interessen
IV. Ergebnisfindung	1. Sammlung von Optionen 2. Auswertung der Optionen, Modifikation, Kombination
V. Vereinbarung	▶ Formulierung der Vereinbarung ▶ Überprüfung auf Vollständigkeit, Klarheit, Einigkeit ▶ Vereinbarung der nächsten Schritte; Abschluss

---

222 Vgl. Thomann/Schulz von Thun, Klärungshilfe – Handbuch für Therapeuten, Gesprächshelfer und Moderatoren in schwierigen Situationen, 1988, S. 72.

223 S. u.a. den Fragebogen „Reflektion einer Mediation" des Bundesverbandes für Mediation e.V. zur Anerkennung als Mediator BM, www.bmev.de.

2. Abschnitt: Schlichtung

Das Spektrum konsensualer (gütlicher) außergerichtlicher Streitbeilegungs-möglichkeiten wird neben Verhandlung und Mediation ergänzt durch das Schlichtungsmodell: Schlichtung zeichnet sich gegenüber Mediation durch eine Zunahme inhaltlicher Verantwortung für das Verhandlungsergebnis aufseiten der vermittelnden Person aus. Von den gerichtlichen Verfahren grenzt sich Schlichtung ebenso wie Mediation dadurch ab, dass der Schlichter keine eigene Entscheidungsautorität innehat. Weder von staatlicher Seite noch vonseiten der Parteien ist die schlichtende Person ermächtigt, eine Entscheidung oder ein Urteil zu fällen.[224]

1. Definition

Schlichtungsverfahren zielen auf die Herbeiführung einer vergleichsweisen, mit gegenseitigem Nachgeben verbundenen Einigung der Parteien ab. Ebenso wie Mediation sehen sie vor, dass die Parteien sich mithilfe einer dritten, vermitteln-den Person einigen. Der Schlichter versucht, den Parteien einen Schlichtungs- oder Vergleichsentwurf vorzulegen, den beide Seiten akzeptieren können.[225] Als neutrale Person bringt sich der Schlichter auch inhaltlich, als Experte auf dem streitigen Sachgebiet ein. Auf der Basis seiner sachverständigen Einschät-zung von Sachverhalt und Rechtslage unterstützt er die Parteien darin, zu einer Einigung zu kommen.

2. Ablauf und Verfahren

Wie jedes andere Verhandlungs- und Vermittlungsverfahren lässt sich der Ab-lauf einer Schlichtung in drei grobe Abschnitte untergliedern: Kontaktaufnahme und Verfahrensvorbereitung, die eigentliche Schlichtung und die Umsetzung des Schlichtungsergebnisses.

Schlichtungsverlauf
▶ Einleitung des Verfahrens
▶ Schlichtung
▶ Umsetzung der Ergebnisse

Die Rahmenbedingungen für Schlichtungsverfahren sind häufig in entsprechen-den Ordnungen vorgegeben.[226] Im Rahmen der zur Anwendung kommenden

---

224 S. 1. Teil, 3. Abschnitt, 2.
225 S. z.B. UNCITRAL-Schlichtungsordnung Art. 13; Prütting, Außergerichtliche Streitschlichtung – Ein Hand-buch für die Praxis, 2003, Rdnr. 5.

Schlichtungsordnung können die Beteiligten den Verfahrensverlauf regelmäßig weitgehend frei gestalten.[227] Basierend auf den Regelungen verschiedener Schlichtungsordnungen lässt sich das Modell eines Schlichtungsverfahrens folgendermaßen darstellen:

Schlichtungsphasen
I. Einleitung Einleitungsantrag Annahme Bestellung des Schlichters
II. Bestandsaufnahme (schriftliches) Eingangsstatement beider Seiten
III. Klärungsphase Mündliches oder schriftliches Verfahren
IV. Einigungsphase Formulierung eines Vergleichsvorschlags Stellungnahmen Diskussion und ggf. Nachverhandlung Schlichterspruch und Annahme (Vergleich)

Eine vorzeitige Schlichtungsvereinbarung ist in der Regel nicht notwendig. Ist eine solche präventive Schlichtungsvereinbarung nicht vorhanden, so wird die Zustimmung der anderen Partei nach Anrufung der Schlichtungsstelle durch diese eingeholt. Stimmt eine Partei der Schlichtung nicht zu, so gibt es keine Möglichkeit, die Durchführung einer Schlichtung zu erzwingen.

Die Schlichtungsverhandlung verläuft entweder mündlich oder schriftlich.[228] Sie ist nicht öffentlich. Über den Inhalt hat der Schlichter, wie der Mediator, Stillschweigen zu bewahren. Einige Schlichtungsordnungen sehen vor, dass die Schlichtung möglichst an einem Stück ohne Unterbrechung zu Ende zu führen ist. Vertagungen bedürfen dann der sofortigen Bestimmung eines nächsten Termins.[229]

---

226 S. z.B. die UNCITRAL (United Nations Commission on International Trade Law) Schlichtungsordnung (www.uncitral.org) und die Ordnungen der deutschen Schiedsstellen.

227 S. z.B. UNCITRAL-Schlichtungsordnung Art. 1 Abs. 2 und 3.

228 S. z.B. das Informationsblatt zur außergerichtlichen Streitschlichtung in NRW: „Sollte sich der Antragsgegner äußern, kann die Gütestelle im schriftlichen Verfahren einen Vergleichsvorschlag unterbreiten oder im Einvernehmen beider Parteien einen Schlichtungstermin anberaumen.", http://www.bds-nrw.com/; auch das BaySchlG schreibt das persönliche Erscheinen der Parteien nicht zwingend vor. Ebenso sind die Schlichtungsverfahren beim Ombudsmann der Banken und der Gutachterkommission der Ärzte schriftliche.

229 § 24 Abs. 1 SchAG NRW.

In der mündlichen Schlichtungsverhandlung erörtert der Schlichter mit den Parteien die Streitsache und deren Vorstellungen von einer einvernehmlichen Beilegung des Konflikts. Zur Aufklärung der Sachlage kann er auch Einzelgespräche führen. Die Schlichtungs- oder auch Schiedsperson[230] kann den Parteien auf der Grundlage der Schlichtungsverhandlung einen eigenen Vorschlag zur Streitbeilegung unterbreiten.[231] Ziel des Schlichtungsverfahrens ist die Beilegung des Rechtsstreits mittels eines Vergleichs. Es gibt keine Entscheidung (Schiedsspruch). Ein Vorschlag vonseiten des Schlichters bedarf der Annahme und Vereinbarung durch beide Seiten (Vergleichsvertrag). Ob eine rechtliche Würdigung des Sachverhalts durch den Schlichter bzw. hinzugezogene Gutachter vorgenommen wird, hängt von der jeweiligen Schlichtungsstelle und ihrem Verfahren ab. In der Regel erstellt der Schlichter über die Verhandlung ein Ergebnisprotokoll.[232]

3. Abgrenzung Mediation – Schlichtung

Gegenüber Mediation zeichnet sich Schlichtung durch zunehmende inhaltliche Verantwortung des Vermittlers aus, das Einbringen von Expertenwissen und Vergleichsvorschlägen, die Zunahme indirekter Kommunikation zwischen den Parteien und eine tendenziell zunehmende Sach- und Rechtsbasiertheit von Inhalt und Ergebnis. Perspektivenwechsel und die Entstehung gegenseitigen Verständnisses sind keine expliziten Ziele oder Merkmale von Schlichtungsverfahren.[233]

Verfahrensunterschiede werden durch eine ungenaue Zu- bzw. Einordnung der Begriffe und fehlende Erläuterungen häufig verwischt. Vermittlung in Form von Mediation und Schlichtung wird oft gleichgesetzt, ohne dass dabei verständlich wird, welche Verfahrensgrundsätze im jeweiligen Fall zugrunde gelegt werden. Zusätzlich gibt es begriffliche Überschneidungen zwischen Angeboten und Anbietern; Schiedsstellen bieten z.B. Schlichtung und Mediation an – nicht aber gerichtsähnliche Entscheidungsverfahren, was die namentliche Nähe zu den Schiedsgerichten vermuten lassen könnte. Die unparteiliche dritte Person heißt nicht Schlichter oder Mediator, sondern Schiedsmann und Schiedsfrau bzw. Friedensrichter(in). Auch Schiedsgerichte heißen oft „Schiedsstelle", sie bieten im Gegensatz zu den Schlichtungsstellen kein Vermittlungs-, sondern ein Entscheidungsverfahren an. Die Bezeichnung des Anbieters lässt also nicht unmittelbar auf das angebotene Verfahren schließen.[234]

---

230 Zur Terminologie s. unten 3. und 4.1.

231 S. z.B. § 24 Abs. 2 SchG NRW.

232 http://www.bds-nrw.com/.

233 S. hierzu die Übersicht 2 am Ende des Abschnitts.

234 Bsp.: Die neue „Schiedsstelle" der pharmazeutischen Industrie, deren Spruchkörper als Vereinsgericht in einem Verfahrenszug mit zwei Instanzen Verstöße untersuchen und sanktionieren sollen. Sonderdruck der Ärztezeitung, Feb. 2004, http://www.fs-Arzneimittelindustrie.de; Balzer/Dieners, Die neue Schiedsstelle der pharmazeutischen Industrie, NJW 2004, 908 f.

4. Schlichtungsstellen

Das Modell der Schlichtung liegt vielen Einrichtungen außergerichtlicher Streitbeilegung im deutschen Raum zugrunde. Dies gilt auch für die in zwölf Bundesländern eingerichteten Schiedsstellen. Sehr bekannt, weil mit viel öffentlicher Aufmerksamkeit bedacht, sind die Schlichtungen nach dem Scheitern der jährlichen Tarifverhandlungen für die Beschäftigten des öffentlichen Dienstes zwischen dem Bund und ver.di. Schlichtungsstellen gibt es darüber hinaus im Bereich des Bankgewerbes, des Handwerks, der Kirchen und des Baugewerbes.[235] Im Arbeitsrecht ist es wesentliche Aufgabe von Schlichtern, kollektive Regelungsstreitigkeiten und Arbeitskämpfe beizulegen bzw. zu verhindern.

4.1 Schiedsstellen

Die Schiedsstellen,[236] in manchen Ländern auch als Schiedsamt bezeichnet, sind von den Gemeinden eingerichtete Stellen, deren Aufgabe es ist, Streitigkeiten der Bevölkerung durch gütliche Einigung beizulegen.[237] Es gibt sie heute in zwölf Bundesländern.[238] Einrichtung, Besetzung und Verfahren der Schiedsstellen regelt das jeweilige Landesrecht.[239]

Die Aufgaben der Schiedsstelle werden von den **Schiedsleuten** (Schiedsfrau, Schiedsmann, Friedensrichter, Friedensrichterin) ehrenamtlich wahrgenommen. Für die Durchführung von Schlichtungen werden geringe Gebühren erhoben, die in der Regel unter 40,- € pro Verfahren liegen.[240]

Örtlich zuständig ist die Schiedsstelle, in deren Amtsbezirk der Antragsgegner oder die Antragsgegnerin wohnt. Die Parteien können aber auch nach dem Entstehen einer Streitigkeit schriftlich oder zu Protokoll der Schiedsstelle eines anderen Bereichs vereinbaren, dass das Schlichtungsverfahren vor dieser Schiedsstelle stattfinden soll.[241]

Die **sachliche Zuständigkeit** erstreckt sich auf bestimmte zivilrechtliche und ausgewählte strafrechtliche Streitigkeiten und den Täter-Opfer-Ausgleich i.S.d.

---

235 1998 hat die Arbeitsgemeinschaft für privates Bau- und Architektenrecht im Dt. Anwaltverein die Schlichtungs- und Schiedsordnung für Baustreitigkeiten, SOBau, herausgebracht. In der Praxis ist die Vermittlung in Baustreitigkeiten noch in den Anfängen.

236 Die Begriffe Schlichtungs-, Schieds- und Gütestelle werden häufig synonym verwendet. In Sachsen heißt die Schiedsperson seit dem 01.01.2000 Friedensrichter und Friedensrichterin.

237 Schiedsstellen als Gütestellen der Gemeinden gibt es bereits seit 1827. Sie wurden erstmals in der Provinz Preußen auf Anregung der Stände für zivilrechtliche Streitigkeiten eingeführt.

238 Berlin, Brandenburg, Hessen, Mecklenburg-Vorpommern, Niedersachsen, Nordrhein-Westfalen, Rheinland-Pfalz, Saarland, Sachsen, Sachsen-Anhalt, Schleswig-Holstein und Thüringen. Für weitere Informationen s. http://www.schiedsamt.de.

239 In Brandenburg z.B. das am 01.01.2001 neu gefasste Schiedsstellengesetz (Gesetz- und Verordnungsblatt für das Land Brandenburg vom 06.12.2000, Teil I, S. 158–164) und das Brandenburgische Schlichtungsgesetz vom 05.10.2000.

240 Angaben der Berliner Schiedsstellen: 10,23 € – 38,35 € (abhängig von Erfolg und Schwierigkeit der Schlichtungsverhandlung), Auslagenersatz: ca. 12,50 €; für Schreibkosten/Porto/Telefonkosten; bei Antragstellung zu entrichtender Kostenvorschuss: 40,00 €; es wird auch darauf hingewiesen, dass einige Rechtschutzversicherungen die Kosten übernehmen, http://www.schiedsstellen.de/b/.

241 Z.B. § 15 Schiedsstellengesetz Brandenburg und § 14 Berliner Schiedsamtsgesetz.

§ 153 a Abs. 1 Nr. 5 StPO. Schiedsstellen sind Gütestellen im Sinne des § 15 a EGZPO und Vergleichsbehörde im Sinne des § 380 StPO.[242]

Ein im Rahmen der Schlichtung zustande gekommener Vergleich (§ 779 BGB) ist **Vollstreckungstitel** i.S.d. § 794 Abs. 1 Nr. 1 ZPO.

4.2 Gütestellen von Berufs- und Wirtschaftsverbänden

Die Güte- bzw. Schlichtungsstellen von Berufs- und Wirtschaftsverbänden sind zuständig für Schlichtungen bei Verbraucherbeschwerden und unter Berufskollegen.

Dazu gehören die **Gütestellen der Handwerkskammern**, die gem. § 91 Abs. 1 Nr. 11 Handwerksordnung einzurichten sind.[243] Sie sind zuständig für die Schlichtung von Streitfällen zwischen selbständigen Handwerkern und deren Auftraggebern. Sie sind sonstige Gütestellen im Sinne des § 15 a Abs. 3 EGZPO. Daneben unterhalten die Handwerkskammern Vermittlungsstellen, die entgeltfrei und ohne Verfahrensordnung Vermittlung bei Streitigkeiten zwischen Handwerkern und deren Kunden anbieten.

▶ Bekannt sind hier die **Schiedsstellen des Kfz-Handwerks**. Sie sind den Innungen des Kfz-Handwerks angegliedert und bearbeiten Streitfälle zwischen Innungsmitgliedern und Kunden aus Werkstattaufträgen und aus dem Verkauf von gebrauchten Pkw. Die Schiedskommissionen bestehen aus fünf Personen, wobei die vorsitzende Person die Befähigung zum Richteramt besitzen muss. Die Schlichtungsverfahren der Schiedsstellen des Kfz-Handwerks weisen die Besonderheit auf, dass das Gericht häufig an Tatsachen, die im Schiedsspruch festgestellt sind, gebunden ist, es sei denn, die Feststellung ist offensichtlich fehlerhaft.[244] Die Anrufung kann nur durch den Kunden erfolgen, es bedarf keines ausdrücklichen Einverständnisses der Partei, die Innungsmitglied ist. Für die Schlichtung fallen keine Kosten an.

▶ Von Bedeutung sind auch die **Bauschlichtungsstellen**, die von einigen Handwerkskammern zur Verfügung gestellt werden. Sie sind zuständig für Streitigkeiten zwischen Bauherren, Bauausführenden, Bauingenieuren, Architekten und Sonderfachleuten. Die Anrufung der Schlichtungsstellen setzt das Einvernehmen der Beteiligten voraus. Auch hier setzt sich die Schlichtungskommission aus mehreren Personen, Sachverständigen und einem zum Richteramt befähigten Vorsitzenden zusammen. Die Verfahrenskosten sind abhängig vom Aufwand.

Träger außergerichtlicher Schlichtung sind auch die **Industrie- und Handelskammern**. Weiter gibt es die **Einigungsstellen gem. § 15 UWG** zur Beilegung von Wettbewerbsstreitigkeiten. Neben Gewerbetreibenden und ihren Verbänden können sich auch Verbraucher und Verbraucherverbände an sie wenden (§ 15 Abs. 3 S. 2 i.V.m. § 8 Abs. 3 UWG).[245] Für die Streitbeilegung zwischen **Banken** und ihren Kunden wurden vom Bundesverband deutscher Banken

---

242 Z.B. § 32 Schiedsstellengesetz Brandenburg und § 35 Berliner Schiedsamtsgesetz.

243 Einige Kammern haben im Zuge der Einführung der obligatorischen vorgerichtlichen Streitschlichtung in ihrer Eigenschaft als „sonstige Gütestelle" (§ 15 a Abs. 3 EGZPO) ein besonderes Verfahren eingerichtet.

244 Prütting, Außergerichtliche Streitschlichtung – Ein Handbuch für die Praxis, 2003, Rdnr. 41; Kotzorek, ZRP 1986, 282, 284.

245 Miletzki, Formen der Konfliktregelung im Verbraucherrecht, 1982, S. 34 ff.

Schlichtungsstellen eingerichtet.[246] Den Ombudsmann[247] der Banken gibt es bereits seit 1992. Auch die Deutsche Bundesbank hat eine Schlichtungsstelle mit Verfahrensordnung eingerichtet.[248]

Weitere Gütestellen gibt es an **Kammern freier Berufe**, beispielsweise die Schlichtungsstellen einiger Architektenkammern, die Schlichtungsstellen und die Gutachterkommissionen der Ärztekammern.[249] Hierher gehört auch das Vermittlungsverfahren vor der Rechtsanwaltskammer (§ 73 Abs. 2 Nr. 3 BRAO). Diese ist zuständig für die Schlichtung unter Berufskollegen (§ 73 Abs. 2 Nr. 2 BRAO), bei berufsbezogenen Meinungsverschiedenheiten, aber auch bei privaten, aus dem persönlichen Bereich stammenden Streitigkeiten.[250]

Schlichtungsstellen gibt es auch auf **arbeitsrechtlichem Gebiet**, wobei Schlichtungseinrichtungen im Bereich des Individualarbeitsrechts eher selten sind. Aufgrund der knappen gesetzlichen Klage- und tariflicher Ausschlussfristen ist wenig Verhandlungsspielraum vorhanden.[251] Regelungen zu gütlicher außergerichtlicher Streitbeilegung zwischen Arbeitnehmern und Arbeitgebern finden sich u.a. in den §§ 54, 80 ArbGG. Im **Bereich des Betriebsverfassungsrechts** gibt es die betrieblichen Einigungsstellen nach § 76 BetrVG. Diese können allerdings nicht nur zur Schlichtung, sondern auch zur Entscheidung von Rechtsstreitigkeiten angerufen werden.

Im **internationalen Bereich** ist dem Bedürfnis nach geeigneten Streiterledigungsverfahren vor allem durch die Weiterentwicklung einer internationalen Schiedsgerichtsbarkeit nachgekommen worden.[252]

Verfahrensmodell		
I. **Einleitung**	▶ Einleitungsantrag ▶ Annahme ▶ Bestellung des Schlichters	
II. **Bestandsaufnahme**	▶ Eingangsstatement (schriftliches) beider Seiten	
III. **Klärungsphase**	▶ Mündliches und/oder schriftliches Verfahren	
IV. **Einigungsphase**	▶ Vergleichsvorschlag ▶ Stellungnahmen ▶ Diskussion und ggf. Nachverhandlung ▶ Schlichterspruch und Vorschlagsannahme (Vergleich)	

---

246 Verfahren s. ZBB 1998, 59; Bundschuh, ZBB 1998, 2 ff.

247 Urspr. jnd., der die Rechte des Bürgers gegenüber den Behörden wahrnimmt. „Der Ombudsmann (schwedisch ombudsman: Vermittler) erfüllt die Aufgabe eines unparteiischen Schiedsmannes. Ein Ombudsrat ist ein mit mehreren Personen besetztes Gremium, das entsprechende Aufgaben wahrnimmt. In Schweden gibt es die Institution bereits seit 200 Jahren. In den 1970er Jahren verbreitete sich die Institution weltweit. Im Allgemeinen wird die schwedische Schreibweise verwendet, eingedeutscht auch das Wort Ombudsmann.", http://de.wikipedia.org/wiki/Ombudsmann.

248 S. www.bundesbank.de/de/schlichtung.

249 S. hier insbes. Matthies, Schiedsinstanzen im Bereich der Arzthaftung: Soll und Haben, 1984, S. 112 ff.; Bodenburg, Versicherungsrecht, 1980, S. 996 ff.; Henschel, Aufgabe und Tätigkeit der Schlichtungs- und Gutachterstellen für Arzthaftpflichtstreitigkeiten, 1980.

250 Weyland in: Feuerich/Weyland, BRAO, 6. Aufl. 2003, § 73 Rdnr. 36 ff. m.w.N.

251 Prütting, Außergerichtliche Streitschlichtung – Ein Handbuch für die Praxis, 2003, Rdnr. 47 ff.

252 S. hierzu auch 5. Teil, 3. Abschnitt.

3. Abschnitt: Vermittlungsmodelle

In der wissenschaftlichen Untersuchung und Diskussion unterschiedlicher Mediationspraktiken wurden (vor allem von angloamerikanischen Autoren) Systeme entwickelt, welche eine differenzierende Betrachtung und ein weiter gehendes Verständnis vorhandener Vermittlungsansätze möglich machen sollen.[253] Sie sind u.a. auch dazu gedacht, die Einschätzung und Auswahl von Mediatoren und Vermittlungsformen durch die Beteiligten zu unterstützen. Die Systeme arbeiten mit unterschiedlichen Begriffen und Ordnungskriterien, welche die gedanklichen Ausgangspunkte und Zielrichtungen ihrer Urheber widerspiegeln. Neben den im hier vorgestellten Schema enthaltenen werden u.a. folgende Kategorien genannt: Transformative oder auch Aussöhnungsmediation (Transformative Mediation)[254] – Verhandlungsstrategie und Therapeutische Integration[255] – Therapeutische, moderierende, Vergleichs- und evaluierende oder auch beratende Vermittlung *(therapeutic, facilitative, settlement, evaluative mediation)*[256] – Fachspezifische Beratungs-, Vergleichs-, Moderierende, Therapeutische und *„Wise Directive"* Mediation.[257]

1. Grundlage

Riskins Rasterfeldsystem *(Grid System)* hat seit Mitte der Neunziger Jahre die akademische Diskussion entscheidend beeinflusst. Das Raster basiert auf der **modellhaften Gegenüberstellung zweier Verhandlungsansätze** und wird ergänzt durch einen zweiten Betrachtungswinkel, der sich auf die **Rolle des vermittelnden Dritten** bezieht.[258]

---

253 S. u.a. Alexander, Mediation: Ein Metamodell, perspektive mediation, 2004/2, S. 72 ff.; Breidenbach/Gläßer, Selbstbestimmung und Selbstverantwortung im Spektrum der Mediationsziele, ZKM 1999, 207 ff.; Breidenbach, Mediation – Struktur, Chancen und Risiken von Vermittlung, 1995; Bush/Folger, *The Promise of Mediation: Responding to Conflict Through Empowerment and Recognition*, 1994; Fietkau, Psychologie der Mediation – Lernchancen, Gruppenprozesse und Überwindung von Denkblockaden in Umweltkonflikten, 2000; Riskin, *Decision-Making in Mediation: The New Old Grid and the New New Grid System, Notre Dame Law Review*, 2003, S. 1 ff.; ders., *Understanding Mediators' Orientations, Strategies and Techniques: A Grid for the Perplexed*, Harvard Negotion Law Review, 1996, S. 7 ff.; ders., *Mediators' Orientations, Strategies and Techniques, 12 Alternatives to High Cost Litigation*, 1994.

254 Bush/Folger, *The Promise of Mediation: Responding to Conflict Through Empowerment and Recognition*, 1994.

255 Breidenbach, Mediation – Struktur, Chancen und Risiken von Vermittlung, 1995.

256 Boulle, *Mediation: Principles, Process, Practice*, Sydney, 2005.

257 Alexander, Perspektive Mediation, 2004/2, S. 72 ff.

258 Riskin, *Understanding Mediator´s Orientations, Strategies and Techniques: A Grid for the Perplexed*, Harvard Negotion Law Review, 1996; vgl. a. das „Metamodell" von Alexander, Perspektive Mediation, 2004/2, S. 76. Obwohl Riskin selbst sein Schema mittlerweile zweimal überarbeitet hat, erscheint das ursprüngliche, einfachere System in diesem Rahmen der Darstellung unterschiedlicher Vermittlungstypen im (juristischen) Bereich konsensualer Streitbeilegung dennoch angemessen. Zu den neuen Modellen s. Riskin, *Decision-Making in Mediation: The New Old Grid and the New New Grid System, Notre Dame Law Review*, 2003, S. 1 ff.

Ausgangspunkt: Vergleichende Gegenüberstellung von distributivem und integrativem Verhandeln[1]

Nach der einen Betrachtungsweise werden Verhandlungen vor allem als **Verteilungsprozess** gesehen (Distributives Verhandeln). Zweck einer Verhandlung ist es demnach, den eigenen Gewinnanteil zu vergrößern, wobei jeder Zugewinn notwendig einen Verlust auf der anderen Seite bewirkt. Die Verteilungsmasse wird als feste Größe gesehen, jede Gewinn-Verlust-Verschiebung stellt lediglich eine Umverteilung dar. Es wird positionsorientiert mit geringem Spielraum verhandelt. Mit diesem distributiven Verhandlungsverständnis geht tendenziell ein Verhandlungsstil einher, der die andere Verhandlungsseite als Gegner auffasst und entsprechende Vorgehensweisen beinhaltet, z.B. unter (Zeit-)Druck setzen, einschüchtern, manipulieren etc.[2]

Nach anderem Verständnis sollen Verhandlungen im Ergebnis den größtmöglichen gemeinsamen Nutzen erreichen, in dem Sinne werden sie als ein **Wertschöpfungs- und Problemlösungsprozess** verstanden (integratives Verhandeln). Diesen versuchen die Parteien durch die Integration, die Zusammenführung der grundlegenden Interessen der Verhandlungspartner zu erreichen. Die Überzeugung, die dieser Idee zugrunde liegt, ist es, dass sich in Verhandlungen regelmäßig auch, aber nicht nur distributive Fragen stellen, und dass sich ein interessenorientierter, umfassender, auf den gemeinsamen Nutzen bedachter Verhandlungsstil letztlich für alle Beteiligten als Gewinn darstellt. Verhandlungen, denen dieses Verständnis zugrunde liegt, werden als integrativ bezeichnet. Sie zielen auf eine umfassende Regelung (des Konfliktes) unter Berücksichtigung aller für die Verhandlungsparteien relevanten Aspekte. Verbunden ist der Ansatz mit einem tendenziell kooperativen Verhandlungsstil, der auf gegenseitiges Verständnis und Zusammenarbeit setzt.[3]

1 Die Auffassungen stellen Orientierungspunkte dar, an denen unterschiedliche Verhandlungsformen gemessen werden können. Sie stehen sich nicht als zwei einander ausschließende Stile gegenüber. Vgl. a. 3. Teil, 1. Abschnitt, 3.
2 Eidenmüller in Breidenbach/Henssler, Mediation für Juristen, 1997, S. 31, 45–48.
3 Das „Harvard Modell" ist eines der bekanntesten Beispiele für einen solchen integrativen Verhandlungsansatz.

Übersicht: Distributiver versus integrativer Verhandlungsansatz

Verhandlungsverständnis	
Distributiver Ansatz	**Integrativer Ansatz**
► Verteilungsprozess	► Wertschöpfungs- u. Problemlösungsprozess
► Verhandlungsmasse begrenzt	► Verhandlungsmasse erweiterbar
► sach- u. rechtsfragenorientiert	► interessenorientiert
► Gewinn-Verlust-Rechnung	► allseitiger Nutzen
► konkurrenzorientierter Verhandlungsstil	► kooperativer Verhandlungsstil

2. Raster zur Erfassung von Mediationsformen und -stilen

Das Schema zur Darstellung unterschiedlicher Vermittlungsansätze besteht aus einem Koordinatensystem, dessen Achsen sich zum einen auf den Verhandlungsgegenstand *(problem)* und zum anderen auf den Grad der Einwirkung von-seiten des Vermittlers, sein Rollenverständnis *(mediator orientation)* bezie-hen.[259]

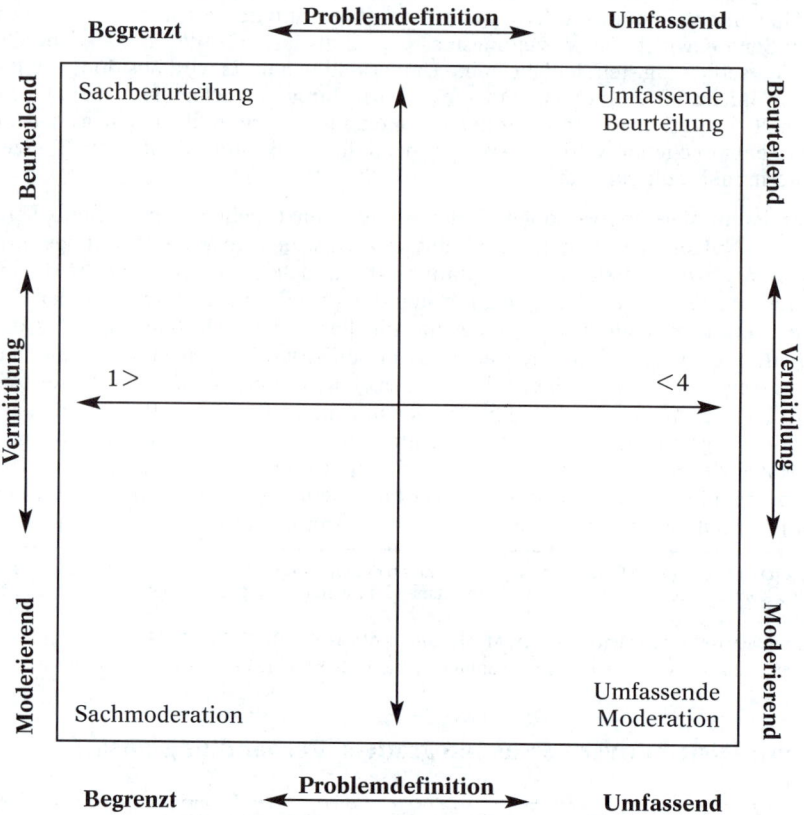

Vertikale Achse: Vermittlungsverständnis, Grad der Intervention des Verhandlungsvermittlers
Horizontale Achse: Verhandlungsbasis, Gegenstand der Vermittlung

Die horizontale Achse bezieht sich auf den Gegenstand der Vermittlung (Pro-blemdefinition), die vertikale Achse auf die Rolle des Vermittlers. Am westlichen Rand (links) der horizontalen Achse liegt die Verhandlung begrenzter Sachfra-gen, am östlichen Rand (rechts) die umfassende Problemlösung. Im Norden der vertikalen Achse findet sich ein stark intervenierendes, mit der Abgabe von Be-urteilungen verbundenes Rollenverständnis des Vermittlers *(evaluative activi-ty).* Im Süden des Koordinatensystems befindet sich das dem entgegengesetzte, moderierende Rollenverständnis *(facilitative avtivity).*[260]

Das Koordinatensystem wird ergänzt durch die Unterscheidung von vier **Pro-blemebenen**.[261] Sie geben das inhaltliche Spektrum (von begrenzt bis umfas-

---

259 Riskin, *Understanding Mediator´s Orientations, Strategies and Techniques: A Grid for the Perplexed*, S. 7 ff.
260 In der (ersten) Weiterentwicklung, dem New Old Grid, spricht Riskin von elicitive und directive statt von fa-cilitative und evaluative activity.
261 Riskin, *A Grid for the Perplexed*, S. 19 ff.

send) wieder, was bzw. welche Fragestellungen Gegenstand einer Vermittlung sein können:

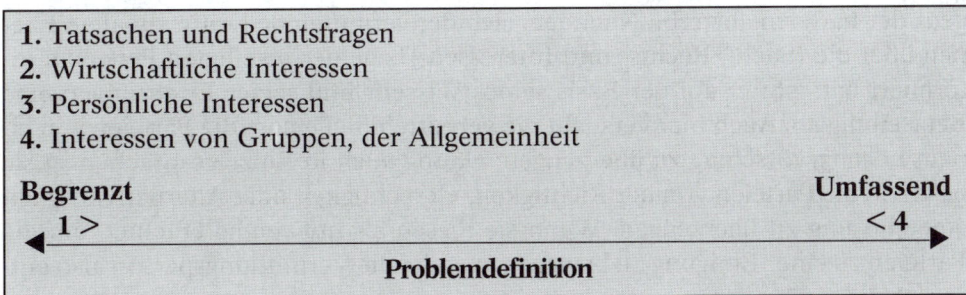

3. Vermittlungsmodelle

Anhand des Schemas benennt Riskin vier Vermittlungsmodelle. Sie dienen als Muster, um die Arbeitsweise von Vermittlern einordnen zu können, und beruhen auf Zuordnungen unter beide Aspekte des von Riskin entworfenen Modells: des Rollenverständnisses zwischen „*evaluative*" und „*facilitative*" und der Problemdefinition zwischen „*narrow*" und „*broad*".

Sachbeurteilung *evaluative-narrow*	Umfassende Beurteilung *evaluative-broad*
Sachmoderation *facilitative-narrow*	Umfassende Moderation *facilitative-broad*

In der Praxis sind die Übergänge zwischen den benannten Vermittlungsansätzen fließend.

3.1 Sachbeurteilung – *evaluative-narrow*

Der Verhandlungsinhalt beschränkt sich weitestgehend auf die Erörterung von Sach- und Rechtsfragen. Die vermittelnde Person gibt eine eigene Einschätzung der Sach- und Rechtslage ab, die sich in der Regel an dem vermuteten Ergebnis einer gerichtlichen Entscheidung orientiert. Diese Vermittlungsweise entspricht der klassischen Schlichtung. Die Vermittler sind in vielen Fällen Experten auf dem fraglichen Gebiet (z.B. Autohandel, Arzthaftung etc.). Häufig wird die Sach- und Rechtslage bereits vor Beginn der Verhandlung anhand der vorhandenen schriftlichen Unterlagen geprüft und ausgewertet. Die vermittelnde Person versucht, gegebenenfalls in Einzelgesprächen („unter vier Augen"), die Parteien von einem Einigungsvorschlag zu überzeugen und wendet, soweit sie die Notwendigkeit hierfür sieht, auch Druckmittel an, um eine Beilegung der Streitigkeit herbeizuführen.

3.2 Umfassende Beurteilung – *evaluative-broad*

Vermittlungsstile, die Riskin mit *„evaluative-broad"* umschreibt, zeichnen sich dadurch aus, dass die vermittelnde Person die umfassende Regelung des Anliegens der Parteien anstrebt. Nachdem sich der vermittelnde Dritte auf allen Ebenen über die (Sach-, Rechts- und Interessen-)Lage der beteiligten Personen informiert hat, gibt er auf der Basis seines Wissens und seiner Erfahrungen eine Beurteilung ab. Auch hier versucht die vermittelnde Person, die Parteien von einem Lösungsvorschlag zu überzeugen. Häufig auch in Einzelgesprächen ist sie bestrebt, die Parteien von der Richtigkeit, Gerechtigkeit oder Alternativlosigkeit einer Lösung zu überzeugen. Wenn sie diesen als notwendig erachtet, um die Parteien zu einer Einigung zu bewegen, wendet die Vermittlungsperson also entsprechenden Druck an.

3.3 Sachmoderation – *facilitative-narrow*

Die Verhandlung begrenzt sich vornehmlich auf die Erörterung von Sach- und Rechtsfragen, die Problemdefinition gleicht damit der des sachbeurteilenden Vermittlers (a). Der vermittelnde Dritte beschränkt sich dabei aber auf die reine Verhandlungs-Moderation, das heißt er stellt Klärungsfragen, unterstützt die Kommunikation und ein lösungsorientiertes Vorgehen. Dabei unterbreitet der Vermittler weder Vorschläge noch äußert er gegenüber den Parteien eine eigene Beurteilung der Rechtslage. Regelmäßig wird vonseiten des Vermittlers kein Druck auf die Parteien ausgeübt, um zu einer (bestimmten) Einigung zu kommen. Vertrauliche Einzelgespräche finden in der Regel nur zwischen den Parteien und ihren (z.B. Rechts- oder Wirtschafts-)Beratern statt.

3.4 Umfassende Moderation – *facilitative-broad*

Angestrebt werden eine umfassende Klärung und Lösung der Situation durch die Parteien. Diese Form der Vermittlung konzentriert sich auf die Interessen – im Gegensatz zu (rechtlichen) Positionen – und den maximalen gemeinsamen Nutzen. Die Vermittlungsperson moderiert die eigenen Verhandlungsbemühungen der Beteiligten. Ziel ist es, dass die Beteiligten selbst zu einer gemeinsamen Einschätzung und Einigung in ihrer Sache gelangen. Der Vermittler unterbreitet den Parteien keine Lösungsvorschläge. Dieser Ansatz erfordert Vermittler, die inhaltlich möglichst wenig intervenieren. Ihnen obliegen verfahrensbezogene Aufgaben (Organisation und Strukturierung der Verhandlung, Sichern der Einhaltung von Verfahrensgrundsätzen und -regeln, Gewährleistung von gegenseitigem Verständnis, Interessen- und Zielorientierung etc.). Die vermittelnde Person ist dementsprechend Verfahrensexperte, nicht notwendigerweise aber auch Experte auf dem umstrittenen Gebiet. Sie bietet den Vermittlungsparteien grundsätzlich keine Rechtsberatung an, um eine Beeinträchtigung ihrer Rolle als allparteiliche, nicht entscheidungsbefugte Prozessbegleiterin zu vermeiden. Diese Vermittlungsform ist besonders geeignet bei Konflikten, die ein hohes Wertschöpfungspotenzial beinhalten.

Beispielfall Wirtschaftskonflikt „GEFÄHRLICHE MUFFINS" – Begrenzte und umfassende (Problem-)Definition der Verhandlungsmasse:

Begrenzte Agenda/Problemdefinition:

1. Haftung wegen des Glases in den Rosinenmuffins.
2. Schadensersatz für
   a. Kosten der Rückrufaktion
   b. Einnahmenausfall
   c. Kosten für Schadensbegrenzung (z.B. Werbekampagne, um das Image der Firma in der Öffentlichkeit wieder zu verbessern)
   d. Schädigung des Rufs der Firma.
3. Vorzeitige Entlassung von M aus dem Vertrag

Umfassende Agenda/ Problemdefinition:

1. Wie können Image und Geschäftsverluste von M wieder hergestellt werden?
2. Welche Maßnahmen zur Qualitätssicherung können im Hinblick auf die Rosinenlieferungen an M ergriffen werden?
3. Wie können die Geschäftsbeziehungen zwischen M und S (und R) in Zukunft aussehen?
4. Wie soll mit zukünftigen Unstimmigkeiten umgegangen werden?

Übersicht: Vermittlungsmodelle

Verhandlungsverständnis	
Sachbeurteilung *evaluative-narrow*	**Umfassende Beurteilung** *evaluative-broad*
▶ Verteilungsprozess ▶ Verhandlungsmasse begrenzt ▶ sach- u. rechtsfragenorientiert ▶ Gewinn-Verlust-Rechnung (Kompromiss) ▶ wertender, urteilender Vermittlungsstil ▶ Lösungsvorschlag durch Vermittler	▶ Wertschöpfungs- u. Problemlösungsprozess ▶ Verhandlungsmasse erweiterbar ▶ interessenorientiert ▶ allseitiger Nutzen („win-win-Lösung") ▶ wertender, urteilender Vermittlungsstil ▶ Lösungsvorschlag durch Vermittler
Sachmoderation *facilitative-narrow*	**Umfassende Moderation** *facilitative-broad*
▶ Verteilungsprozess ▶ Verhandlungsmasse begrenzt ▶ sach- u. rechtsfragenorientiert ▶ Gewinn-Verlust-Rechnung (Kompromiss) ▶ begleitender Vermittlungsstil ▶ Parteien erarbeiten Lösung	▶ Wertschöpfungs- u. Problemlösungsprozess ▶ Verhandlungsmasse erweiterbar ▶ interessenorientiert ▶ allseitiger Nutzen („win-win-Lösung") ▶ begleitender Vermittlungsstil ▶ Parteien erarbeiten Lösung

5. Teil: Rechtliche Grundlagen von Mediation

Die rechtlichen Grundlagen von Mediation ergeben sich zum einen aus dem Recht, das den Verhandlungs- bzw. Streitgegenstand betrifft (dem **Recht in der Mediation**). Zum anderen sind die gesetzlichen und berufsständischen Regelungen zu berücksichtigen, welche die Durchführung von Vermittlung und die Ausübung der Tätigkeit als Vermittler betreffen (das **Recht der Mediation**).

Recht in der Mediation	Recht der Mediation
bezieht sich auf den Verhandlungs- bzw. Konfliktgegenstand	bezieht sich auf die Durchführung der Vermittlung

1. Abschnitt: Recht in der Mediation

1. Funktionen des Rechts in der interessenorientierten Mediation

Das Recht ist neben wirtschaftlichen und psycho-sozialen Aspekten, die in die Mediation einfließen, Teil der Lebenswirklichkeit, welche die Situation, in der sich die Parteien befinden, ausmacht. Es bestimmt die Bedingungen und Grenzen ihres Verhandlungsspielraums. Die Rechtsansprüche der Parteien sind Positionen und einzelne Optionen, die ihnen in Bezug auf den Verhandlungsgegenstand zur Verfügung stehen. Zu unterscheiden sind rechtsbasierte und interessenbasierte Vermittlungsprozesse.[262] Vermittlung, die am Recht orientiert ist, kann in Form einer Schlichtung (die vermittelnde Person macht Lösungsangebote) oder einer Mediation mit begrenztem Verhandlungsspielraum stattfinden. In der interessenorientierten Mediation wird das Recht hingegen eingebracht, um den Willensbildungsprozess und das Ergebnis zu unterstützen, es ist aber nicht die Basis, auf der entschieden wird.[263]

Zwingendes Recht und Gerechtigkeitsmaßstäbe des dispositiven Rechts können als Beurteilungsmaßstab für Einigungsoptionen herangezogen werden. Das Recht bietet Prüfungskriterien, welche die Auseinandersetzung und kritische Überprüfung von Einigungsvorschlägen unterstützen. In vielen Fällen bestimmt das Recht den Wert der Nichteinigungsalternative (BATNA).[264]

---

262 Vgl. Mähler/Mähler in: Büchting/Heussen, Beck'sches Rechtsanwaltshandbuch, 8. Aufl. 2004, B.5, Rdnr. 71 ff.

263 Mähler/Mähler FPR 1/1996, 16 ff.

264 BATNA, s. 3. Teil, 1. Abschnitt, 1.

Das Recht ist Ausdruck eines gesellschaftlichen (und ggf. auch individuellen) Gerechtigkeitsdenkens und -empfindens. Es kann eines der Interessen der Parteien sein, zu erfahren, wie der gemeinsame Fall rechtlich zu bewerten ist, um zusätzliche Beurteilungskriterien von außen einzubeziehen. Handelt es sich bei den Parteien beispielsweise um Organisationen, die keine persönlichen, individuellen, sondern ausschließlich kollektive Interessen vertreten, so ist für sie die gesellschaftliche Wahrnehmung ihres Handelns von weitreichenderer Bedeutung als in den meisten Fällen für Privatmenschen.[265]

Weiter gibt das Recht den Rahmen vor, in dem eine Partei mit der Unterstützung durch die streitentscheidenden und zwangsdurchsetzenden Organe der Gesellschaft rechnen kann. Es bestimmt die Durchsetzbarkeit der Ansprüche der Parteien (Zwangscharakter des Rechts). Dass der Inhalt einer Mediationsvereinbarung durchsetzbar ist, muss allerdings nicht notwendig ein Interesse der Parteien darstellen.

Um selbstverantwortlich handeln zu können, sollten die Parteien in der Lage sein, eine auch hinsichtlich ihrer Rechte informierte Entscheidung zu treffen. Rechtsberatung, die über rechtliche Möglichkeiten und Risiken aufklärt, dient in diesem Sinne der Nachhaltigkeit des Mediationsergebnisses. Sie umfasst sowohl die rechtliche Beurteilung von Vorgängen in der Vergangenheit als auch die Begutachtung und die Gestaltung der Zukunft.

Das Recht in der interessenorientierten Mediation

▶ kann die Willensbildung, Klärung von Einzelinteressen unterstützen

▶ bietet (Regelungs-)Anregungen,

▶ kann ein Bewertungskriterium für Einigungsoptionen sein,

▶ definiert häufig die Ausstiegsalternative,

▶ ist Grundlage einer informierten Entscheidung,

▶ kann als Fairnesskontrolle dienen,

▶ bestimmt die Zulässigkeitsgrenzen einer Vereinbarung,

▶ bestimmt die (zwangsweise) Durchsetzbarkeit vereinbarter Rechte und Pflichten,

▶ bietet Vertrags-„Knowhow" und

▶ unterstützt damit Nachhaltigkeit.

---

2. Einführung des Rechts in die Mediation

Es gibt unterschiedliche Möglichkeiten, auf welche Weise, wie und wann das Recht im Rahmen einer Mediation eingeführt wird. Die Herausforderung besteht darin, das Recht einerseits nicht auszublenden, andererseits aber Rechts-

---

265 Zum Thema Recht und Gerechtigkeit im Allgemeinen s. AS-Skript Rechtsphilosophie, 2. Aufl. 2002, S. 104 ff.

positionen als solche transparent zu machen und eine ergebnisoffene, interessenorientierte Verhandlung sicherzustellen.[266]

2.1 Beratungsmodelle

Sind die Mediatoren oder ist einer der Mediatoren zugleich Rechtsanwalt, so kann grundsätzlich die rechtliche Beratung durch den Anwaltmediator (M-RA) im Rahmen der Mediation erfolgen (1). Weiter können die Parteianwälte ihre Mandanten in die Mediation begleiten (2). Des Weiteren können Außenanwälte die rechtliche Beratung übernehmen (3 und 4). Die Parteien suchen dann zu gegebener Zeit ihre Rechtsanwälte auf und tragen die Ergebnisse entweder selbst in die Mediation (3), oder die Parteianwälte nehmen an einzelnen Mediationssitzungen teil, in denen die Rechtslage von ihnen dargestellt und gemeinsam erörtert wird (4).[267]

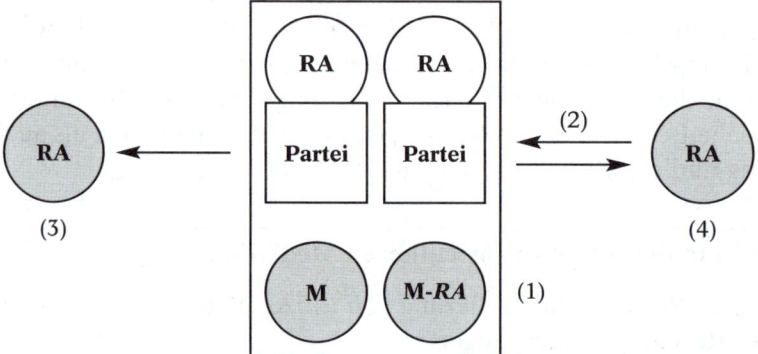

Bei der Entscheidung, welches Modell in einem konkreten Fall zur Anwendung kommen sollte, sind insbesondere die jeweiligen Auswirkungen auf die Qualität sowohl der Mediations- als auch der Rechtsberatungsleistung und Kostenaspekte zu berücksichtigen.

2.1.1 Rechtsberatung durch Anwaltmediatoren

Anwaltmediatoren, die zusätzlich die Aufgabe übernehmen, rechtlich zu beraten, können dies nur im Auftrag beider Parteien tun, da sie sonst ihre Allparteilichkeit aufgeben. Das Verbot der Wahrnehmung widerstreitender Interessen (§ 43 a Abs. 4 BRAO i.V.m. § 18 BORA) steht einer gemeinsamen Beauftragung durch alle Beteiligten nicht generell entgegen. Der Rechtsanwalt kann Parteien mit unterschiedlichen Ausgangsinteressen gemeinsam vertreten, wenn die Beratung im übergeordneten Interesse einer von beiden Parteien gewollten außergerichtlichen Einigung stattfindet. Die Beratung dient dann dem gemeinsamen In-

---

266 Zu den Aufgaben und der Funktion von Parteianwälten in der Mediation s.a. Neuenhahn/Neuenhahn, NJW 2005, 1244 ff.

267 S.a. Ripke in: Haft/von Schlieffen, Handbuch Mediation, 2002, § 5 Rdnr. 36 ff. Sie nennt zusätzlich die Möglichkeit, dass der nichtanwaltliche Mediator in der Co-Mediation das Recht einführt.

teresse beider Parteien, eine Einigung zu finden. Diesem gemeinsamen Interesse ist der Rechtsanwalt verpflichtet.[268]

> **Rechtsberatung im Rahmen der Mediation durch einen Anwaltmediator** ist keine parteiliche Beratung, sondern eine „aufklärende Beratung über die Rechtslage mit Darlegung von Interpretationsspielräumen, Risikoabwägung einschließlich Prozessprognosen sowie der Beschreibung zwingender und disponibler Normen".[1]

1 Vgl. Mähler/Mähler in: Büchting/Heussen, Beck´sches Rechtsanwaltshandbuch, 8. Aufl. 2004, B.5 Rdnr. 81. Gleiches gilt für den Rechtsanwalt, der die Rechtsberatung der Parteien in einer Mediation übernimmt, ohne zugleich als Vermittler tätig zu sein.

Vorteile dieses Modells ergeben sich insbesondere im Hinblick auf die Kosten und organisatorische Fragen. Für die Erarbeitung einer konsensualen Lösung kann es auch ein Vorteil sein, wenn die Parteien sich nicht einer möglicherweise einseitigen, positionsorientierten und eskalationsfördernden Beratung von Parteianwälten aussetzen. Nachteile folgen aus der Doppelfunktion des Mediators: U.a. führt sie zu einer Verringerung an Transparenz; es besteht die Gefahr einer tendenziösen, unvollständigen und/oder unausgewogenen Beratung, wenn der Anwaltmediator als allein Beauftragter die Parteien gemeinsam über die Rechtslage informiert. Anwaltmediatoren, die ihr Expertenwissen einbringen, übernehmen neben den Aufgaben des Mediators zusätzlich inhaltliche Verantwortung als Berater. Daraus resultierende Rollenkonflikte können sich negativ auf die Qualität der einen oder der anderen Leistung auswirken. Anwaltmediatoren, die einen solchen Rollenkonflikt vermeiden wollen, sollten mit den Parteien die verschiedenen Rechtsberatungs-Modelle erörtern und ihnen die ihrer Auffassung nach angemessene Vorgehensweise vorschlagen.

2.1.2 Mediationsinterne Rechtsberatung durch Parteianwälte

Die Parteien können sich von ihren Rechtsanwälten in die Mediation begleiten lassen. Dieses Modell bietet sich an, wenn es in der Mediation um komplexe rechtliche und wirtschaftliche Fragen geht. Der Wunsch, während der Mediation durch den eigenen Rechtsanwalt unterstützt zu werden, kann aber auch auf einem Bedürfnis nach Stärkung gegenüber der anderen Partei beruhen.[269] Ein Vorteil dieses Modells ist es, dass alle Beteiligten und alle Informationen zusammenkommen. Allerdings kann sich die Zusammenarbeit von Parteianwälten und Mediatoren auch als schwierig erweisen. Vor Beginn der Verhandlungsphase der Mediation sollte die konkrete Aufgabe der Parteianwälte im Mediationsprozess und die Art und Weise, wie sie dieser in der Mediation nachkommen können, geklärt werden. Eine gute Eingliederung der Parteianwälte in den Mediationsprozess unterstützt den Erfolg der Mediation.

---

268 Ausführlicher hierzu: 2. Abschnitt, 3.2; s.a. Henssler in: Henssler/Koch, Mediation in der Anwaltspraxis, 2. Aufl. 2004, § 3 Rdnr. 18 ff. u.a. mit Hinweis auf Haffke in: Duss-von-Werdt/Mähler/Mähler, Mediation, 1995, S. 65, 95 ff.

269 Henssler/Kilian nennen dies die „Berater-Lösung", ZKM 2000, 55 ff.

2.1.3 Punktuelle Rechtsberatung in der Mediation

Schließlich gibt es die Möglichkeit, rechtliche Beurteilung und Rechtsrat durch externe Parteianwälte in einer (gesonderten) Mediationssitzung einführen zu lassen, während die Mediation ansonsten ohne sie stattfindet. Auch dieses Modell bietet den Vorteil, dass alle Beteiligten, Parteien und Mediatoren, einen gemeinsamen Informationsstand erhalten. Übertragungsfehler und Unsicherheiten aufgrund von Missverständnissen und Wissenslücken können reduziert und die Verarbeitung der Informationen erleichtert werden. Unterschiedliche Rechtsauffassungen und Prognosen werden unmittelbar als solche wahrgenommen und können thematisiert werden, ohne dass es zu einer Verhärtung der Positionen (Fronten) und Eskalation kommt.[270]

2.1.4 Externe Rechtsberatung

Des Weiteren besteht die Möglichkeit, dass sich die Parteien extern anwaltlich beraten lassen und die Ergebnisse selbst in die Mediation einbringen. Ein Vorteil dieses Modells ist die Vermeidung der zusätzlichen Kosten, die entstehen, wenn die Parteianwälte die Parteien in die Mediationssitzungen begleiten.[271]

Fragenkatalog für die Beratung durch den Parteianwalt[1]

▸ „Welche Vor- und Nachteile hat das im Mediationsprozess gewonnene Ergebnis im Verhältnis zum Auslegungsspektrum des materiellen Rechts und eines alternativ anzustrengenden gerichtlichen Verfahrens?

▸ Inwieweit weicht die Regelung von gesetzestypischen Regelungen ab, und gibt es hierfür legitimierende Begründungen?

▸ Lässt sich ein ex- oder impliziter Rechtsverzicht im Hinblick auf anderweitige Vorteile rechtfertigen?

▸ Kann die gesetzliche Ausgestaltung dazu dienen, sich der eigenen Interessen im Sinne eines gerechten Ausgleichs bewusster zu werden?

▸ An was ist – im Hinblick auf rechtliche Konsequenzen – bislang nicht gedacht worden? Sind insbesondere rechtswahrende Formen eingehalten worden?

▸ Welche weiteren (besseren) Möglichkeiten bietet das Recht, um den Interessen des Mandanten rechtliche Gestalt zu geben? Sind alle vertragstypischen Gestaltungsalternativen bedacht?

▸ Sind alle rechtlichen Grenzen (§§ 134, 138 BGB) beachtet?"

---

1 Mähler/Mähler, ARGE Familienrecht, 2/94.

2.2 Zeitpunkt der Einführung des Rechts in die Mediation

Die Art und Weise, wie und wann das Recht in die Mediation eingebracht wird, muss im Verlauf der Mediation mit den Parteien besprochen werden. An diesem Punkt geht es nicht um eine Thematisierung der konkreten Rechtsfragen, sondern lediglich um die Rahmenbedingungen. Wenn die Parteien der Meinung

---

270 Die punktuelle Rechtsberatung kann auch durch einen gemeinsam beauftragten Rechtsanwalt erbracht werden. Die unter 2.1.1. genannten Vor- und Nachteile gelten entsprechend.

271 Dies bezieht sich auf den Fall, dass auch die Parteianwälte auf der Basis eines Stundenhonorars abrechnen.

sind, dass das Recht für sie keine Rolle spielt, sollten die Mediatoren darauf hinweisen, dass die Kenntnis der Rechtslage Voraussetzung für eine informierte Entscheidungsfindung sein kann. Die Entscheidung dafür, sich rechtlich zu informieren und das Recht in die Mediation zu tragen, bedeutet nicht zugleich auch eine Entscheidung darüber, welches Gewicht die Informationen in der Mediation und für die gemeinsam erarbeitete Lösung haben sollen. Auch diese Entscheidung bleibt bei den Parteien.

Die Einführung rechtlicher Beurteilungen in den Mediationsprozess kann an unterschiedlichen Stellen im Verfahrensverlauf stattfinden.

2.2.1 Themensammlung und Informationsgewinnung

Es bietet sich an, dass die rechtlichen Einschätzungen (neben den geschichtlichen, wirtschaftlichen und die Beziehung betreffenden Informationen) im Rahmen der Themendarstellung und Informationsgewinnung (Phase II) eingebracht werden. Eine Gefahr dabei ist, dass die Parteien es schwerer haben oder es ihnen sogar nicht gelingt, von Positionen, die mit rechtlichen Einschätzungen begründet werden, abzurücken. Mit dem Recht ist eine andere Logik, ein anderes Denken verbunden als mit der interessenorientierten Arbeitsweise und Ergebnisfindung in der Mediation.[272] Es ist daher notwendig, die rechtlichen Beurteilungen der Parteien (die auch unterschiedlich informiert und reflektiert sein können) als denkbare Auffassungen und nicht als Gewissheit darzustellen. Es ist nicht Aufgabe des Mediators, mit den Parteien oder ihren Beratern Rechtsgespräche zu führen.

2.2.2 Lösungsfindung

Soll das Recht als Maßstab für die Bewertung von Lösungsoptionen dienen oder besteht die Option, dass es einer oder den Parteien dazu dient, so muss es zwingend vor der Arbeit an konkreten Lösungen thematisiert worden sein. Soweit die Lösung oder Teile der Lösung von rechtlichem Belang sind, bedarf es einer Übereinkunft darüber, in welcher Weise sie rechtlich verbindlich gemacht werden soll.

2.2.3 Vertragsgestaltung

Übernimmt der Anwaltmediator selbst die vertragliche Ausarbeitung des Mediationsergebnisses, so treffen ihn alle Aufgaben und Pflichten eines Rechtsanwalts beziehungsweise Notars, der rechtsgestaltend tätig wird.

---

272 S. hierzu die Ausführungen unter Punkt 2.3.

Vertragsgestaltung ist

- ▶ private Planung als Gestaltung von Lebensverhältnissen für die Zukunft mit den Mitteln und in den Grenzen des Rechts,
- ▶ schöpferische Tätigkeit, gekennzeichnet durch die dynamische, zukunftsbezogene Sicht des Sachverhalts und die instrumentale Sicht des Rechts, und
- ▶ ein Verfahren, in dessen Fortgang der Vertragsjurist Informationsgewinnung, Beratung, Belehrung über Rechtsfolgen und Gefahren, Verhandlungsführung oder Verhandlungsvermittlung, Formulierung von Entwurf und Vertrag und schließlich Hilfen beim Vertragsvollzug und der Abwicklung zu leisten und zu erbringen hat.[1]

---

1 Rehbinder AcP 1974, 265; ders., Vertragsgestaltung, 2. Aufl. 1993, S. 1 ff.

Der Anwalt ist verpflichtet, die Formwirksamkeit von Vereinbarungen, die Erbringung von Leistung und Gegenleistung, die materiell-rechtliche Wirksamkeit (§§ 134, 138 BGB), eine klare und unmissverständliche Formulierung, Vollständigkeit sowie die Vermeidung von Lücken sicherzustellen.[273]

Zwei Regelungsbereiche sind zu unterscheiden: die Zweckverwirklichung und die Störfallvorsorge.[274] Während der Vertragszweck von den Vertragspartnern definiert wird, ist es die Aufgabe des Vertragsgestalters, Vertrags- und Regelungstypen zur Verfügung zu stellen und mit dem Vertragszweck zusammenzubringen. Die Störfallvorsorge wird häufig in ihrer Bedeutung nicht wahrgenommen oder unterschätzt. Hier ist die Verantwortung des Anwalts, für die Nachhaltigkeit der Vereinbarungen Sorge zu tragen, besonders hoch.[275]

2.3 Art und Weise der Einführung des Rechts

Unabhängig davon, zu welchem Zeitpunkt das Recht in die Mediation eingebracht wird, sollten die Mediatoren die Reaktionen der Parteien beobachten und auf sie eingehen. Häufig treten Bedenken und Befürchtungen auf, die nicht ignoriert werden dürfen. Rechtliche Argumentation kann eine Macht haben, die es den Parteien schwer machen kann, ihre Interessen und ihre Autonomie dagegen zu behaupten und ihre Spielräume im Blick zu behalten.[276]

Bei der Berücksichtigung der eingeführten Rechtsdarstellungen sind die Subjektivitäten und Unsicherheiten rechtlicher Prognosen und Urteile transparent zu machen. Die beteiligten Rechtsanwälte geben unterschiedliche rechtliche Einschätzungen ab. Diese sind davon beeinflusst, was sie persönlich für den größten Nutzen für ihre Mandanten halten. Auch der eigene Vorteil kann, nicht notwendig mit bösem Willen, in die Beurteilung mit einfließen. Auch von Richtern werden gleiche Sachverhalte unterschiedlich beurteilt. Der Prozess der Rechtsfin-

---

273 Vgl. Brieske in: Henssler/Koch, Mediation in der Anwaltspraxis, 2. Aufl. 2004, § 12 Rdnr. 43 ff.

274 Die Unterscheidung der beiden Regelungsbereiche, die wichtig ist für die Darstellung und Erfassung der Aufgaben und Verantwortlichkeiten der vertragsgestaltenden Person, bezieht sich nicht auf die vertragliche Umsetzung: Leistungsregeln beugen Störfällen vor, Regelungen der Störfallvorsorge unterstützen die Vertragserfüllung. Die Bereiche beziehen sich aufeinander und hängen voneinander ab.

275 Langenfeld, Vertragsgestaltung, 3. Aufl. 2004, S. 4 ff.

276 „Das Recht ist ein Elefant: Sobald es den Raum betritt, droht es die Mediation zu dominieren." Jack Himmelstein, zitiert von Ripke in: Haft/von Schlieffen, Handbuch Mediation, 2002, § 5 Rdnr. 36 ff.

dung bei den Gerichten ist nicht frei vom Einfluss subjektiver Rechtsauffassungen und Gerechtigkeitsvorstellungen, die z.B. über die Auslegung unbestimmter Rechtsbegriffe einfließen.[277] Das Bewusstsein darüber kann helfen, dass die Mediation nicht durch einen Streit über Rechtspositionen behindert oder beendet wird. Die Voten der Parteianwälte ergänzen sich idealerweise, sodass für die Parteien ein ausgewogeneres Bild der Rechtslage und der sich hieraus ergebenden Möglichkeiten entsteht.

Funktionen des Rechts in der Mediation
▸ Klärung von Einzelinteressen ▸ Entscheidungsmaßstab ▸ Definition der Ausstiegsalternative (BATNA) ▸ Fairnesskontrolle ▸ Prüfung der Rechtmäßigkeit ▸ Vertragsgestaltung

Einführung des Rechts in die Mediation **– Beratungsmodelle –**
▸ Rechtsberatung durch Anwaltmediator ▸ Mediationsinterne Rechtsberatung durch Parteianwalt ▸ Punktuelle Rechtsberatung in der Mediation durch Parteianwalt ▸ Externe Rechtsberatung durch Parteianwalt

2. Abschnitt: Recht der Mediation

Das Recht der Mediation umfasst sämtliche Regelungen, welche die Durchführung von Mediation betreffen, privatautonom geschaffene und staatliche Regelungen, materielles und Verfahrensrecht: Verträge, Regelungen aus BGB, StGB, ZPO, Berufs- und Verfahrensordnungen, (weitere) berufsrechtliche Regelungen.[278]

1. Vertragsgestaltungen in der Mediation

Es können folgende vertraglichen Beziehungen zu regeln sein: der Mediationsauftrag zwischen den Medianten/Parteien (P) und den Mediatoren (M) bezie-

---

277 Alpmann Brockhaus, Fachlexikon Recht, 2. Aufl. 2005: Begriff, dessen Inhalt und genaue Definition nicht feststeht, sondern verschiedenen Interpretationen zugänglich ist und daher einer Auslegung bedarf.

278 Mediationsordnungen haben z.B. das Dt. Institut für Schiedsgerichtsbarkeit (DIS) u. die Handelskammer Hamburg entwickelt; Schlichtungsordnungen, die ebenfalls hierher gehören, wurden bereits im 4. Teil, 2. Abschnitt behandelt; zu den Richtlinien der Mediationsverbände s. 6. Teil, 2. Abschnitt, 3.

hungsweise zwischen den Mediatoren und einem mit den Parteien nicht identischen Auftraggeber (A),[279] die Vereinbarung der Parteien untereinander zur Mediation und die im Rahmen der Mediation erarbeiteten Vereinbarungen der Parteien zum Mediationsgegenstand. Zusätzlich besteht gegebenenfalls ein Auftragsverhältnis zwischen den Medianten und ihren beratenden Rechtsanwälten (R).

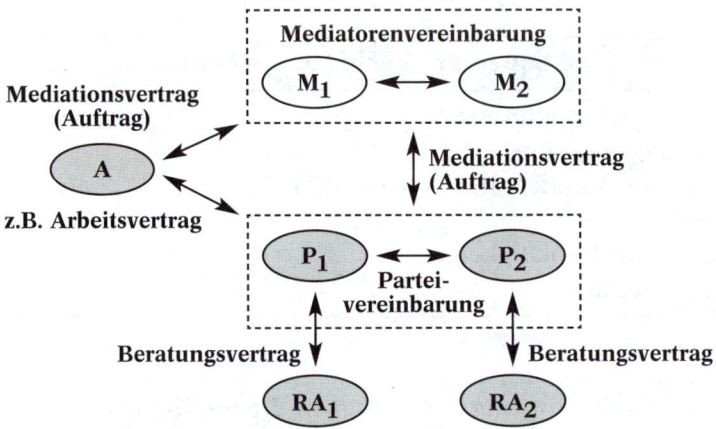

1.1 Mediationsvertrag

Der Mediationsvertrag, z.T. Mediatorvertrag genannt, regelt die Beziehungen, die gegenseitigen Rechte und Pflichten zwischen Auftraggeber(n) und Mediator(en).[280]

Vertragspartner sind die Parteien oder ein Dritter einerseits und der Mediator andererseits. Bei Mediationen zwischen Arbeitnehmern innerhalb von Organisationen wird der Mediator in der Regel von dem Arbeitgeber beauftragt. Die Parteien sind selber Auftragnehmer im Verhältnis zum Auftraggeber der Mediation. Zwischen den Parteien und dem Auftraggeber kann im Bedarfsfall ein gesonderter Vertrag bezüglich der Mediation geschlossen werden. Der Auftraggeber schuldet dem Mediator bei erbrachter Leistung das vereinbarte Honorar. Mit den Parteien schließt der Mediator eine zusätzliche Vereinbarung ab, die sich auf die Zusammenarbeit in der Mediation bezieht. Als selbständige Auftraggeber sind die Parteien im Außenverhältnis im Zweifel Gesamtschuldner der vereinbarten Vergütung (§§ 421, 427 BGB) und Mitgläubiger der geschuldeten Leistung (§ 432 BGB). Sind die Parteien auch die alleinigen Auftraggeber, so werden Mediationsvereinbarung und Vergütungsvereinbarung häufig in einem Dokument zusammengefasst.[281] Der Mediator hat die geschuldete Leistung, wenn nichts anderes vereinbart ist, persönlich zu erbringen.

---

279 Z.B. der Arbeitgeber bei einer Mediation von Arbeitnehmern untereinander.

280 In der deutschen Streitbeilegungslehre wird die Terminologie im Mediationsbereich von einigen an die des Schiedsverfahrensrechts angeglichen (s. § 1029 Abs. 2 ZPO), u.a. Eidenmüller, Vertrags- und Verfahrensrecht der Mediation, 2001, S. 1; anders z.B. Koch in: Henssler/Koch, Mediation in der Anwaltspraxis, 2. Aufl. 2004, § 11.

1.1.1 Rechtsnatur

Bei entgeltlicher Mediation mit Vermögensbezug ist der Vertrag zwischen Parteien und (Anwalt-)Mediator als Dienstvertrag mit Geschäftsbesorgungscharakter im Sinne von §§ 611, 675 Abs. 1 BGB anzusehen. Handelt es sich um eine entgeltliche Mediation ohne Vermögensbezug, so liegt ein reiner Dienstvertrag vor (§§ 611 ff. BGB).[282]

1.1.2 Vertragsbestandteile

Die Vertragsgestaltung kann sehr unterschiedlich aussehen; sie ist u.a. abhängig von dem Verhandlungsgegenstand und dem im konkreten Fall zugrunde gelegten Vermittlungsmodell.

Regelmäßige Bestandteile des Mediatorvertrags:

► Bestimmungen zu der Beauftragung durch sämtliche Parteien,
► Bestimmungen zu den Aufgaben des Mediators bzw. der Mediatoren,
► Bestimmungen zu dem Inhalt und/oder Ziel der Mediation,
► Honorarvereinbarung,
► Kündigungsrechte,
► Verschwiegenheitsregelungen,
► Stornobedingungen und
► salvatorische Klausel.

Schriftlichkeit und die genaue Bezeichnung der Aufgaben, Leistungen und der Haftung des Mediators im Vertrag unterstützen die Klarheit der Rahmenbedingungen und dienen der Rechtssicherheit.[283] Ein Standardvertrag für Mediationsaufträge existiert ebenso wenig wie für die Mediationsvereinbarung der Parteien. Es gilt, was bei Vertragsgestaltungen generell zu berücksichtigen ist: Vereinbarungen müssen immer der speziellen Situation angepasst werden.[284] Wird im Rahmen eines Mediationsvertrags auf mehrfach verwendete Texte verwiesen oder liegen die Voraussetzungen eines Verbrauchervertrags (§ 310 Abs. 3 BGB) vor, so gelten die Regeln der Allgemeinen Geschäftsbedingungen (§§ 305 ff. BGB).

1.1.2.1 Vertraulichkeit

Die erfolgreiche Vermittlung setzt voraus, dass die Parteien ihre Sicht der Dinge, konfliktrelevante Informationen und Interessen offen legen. Hierfür ist es u.a.

---

281 Brieske empfiehlt, die Vergütung des Anwaltmediators in gesonderter Urkunde zu fassen, Brieske in: Henssler/Koch, Mediation in der Anwaltspraxis, 2. Aufl. 2004, § 12 Rdnr. 86.

282 U.a. Koch in: Henssler/Koch: Mediation in der Anwaltspraxis, 2. Aufl. 2004, § 11 Rdnr. 17.

283 Eidenmüller, Vertrags- und Verfahrensrecht der Wirtschaftsmediation, 2001, S. 32; Koch in: Henssler/Koch, Mediation in der Anwaltspraxis, 2. Aufl. 2004, § 11 Rdnr. 3 ff. mit Hinweis auf Hacke, Der ADR-Vertrag – Vertragsrecht und vertragliche Gestaltung der Mediation und anderer alternativer Konfliktlösungsverfahren, Dissertation, 2001 und Nölting, Mediatorenverträge, Dissertation, 2003.

284 Welche Einigungen und in welcher Form für eine Mediation gebraucht werden, hängt stark von der Situation, dem Verhandlungsgegenstand, den Beteiligten und deren Kultur ab. Zwei Anschauungsbeispiele für die Vereinbarung der Parteien untereinander und den Mediationsauftrag finden sich u.a. bei Koch in: Henssler/Koch, Mediation in der Anwaltspraxis, 2. Aufl. 2004, § 11 Rdnr. 64 ff.

notwendig, dass die Beteiligten dem Mediator vertrauen können. Ein wichtiger vertrauensbildender Aspekt ist das Stillschweigen der vermittelnden Person gegenüber Dritten

▶ darüber, dass die Mediation stattfindet,
▶ bezüglich des Inhalts der Mediation und
▶ der einzelnen Informationen,
▶ die im Rahmen der Mediation offen gelegt werden.[285]

Finden Einzelgespräche statt, so hat der Mediator bezüglich der dort erfahrenen Inhalte auch eine Schweigepflicht gegenüber der anderen Partei. Sein Stillschweigen darf der Mediator nur mit ausdrücklichem Einverständnis der betreffenden Partei verlassen.

Beispiel für eine vertragliche Vertraulichkeitsabrede:

„Über sämtliche Angelegenheiten der Mediation ist Stillschweigen zu bewahren. Der Mediator hat den Inhalt von Einzelgesprächen vertraulich zu behandeln ...“[286]

Berufsrechtlich und -ständisch zum Schweigen verpflichtet sind u.a.: Rechtsanwälte, Notare, Patentanwälte, Steuerberater und Wirtschaftsprüfer, Berufspsychologen, Richter, Schlichter und Schiedsleute. Die relevanten Tatsachen müssen den Betreffenden allerdings **in Ausübung ihrer beruflichen Tätigkeit** („als“ Wirtschaftsprüfer, Steuerberater usw.) bekannt geworden sein (§ 203 StGB). Mediation gehört bislang nur bei der Rechtsanwaltschaft und evtl. bei als Mediatoren beauftragten Richtern ausdrücklich zur beruflichen Tätigkeit. Mediatoren als solche unterliegen keiner gesetzlichen Schweigepflicht.[287]

> Insbesondere Personen, denen als Mediator (berufs-)rechtlich keine Pflicht zur Verschwiegenheit auferlegt ist, können und sollten, wenn dies dem Willen der Parteien entspricht, die Vertraulichkeit ausdrücklich vertraglich vereinbaren.

In Mediationsfällen, in denen es (auch) um Rechtsstreitigkeiten geht, deren Streitgegenstand bei einem Scheitern der Mediation vor die Gerichte getragen werden könnte, kann die **Sicherung der Vertraulichkeit im Gerichtsverfahren** eine große Rolle spielen. Die Vertraulichkeit ist nicht gewährleistet, wenn insbesondere der Mediator in einem späteren Gerichtsverfahren als Zeuge aussagen dürfte oder müsste. Ob und in welchem Umfang Mediatoren im Strafverfahren oder im Zivilprozess zeugnisverweigerungsberechtigt sind, ist umstritten.[288] In Anbetracht der ungeklärten Rechtslage, zum Teil aber auch grundsätzlich (d.h. auch für den Fall, dass der Mediator sich auf ein Recht zur Zeugnisverweigerung

---

285 Der Umfang der Pflicht zur Vertraulichkeit aufgrund des Auftragsverhältnisses bemisst sich im Einzelfall nach den berechtigten Erwartungen der Parteien, vgl. Hartmann in: Handbuch Mediation, 2002, § 27 Rdnr. 4 m.w.N.

286 Eidenmüller, Vertrags- und Verfahrensrecht der Wirtschaftsmediation, 2001, S. 26.

287 Eisele in: Handbuch Mediation, 2002, § 30 Rdnr. 55 m.w.N.; Henssler in: Henssler/Koch, Mediation in der Anwaltspraxis, 2. Aufl. 2004, § 3 Fn. 168. Zur rechtlichen Einordnung der Richtermediation s. den Bericht der Arbeitsgruppe Mediation bei den Berliner Gerichten, http://www.kammergericht.de.

288 U.a. Eckard/Dendorfer MDR 2001, 786 ff.; Hartmann in: Haft/Schlieffen, Handbuch Mediation, 2. Aufl. 2002, § 27; Henssler in: Henssler/Koch, Mediation in der Anwaltspraxis, 2. Aufl. 2004, § 3 Rdnr. 45 ff.; Kracht in: Haft/Schlieffen, Handbuch Mediation, 2. Aufl. 2002, § 15; Wagner NJW 2001, 1398 ff.

berufen kann) wird zusätzlich zur vertraglich vereinbarten Vertraulichkeitsabrede im Rahmen des Mediatorvertrags eine Sicherung der Verschwiegenheit durch Prozessvereinbarung der Parteien untereinander empfohlen (im Einzelnen str.).[289]

Beispiel:

Der Mediator „ ... darf in einem nachfolgenden Gerichtsverfahren nicht als Zeuge für Tatsachen benannt werden, die ihm während des Mediationsverfahrens offenbart wurden."[290]

➔ Ausführlicher zur Sicherung der Vertraulichkeit durch **Prozessvereinbarung** der Parteien s. unten 1.2.2.4 und zu berufsrechtlicher **Schweigepflicht** und zum **Zeugnisverweigerungsrecht** Gliederungspunkt 3 in diesem Abschnitt.

1.1.2.2 Vergütung von Anwaltmediatoren

Mit dem am 01.07.2004 in Kraft getretenen RVG (Rechtsanwaltsvergütungsgesetz), das die BRAGO (Bundesgebührenordnung für Rechtsanwälte) ablöst, wurde eine Vergütungsregelung für anwaltliche Mediation eingeführt.

Nach **§ 34 RVG** soll der Rechtsanwalt für die Tätigkeit als Mediator auf eine Gebührenvereinbarung hinwirken. Wenn keine Vereinbarung getroffen worden ist, bestimmt sich die Gebühr nach den Vorschriften des bürgerlichen Rechts. Der Gesetzgeber sieht somit keine bestimmten Gebühren für Mediation vor. Er begründet dies mit dem Wesen von Mediation, das für den Auftraggeber Transparenz hinsichtlich des Vergütungsumfangs verlange.[291]

> **Ausblick:** Der lediglich die Mediation umfassende § 34 RVO gilt nur noch bis zum 30.06.2006. Ab dem 01.07.2006 erfasst § 34 RVG die Vergütung von Beratung, Gutachten und Mediation. Der außergerichtliche Beratungsbereich wird durch die Neufassung liberalisiert. Wenn keine Gebührenvereinbarung getroffen wurde, gilt weiterhin § 612 Abs. 2 BGB, der eine „angemessene Vergütung" vorsieht. Für Verbraucher gilt in Ermangelung einer abweichenden Gebührenregelung für Beratung oder die Ausarbeitung eines schriftlichen Gutachtens eine Höchstgrenze von 250 €. Bei der Erstberatung ist die Höchstgrenze auf 190 € angehoben worden und gilt nur noch gegenüber Verbrauchern i.S.d. § 13 BGB.[1]

1 Umfassend Hartung in: Hartung/Römermann, RVG 2004, § 34 (2006).

a) Individualvertragliche Vergütungsvereinbarung (§ 34 S. 1 RVG) – Das Schriftformerfordernis des § 4 Abs. 1 S. 1 RVG gilt nicht für die Vergütungsvereinbarung über die Tätigkeit des Anwaltmediators, da es keine gesetzlichen Gebührentatbestände für Mediation gibt.[292] Die schriftliche Vereinbarung wird für die Praxis allerdings mit Blick auf Klarheit und aus Beweisgründen empfohlen.[293] Die Höhe der Vergütung kann der Anwaltmediator nach den in § 14 RVG genannten Kriterien – Umfang und Schwierigkeit der anwaltlichen Tätigkeit, Bedeutung

---

289 Prütting in: Haft/von Schlieffen, Handbuch Mediation, 2002, § 31 Rdnr. 29; Wagner NJW 2001, 1398 ff. Grunds. hierzu: Wagner, Prozessverträge – Privatautonomie im Verfahrensrecht, 1998; Eidenmüller, Vertrags- und Verfahrensrecht der Wirtschaftsmediation, 2001.

290 Eidenmüller, Vertrags- und Verfahrensrecht der Wirtschaftsmediation, 2001, S. 26.

291 Begr. zum RegE KostRMoG, S. 243.

292 Brieske in: Henssler/Koch, Mediation in der Anwaltspraxis, 2. Aufl. 2004, § 12 Rdnr. 82 f.; Henssler a.a.O. § 3 Rdnr. 55.

293 Henssler in: Henssler/Koch, Mediation in der Anwaltspraxis, 2. Aufl. 2004, § 3 Rdnr. 55 mit Hinweisen zu üblichen Stundensätzen; Koch a.a.O., § 11 Rdnr. 8.

der Angelegenheit, Einkommens- und Vermögensverhältnisse des Auftraggebers – bestimmen. Aufgrund des außergerichtlichen Charakters der Tätigkeit ist die Vereinbarung von Zeithonoraren nach § 49 b Abs. 1 S. 1 BRAO i.V.m. § 4 Abs. 2 RVG zulässig.

b) Übliche Vergütung nach allgemeinem bürgerlichem Recht (§ 34 S. 2 RVG) – Für den Fall, dass keine Vergütungsvereinbarung getroffen wurde, und dem Vertrag auch nicht die Vergütungsregelung eines Instituts zugrunde liegt,[294] verweist § 34 S. 2 RVG auf das bürgerliche Recht, somit auf § 612 BGB (Vergütungsvorschrift für Dienstverträge). Der Auftraggeber schuldet die übliche Vergütung (§ 612 Abs. 2 BGB). § 34 S. 2 hat insofern lediglich klarstellende Funktion. Um die Üblichkeit zu ermitteln, ist festzustellen, welche Vergütung im regionalen Bereich des Mediators in vergleichbaren Fällen genommen wird.

c) Verbot erfolgsbezogener Vergütung (§ 49 b Abs. 2 BRAO) – § 49 b Abs. 2 BRAO verbietet dem Anwaltmediator die Vereinbarung einer erfolgsbezogenen Vergütung. Der Anwaltmediator darf also keine höhere oder zusätzliche Vergütung verlangen, wenn infolge der Mediation eine gerichtliche Auseinandersetzung vermieden wurde, und auch nicht auf sein Honorar verzichten, wenn die Mediation nicht mit dem von den Parteien erwünschten Erfolg abschließt.[295]

d) Vergleichsgebühr (Nr. 1000 VV RVG) – In der Literatur wird überwiegend die Auffassung vertreten, dem Anwaltmediator stehe, soweit es im Rahmen einer Mediation zu einer Abschlussvereinbarung komme, eine Einigungsgebühr zu.[296] Nach anderer Auffassung verkennt die Berechnung einer Einigungsgebühr die Aufgabe und Rolle des Mediators.[297] Die Gebühr setze einen Vergleich im Sinne des § 779 BGB voraus, an dem der Rechtsanwalt als Vermittler mitgewirkt habe. Der Mediator sei aber kein inhaltlich mitwirkender Vermittler, sondern Verfahrenshelfer, der die Medianten bei der Erarbeitung einer von ihnen aufgrund freier Disposition gefundenen Lösung unterstütze. Eine auf Vorschlag des Rechtsanwalts zustande gekommene Vereinbarung der Medianten sei eben keine Lösungsvereinbarung im Sinne einer Mediation.

Kostenübernahme Dritter

Rechtsschutzversicherung – Ist einer der Mandanten rechtsschutzversichert, ist zu prüfen, ob das Risiko, aus dem der Streit entstanden ist, von dem vereinbarten Versicherungsschutz umfasst ist. Ist dies zu bejahen, so kann unter Berufung auf § 5 Abs. 1 d) ARB 94/2000 versucht werden, Deckungsschutz zu erreichen. In § 5 Abs. 1 d) ARB 94/2000 ist geregelt, dass der Versicherer die Gebühren eines Schieds- oder Schlichtungsverfahrens bis zu der Höhe der Gebühren trägt, die im Falle der Anrufung eines zuständigen staatlichen Gerichts erster Instanz entstehen. Schlichtungsverfahren kann hier als Oberbegriff aufgefasst werden, der Mediation mitumfasst.[1] Diese Frage muss allerdings mit jeder Rechtsschutzversicherung im Einzelfall geklärt werden.

Prozesskosten- und Beratungshilfe – Für eine Mediation gibt es keine Prozesskostenhilfe (PKH). PKH kommt nicht in Betracht, da es sich bei Mediation nicht um ein gerichtliches Verfahren handelt. Für die begleitenden Rechtsanwälte kann Beratungshilfe in Anspruch genommen werden. Die Tätigkeit von weiteren Anwälten sieht das BerHG grundsätzlich nicht vor.[2]

---

1 Brieske in: Henssler/Koch, Mediation in der Anwaltspraxis, 2. Aufl. 2004, § 12 Rdnr. 108.
2 Brieske in: Henssler/Koch, Mediation in der Anwaltspraxis, 2. Aufl. 2004, § 12 Rdnr. 104 ff.

---

294 Dies ist der Fall bei IHKn, der gwmk (Gesellschaft für Wirtschaftsmediation und Konfliktmanagement e.V.) und dem D.I.S. (Deutsche Institution für Schiedsgerichtsbarkeit).
295 § 49 b Abs. 2 BRAO gilt auch, wenn die Honorierung der Tätigkeit nicht nach RVG erfolgt, da die Beachtung der BRAO als davon unabhängig gilt, dies folgt aus § 18 BORA.
296 Friedrichsmeier in: Haft/von Schlieffen, Handbuch Mediation, 2002, § 21 Rdnr. 57; Mähler/Mähler in: Büchting/Heussen, Beck´sches Rechtsanwaltshandbuch, 8. Aufl. 2004, B.5 Rdnr. 87. Der Mediationsprozess wird differenziert hinsichtlich einer Phase der Willensbildung, die gemäß Honorarvereinbarung berechnet wird, und einer Phase des Vertragsabschlusses, die durch eine Einigungsgebühr vergütet wird.
297 Koch in: Henssler/Koch, Mediation in der Anwaltspraxis, 2. Aufl. 2004, § 11 Rdnr. 37 ff.

1.1.2.3 Vergütung nichtanwaltlicher Mediatoren

Es gilt § 612 BGB (Vergütungsvorschrift für Dienstverträge). Soweit keine Vergütungsvereinbarung getroffen wurde, schuldet der Auftraggeber die übliche Vergütung (§ 612 Abs. 2 BGB).

1.2 Vereinbarung der Parteien untereinander

Der auf ein rechtliches Grundverhältnis bezogene Vertrag zwischen zwei oder mehr Personen über die Durchführung und die rechtlichen Rahmenbedingungen einer Mediation im Falle eines Konflikts wird allgemein als ADR-Vereinbarung oder konkreter als **Mediations- oder Schlichtungsvereinbarung** bezeichnet.[298]

Eine solche Vereinbarung kann selbstständig auftreten, als sog. Mediationsabrede, oder in Form einer Klausel als integrierter Bestandteil eines Vertrags (Mediationsklausel).[299] Sie kann für einen konkreten Einzelfall oder als Rahmenvereinbarung für bestimmte Konflikte in einer Dauervertragsbeziehung getroffen werden.

Die Beteiligten vereinbaren präventiv oder zu Beginn einer Mediation die Rahmenbedingungen und Regeln, die für ihre Mediation gelten sollen. Sie schaffen sich damit die Voraussetzungen für Durchführung und Erfolg der Mediation. Häufiger Regelungsgegenstand in einer Mediation, auch bei sehr schlichten, eher informellen oder nur mündlichen Vereinbarungen, sind Vertraulichkeit und Gesprächsregeln.[300] Daneben können diverse weitere Einigungen – wie der Umgang mit Informationen, Fristen, Mitwirkungspflichten etc. – schon zu Beginn der Mediation notwendig sein. Wichtige Abreden betreffen Bereiche, in denen die gesetzlichen Regelungen für die Verwirklichung und/oder Wahrung der Parteiinteressen nicht ausreichen. Dazu gehören die Sicherung der Vertraulichkeit, der Verzicht auf Erhebung von Klagen, die Verwendung von Beweismitteln und die Verjährung von Ansprüchen.

1.2.1 Rechtsnatur

Die rechtsgeschäftliche Natur der Mediations- oder Schlichtungsvereinbarung wird uneinheitlich beurteilt. Da sie häufig prozessuale Abreden enthält, wird sie zum Teil als prozessrechtliche Vereinbarung eingestuft.[301] Andere vertreten eine Einordnung der Mediantengesellschaft als BGB-Gesellschaft i.S.d. §§ 705 ff. BGB, die einen gemeinsamen Zweck verfolgt.[302] Überwiegend wird die Mediationsvereinbarung allerdings als materiell-rechtlicher **Vertrag sui ge-**

---

298 Definition s. Eidenmüller, Vertrags- und Verfahrensrecht der Wirtschaftsmediation, 2001, S. 8.

299 Terminologie vgl. § 1029 Abs. 2 ZPO, Begriffsbestimmung zur Schiedsvereinbarung.

300 S.o. 4. Teil, 1. Abschnitt.

301 Heß/Sharma in: Haft/von Schlieffen, Handbuch Mediation, 2002, § 26 Rdnr. 17 ff.

302 Hutner, Die Mediationsvereinbarung – Regelungsgegenstände und vertragsrechtliche Qualifizierung, Schieds-VZ 2003, Heft 5, S. 230 vertritt die Ansicht, die Mediantengesellschaft sei eine Innengesellschaft ohne Gesamthandsvermögen gem. der §§ 705 ff. BGB.

neris gesehen: ein Dauerschuldverhältnis mit einem atypischen Inhalt i.S.d. § 311 Abs. 1 BGB.[303] Gegen die Einordnung als BGB-Gesellschaft wird insbesondere angeführt, dass „(...) nahezu alle Rechtsfolgen der Regelungen der §§ 705 ff. BGB nicht dem Regelungswillen der Konfliktparteien [entsprechen]" und es keinen über die Verfahrensförderpflichten hinausgehenden gemeinsamen Zweck gebe.[304]

Prozessrechtliche Abreden beziehungsweise Verträge sind Vereinbarungen, die von den Parteien eines (auch zukünftigen) Rechtsstreits geschlossen werden und die auf den Rechtsstreit einwirken.[305] In bestimmten Fällen können prozessrechtliche Abreden auf den Gerichtsprozess unmittelbar einwirken und das Gericht binden: Prozessvergleich (§ 794 ZPO), Zuständigkeitsvereinbarung (§ 38 Abs. 2 ZPO), Schiedsvertrag (§ 1025 Abs. 1 ZPO), Fristvereinbarung (§ 224 Abs. 1 ZPO). Andere Verträge können lediglich die Parteien verpflichten, sie haben demnach mittelbare Wirkung: Vereinbarung über Sicherheitsleistungen (§ 108 ZPO), Beweislastvertrag (§ 284 ZPO), Verzicht auf Einwendungen (§ 253 ZPO), Verpflichtung zur Rücknahme von Klagen oder Rechtsmitteln (§ 269 ZPO und § 515 ZPO). Das Gericht berücksichtigt eine solche Vereinbarung nur, wenn sie von einer der Parteien geltend gemacht wird, indem es dann beispielsweise eine Klage als unzulässig abweist.[306]

Für das Zustandekommen und die Wirksamkeit der Mediationsvereinbarung gelten grundsätzlich die Vorschriften des BGB für Rechtsgeschäfte, §§ 104 ff., 305 ff. BGB. Keine – auch nicht eine analoge – Anwendung finden die §§ 1029 ff. ZPO.[307]

1.2.2 Einzelne Abreden

Neben den im Mediationsteil dargestellten Inhalten, die vor allem die Voraussetzungen/Prinzipien von Mediation betreffen, werden in der Mediations-Literatur insbesondere Regelungen zur Mitwirkungspflicht, zum Klageverzicht, Schutz vor Verjährungseintritt und zur Sicherung der Vertraulichkeit genannt.

1.2.2.1 Mitwirkungspflicht

Die Durchsetzung der Mitwirkungspflicht und die Sanktionierung ihrer Verletzung ist in der Praxis nicht unproblematisch: Es geht dabei um die Freiwilligkeit der Beteiligten als Voraussetzung für eine erfolgreiche Mediation.

---

303 Zur dogmatischen Einordnung und den unterschiedlichen Auffassungen s. Friedrich MDR 2004, 481 ff. m.w.N.

304 Eidenmüller, Vertrags- und Verfahrensrecht der Wirtschaftsmediation, 2001, S. 9. Hacke, Der ADR-Vertrag, 2001, S. 66 kommt zu dem Schluss, dass es sich bei der Vereinbarung um einen Vertragstyp sui generis handelt, auf den die einzelne Vorschriften der §§ 705 ff BGB Anwendung finden.

305 Hartmann in: Baumbach/Lauterbach/Albers/Hartmann, ZPO, 63. Aufl. 2005, Einl. III Rdnr. 11; Überblick bei Teubner/Künzel MDR 1988, 720.

306 BGH NJW-RR 1987, 307; st.Rspr. seit RGZ 102, 217 ff., 221 f.

307 Eidenmüller, Vertrags- und Verfahrensrecht der Wirtschaftsmediation, 2001, S. 10 f.; a.A. Risse, ZEV 1999, 205 ff., 209.

Rechtlich betrachtet stellt die Durchsetzung der Mitwirkungspflicht im Falle der vorherigen freiwilligen Verpflichtung für einen bestimmten Zeitraum, der in der Vereinbarung genau benannt sein sollte, kein Problem dar.[308] Tatsächlich dürfte eine mit Zwangsmitteln durchgesetzte Mediation aber kaum die Ziele erreichen, welche die Beteiligten bei ihrer Entscheidung für Mediation anstrebten. Andere außergerichtliche Verfahren oder aber der Rechtsweg können in einem solchen Fall angemessener sein.[309] Auf der anderen Seite kann eine vorherige verbindliche Verpflichtung den Parteien im Konfliktfall helfen, kritische Punkte, zeitweise Widerstände und Vorbehalte zu überwinden.

Beispiel: Wirtschaftskonflikt „GEFÄHRLICHE MUFFINS"[310]

Die Mediation stagniert, Zulieferer S ist nicht bereit, offen zu verhandeln. Das frustriert Mediant B, er zweifelt, ob eine vertrauensvolle Zusammenarbeit überhaupt wieder möglich ist, und stellt den Sinn der Mediation infrage. An dieser Stelle könnte es hilfreich sein, wenn der Mediator den Medianten daran erinnern kann, dass er den möglichen Eintritt solcher Situationen zu Beginn der Mediation mit ihnen besprochen hat und sie sich zur Mitwirkung verpflichtet haben.

Die Mitwirkungspflicht kann in Form eines dilatorischen Klageverzichts (s. dazu nachfolgenden Punkt) vereinbart werden. Dabei handelt es sich um eine prozessrechtliche Abrede, deren Schutz regelmäßig ausreichend ist.[311]

Neben der prozessrechtlichen Abrede gibt es die materiell-rechtliche Pflicht zur Mitwirkung an der Mediation. Diese könnte bei Verletzung zu Schadensersatzansprüchen nach allgemeinem Vertragsrecht führen (Verzug, Unmöglichkeit, Pflichtverletzung). Die Schadensbemessung ist allerdings eher problematisch.

Die Pflicht zur Mitwirkung begründet in keinem Fall eine Pflicht zur Einigung.

1.2.2.2 Klageverzicht

Es kann ein so genannter **dilatorischer Klageverzicht** prozessvertraglich vereinbart werden, durch den die Klagbarkeit vorläufig ausgeschlossen wird.[312] Die Parteien verzichten auf die Einleitung eines gerichtlichen Verfahrens im Vorfeld und/oder während der Mediation.

1.2.2.2.1 Regelungsbedarf

Für die Durchführung und den Erfolg einer Mediation ist es wichtig, dass die streitenden Parteien sich während des Mediationsprozesses sicher fühlen. Nur so können sie sich auf die laufenden Verhandlungen konzentrieren und auf einen gemeinsamen, interessenorientierten Prozess einlassen. Zu der notwendi-

---

308 Eidenmüller, Vertrags- und Verfahrensrecht der Wirtschaftsmediation, 2001, S. 12.

309 Zum obligatorischen Gütetermin s. 4.

310 Eingeführt im 4. Teil, 1. Abschnitt, 2.2.1.

311 Prütting in: Haft/von Schlieffen, Handbuch Mediation, 2002, § 31 Rdnr. 10.

312 Eidenmüller, Vertrags- und Verfahrensrecht der Wirtschaftsmediation, 2001, S. 12 f.; Wagner, Prozessverträge, 1998, S. 416 ff., 435 ff.; Wagner ZKM 2002, 257, 262.

135

gen Sicherheit kann es gehören, dass keine Seite die Anrufung eines Gerichts während noch laufender Mediationsverhandlungen befürchten muss.[313]

Konkludent vereinbarter Klageverzicht – Nach wohl h.M. kann bzw. muss ein Klageverzicht allerdings auch dann als vereinbart angenommen werden, wenn eine ausdrückliche Regelung fehlt (§§ 133, 157 BGB). Grundsätzlich sei davon auszugehen, dass die Parteien zum Zeitpunkt der Mediationsvereinbarung alles vermeiden wollten, was das Mediationsverfahren stören könnte. Da die parallele Anrufung eines Gerichts das Scheitern der Mediation bedeutet, führe die Auslegung der Mediationsvereinbarung zwingend zum Ausschluss der Klagbarkeit. Vorausgesetzt wird, dass eine verbindliche Mediationsvereinbarung getroffen wurde und unter Berücksichtigung der Interessenlage von einem entsprechenden Willen der Parteien ausgegangen werden kann. Angesichts der weitreichenden Folgen wird aber auch eine zurückhaltendere Auslegung vertreten.[1]

---

1 Eidenmüller, Vertrags- und Verfahrensrecht der Wirtschaftsmediation, 2001, S. 13; Heß/Sharma in: Haft/von Schlieffen, Handbuch Mediation, 2002, § 26 Rdnr. 55; Risse, Wirtschaftsmediation, 2003, § 3 Rdnr. 22; Prütting, AnwBl. 2000, 273 ff., 277; BGH NJW 1999, 647.

1.2.2.2.2 Wirkung / Rechtsfolge

Unzulässigkeit der Klage – Der dilatorische Klageverzicht führt nach überwiegender Meinung dazu, dass die Klage als zurzeit unzulässig abgewiesen wird, wenn der Klagegegner die Unzulässigkeit als Einrede entsprechend § 1032 Abs. 1 ZPO vor Beginn der mündlichen Verhandlung geltend macht.[314] Zum Teil wird in Erwägung gezogen, dass statt der Klageabweisung ein Ruhen des Prozesses analog § 251 ZPO anzuordnen sei.[315] Begründet wird dies damit, dass die vereinbarte Mediation nachgeholt werden könne und ein schwebendes Gerichtsverfahren einer Mediation oder Schlichtung nicht grundsätzlich entgegenstehe.[316] Die Geltendmachung der Unzulässigkeits-Einrede kann gegen Treu und Glauben (§ 242 BGB) verstoßen, wenn die Partei zum Beispiel den für die Mediation erforderlichen Gebührenvorschuss nicht geleistet hat.[317]

Aussetzung des Gerichtsverfahrens – Ist die Klage bereits anhängig, wenn sich die Parteien auf die Durchführung einer Mediation einigen, so ist der Rechtsstreit gem. § 251 ZPO auszusetzen.[318]

---

313 Ob ein Klageverzicht gewollt ist, haben die Parteien im konkreten Fall abhängig vom Gegenstand des Mediationsverfahrens zu entscheiden. So ist zum Beispiel denkbar, dass ein gerichtliches Unterhaltsverfahren begonnen bzw. fortgeführt wird, während sich die Parteien in der Mediation über Sorge- und Umgangsfragen verständigen.

314 BGH NJW 1999, 647 f.; BGH ZZP 1986, 90 ff.; Wagner, Prozessverträge, 1998, S. 411 ff.; Friedrich MDR 2004, 481 ff., beide m.w.N.

315 Walter ZZP 1990, 141 ff., 163; Friedrich, Die Konsensvereinbarung im Zivilrecht, 2003, S. 185 ff.

316 Dies könne aus § 278 Abs. 5 S. 2 und 3 ZPO geschlossen werden. Weiter wird darauf verwiesen, dass es nicht prozessökonomisch sein, wenn bei Scheitern der Einigung die zuvor abgewiesene Klage erneut erhoben wird.

317 BGH NJW 1999, 647 f.

318 Heß/Sharma in: Haft/von Schlieffen, Handbuch Mediation, 2002, § 26 Rdnr. 57.

Verhältnis zur obligatorischen Streitschlichtung – Die Einrichtung der obligatorischen Streitschlichtung nach § 15 a EGZPO spricht nicht gegen die Zulässigkeit eines dilatorischen Klageverzichts. § 15 a EGZPO verfolgt das Ziel, außergerichtliche Streitbeilegung und Konfliktbewältigung zu stärken. Mit diesem Ziel steht ein vertraglicher dilatorischer Klageverzicht im Einklang.[1]

1 BT-Drs. 14/980 v. 04.05.1999, S. 1, 3. Zur obligatorischen Streitschlichtung in diesem Abschnitt unten 4. und im 6. Teil, 2. Abschnitt, 1.

1.2.2.3 Schutz vor Verjährungseintritt

Seit der Schuldrechtsmodernisierung ist auch das deutsche Verjährungsrecht aktualisiert und für ein ADR-Verfahren vereinfacht worden.[319] Es folgt damit internationalen Trends, wie zum Beispiel dem UNCITRAL Model Law on Conciliation (Artikel 12) und Vorschlägen aus dem Grünbuch der Kommission der EG über alternative Verfahren zur Streitbeilegung im Zivil- und Handelsrecht.[320] Die neuen Regeln zur Anspruchshemmung (§§ 203, 204 Abs. 1 Nr. 4 und Nr. 11 BGB) gelten für am 01.01.2002 (oder später) bestehende und noch nicht verjährte Ansprüche.[321]

1.2.2.3.1 Regelungsbedarf

Regelungsbedarf ergibt sich im Hinblick auf die Gefahr der Verjährung von Ansprüchen im Falle einer diese betreffenden erfolglosen Mediation. Die gesetzlichen Regelungen reichen aufgrund unklaren Anwendungsbereichs (§ 204 Abs. 1 Nr. 4 BGB) und unzureichender tatbestandlicher Klarheit (§ 203 BGB) zum Schutz vor Verjährung von Ansprüchen, die Gegenstand einer Mediation sind, nicht aus.

Güteverfahren – Gemäß **§ 204 Abs. 1 Nr. 4 BGB** tritt eine Hemmung der Verjährung mit Veranlassung der Bekanntgabe eines eingereichten Antrags auf einen Güteversuch bei einer Gütestelle (§ 15 a Abs. 1 EGZPO) ein oder sobald ein Antrag bei einer sonstigen Gütestelle, die Streitbeilegung betreibt (§ 15 a Abs. 3 S. 1 EGZPO), einvernehmlich eingereicht wurde. Die Hemmung endet nach Ablauf von 6 Monaten ab Erledigung des eingeleiteten Verfahrens. In der Literatur ist umstritten, ob und unter welchen Voraussetzungen § 204 Abs. 1 Nr. 4 BGB nicht nur bei obligatorischen Güteverfahren nach § 15 a EGZPO gilt, sondern auch bei vertraglich vereinbarten Güteverfahren, zum Beispiel vor ausländischen Gütestellen. Es ist insofern fraglich, ob die Gerichte § 204 Abs. 1 Nr. 4 BGB anwenden werden, wenn eine privatautonome Mediation insbesondere außerhalb eines Verfahrens nach § 15 a EGZPO stattfindet.[322]

---

319 Gesetz zur Modernisierung des Schuldrechts vom 26.11.2001, BGBl. I S. 3138.

320 Duve, BB 2002, Beil. 7 zu Heft 46, S. 6 ff.

321 Art. 229 § 6 EGBGB.

322 Heinrichs in: Palandt, BGB, 64. Aufl. 2005, § 204 Rdnr. 19 m.w.N.; Heß/Sharma in: Haft/von Schlieffen, Handbuch Mediation, 2002, § 26 Rdnr. 59.

Schwebende Verhandlungen hinsichtlich eines Anspruchs führen zur Hemmung der Verjährung für die Dauer der Verhandlung (§ 203 S. 1 BGB). In einer Mediation verhandeln die Parteien mit Unterstützung eines Mediators. Auch eine laufende Mediation wird daher von dieser Vorschrift erfasst.[323]

Vertiefung – In Bezug auf den Zeitpunkt, an dem die hemmende Wirkung beginnt, ist fraglich, was genau unter „Schweben von Verhandlungen" zu verstehen ist. Da Verhandlungen sehr unterschiedlich aussehen können, hat der Gesetzgeber bewusst auf eine Definition von Beginn und Ende der Verhandlung verzichtet. Wenn gesetzliche oder vertragliche Verhandlungspflichten bestehen, liegen „schwebende Verhandlungen" schon mit der Aufforderung zur Verhandlung von einer Seite vor. Bestehen genannte Pflichten nicht, so tritt der Zustand erst mit einem Verhandlungssignal der aufgeforderten Partei ein.[1] Bezogen auf Mediation könnte dies bedeuten: Gibt es eine Mediationsklausel, so beginnt die Verhandlung und damit die Hemmung der Verjährung mit der Anmeldung einer Partei zur Einleitung des Vermittlungsverfahrens. Gibt es keine vorherige Vereinbarung, so beginnt das Verfahren mit Abschluss der Mediationsvereinbarung oder bereits mit Verhandlung über Details der Mediationsvereinbarung, soweit sie nicht bedingende Voraussetzungen für die eigentliche Verhandlung enthält. Die Verhandlung ist beendet, wenn mindestens eine der Parteien sie für beendet erklärt. Äußert sich eine Partei nicht zu ihrem Vorhaben, die Mediation zu beenden, und erlangt sie dadurch einen rechtlichen Vorteil, so verstößt sie grundsätzlich treuwidrig gegen ihre in der Mediationsvereinbarung enthaltene Pflicht, das Mediationsverfahren nicht zu ihrem Vorteil zu missbrauchen.

---

1 Mansel NJW 2002, 89 ff., 98.

Die Verjährung des gem. § 203 S. 1 BGB gehemmten Anspruchs tritt frühestens 2 Monate nach Verhandlungsende, somit nach Ende der Ablaufhemmung ein. So ist der Gläubiger auch bei einem überraschenden Abbruch der Verhandlungen vor einer kurzfristigen Verjährung seines Anspruchs geschützt.

1.2.2.3.2 Regelungsmöglichkeiten

Größere Rechtssicherheit kann erreicht werden, indem Vereinbarungen über solch schwebende Verhandlungszeiträume geschlossen werden.[324] Beginn und Ende der Verhandlung im Sinne des § 203 BGB sollten dabei möglichst eindeutig geregelt werden. Dies gilt insbesondere, wenn sich schon die Verhandlungen zum Abschluss der Mediationsvereinbarung über einen gewissen Zeitraum hinziehen. Möglich sind auch Verjährungsabreden (§ 202 BGB). Weiter kann ein Leistungsverweigerungsrecht vereinbart werden, das für die Dauer der Mediation oder Schlichtung die Verjährung hemmt (§ 205 BGB).

1.2.2.4 Sicherung der Vertraulichkeit

Die Bereitschaft zu einer offenen Kommunikation kann entscheidend gesenkt sein, wenn eine Partei befürchten muss, dass ihre Mitteilungen durch die andere Partei nach außen getragen und/oder z.B. in einem nachfolgenden (Schieds-)Gerichtsprozess gegen sie verwandt werden könnten. Die Frage der Vertraulichkeit kann daher eine wichtige Rolle in der Konfliktvermittlung spielen.

---

323 Heß/Sharma in: Haft/von Schlieffen, Handbuch Mediation, 2002, § 26 Rdnr. 59; Mansel NJW 2002, 89 ff., 98.
324 Friedrich MDR 2004, 481 ff.; Mansel NJW 2002, 89 ff., 98.

Beispiele:

a) Im Verlauf oder am Ende der Mediation gibt eine Seite Pressemitteilungen heraus. Dabei offenbart sie Informationen, von denen die andere Seite nicht wünscht, dass sie an die Öffentlichkeit gelangen. Die Partei bricht die Mediation ab, das Vertrauen ist – unabhängig von den Hintergründen: Absicht, fehlende Absicht, Motivation der Partei, welche die Pressemitteilung gemacht hat – nicht wieder herzustellen.

b) Eine Partei hat in der Vergangenheit gegenüber der anderen Seite eine Unwahrheit gesagt. Sie befürchtet, dass, wenn sie dies im Rahmen der Mediation offen zugibt, die Information nach außen dringen und dies negative Auswirkungen auf ihre Beziehung zu weiteren Geschäftspartnern haben könnte. Demzufolge schweigt sie. Der Mediationsprozess stagniert.

c) Die Partei gibt im Einzelgespräch gegenüber dem Mediator zu, der anderen Partei gegenüber die Unwahrheit gesagt zu haben. Nach Abbruch der Mediation benennt in dem nachfolgenden Prozess die andere Seite den Mediator als Zeugen.

d) Die Partei gibt im Rahmen der Mediation Tatsachen zu, die der Begründetheit eines Anspruchs entgegenstehen. Nach Abbruch der Mediation beruft sich die andere Seite in dem nachfolgenden Prozess auf die in der Mediation gewonnenen Informationen.

Die Mediatoren haben daher die Aufgabe, in Bezug auf die Verschwiegenheit der Beteiligten den Abschluss geeigneter Vereinbarungen der Parteien untereinander zu fördern.

1.2.2.4.1 Verschwiegenheit der Parteien

Die Verschwiegenheitsvereinbarung der Parteien untereinander ist zu unterscheiden von der zwischen Mediator und Parteien. Es wird empfohlen, diese auch jeweils getrennt zu regeln.[325] Die Medianten untereinander erwarten von dem anderen regelmäßig Stillschweigen über Informationen und Tatsachen, die in ihrem Interesse nicht nach außen dringen sollen. Das sind solche, an denen sie ein Geheimhaltungsinteresse haben.[326] Des Weiteren erwarten sie, dass Informationen, die sie im Rahmen der Mediation preisgeben, später nicht zu ihrem Nachteil verwandt werden. Der sachliche Umfang der Vertraulichkeitsabreden zwischen den Parteien wird sinnvollerweise beschränkt auf in der Mediation erlangte Informationen. Informationen, die eine Partei außerhalb der Mediation zulässig erlangt hat oder hätte erlangen können, sollten, auch wenn dies zu Beweisschwierigkeiten führen kann, nicht erfasst sein. Auf diese Weise wird vermieden, dass eine Partei Informationen in der Absicht einbringt, sie der Berücksichtigung in einer gerichtlichen Entscheidung zu entziehen.[327]

> **Hinweis:** Soweit die Frage der Vertraulichkeit nicht ausdrücklich, sei es mündlich oder schriftlich, geregelt wird, ist die Mediationsvereinbarung als ausfüllungsbedürftige Absprache gem. den §§ 133, 157 BGB auszulegen. Es ist ganz überwiegende Auffassung, dass die Vertraulichkeit ein Wesensmerkmal der Mediation ist und daher im Zweifel grundsätzlich von einer stillschweigend vereinbarten Vertraulichkeitsabrede auszugehen sei.[1]

> 1 Hartmann in: Haft/von Schlieffen, Handbuch Mediation, 2002, § 27 Rdnr. 20.

---

325 S. gwmk-Regeln für das Verhalten von Mediatoren Art. 4 und 5, auch abgedruckt in: Haft/von Schlieffen, Handbuch Mediation, 2002, § 27 Rdnr. 63.

326 Hartmann in: Haft/von Schlieffen, Handbuch Mediation, 2002, § 27 Rdnr. 6.

327 So genannte „Flucht in die Mediation", s. u.a. Eckardt/Dendorfer MDR 2001, 786 ff.; Nelle/Hacke ZKM 2002, 257 ff.

1.2.2.4.2 Sicherung der Vertraulichkeit durch Prozessvertrag

Es ist umstritten, ob und ggf. zu welchen Aspekten der Mediation Mediatoren in einem nachfolgenden Zivilprozess als Zeugen vernommen werden können (s. innerhalb dieses Abschnitts oben 1.1. und unten 3.).

Die Mediationsparteien können grundsätzlich prozessvertragliche Abreden treffen. Dies folgt aus der **im Zivilprozess** geltenden **Dispositionsmaxime,** wonach die Parteien den Streitgegenstand bestimmen und über ihn verfügen dürfen.[328] In Anbetracht der ungeklärten Rechtslage wird zusätzlich zu den vertraglich vereinbarten Vertraulichkeitsabreden im Rahmen des Mediator- und des Mediationsvertrags der Parteien untereinander eine Sicherung der Vertraulichkeit durch Prozessvereinbarung der Parteien empfohlen (im Einzelnen str.):[329]

▸ § 383 Abs. 1 Nr. 6 ZPO begründe ein Schweigerecht des privilegierten Zeugen, nicht dagegen eine Schweigepflicht. Eine solche könne sich zwar aus anderen Normen wie § 203 StGB ergeben, aus der Verletzung durch den Zeugen folge jedoch kein Verwertungsverbot im gerichtlichen Verfahren.[330]

▸ § 383 Abs. 1 Nr. 6 ZPO betreffe lediglich den Zeugenbeweis, andere Beweismittel wie z.B. der Urkundenbeweis würden nicht erfasst.

▸ Das Zeugnisverweigerungsrecht wirke sich erst auf der Nachweisebene aus. Der Vortrag der relevanten Tatsachen, ihr Eingang in den vom Gericht zu würdigenden Sachverhalt, könne damit nicht verhindert werden.

Im Rahmen der Mediationsvereinbarung können nach h.M. **prozessvertragliche Geständnis- und Beweismittelvereinbarungen** getroffen werden, welche regeln, dass Äußerungen, Dokumente und andere Informationen, die im Rahmen der Mediation erlangt wurden, in einem späteren (Schieds-)Gerichtsverfahren nicht verwendet werden dürfen (str.).[331] Die Reichweite der Regelungsbefugnis der Parteien ist allerdings bislang nicht geklärt.

> **Vertiefung** – Ein solcher Prozessvertrag hat keine unmittelbar gestaltende Wirkung auf den Prozess. Er gibt der jeweiligen Partei lediglich die Möglichkeit der Einrede. Abredewidrige Sachvorträge und Beweisangebote sind dann unzulässig und dürfen bei Geltendmachung der Einrede vonseiten des Gerichts in seiner Entscheidung nicht berücksichtigt werden (Verwertungsverbot).[1] Umstritten ist die Frage, inwieweit das Gericht dennoch von Amts wegen Beweis erheben kann (§§ 142 bis 144, 448, 273 Abs. 2 Nr. 1 und 4 ZPO). Einer breiten Auffassung zufolge kann sich das Gericht über die Abrede der Parteien hinwegsetzen.[2] Dagegen wird angeführt, dass das Gericht bei seiner Ermessensausübung und bei seinen

---

1 Wagner NJW 2001, 1398 ff.; Eckardt/Dendorfer MDR 2001, 786 ff., 790. Die Prozessabrede selbst ist allen Einwendungen und Einreden ausgesetzt, die gegen ihre Wirksamkeit erhoben werden können. So könnte die Vertraulichkeitsabrede beispielsweise angefochten, ihre Unwirksamkeit aufgrund Gesetzesverstoßes geltend gemacht oder der rechtswirksame Abschluss infrage gestellt werden.

2 Prütting in: MüKo-ZPO, Bd. 1, 2. Aufl. 2000, § 286 Rdnr. 159; Foerste in: Musielak, ZPO, 4. Aufl. 2005, § 286 Rdnr. 16; Leipold in: Stein/Jonas, ZPO, Bd. 3, 21. Aufl. 1997, § 286 Rdnr. 133.

---

328 U.a. Hartmann in: Haft/von Schlieffen, Handbuch Mediation, 2002, § 27 Rdnr. 32 m.w.N; Leipold in: Stein/Jonas, ZPO, Bd. 3, 22. Aufl. 2005, Vor § 128 Rdnr. 138 ff.; Wagner NJW 2001, 1398 ff.; zum Regelungsbedarf s. oben 1.1.2.1.

329 Wagner NJW 2001, 1398 ff.

330 S.a. Stein/Jonas/Berger, ZPO, 21. Aufl. 1999, Bd. 4/2, § 383 Rdnr. 24.

331 Gegen die Zulässigkeit solcher Verträge wird ein Verstoß gegen § 138 Abs. 1 ZPO (prozessuale Wahrheitspflicht) geltend gemacht, u.a. Bernhardt JZ 1963, 245 ff.; Scherer DRiZ 1996, 58 ff., beide m.w.N.; für die Zulässigkeit BGH NJW 1990, 1531; Hartmann in: Baumbach/Lauterbach/Albers/Hartmann ZPO, 63. Aufl. 2005, Einf. § 284 Rdnr. 33; Wagner NJW 2001, 1398 ff. – alle m.w.N.

Maßnahmen zur Vorbereitung des Verhandlungstermins die Vertraulichkeitsabrede der Parteien zu beachten habe. Die genannten Normen dienten alle der zügigen Erledigung des Rechtsstreits. Eine Beschränkung der Privatautonomie lasse sich den Vorschriften nicht entnehmen. Grundsätzlich dominiere die Verhandlungsmaxime. Dem Gericht seien dadurch klare Grenzen gesetzt, die verhindern sollen, dass aus den Regelungen eine Amtsermittlung abgeleitet werde.[1]

---

1 Hartmann in: Haft/von Schlieffen, Handbuch Mediation, 2002, § 27 Rdnr. 34.

Begrenzt wird die Dispositionsbefugnis der Parteien auch durch gesetzliche Regelungen zum Verbraucherschutz (AGB-Regeln, EG-Richtlinien).[332]

Beispiele:

1. Prozessvereinbarung: „ ... Er [der Mediator] darf in einem nachfolgenden Gerichtsverfahren nicht als Zeuge für Tatsachen benannt werden, die ihm während des Mediationsverfahrens offenbart wurden."[333]

2. Art. 11 der Schlichtungsordnung der ICC: „Die Parteien verpflichten sich, in einem Gerichts- oder Schiedsverfahren weder als Beweismittel noch sonstwie einzuführen:
die von einer Partei geäußerte Meinung oder die von ihr gemachte Empfehlung hinsichtlich der möglichen Erledigung des Streits;
die vom Schlichter gemachten Vorschläge;
den Umstand, dass eine Partei ihre Bereitschaft mitgeteilt hat, einen vom Schlichter gemachten Vorschlag zur Erledigung des Streits anzunehmen."[334]

S.a. den Richtlinienentwurf der Europäischen Kommission vom 22.10.2004 „über bestimmte Aspekte der Mediation in Zivil- und Handelssachen", der eine Liste enthält, zu welchen Dingen Mediatoren und Personen, die in die Abwicklung von Mediationsdiensten eingebunden sind, in Gerichtsverfahren in Zivilsachen nicht aussagen sollen.[335]

Im **Verwaltungsprozess** gilt dagegen grundsätzlich der Untersuchungsgrundsatz des § 86 Abs. 1 VwGO. Das Ausmaß der Dispositionsfreiheit der Parteien ist hier schwerer festzustellen. Aber auch hier ist die Verfügbarkeit streitgegenständlicher Rechte nicht die Ausnahme, öffentlich-rechtliche Vergleichsverträge (§ 55 VwVfG) sind in vielen Fällen zulässig. Dem Umfang der Vergleichsbefugnis entspricht die Dispositionsfreiheit der Behörde, wirksame Prozessvereinbarungen treffen zu können.[336]

Im **Strafprozess** gilt die Dispositionsmaxime nicht. Eine privatautome Sicherung der Vertraulichkeit durch die Parteien ist hier ausgeschlossen.

1.2.2.5 Verweis auf Mediations- oder Schlichtungsordnung

Die Parteien können die Ausgestaltung ihrer Mediations- oder Schlichtungsvereinbarung autonom regeln oder auf eine Mediations- bzw. Schlichtungsordnung

---

332 Wagner NJW 2001, 1398 ff. mit Rechtsprechungsnachweis.
333 Eidenmüller, Vertrags- und Verfahrensrecht der Wirtschaftsmediation, 2001, S. 26.
334 In der Fassung v. 1. Januar 1998, http://www.icc-deutschland.de/icc/frame/1.3.html. Weitere Schlichtungsordnungen, in denen sich vergleichbare Regelungen finden: Schlichtungsordnung der WIPO, UNCITRAL-Schlichtungsordnung, Mediation Procedure des LCIA.
335 http://europa.eu.int/index_de.htm.
336 Wagner NJW 2001, 1398 ff.

verweisen.[337] Durch die Verweisung wird die genannte Ordnung Inhalt der Vereinbarung und gilt wie im Schiedsverfahrensrecht als Allgemeine Geschäftsbedingung.[338] In Anlehnung an das Schiedsverfahrensrecht ist auch hier davon auszugehen, dass die Vertrag gewordene Verfahrensordnung in ihrer jeweils aktuellen Fassung gelten soll (dynamische Verweisung, str.).[339]

1.2.3 Präventive Mediationsvereinbarung

Parteien können sich bereits zu Beginn ihrer vertraglichen Beziehung (zum Beispiel im Rahmen eines Arbeits-, Miet-, Ehe- oder Gesellschaftervertrags) darauf einigen, in bestimmten Fällen eine Mediation oder Schlichtung durchzuführen. Inhalt der **präventiven Vereinbarung** ist die Einigung über die Durchführung eines Verfahrens zur gütlichen Streitbeilegung bereits vor Eintritt einer bestimmten Konfliktsituation.

1.2.3.1 Inhalte einer präventiven Mediationsvereinbarung

Hauptzweck präventiver Vereinbarungen ist es, den raschen und möglichst reibungslosen Beginn eines Verfahrens zur Konfliktklärung und -lösung sicherzustellen. Um dieses Ziel zu erreichen, ist eine hinsichtlich der Rahmenbedingungen möglichst konkrete Vereinbarung zu formulieren. Diese sollte insbesondere das Verfahren, die Auswahl des Mediators/der Mediatoren und die Höhe und Verteilung von Kosten beinhalten. Ferner kann eine Absprache für den Fall des Scheiterns der Mediation getroffen werden. Es kann beispielsweise vereinbart werden, im Falle eines Scheiterns der Mediation den Vorschlag eines Schlichters einzuholen oder ein Schiedsgericht entscheiden zu lassen. Auch bei einer präventiven Mediationsvereinbarung können die Vertragsparteien sich im Vorfeld auf die Verfahrensordnung einer Institution einigen und auf diese verweisen.[340]

Beispiel: Eine Musterklausel der Hamburger IHK lautet: „Die Parteien verpflichten sich, im Falle einer sich aus diesem Vertrag ergebenden Streitigkeit vor Klageerhebung bei einem ordentlichen Gericht oder Schiedsgericht eine Mediation gemäß der Hamburger Mediationsordnung für Wirtschaftskonflikte durchzuführen."[341]

---

337 S. zum Beispiel die Schlichtungsordnungen der Deutschen Institution für Schiedsgerichtsbarkeit e.V. (DIS), der Industrie- und Handelskammern (IHK), die UNCITRAL-Schlichtungsordnung und die Verfahrensordnung der Gesellschaft für Wirtschaftsmediation und Konfliktmanagement e.V. (gwmk).

338 Raeschke-Kessler/Berger, Recht und Praxis des Schiedsverfahrens, 3. Aufl. 1999, Rdnr. 630 m.w.N.

339 Die dynamische Verweisung erfasst nicht grundlegende Änderungen; dagegen wird eingewandt, es könne nicht den Parteiinteressen entsprechen, sich von unabsehbaren und nicht zu beeinflussenden Regelungen abhängig zu machen, was im Zweifel eher für eine statische Verweisung sprechen könnte, Friedrich, Die Konsensvereinbarung im Zivilrecht, 2003, S. 98 f.

340 Z.B. die Verfahrensordnung eines Mediationsverbandes, s. Übersicht im 6. Teil, 2. Abschnitt.

341 http://www.hk24.de/.

1.2.3.2 Rechtliche Wirksamkeit präventiver Klauseln

Der Abschluss präventiver Mediationsklauseln unterliegt grundsätzlich der Privatautonomie. Wenn allerdings durch die Vereinbarung einer Partei der Weg zu fristwahrenden rechtlichen Schritten verwehrt wird, können Mediationsklauseln wegen Rechtswegerschwerung unwirksam sein.[342]

> Vorformulierte Klauseln in Verträgen müssen den Regelungen des AGB-Rechts entsprechen. Dabei ist die AGB zwischen Unternehmern von der zwischen Verbrauchern und Verbraucher und Unternehmer zu unterscheiden. Ist einer der Vertragspartner Verbraucher, so ist insbesondere § 310 Abs. 3 Nr. 3 BGB[1] zu berücksichtigen. Die Klausel darf nicht dazu führen, dass „dem Verbraucher die Möglichkeit, Rechtsbehelfe bei Gericht einzulegen oder sonstige Beschwerdemittel zu ergreifen, genommen oder erschwert wird, und zwar insbesondere nicht dadurch, dass er auf ein nicht unter die rechtlichen Bestimmungen fallendes Schiedsgerichtsverfahren verwiesen wird, die ihm zur Verfügung stehenden Beweismittel ungebührlich eingeschränkt werden oder ihm Beweislast auferlegt wird, die nach dem geltenden Recht einer anderen Vertragspartei obläge."[2] Solange geregelt ist, dass der Verbraucher sich jederzeit von der Mediationsvereinbarung lösen kann, bestehen keine Bedenken.

1 Umsetzung der Richtlinie über missbräuchliche Klauseln in Verbraucherverträgen.
2 Nr. 1 lit. q) der Anlage zur Richtlinie.

1.3 Abschlussvereinbarung der Parteien untereinander

Schließen die Parteien als (ein) Ergebnis der Mediation einen Vertrag, so machen sie damit von ihrer Vertragsfreiheit Gebrauch. Sie regeln ihr(e) Rechtsverhältnis(se) in eigener Verantwortung. Auf diese Weise können sie Rechtsfolgen herbeiführen, die das Gesetz nicht vorsieht, die somit nur durch Parteiwillen eintreten: z.B. Kauf- und Mietvertrag. Sie können, soweit Vertragsfreiheit besteht, auch Regelungen treffen, die anstelle der gesetzlichen Regelungen zwischen ihnen gelten sollen („lex contractus"). Soweit das Mediationsergebnis eine Vereinbarung über Rechte und Pflichten der Beteiligten beinhaltet, gelten die allgemeinen gesetzlichen Regeln für Verträge. Der Vertrag ist Grundlage für Verpflichtungen und kann daher Gegenstand einer Klage auf Erfüllung (Vertragseinhaltung) werden.[343] Schließen die Parteien jegliche Bindung aus, so handelt es sich um keinen Vertrag, sondern um ein Gefälligkeitsverhältnis oder um ein „Gentlemen's Agreement".[344]

Besteht der Vertrag in einem gegenseitigen Nachgeben, so handelt es sich um einen materiell-rechtlichen **Vergleich** (§ 779 Abs. 1 BGB). Ausreichend ist bereits jedes ganz geringfügige Abrücken einer Partei von einer Position.[345] Der Vertrag kann grundsätzlich formfrei geschlossen werden, es sei denn, die Parteien haben die Schrift- oder Textform vereinbart (§ 127 BGB) oder der Vergleich enthält formbedürftige Rechtsgeschäfte – er bedarf dann der Form, die für die Wirksam-

---

342 S. § 4 KSchG.
343 S. u.a. Larenz/Wolf, BGB-AT, 9. Aufl. 2004, § 29 I, § 33 I.
344 Es fehlt erkennbar der Rechtsbindungswille, s. Larenz/Wolf, BGB-AT, 9. Aufl. 2004, § 22 Rdnr. 24 ff.
345 Sprau in: Palandt, BGB, 64. Aufl. 2005, § 779 Rdnr. 9.

keit des entsprechenden Rechtsgeschäfts erforderlich ist (§ 311 b Abs. 1 BGB – notarielle Beurkundung von Grundstücksübertragung, § 623 BGB – Schriftform der Kündigung; § 766 BGB – Schriftform der Bürgschaftserklärung). Das Rechtsverhältnis muss der Dispositionsbefugnis der Parteien unterliegen.[346]

Die Anfechtbarkeit richtet sich nach den allgemeinen Regeln der §§ 119 ff. BGB. Teilnichtigkeit hat im Zweifel Gesamtnichtigkeit zur Folge (§ 139 BGB).

Grenzen der Vertragsfreiheit – Geschützte Interessen Dritter und der Allgemeinheit, u.a.: Rechtsstellung Dritter (Vertrag zulasten Dritter); Erfordernis der Rechts- und Geschäftsfähigkeit; Rechtsformzwang; Typenzwang und numerus clausus im Sachenrecht; Genehmigungserfordernisse; Verbotsgesetze (§ 134 BGB); gesetzlicher Kontrahierungszwang z.B. für Unternehmen mit Monopolstellung; gesetzlicher Ausschluss/Einschränkung einer vertraglichen Bindung, wenn die persönliche Würde und die Entscheidungsfreiheit in höchstpersönlichen Angelegenheiten beeinträchtigt würde (Abreden über Familienplanung, z.B. Kinder zu bekommen oder nicht etc.); Regelung bzgl. Statusverhältnissen wie der Ehe; Unterhaltsanspruch; Schutz der Gläubiger im Gesellschaftsrecht; Einschränkungen inhaltlicher Gestaltungsfreiheit insbes. bei struktureller Ungleichgewichtslage, z.B. AGB-Kontrolle, Informationspflichten; Sittenwidrigkeit, d.h. Missbrauch der Privatautonomie (§ 138 BGB).[347]

1.3.1 Vertragsgestaltung

Nichtanwaltliche Mediatoren dürfen die Parteien (insbesondere auch) bei einem Vertragsschluss nicht rechtlich beraten. Wird die Abschlussvereinbarung der Medianten untereinander vonseiten des Mediators aufgesetzt, so handelt es sich um rechtsgestaltende Tätigkeit, die unter das Verbot des Rechtsberatungsgesetzes (RBerG) fällt. Im Zweifel sollten sich die Parteien für die vertragliche Ausgestaltung der Ergebnisse der Mediation an einen Rechtsanwalt bzw. an ihre Parteianwälte wenden. Es besteht weiter die Möglichkeit, einen Rechtsanwalt für den Vertragsschluss hinzuzuziehen oder ihn in das Verfahren einzubeziehen.

➔ Mehr z. RBerG s. Gliederungspunkt 3.3 in diesem Abschnitt.

1.3.2 Titulierung / Durchsetzbarkeit

Unbeachtet der hohen Erfüllungsquote von Vergleichen wird immer wieder als ein Nachteil von Mediation genannt, dass die Vereinbarungen nicht (unmittelbar) vollstreckbar seien. Legen die Parteien Wert auf die Vollstreckbarkeit ihres Mediationsergebnisses, beispielsweise aufgrund negativer Erfahrungen in der Vergangenheit, so können sie die Abschlussvereinbarung titulieren lassen.[348]

---

346 Sprau in: Palandt, BGB, 64. Aufl. 2005, § 779 Rdnr. 6. Unwirksam sind Vergleiche, wenn zwingende Rechtssätze entgegenstehen.
347 U.a. Krebs in: Dauner-Lieb/Heidel/Lepa/Ring, Anwaltkommentar, SR, 2002, § 311 Rdnr. 11 ff. m.w.N.; Larenz/Wolf, BGB-AT, 9. Aufl. 2004, § 29 I, § 34 IV, V, VI; § 40, § 41.

Möglichkeiten zur Erlangung eines Titels:

▶ Protokollierung des Vergleichs vor einer Gütestelle (§ 794 Abs. 1 Nr. 1 ZPO) oder einer Schiedstelle

▶ Form eines Anwaltsvergleichs (§ 796 a ZPO), der nach § 794 Abs. 1 Nr. 4 b ZPO vollstreckbar ist

▶ Notarielle Urkunde, vollstreckbar nach § 794 Abs. 1 Nr. 5 ZPO

▶ Verbindung der Mediation mit einem Schiedsgerichtsverfahren, durch einen Schiedsspruch mit vereinbartem Wortlaut nach § 1053 Abs. 1 S. 2 ZPO (str.[1]).

1 S. 3. Abschnitt.

Vertragsbestandteile des Mediationsvertrags zwischen Mediator und Parteien

▶ Beauftragung durch alle Parteien
▶ Inhalt und Ziel der Mediation
▶ Aufgaben der Mediatoren
▶ Verschwiegenheit
▶ Mitwirkungspflichten / Verantwortlichkeiten der Medianten
▶ Zeitliche Rahmenbedingungen
▶ Honorarvereinbarung
▶ Stornobedingungen
▶ Kündigungsrechte
▶ Beendigung
▶ Salvatorische Klausel

Vertragsbestandteile der Mediationsvereinbarung der Parteien untereinander

▶ Voraussetzungen / Mediationsfall
▶ Sanktion für Nichtteilnahme
▶ Befristeter Verzicht auf die Erhebung einer Klage
▶ Ablauf / Verfahren
▶ Mediator/en
▶ Umgang mit Verjährungs- / Ausschlussfristen
▶ Anwendbares Recht
▶ Teilnahme von Rechtsanwälten
▶ Beendigung
▶ Salvatorische Klausel

---

348 Die Notwendigkeit der Erlangung eines Titels hängt von dem konkreten Fall und den Medianten ab. Grundsätzlich werden bezüglich der Wichtigkeit und der Wirkung vollstreckbarer Entscheidungen unterschiedliche Meinungen vertreten: Prütting sieht es nicht als Sinn und Zweck außergerichtlicher Streitbeilegung an, vollstreckbare Vereinbarungen zu treffen; Heß/Sharma halten dagegen die Vollstreckbarkeit für eine wesentliche vertrauensbildende Maßnahme. Prütting, BB 1999, 8 ff.; Heß/Sharma in: Haft/von Schlieffen, Handbuch Mediation, 2002, § 26 Rdnr. 53, Fn. 141.

2. Haftung des Mediators

Die Haftung von Mediatoren ist nicht spezialgesetzlich geregelt. Sie ergibt sich aus den allgemeinen Gesetzen. Um eine Haftung des Mediators zu begründen, bedarf es einer Pflichtverletzung und eines durch die Pflichtverletzung verursachten Schadens. Ein ersatzfähiger Schaden liegt jedenfalls dann vor, wenn die Parteien aufgrund einer Pflichtverletzung schlechter stehen, als wenn sie keine Mediation durchgeführt hätten. Ersatzpflichtig sind nur Vermögensschäden nach § 251 BGB. Die Darlegungs- und Beweislast liegt bei dem jeweiligen Anspruchsteller.[349]

2.1 Vertragliche Haftung

Grundsätzlich kommen Haftungsfälle wegen Verzugs (§ 286 BGB) und aufgrund Nichterfüllung, (§§ 280, 281, 283 BGB) in Betracht. In der Praxis relevanter ist wohl die Verletzung von Nebenpflichten und allgemeinen Sorgfaltspflichten. Anspruchsgrundlagen hierfür sind: Positive Vertragsverletzung, soweit ein Vertrag abgeschlossen wurde (§ 311 Abs. 2 BGB), culpa in contrahendo im Fall der Pflichtverletzung bei Vertragsschluss (§§ 280, 281, 283 BGB) und nachvertragliche Pflichtverletzungen. Maßstab für die Feststellung von Pflichtverletzungen sind der Mediatorvertrag und berufsrechtliche Regelungen mit haftungsbegründenden Norminhalten, wie für Anwaltmediatoren z.B. die Pflicht zur unverzüglichen Mitteilung der Ablehnung eines Auftrags (§ 44 S. 2 BRAO).

2.1.1 Nichtanwaltliche Mediatoren

Für nichtanwaltliche Mediatoren besteht in der Regel allein die Haftung aus dem Mediatorvertrag. Zu den regelmäßigen Pflichten auch nichtanwaltlicher Mediatoren gehören die Neutralität beziehungsweise Allparteilichkeit, die Offenlegungspflicht, wenn es Gründe gibt, welche die Neutralität oder Allparteilichkeit infrage stellen könnten (wie z.B. vergangene Geschäftsbeziehungen), die Pflicht zur Verschwiegenheit, die Pflicht zur Prüfung der Geeignetheit und nach wohl überwiegend vertretener Auffassung die Pflicht zur Sachverhaltserforschung (str.).[350] Es besteht insbesondere keine Pflicht zur Rechtsprüfung, dem nichtanwaltlichen Mediator ist es in der Regel verboten, rechtlichen Rat zu erteilen (s. Unterabschnitt 5).

Die Haftung der Schiedsleute ist in den jeweiligen Schiedsamtgesetzen der Länder ausdrücklich geregelt (Spezialregelungen der Amtshaftung). Der Haftungsanspruch richtet sich in den meisten Fällen gegen das Bundesland. Im Saarland

---

349 Es wird von einigen Versicherern eine Vermögensschadenshaftpflichtversicherung für Mediatoren angeboten, deren Bedingungen sich an § 5 BbGGüteStG, der Pflichtversicherung der nichtanwaltlichen Gütestellen in Brandenburg, orientieren, und zurzeit ca. 250 € pro Jahr kostet.

350 Prütting in: Haft/von Schlieffen, Handbuch Mediation, 2002, § 31 Rdnr. 45 m.w.N.; a.A. OLG Hamm MDR 1999, 836: nur Würdigung des unterbreiteten Sachverhalts.

fehlt eine entsprechende Regelung, der Anspruch richtet sich hier gegen die Gemeinden (§ 839 BGB, Art. 34 GG).

2.1.2 Anwaltmediatorpflichten

Für Anwaltmediatoren ergeben sich zusätzliche Pflichten aus den berufsrechtlichen Regelungen:

▶ **Mitteilung der Ablehnung eines Auftrags** (§ 44 S. 2 BRAO)
Der Anwaltmediator ist verpflichtet, die Ablehnung eines Mediationsauftrags unverzüglich mitzuteilen. Verzögert er die Ablehnungserklärung schuldhaft, so ist er zum Ersatz des daraus entstandenen Schadens verpflichtet.

▶ **Prüfung der Geeignetheit**
Der Anwaltmediator ist verpflichtet, den Fall auf seine Mediationstauglichkeit hin zu überprüfen und gegebenenfalls abzulehnen. Die Untauglichkeit kann sich aus diversen Umständen ergeben. Hierbei spielen Faktoren wie Zeit, Gegenstand der Mediation, Bereitschaft und Verfügbarkeit der Beteiligten, deren Zielsetzung und das Umfeld eine Rolle. Zweifel sind gegebenenfalls mit den Parteien zu erörtern.[351] Weiter hat der Anwalt auch seine eigene Geeignetheit zu überprüfen. Ist er zum Beispiel vorbefasst oder aus anderen Gründen ungeeignet, den Fall zu mediieren, so ist er verpflichtet, den Auftrag unverzüglich abzulehnen.[352]

▶ **Zügige Bearbeitung**
Weiter besteht die Pflicht, die Parteien so zu unterstützen, dass sie zügig zu einer Lösung kommen, bzw. diese nicht pflichtverletzend zu verzögern. Andernfalls haftet der Anwaltmediator für Nachteile, die den Parteien aus der Verzögerung erwachsen. Aber auch der Anwaltmediator schuldet keinen Erfolg der Mediation. Wenn eine Lösung nicht möglich erscheint, ist er verpflichtet, dies offen zu legen und die Mediation zügig zu beenden.[353]

▶ **Rechtsberatung**
Wegen der vorhandenen Rechtskenntnis und der Rechtsberatungserlaubnis können die Parteien erwarten, dass sie grundsätzlich auch rechtlich beraten werden. Daraus ergibt sich eine Hinweispflicht zum Beispiel auf Ausschlussfristen.[354] Kommt der Anwaltmediator Hinweispflichten nicht nach, so setzt er sich z.B. dem möglichen Vorwurf eines Verschuldens wegen Fristversäumnis oder Beweismittelverlusten für einen späteren Prozess aus. Nicht eindeutig sind Fälle, in denen die Parteien neben der Mediation von Parteianwälten beraten werden. In erster Linie trifft dann diese die Hinweispflicht, insbesondere wenn die Mediatoren Rechtsberatung vertraglich ausgeschlossen ha-

---

351 Vgl. BGH NJW 1990, 2127 f. (Anwaltliche Pflichten im Schiedsverfahren).
352 Zur Vorbefasstheit siehe ausführlicher unten 3.2.
353 Prütting in: Haft/von Schlieffen, Handbuch Mediation, 2002, § 31 Rdnr. 30.
354 § 4 KSchG, § 51 GenG, § 1585 b Abs. 3 BGB, § 2283 BGB u.a.

ben.[355] Weitere Erwartungen, die an die Rechtskundigkeit des Anwaltmediators anknüpfen, sind rechtlich wirksame Lösungsausarbeitungen und die vollständige Erfassung regelungsbedürftiger rechtlicher Aspekte.[356]

2.2 Gesetzliche Haftung

Neben der vertraglichen ist eine Haftung nach Deliktsrecht möglich. In Betracht kommen grundsätzlich die Haftung wegen unerlaubter Handlung i.S.d. § 823 Abs. 1 BGB, wegen Verletzung eines Schutzgesetzes i.S.d. § 823 Abs. 2 BGB und die Haftung wegen sittenwidrigen Verhaltens i.S.d. § 826 BGB. Zusätzlich könnte eine Verletzung von Berufspflichten zugleich die Verletzung eines Schutzgesetzes bedeuten (§ 823 Abs. 2 BGB). § 203 StGB (Verletzung eines Privatgeheimnisses) beispielsweise ist Schutzgesetz im Sinne des § 823 Abs. 2 BGB.[357]

2.3 Strafrechtliche Verantwortlichkeit

Für die Vermittlungstätigkeit sind vor allem § 203 StGB – Verletzung von Privatgeheimnissen – und § 356 StGB – anwaltlicher Parteiverrat – bedeutsam. Daneben sind beachtenswert: § 138 StGB – Nichtanzeige geplanter Straftaten; § 204 StGB – Verwertung fremder Geheimnisse; § 353 b StGB – Verletzung des Dienstgeheimnisses und einer besonderen Geheimhaltungspflicht. Einzig § 138 StGB ist kein (echtes) Sonderdelikt[358] und somit relevant für Mediatoren aller Berufsgruppen.

2.3.1 § 138 StGB

Trotz wohl eher geringer praktischer Bedeutung wird im Zusammenhang mit Mediation immer wieder § 138 StGB, **Nichtanzeige geplanter Straftaten**, thematisiert. Die Unwahrscheinlichkeit folgt aus dem Charakter der enumerativ normierten Katalog-Straftaten, bei denen es sich allesamt um Verbrechen i.S.d. § 12 Abs. 1 StGB handelt (Angriffskrieg, Hochverrat, Raub, Totschlag u.a.). Unabhängig von der in § 203 StGB geregelten Schweigepflicht besteht für alle Mediatoren, die von einer der in § 138 StGB genannten Straftaten glaubhaft erfahren, die Pflicht zur Anzeige.

2.3.2 § 203 Abs. 1 Nr. 3 StGB

Verstöße gegen die Pflicht zur Verschwiegenheit können den Tatbestand der **Verletzung des Privatgeheimnisses** erfüllen. § 203 Abs. 1 Nr. 3 StGB ist für an-

---

355 Brieske in: Henssler/Koch, Mediation in der Anwaltspraxis, 2. Aufl. 2004, § 12 Rdnr. 62 f.

356 Brieske in: Henssler/Koch, Mediation in der Anwaltspraxis, 2. Aufl. 2004, § 12 Rdnr. 4 ff.

357 Sprau in: Palandt, BGB, 64. Aufl. 2005, § 823 Rdnr. 69.

358 Alpmann Brockhaus, Fachlexikon Recht, 2. Aufl. 2005: Straftatbestände, deren Begehung, anders als bei Allgemeindelikten, nur durch Täter mit besonderen Eigenschaften möglich ist, wie z.B. Amtsdelikte gem. §§ 331 ff. StGB.

waltliche, aber auch nichtanwaltliche Mediatoren bestimmter Berufsgruppen zu beachten. Als Täter kommen u.a. in Betracht: Berufspsychologen (§ 203 Abs. 1 Nr. 2 StGB), Rechtsanwälte, Patentanwälte, Verteidiger, Wirtschaftsprüfer, Steuerberater, (§ 203 Abs. 1 Nr. 3 StGB), Notare (§ 203 Abs. 1 Nr. 3, Abs. 2 Nr. 1 StGB), Ehe- und Familienberater (§ 203 Abs. 1 Nr. 4 StGB), staatlich anerkannte Sozialarbeiter und Sozialpädagogen (§ 203 Abs. 1 Nr. 5 StGB), Amtsträger oder für den öffentlichen Dienst besonders Verpflichtete wie beispielsweise Staatsanwälte, Richter oder Verwaltungsbeamte (§ 203 Abs. 2 StGB), berufsmäßige Gehilfen der in § 203 Abs. 1 Nr. 1–6 genannten Personen (§ 203 Abs. 3 S. 2 StGB). Die Vorschrift dient dem Schutz des Einzelnen.

2.3.3 § 204 StGB

§ 204 StGB sanktioniert die **Verwertung fremder Geheimnisse**, die der Geheimhaltungspflicht nach § 203 StGB unterliegen. „Verwerten" im Sinne der Vorschrift setzt eine wirtschaftliche Ausnutzung des Geheimnisses zur Gewinnerzielung für den Täter oder einen Dritten auf Kosten des Geheimnisträgers voraus.[359]

Beispiel:

Der Mediator nutzt eine ihm im Mediationsverfahren bekannt gewordene Erfindung, Geschäftsidee oder ein Betriebsgeheimnis ohne Einwilligung des Geschützten zur eigenen Gewinnerzielung.

2.3.4 § 356 StGB

Der **Parteiverrat** betrifft als echtes Sonderdelikt nur **anwaltliche Mediatoren** (§ 356 StGB). Voraussetzung ist, dass der Anwaltmediator in seiner Eigenschaft als parteilicher Interessenvertreter mit Rechtsangelegenheiten beauftragt wird. Nur dann tritt er als Sachwalter von Parteiinteressen i.S.d. § 356 StGB nach außen auf.[360] Nach § 356 StGB macht sich der Rechtsanwalt strafbar, der „ ... bei den ihm in dieser Eigenschaft anvertrauten Angelegenheiten in derselben Rechtssache beiden Parteien durch Rat oder Beistand pflichtwidrig dient." Dieselbe Rechtssache kann jede rechtliche Angelegenheit sein, die zwischen mehreren Parteien, die zumindest möglicherweise entgegenstehende rechtliche Interessen haben, nach rechtlichen Grundsätzen behandelt und erledigt werden soll.[361] Pflichtwidrigkeit ist gegeben, wenn der Rechtsanwalt durch die Beratung beider Parteien in einen Interessengegensatz gerät. Wie das Vorliegen eines Interessengegensatzes zu bestimmen ist, ist seit langem umstritten: Z.T. wird die Frage nach objektiven (vom Standpunkt der Parteien unabhängige Bewertung der Interessenlage), zum Teil nach subjektiven (Zielsetzung der Parteien) und

---

359 Tröndle in: Tröndle/Fischer, StGB, 52. Aufl. 2004, § 204 Rdnr. 2 f.

360 S. Cramer in: Schönke/Schröder, StGB, 26. Aufl. 2001, § 356 Rdnr. 4; Fischer in: Tröndle/Fischer, StGB, 52. Aufl. 2004, § 356 Rdnr. 2 ff.; Eisele in: Haft/von Schlieffen, Handbuch Mediation, 2002, § 30 Rdnr. 34 ff.

361 Fischer in: Tröndle/Fischer, 52. Aufl. 2004, § 356 Rdnr. 5. Beide Tatbestandsmerkmale (Rechtssache und dieselbe Rechtssache) sind nicht eindeutig geklärt und in ihren Voraussetzungen umstritten, Erb, Parteiverrat, 2005, S. 9 f. S. auch im Folgenden unter 3.2.

zum Teil differenzierend anhand objektiver und subjektiver Kriterien beantwortet.[362]

→ **Beauftragung durch beide Parteien** – Nach inzwischen überwiegender Auffassung steht der Anwaltmediator im Rahmen einer Mediation nicht schon deshalb in einem Interessengegensatz, weil er im Auftrag beider Parteien tätig wird.[363] Das Berufsbild des Rechtsanwalts umfasse „auch und vor allem die Streitverhütung und -beilegung, die Interessenvermittlung und ausgleichende Gestaltung."[364] Der Anwalt als Mittler werde beauftragt, die Parteien in ihrem gemeinsamen Interesse an einer einvernehmlichen Lösung des Konflikts zu unterstützen. Es handele sich somit nicht um eine widerstreitende, sondern eine gleich gerichtete Interessenlage. Nach a.A. kann § 356 StGB sehr wohl einschlägig sein, da es unrealistisch sei, zu meinen, der Rechtsanwalt könne bei vorhandenen widerstreitenden Parteiinteressen stets das gemeinsame Interesse an einer einvernehmlichen Einigung vertreten.[365]

→ **Vor- und Nachbefassung in derselben Rechtssache** – Im Zusammenhang mit einer Tätigkeit als Mittler kann der Tatbestand des § 356 StGB jedoch erfüllt sein, wenn der Anwaltmediator vor oder nach einer Mediation als Parteianwalt in derselben Sache tätig wird. Das Tätigwerden für eine Partei in derselben Sache nach gemeinsamer Beauftragung im Rahmen einer Mediation ist dem Anwaltmediator untersagt, da das Vertrauensverhältnis zwischen Mandant und Rechtsanwalt aus dem Auftrag zur gütlichen Einigung fortwirkt.[366]

2.3.5 § 353 b StGB

§ 353 b StGB – **Verletzung eines Dienstgeheimnisses und einer besonderen Geheimhaltungspflicht** – ist ebenfalls echtes Sonderdelikt (str.).[367] Als Täter kommen nur Personen infrage, welche den in § 353 b Abs. 1 StGB genannten Personenkreisen angehören: Amtsträger, für den öffentlichen Dienst besonders Verpflichtete und Personen, die Aufgaben oder Befugnisse nach dem Personalvertretungsrecht wahrnehmen. Die Vorschrift schützt das Vertrauen der Allgemeinheit in die Verschwiegenheit amtlicher und anderer Stellen und die in der Vorschrift genannten wichtigen öffentlichen Interessen (str.).[368] § 353 b StGB könnte z.B. bei einer Mediation im Rahmen eines Ermittlungsverfahrens in Betracht kommen, wenn ein Amtsträger i.S.d. § 11 Abs. 1 Nr. 2 StGB Geheimnisverrat begeht.

---

362 Erb, Parteiverrat, 2005, S. 16 ff. m.w.N.

363 OLG Karlsruhe, NJW 2002, 3561 ff.; Feuerich in: Feuerich/Weyland, Bundesrechtsanwaltsordnung, 6. Aufl. 2003, § 43 a Rdnr. 65.

364 Erb, Parteiverrat, 2005, S. 247, 249.

365 Mit Verweis auf Kofler FFE 1998, 74 ff. Henssler in: Henssler/Koch, Mediation in der Anwaltspraxis, 2. Aufl. 2004, § 3 Rdnr. 20, Fn. 43.

366 Erb, Parteiverrat, 2005, S. 249 m.w.N. Ausf. auch zur Frage der Zustimmung durch die Partei. In einer Entscheidung des OLG Karlsruhe wurde die Strafbarkeit nach § 356 StGB in einem Fall, in dem der Rechtsanwalt zuvor als Parteivertreter tätig war, allerdings mit der Begründung verneint, dass der vermittelnde Anwalt hier keiner der Parteien in einem dem Interesse der anderen Partei entgegengesetzten Partikularinteresse gedient habe, OLG Karlsruhe NJW 2002, 3561 ff.

367 Fischer in: Tröndle/Fischer, StGB, 52. Aufl. 2004, § 353 b Rdnr. 1; Lenckner/Perron in: Schönke/Schröder, StGB, 26. Aufl. 2001, § 353 b Rdnr. 1.

368 Zur weiteren Information siehe Eisele in: Haft/von Schlieffen, Handbuch Mediation, 2002, § 30 Rdnr. 32.

Haftung des Mediators

▶ **Voraussetzungen**
 1. Pflichtverletzung
 2. und eines durch die Pflichtverletzung verursachten
 3. Schadens
 – Ersatzpflichtig sind nur Vermögensschäden nach § 251 BGB

▶ **Vertragliche Haftung**
 – wegen Verzugs (§ 286 BGB)
 – wegen Nichterfüllung (§§ 280, 281, 283 BGB)
 – wegen Verletzung von Nebenpflichten und allgemeinen Sorgfaltspflichten:
   • positive Vertragsverletzung (§ 311 Abs. 2 BGB)
   • culpa in contrahendo im Fall der Pflichtverletzung bei Vertragsschluss (§§ 280, 281, 283 BGB)
   • nachvertragliche Pflichtverletzungen
 – Maßstab für die Feststellung von Pflichtverletzungen: Mediatorvertrag und berufsrechtliche Regelungen mit haftungsbegründenden Norminhalten

▶ **Gesetzliche Haftung** nach Deliktsrecht aufgrund
 – unerlaubter Handlung (§ 823 Abs. 1 BGB)
 – Verletzung eines Schutzgesetzes (§ 823 Abs. 2 BGB)
 – sittenwidrigen Verhaltens (§ 826 BGB)

▶ Darlegungs- und Beweislast liegt bei dem jeweiligen Anspruchsteller

Strafrechtliche Verantwortlichkeit

▶ Sonderdelikte:
 – Verletzung von Privatgeheimnissen (§ 203 StGB)
 – Verwertung fremder Geheimnisse (§ 204 StGB)
 – Verletzung des Dienstgeheimnisses und einer besonderen Geheimhaltungspflicht (§ 353 b StGB)
 – (Anwaltlicher) Parteiverrat (§ 356 StGB)

▶ Allgemein-Delikt:
 § 138 StGB (Nichtanzeige geplanter Straftaten)

3. Berufsrecht

3.1 Schweigepflicht und Zeugnisverweigerungsrecht

In Rechtsstreitigkeiten kann ein offener Kommunikationsprozess in der Regel nur dann stattfinden, wenn in der Mediation erlangte Informationen nicht in einem späteren Gerichtsverfahren verwertet werden können. Die Schweigepflichten und -rechte des Mediators inner- und außerhalb des Gerichtsverfahrens sind daher ein wichtiges Thema.

3.1.1 Regelungen zur Schweigepflicht

Berufsrechtlich und -ständisch zum Schweigen verpflichtet sind u.a.:

▶ Rechtsanwälte (§ 203 Abs. 1 Nr. 3 StGB, § 43 a Abs. 2 BRAO),
▶ Notare, Patentanwälte, Steuerberater und Wirtschaftsprüfer (s. § 203 Abs. 1 Nr. 3, Abs. 2 Nr. 1 StGB; § 64 WPO; § 18 BNotO, § 57 Abs. 1 StBG),
▶ Berufspsychologen (§ 203 Abs. 1 Nr. 2 StGB, B III 1 Ziff. 1 BerufsO des Berufsverbands der Psychologen),[369]
▶ Richter (§§ 43, 45 DRiG, LRiG, LBG),
▶ Schlichter (s. z.B. Art. 8 Abs. 2 S. 1 BaySchlichtungsG) und
▶ Schiedsleute (z.B. § 10 BlnSchAG).
▶ Mediatoren als solche unterliegen keiner gesetzlichen Schweigepflicht.[370]

Die relevanten Tatsachen müssen den Betreffenden allerdings in Ausübung ihrer beruflichen Tätigkeit („als" Wirtschaftsprüfer, Steuerberater usw.) bekannt geworden sein (§ 203 StGB). Mediation gehört bislang nur bei der Rechtsanwaltschaft und evtl. bei als Mediatoren beauftragten Richtern ausdrücklich zur beruflichen Tätigkeit (§ 34 RVG, § 18 BORA).[371] Ein Berufspsychologe beispielsweise wird im Rahmen eines Mediationsauftrags gerade nicht als Psychotherapeut tätig.[372]

3.1.2 Zeugnisverweigerungsrecht

Im Strafverfahren steht den in § 53 StPO genannten Berufsträgern – Rechtsanwälten, Notaren, Patentanwälten, Steuerberatern, Wirtschaftsprüfern, psychologischen Psychotherapeuten, Kinder- und Jugendlichenpsychotherapeuten u.a. – ein gesetzliches Zeugnisverweigerungsrecht bezüglich der Tatsachen zu, die ihnen „in dieser Eigenschaft" anvertraut oder bekannt geworden sind (§ 53 Abs. 1

---

369 Psychologen können sein: Diplompsychologe, Psychologischer Psychotherapeut. Es kommen unterschiedliche berufsrechtliche Regelungen zur Anwendung.

370 Zur privatautonomen Vereinbarung der Verschwiegenheit s.o. unter 1.1. und 1.2.

371 Zur rechtlichen Einordnung der Richtermediation s. den Bericht der Arbeitsgruppe Mediation bei den Berliner Gerichten, http://www.kammergericht.de.

372 Eisele in: Haft/von Schlieffen, Handbuch Mediation, 2002, § 30 Rdnr. 55 m.w.N.; Henssler in: Henssler/Koch, Mediation in der Anwaltspraxis, 2. Aufl. 2004, § 3 Fn. 168.

Nr. 3 StPO). Der Richter ist dort nicht genannt. Eine Ausdehnung des Zeugnisverweigerungsrechts auf nicht genannte Berufsgruppen wird als unzulässig angesehen.[373] Im Hinblick auf die Tätigkeit als Mediator steht das strafprozessuale Zeugnisverweigerungsrecht damit derzeit allenfalls Rechtsanwälten und Notaren zu.[374]

Im **Zivilprozess** sind nach § 383 Abs. 1 Nr. 6 ZPO jene Personen zeugnisverweigerungsberechtigt, welchen „ ... kraft ihres Amtes, Standes oder Gewerbes Tatsachen anvertraut sind, deren Geheimhaltung durch ihre Natur oder gesetzliche Vorschrift geboten ist, in betreff der Tatsachen, auf welche die Verpflichtung zur Verschwiegenheit sich bezieht."[375] In der Literatur wird neuerdings vermehrt vertreten, dass der Mediator generell ein Zeugnisverweigerungsrecht nach § 383 Abs. 1 Nr. 6 ZPO habe, da die Ausübung seiner Tätigkeit es bedinge, dass ihm schutzwürdige Geheimnisse Dritter anvertraut werden.[376] Nach anderer Auffassung steht Mediatoren bezüglich der im Rahmen ihrer Mediationstätigkeit bekannt gewordenen Tatsachen kein Zeugnisverweigerungsrecht zu, soweit sie keiner berufsgesetzlichen Schweigepflicht unterliegen. Die vertragliche Verpflichtung zur Verschwiegenheit vermag ein Zeugnisverweigerungsrecht nicht zu begründen. Demnach wären lediglich Anwaltmediatoren, Schlichter, Schiedsleute und u.U. Richtermediatoren[377] im Zivilgerichtsverfahren zeugnisverweigerungsberechtigt (str.). Rechtsprechung zu diesem Thema existiert bislang nicht.

3.2 Verbot der Wahrnehmung widerstreitender Interessen

Der Rechtsanwaltschaft ist es untersagt, entgegengesetzte Interessen zu vertreten (§ 356 StGB, §§ 43 a Abs. 4, 45 BRAO, § 3 BORA). Strafnorm und berufsrechtliche Vorschriften dienen dem Schutz der rechtsratsuchenden Allgemeinheit und der Anwaltschaft. § 43 a Abs. 4 BRAO geht über § 356 StGB hinaus, da auch eine nur fahrlässige Pflichtverletzung eine anwaltsgerichtliche Ahndung möglich macht (§ 113 Abs. 1 BRAO).[378] Die Reichweiten der genannten Normen sind ein Kernproblem der Anwaltmediation. Für nichtanwaltliche Mediatoren kann die Wahrnehmung dieser berufsspezifischen Problematik und Diskussion insofern interessant sein, als sie grundsätzliche Fragen hinsichtlich der Sicherstellung der Allparteilichkeit des Mediators thematisiert.

---

373 Hartmann in: Haft/von Schlieffen, Handbuch Mediation, 2002, § 27 Rdnr. 52 m.w.N.

374 Henssler in: Henssler/Koch, Mediation in der Anwaltspraxis, 2. Aufl. 2004, § 3 Rdnr. 45 ff.; ausf. Eckard/Dendorfer MDR 2001, 786 ff.

375 U.a. Damrau in: MüKo-ZPO, 2. Aufl. 2000, § 383 Rdnr. 31 ff.

376 Greger in: Zöller, ZPO, 25. Aufl. 2005, § 383 Rdnr. 20; Hartmann in: Haft/Schlieffen, Handbuch Mediation, 2. Aufl. 2002, § 27 Rdnr. 45 f.; Kracht in: Haft/Schlieffen, Handbuch Mediation, 2. Aufl. 2002, § 15 Rdnr. 127; Eckardt/Dendorfer MDR 2001, 790. Zum Teil wird vertreten, dass ein Zeugnisverweigerungsrecht besteht, soweit der Mediator die Merkmale des Gewerbebegriffs erfüllt, so Eidenmüller, Vertrags- und Verfahrensrecht in der Wirtschaftsmediation, 2001, S. 24 f.; Eckard/Dendorfer MDR 2001, 786 ff. Nach a.A. ist § 383 ZPO zu eng, eine prozessvertragliche Lösung (s.u.) jedenfalls vorzugswürdig, Hartmann in: Baumbach/Lauterbach/Albers/Hartmann, ZPO, 63. Aufl. 2005, § 383 Rdnr. 17; Wagner NJW 2001, 1398 ff., alle m.w.N.

377 Eisele in: Handbuch Mediation, 2002, § 30, Rdnr. 55 m.w.N; Henssler in: Henssler/Koch, Mediation in der Anwaltspraxis, 2. Aufl. 2004, § 3 Fn. 168.

378 Zum Parteiverrat (§ 356 StGB) s. oben 2.3.4.

3.2.1 Regelungszusammenhang

Die §§ 43 a und 45 BRAO stehen in einem Spezialitätsverhältnis zueinander.[379] § 43 a Abs. 4 ist Generalklausel gegenüber der spezielleren Regelung des § 45 BRAO.[380] § 3 Abs. 1 BORA komplettiert die konkretisierungsbedürftige Regelung des § 43 a BRAO.[381] § 45 BRAO ergänzt den § 43 a BRAO insofern, als er Tätigkeiten des Rechtsanwalts außerhalb seines Anwaltberufes regelt. Zum Teil wird die anwaltliche Tätigkeit als Mediator § 45 BRAO zugeordnet, im Sinne eines Tätigwerdens in ähnlicher Funktion. Eine allgemeine Zuordnung kann im Folgenden insofern dahingestellt bleiben, als Wertungen des § 45 BRAO sich in der Generalklausel wiederfinden.[382]

3.2.2 Widerstreitende Interessen

§ 43 a Abs. 4 BRAO verbietet der Rechtsanwaltschaft, widerstreitende Interessen zu vertreten. Die Voraussetzungen für das Tätigkeitsverbot sind in § 3 Abs. 1 BORA geregelt: Der Rechtsanwalt darf nicht tätig werden, wenn er, gleich in welcher Funktion, eine andere Partei in derselben Rechtssache im widerstreitenden Interesse berät, vertritt oder bereits beraten oder vertreten hat oder mit dieser Rechtssache in sonstiger Weise beruflich befasst ist oder war. Erfasst ist, über die rechtsgeschäftliche Vertretung hinausgehend, jede berufliche Tätigkeit des Anwalts einschließlich beratender, schlichtender, mediativer und rechtsgestaltender Tätigkeiten.[383] Gründe für das Vertretungsverbot des § 43 a Abs. 4 BRAO sind der Schutz des Vertrauensverhältnisses zwischen Anwalt und Mandant, die Wahrung der anwaltlichen Unabhängigkeit und die im Interesse der Rechtspflege gebotene Geradlinigkeit der anwaltlichen Berufsausübung.[384]

3.2.2.1 Tätigwerden in derselben (rechtlichen) Angelegenheit

Das Tatbestandsmerkmal ist begrifflich nicht eindeutig geklärt, die Voraussetzungen sind umstritten.[385] Von einem Tätigwerden in derselben Angelegenheit wird ausgegangen, wenn bei zwei Aufträgen eine teilweise Identität der zugrunde liegenden Lebenssachverhalte gegeben ist.[386] Dabei kommt es auf die Einheitlichkeit des Lebensverhältnisses an. Maßgeblich ist nicht der einzelne An-

---

379 Alpmann Brockhaus, Fachlexikon Recht, 2. Aufl. 2005: Spezialitätsprinzip: Prinzip zur Konkurrenzregelung zwischen Rechtsnormen der gleichen Rangstufe. Nach dem Spezialitätsprinzip geht die speziellere Regelung der allgemeineren Regelung vor.

380 Der Regelungskomplex ist in sich widersprüchlich, s. Henssler in: Henssler/Koch, Mediation in der Anwaltspraxis, 2. Aufl. 2004, § 3 Rdnr. 26 ff.; Kleine-Cosack, Bundesrechtsanwaltsordnung, 4. Aufl. 2003, § 43 a Rdnr. 116 f.

381 Holl in: Hartung/Holl, Anwaltliche Berufsordnung, 2. Aufl. 2001, § 43 a BRAO Rdnr. 59 ff., § 3 BORA Rdnr. 15 f.

382 Henssler in: Henssler/Koch, Mediation in der Anwaltspraxis, 2. Aufl. 2004, § 3 Rdnr. 28 m.w.N.

383 OLG Karlsruhe NJW 2002, 3561 ff.; Henssler in: Henssler/Koch, Mediation in der Anwaltspraxis, 2. Aufl. 2004, § 3 Rdnr. 22.

384 BT-Drs. 12/1993 S. 27.

385 Vgl. oben 2.3.4.

386 Hartung in: Hartung/Holl, Anwaltliche Berufsordnung, 2. Aufl. 2001, § 3 BORA Rdnr. 16 ff. m.w.N.

spruch, es kommt auch nicht darauf an, ob die Personen gewechselt haben oder ob sich das Rechtsverhältnis zwischenzeitlich gewandelt hat. Entscheidend ist eine Identität der Tatsachen und der Interessengesamtheit.

Beispiele für Fälle, in denen von einem einheitlichen Lebensverhältnis, somit Sachverhaltsidentität ausgegangen wird: eheliche Lebensgemeinschaft, Gesellschaftsverhältnis, Mietverhältnis, sonstige Dauerschuldverhältnisse.[387]

3.2.2.2 Vorliegen widerstreitender Interessen

Wann die Interessen von Parteien widerstreitende sind, ist weder gesetzlich noch in der BORA geregelt und in Rechtsprechung und Schrifttum umstritten. Es gibt eine verwirrende Vielfalt von Meinungen, welche die Frage zum Teil nach objektiven (vom Standpunkt der Parteien unabhängige Bewertung der Interessenlage), zum Teil nach subjektiven (Zielsetzung der Parteien) und zum Teil differenzierend anhand objektiver und subjektiver Kriterien beantworten. Die Interessen müssen rechtlich relevanter Art sein. Für die Pflichtwidrigkeit ist es unerheblich, ob die widerstreitende Interessenvertretung für den Mandanten tatsächlich zu einem Schaden oder Nachteil geführt hat. Ein Interessengegensatz schließt gleich gerichtete Interessen allerdings nicht aus.[388]

3.2.3 Interessengleichheit in der Mediation

Streitig war eine Zeit lang, ob Mediation von dem generellen Verbot des § 43 a BRAO erfasst ist. Dies ist nach inzwischen überwiegender Auffassung zu verneinen, da der mediativen Tätigkeit keine Interessenkollision, sondern eine Interessengleichheit zugrunde liege. § 43 a Abs. 4 BRAO verbietet demnach nicht jedes anwaltliche Tätigwerden als Mediator im Auftrag mehrerer Parteien mit unterschiedlichen Interessen. Entscheidend sei die Beauftragung mit der gemeinsamen Zielsetzung einer einvernehmlichen Lösung. Diesem gemeinsamen Interesse an einer gütlichen Konfliktlösung sei der Anwaltmediator ausschließlich verpflichtet. Die Parteien legten im Rahmen des Auftrags fest, welche Interessen der Anwaltmediator wahrnehmen solle. Sei der Vermittlungsauftrag durch die Parteien hinreichend bestimmt und begrenzt, so sei der Schutzzweck des § 43 a Abs. 4 BRAO gewahrt. In einem solchen Fall fehle es an kollidierenden Interessen i.S.d. § 43 a Abs. 4 BRAO.[389]

3.2.4 Vorbefassung

Umstritten ist die Frage, ob eine **Vorbefassung in derselben Angelegenheit** mit dem Neutralitätsgebot der Mediation vereinbar sei.[390] Überwiegend wird die

387 Holl in: Hartung/Holl, Anwaltliche Berufsordnung, 2. Aufl. 2001, § 3 BORA Rdnr. 16 ff.

388 S. Holl in: Hartung/Holl, Anwaltliche Berufsordnung, 2. Aufl. 2001, § 3 BORA Rdnr. 26 m.w.N.; Kleine-Cosack, Bundesrechtsanwaltsordnung, 4. Aufl. 2003, § 43 a Rdnr. 92 m.w.N.

389 OLG Karlsruhe, NJW 2002, 3561 ff.; 2001, 3197, 3198; Feuerich in: Feuerich/Weyland, § 43 a BRAO Rdnr. 65; Henssler in: Henssler/Koch, Mediation in der Anwaltspraxis, 2. Aufl. 2004, § 3 Rdnr. 23; Holl in: Hartung/Holl, Anwaltliche Berufsordnung, 2. Aufl., 2001, § 18 BORA Rdnr. 19; Kleine-Cosack, Bundesrechtsanwaltsordnung, 4. Aufl. 2003, § 43 a Rdnr. 31; s.a. §§ 7 a, 18 BORA.

390 Holl in: Hartung/Holl, Anwaltliche Berufsordnung, 2. Aufl. 2001, § 18 BORA Rdnr. 28 ff.

Vereinbarkeit mit dem Hinweis darauf verneint, dass die Neutralität oder All-parteilichkeit des Mediators notwendige Grundvoraussetzung für eine erfolgreiche Mediation sei.[391] Es wird aber auch vertreten, dass die Neutralität gewahrt sein könne, wenn der vorbefasste Rechtsanwalt den Beteiligten seine Vorbefassung offen lege.[392]

> **Hinweis:** Die Offenbarung hinsichtlich der Vorbefasstheit ist allerdings insofern problematisch, als die Tatsache der Mandatsübernahme bereits der Pflicht zur Verschwiegenheit unterliegt. Der Rechtsanwalt darf also nur mit ausdrücklicher Zustimmung vonseiten des Auftraggebers darauf hinweisen, für ihn bereits ein Mandat geführt zu haben. Ein solches Gespräch unter vier Augen kann aber Zweifel an der Neutralität des Rechtsanwalts zusätzlich befördern.[1]

1 Holl in: Hartung/Holl, Anwaltliche Berufsordnung, 2. Aufl. 2001, § 18 BORA Rdnr. 30 f.

Die **Vorbefassung in einer anderen Rechtssache** steht einem Mediationsauftrag dagegen nach wohl überwiegender Meinung in berufsrechtlicher Hinsicht nicht entgegen.[393] § 45 BRAO erfasst das Tätigwerden in derselben Angelegenheit. Eine weitergehende Auslegung, die auch die Befassung in einer anderen Angelegenheit mit einbezieht, gehe über den Wortlaut der Regelung hinaus und verstoße damit gegen die in Art 12 Abs. 1 S. 2 GG garantierte Berufsausübungsfreiheit. Diese darf nur durch oder aufgrund eines Gesetzes eingeschränkt werden. Bezüglich der Befassung in anderer Angelegenheit erfüllt § 45 BRAO die Voraussetzung nicht, da sein Wortlaut diese nicht erfasst.

Zu berücksichtigen ist, dass auch in berufsrechtlich zulässigen oder zumindest unklaren Fällen die Gefahr der neutralitätsgefährdenden Vorbefassung bestehen kann. Zweifelt eine der Parteien im Laufe der Mediation an der Neutralität des Mediators und verliert dadurch ihr Vertrauen, so scheitert die Mediation unabhängig von der berufsrechtlichen Zulässigkeit der Auftragsannahme.

Beispiel: Anwaltmediator M berät Familie F seit Jahren in familien- und erbrechtlichen Dingen. Mit geschäftlichen Dingen hatte er bisher nichts zu tun. Als der Unternehmer F sich mit dem Unternehmer K zusammenschließen will, fragt F seinen Anwalt, ob er in seiner Funktion als Anwalt und Mediator sie beide bei der Gründung unterstützen könne, es gäbe einige Fragen zu klären, die nicht ohne Konfliktstoff seien. → Trotz berufsrechtlicher Zulässigkeit sind in diesem Fall ernsthafte Zweifel an der Geeignetheit des Rechtsanwalts M angebracht. Die langjährige Tätigkeit im Auftrag der einen Partei erschwert die gleichwertige (allparteiliche) Unterstützung beider Seiten und den Aufbau und Erhalt eines Vertrauensverhältnisses zu der anderen Seite. Die Möglichkeit einer Interessenkollision ist offensichtlich. Hier könnte die Generalklausel des § 43 a Abs. 4 BRAO zum Zuge kommen. Um Regressansprüche auszuschließen, müsste Rechtsanwalt M den Mediationsauftrag demnach ablehnen. *Abwandlung:* Rechtsanwalt M betreut bereits die Geschäfte von F → Berufsrechtlich ist in diesem Fall die Annahme des Mediationsauftrags durch Anwaltmediator M unzulässig. Die unternehmerische Tätigkeit des F ist dieselbe Angelegenheit, die auch Gegenstand der Mediation sein soll.

391 Dementsprechend entscheidet sich bereits ganz zu Beginn der Auftragsannahme, ob der Rechtsanwalt als Mediator oder Parteivertreter tätig wird. Für einen Verstoß gegen § 45 BRAO u.a. Zuck, Anwalts-ABC Berufsrecht, 1999, S. 166, 2.
392 Holl in: Hartung/Holl, Anwaltliche Berufsordnung, 2. Aufl. 2001, § 18 BORA Rdnr. 28 f., mit Hinweis auf das Protokoll der Satzungsversammlung der Bundesrechtsanwaltskammer, SV-Mat. 41/96 S. 7 f.
393 Henssler in: Henssler/Koch, Mediation in der Anwaltspraxis, 2. Aufl. 2004, § 3 Rdnr. 31. A.A. Ewig, BRAK-Mitt. 1996, S. 148.

3.2.5 Parallele anwaltliche Mandate

Ebenfalls umstritten ist die Frage, ob der beauftragte Anwaltmediator während eines laufenden Mediationsverfahrens andere (Nicht-Mediations-)Mandate eines der Beteiligten in anderen Sachen annehmen darf. Die Mehrheit des Ausschusses 4 der Satzungsversammlung sah darin wohl überwiegend kein Problem, soweit die weitere Mandatierung offen gelegt würde und die andere Seite keine Einwände hätte.[394] Nach anderer Auffassung begibt sich der Anwaltmediator dadurch in gefährliche Nähe zur verbotenen Wahrnehmung entgegengesetzter Interessen.[395] Die Übernahme eines weiteren Mandats für einen der Medianten während eines laufenden Mediationsverfahrens berge grundsätzlich die Gefahr einseitigen Wissenszuwachses und der Beeinflussung und sollte daher ausgeschlossen werden. Es bestünden begründete Zweifel an der Eignung des bereits als Mediator beauftragten Rechtsanwalts, auch wenn sich dem Berufsrecht kein Verbot entnehmen lasse.[396]

> **Hinweis:** In der Praxis ist es für den Anwaltmediator im eigenen Interesse ratsam, bei der Annahme von Aufträgen, die Zweifel an seiner Neutralität auslösen könnten, äußerst zurückhaltend zu sein.

3.2.6 Parteimandate nach Beendigung des Mediationsverfahrens

Weitestgehend Einigkeit besteht wohl in der Auffassung, dass eine spätere anwaltliche Tätigkeit für eine der an der Mediation beteiligten Personen in derselben Sache ausgeschlossen ist. Hier wird ein Verstoß gegen § 43 a Abs. 4 BRAO gesehen.[397] Die Vertretung ist pflichtwidrig, unabhängig von dem Einverständnis und einer Aufklärung der Parteien. Nach Abschluss der Mediation darf der Anwaltmediator daher keine der Parteien in derselben Angelegenheit beraten und/oder vertreten. Die spätere anwaltliche Tätigkeit in Sachen, die Gegenstand einer Mediation waren, ist in jeder Hinsicht ausgeschlossen.[398]

3.2.7 Weitere Mediationstätigkeit

Anderweitige Tätigkeit als Mediator – sei es vor, während oder nach einem Mediationsverfahren – fällt nicht unter das Verbot der Wahrnehmung widerstreitender Interessen im Sinne der §§ 43 a, 45 BRAO. Ob und wie der andere Auftrag und die in dem anderen Verfahren erlangten Informationen den Mediator beeinflussen, hat dieser selbst zu überprüfen.

---

394 SV-Mat. 41/96, S. 9.

395 Holl in: Hartung/Holl, Anwaltliche Berufsordnung, 2. Aufl. 2001, § 18 BORA Rdnr. 39; BRAK-Ausschuss Mediation, BRAK-Mitt. 1996, S. 187.

396 Henssler in: Henssler/Koch, Mediation in der Anwaltspraxis, 2. Aufl. 2004, § 3 Rdnr. 31 m.w.N.

397 OLG Karlsruhe, NJW 2001, 3197; Henssler in: Henssler/Koch, Mediation in der Anwaltspraxis, 2. Aufl. 2004, § 3 Rdnr. 21; Holl in: Hartung/Holl, Anwaltliche Berufsordnung, 2. Aufl. 2001, § 18 BORA Rdnr. 40; anders aber OLG Karlsruhe NJW 2002, 3561 ff.

398 OLG Karlsruhe NJW 2002, 3561 ff.; 2001, 3197, 3198; Feuerich in: Feuerich/Weyland, Bundesrechtsanwaltsordnung, 6. Aufl. 2003, § 43 a Rdnr. 65; Henssler in: Henssler/Koch, Mediation in der Anwaltspraxis, 2. Aufl. 2004, § 3 Rdnr. 32.

3.2.8 Tätigwerden Dritter

Nach § 45 Abs. 3 BRAO kann das Tätigwerden Dritter dem Rechtsanwalt zugerechnet werden. Dritte können frühere und gegenwärtige Partner, Sozien, Mitarbeiter und u.U. auch Kooperationspartner sein. Das Tätigkeitsverbot erfasst auch überörtliche Zusammenschlüsse.[399]

3.3 Rechtsberatung in der Mediation

Das Verhältnis von Mediation und Rechtsberatung ist eine der umstrittensten Fragen im Mediationsrecht. Es wird z.T. die Auffassung vertreten, dass Mediation immer auch Rechtsberatung sei, was zur Folge habe, dass die Tätigkeit als Mediator nach dem Rechtsberatungsgesetz (RBerG) erlaubnispflichtig und somit insbesondere der Rechtsanwaltschaft und den Notaren vorbehalten sei. Nach anderer Auffassung ist Mediation an sich grundsätzlich nicht Rechtsberatung, da schon die Allparteilichkeit des Mediators zu der beratenden Tätigkeit im Widerspruch stünde. Dazwischen werden diverse differenzierende Meinungen vertreten.

3.3.1 Erlaubnispflicht nach dem RBerG

Nach **Art. 1 § 1 Abs. 1 RBerG** darf die Besorgung fremder Rechtsangelegenheiten, einschließlich der Rechtsberatung (...) geschäftsmäßig – ohne Unterschied zwischen haupt- und nebenberuflicher Tätigkeit – grundsätzlich nur von Personen betrieben werden, denen dazu von der zuständigen Behörde die Erlaubnis erteilt ist. Damit statuiert das RBerG eine **Erlaubnispflicht** für die geschäftsmäßige Besorgung fremder Rechtsangelegenheiten. De facto handelt es sich um ein präventives Verbotsgesetz mit Erlaubnisvorbehalt: Die Erlaubnis zur Rechtsberatung stellt die Ausnahme dar. Seit 1980 werden nur noch Rentenberatern, Frachtprüfern, vereidigten Versteigerern, Inkassounternehmern, Rechtskundigen in einem ausländischen Recht und Versicherungsberatern (Letzteren seit 1989) Teilerlaubnisse für ihren jeweiligen Sachbereich erteilt (Art. 1 § 1 S. 2 RBerG).

Das RBerG soll „zum Schutz der Rechtsuchenden vor unqualifiziertem Rechtsrat und im Interesse einer reibungslosen Abwicklung des Rechtsverkehrs fachlich ungeeignete und unzuverlässige Personen von der geschäftsmäßigen Besorgung fremder Rechtsangelegenheiten fernhalten".[400] Wegen seiner starken Reglementierung und der Bevorzugung insbesondere der Rechtsanwaltschaft, Notare und staatlicher Stellen ist das RBerG sehr umstritten. Das Gesetz wurde 1935 eingeführt und damals auch mit dem Ziel erlassen, jüdische Rechtsanwälte vom Rechtsberatungsmarkt zu verdrängen. Nach dem zweiten Weltkrieg wurde

---

399 Üben „Dritte" im Sinne des § 45 Abs. 3 BRAO Mediationstätigkeit aus, so empfiehlt es sich, sämtliche am Mediationsverfahren Beteiligte in das Gegnerregister der Rechtsanwaltskanzlei aufzunehmen.

400 BVerfGE 41, S. 378 ff., 390; s. auch die verfassungsgerichtlichen Leitentscheidungen in BVerfGE 75, 246 ff. u. 284 ff.

es überarbeitet und hat heute den Zweck, den Verbraucher zu schützen (Schutz der Allgemeinheit/der Rechtsuchenden).[401]

3.3.2 Besorgung von Rechtsangelegenheiten

Ob Mediation in der überwiegenden Anzahl der Fälle Rechtsbesorgung darstellt oder nicht, ist bislang umstritten.[402] In der Praxis bedeutsam ist vor allem die Frage, ob eine Mediation in einem konkreten (Einzel-)Fall die Besorgung fremder Rechtsangelegenheiten bedeutet oder beinhaltet.[403]

Nur die Besorgung fremder Rechtsangelegenheiten wird durch das RBerG erfasst. Die Erledigung eigener Rechtsangelegenheiten ist grundsätzlich erlaubt. Ein bestimmter Rechtsbesorgungsbegriff ist dem RBerG nicht zu entnehmen.[404] Eine Besorgung fremder Rechtsangelegenheiten liegt vor, wenn konkrete fremde Rechtsangelegenheiten unmittelbar gefördert werden. Die Förderung kann in ihrer Wahrnehmung Dritten gegenüber liegen, der Vertretung nach außen als Bevollmächtigter oder durch Rechtsberatung oder Rechtsgestaltung. „Besorgen" bedeutet dabei nicht nur abschließend erledigen, sondern erfasst jedes unmittelbare Fördern.[405]

Abgrenzung: Die Besorgung einer Rechtsangelegenheit ist insbesondere von der erlaubnisfreien Besorgung wirtschaftlicher oder sonstiger Angelegenheiten zu unterscheiden. Da in vielen Fällen die wirtschaftliche und die rechtliche Besorgung untrennbar zusammenfallen, ist dies allerdings äußerst schwierig. Es existieren dementsprechend verschiedene Ansätze, „Rechtsangelegenheit" eingrenzend zu definieren: Eine Rechtsangelegenheit wird von einer Wirtschafts- oder sonstigen Angelegenheit, die rechtliche Wirkung erzeugt, zum einen abgegrenzt, indem „Geschäfte des täglichen Lebens" (zum Beispiel Barkauf) ausgenommen sein sollen. Um ein Geschäft des täglichen Lebens handelt es sich, wenn dessen rechtliche Voraussetzungen, Formen und Rechtsfolgen jedermann vertraut sind.[1]

Handelt es sich nicht um ein „Geschäft des täglichen Lebens", so geht die Rechtsprechung vom Vorliegen einer Rechtsangelegenheit aus, wenn bei der Bearbeitung einer Angelegenheit für einen Dritten „die rechtliche Erörterung im Vordergrund der Tätigkeit" steht.[2]

---

1 BGH NJW 1987, 3005; Chemnitz/Johnigk, RBerG, 11. Aufl. 2003, Art. 1 § 1 Rdnr. 68 m.w.N.; Rennen/Caliebe, RBerG, 3. Aufl. 2003, Art. 1 § 1 Rdnr. 18 ff.; Weth in: Henssler/Prütting, Rechtsanwaltsordnung, 2. Aufl. 2004, Art. 1 § 1 RBerG Rdnr. 4.

2 Sog. Vordergrundtheorie, BGH NJW 1956, 591, 592; BGHZ 36, 321, 322; BGH NJW 1995, 3122; Rennen/Caliebe, RBerG, 3. Aufl. 2003, Art. 1 § 1 Rdnr. 19; krit. u.a. Chemnitz/Johnigk, RBerG, 11. Aufl. 2003, Art. 1 § 1 Rdnr. 66 ff.

---

401 Derzeit ist eine umfassende Reform des RBerG geplant, s. unten 3.3.4.

402 So u.a. LG Hamburg NJW-RR 2000, 1514; Henssler, Mediation und Rechtsberatung NJW 2003, 241 ff. A.A. z.B.: Monßen AnwBl. 2001, 169, 170, der die Anwendbarkeit des RBerG für den Ausnahmefall hält; Schmidt in: Prütting, Außergerichtliche Streitschlichtung – Ein Handbuch für die Praxis, 2003, Rdnr. 729 ff. m.w.N. Schmidt bezweifelt grundsätzlich, dass sich schlichtende Tätigkeit unter den Begriff der Rechtsbesorgung subsumieren lasse; differenzierend u.a. Chemnitz/Johnigk, RBerG, 11. Aufl. 2003, Art. 1 § 2 Rdnr. 342.1; Duve BB 2001, 69 ff.

403 So LG Rostock BB 2001, 698 ff.

404 BVerfG NJW 1998, 3481 ff.

405 BGH NJW 2000, 2108; 1956, 591; Chemnitz/Johnigk, RBerG, 11. Aufl. 2003, Art. 1 § 1 Rdnr. 61 ff. m.w.N.

Der BGH verlangt eine abwägende Beurteilung des infrage stehenden Verhaltens danach, ob die Tätigkeit von anderen Dienstleistenden erfüllt werden kann, ohne dass die Qualität der Dienstleistung oder die Funktionsfähigkeit der Rechtspflege Schaden nimmt.[1]

Als Anhaltspunkt für die Feststellung, ob es sich bei einer Tätigkeit um Rechtsbesorgung handelt, dient auch der Auftragsinhalt. Steht aus der Sicht der Beteiligten die rechtliche Gestaltung des Geschäfts im Vordergrund und geht es wesentlich um die Klärung rechtlicher Verhältnisse, muss von einer Rechtsangelegenheit ausgegangen werden. Kommt es den Beteiligten hingegen auf die Wahrnehmung wirtschaftlicher Belange an oder steht die Beziehung der Betroffenen und die Erörterung persönlicher Bedürfnisse im Vordergrund, so soll das RBerG keine Anwendung finden.[2]

Zusätzliche Indizien ergäben sich aus dem Verhalten des Beauftragten im Allgemeinen, seinem Auftragsangebot, den Gründen für die Wahl des Beauftragten durch den/die Auftraggeber und deren Weisungen an den Beauftragten.[3]

Danach spricht es für die Besorgung einer Rechtsangelegenheit, wenn der Beauftragte (z.B. durch Werbung oder sonstige Äußerungen) zum Ausdruck bringt, gerade auf rechtlichem Gebiet tätig zu sein und die Anwendung des Rechts zu beherrschen, und sich einer der Medianten gerade wegen der Rechtskenntnisse des Mediators für diesen entscheidet. Im konkreten Mediationsfall ist demnach maßgebend, ob sich der Mediator zur Rechtsbesorgung als Teil der von ihm geschuldeten Leistung verpflichtet und/oder ob er im Rahmen der Mediation rechtsbesorgend, d.h. rechtsberatend, rechtsgestaltend, rechtsverwirklichend, tätig wird.[4]

---

1 S. insbes. BGH GRUR 2000, 729.
2 BGH NJW 2000, 2108; DB 1995, 1558; OLG Düsseldorf WRP 1991, 588, 589; OLG Köln WRP 1995, 864; LG Rostock BB 2001, 698 ff.; Rennen/Caliebe, RBerG, 3. Aufl. 2003, Art. 1 § 1 Rdnr. 7; Chemnitz/Johnigk, RBerG, 11. Aufl. 2003, Art. 1 § 1 Rdnr. 70 ff.; Duve BB 2001, 692 f.
3 OLG Schleswig AnwBl. 1987, 343; Chemnitz/Johnigk, RBerG, 11. Aufl. 2003, Art. 1 § 1 Rdnr. 71 ff.
4 S. LG Rostock BB 2001, 698 ff.; LG Hamburg NJW-RR 2000, 1514. Die Urteile betreffen sehr unterschiedliche Sachverhalte: So wurde der Beklagte im Fall des LG Hamburg im Auftrag einer Partei tätig und ging, soweit sich das aus den Urteilsgründen ergibt, gerade nicht interessenorientiert, sondern rechtsbasiert vor.

Beispiel: Die Gesellschafter eines Unternehmens beauftragen einen Mediator, um mit seiner Unterstützung Fragen der Unternehmenskultur, ihrer Zusammenarbeit, Kommunikation und Haushaltsplanung zu klären. – Solange die Bearbeitung dieser Themen nicht ihre Rechte und Pflichten als Gesellschafter berührt, liegt keine Rechtsbesorgung vor, nichtanwaltliche Mediatoren können ohne weiteres vermittelnd tätig werden. *Abwandlung:* Im Rahmen der Ergebnisse der Mediation sollen Veränderungen am Gesellschaftsvertrag vorgenommen werden. Der nichtanwaltliche Mediator läuft hier Gefahr, gegen das RBerG zu verstoßen, wenn er die Mediation alleine, ohne die Beteiligung von Rechtsanwälten, die den rechtsbesorgenden Teil des Auftrags übernehmen, weiter fortführt.

Vermittlungstätigkeit, welche die geschäftsmäßige Besorgung fremder Rechtsangelegenheiten i.S.d. Rechtsberatungsgesetzes beinhaltet, bedarf somit regelmäßig der Erlaubnis, unabhängig davon, welches Rechtsgebiet sie betrifft. Rechtsbesorgend tätig wird der Beauftragte insbesondere durch rechtliche Hinweise und Einschätzungen, die Verdeutlichung von Prozessrisiken und die unterstützende rechtliche Beratung in der Findung und Ausformulierung der Einigung. Auch das Einbringen von Formulierungsvorschlägen kann rechtsbesorgenden Charakter haben, da die vorschlagende Person mit diesen im Zweifel rechtsberatend oder -gestaltend tätig wird.[406]

---

406 Vgl. LG Leipzig NJW 2004, 3784, 3786.

Rspr. LG Leipzig:[407] In diesem Fall hatte ein Diplom-Psychologe als Mediator mit vor der Scheidung stehenden Eheleuten als Medianten auf deren individuelle Bedürfnisse zurechtgeschnittene Entwürfe für die Vereinbarung von Scheidungsfolgen (nämlich Zugewinn, Versorgungsausgleich, Unterhalt, Sorgerecht u.a.m.) erarbeitet. Das Gericht befand, dass es sich bei dieser Tätigkeit um (unerlaubte) Rechtsberatung handelte. In seiner Begründung führt das Gericht aus, dass „die Vereinbarungen jedenfalls aufgrund der auf seine Initiative hin erfolgten Verwendung der Formulierungsvorschläge bzw. Muster eines Notars zustande gekommen" seien. Eine unmittelbare Förderung konkreter fremder Rechtsangelegenheiten sei damit, unabhängig davon, ob die Vereinbarung abschließend sei, gegeben.

3.3.3 Ausnahmen von der Erlaubnispflicht

Die §§ 2, 3, 5, 6 und 7 des Art. 1 RBerG enthalten Ausnahmen von dem in § 1 Abs. 1 S. 1 statuierten Verbot. Es handelt sich hierbei um abschließend aufgezählte Spezialbestimmungen, welche eng auszulegen sind.[408]

3.3.3.1 Ausdrücklich privilegierte Berufsgruppen

Eine ausdrückliche Erlaubnis für die Besorgung fremder Rechtsangelegenheiten gibt es für **Rechtsanwälte** und **Notare** (Art. 1 § 3 Nr. 2 RBerG). Daneben ist die Rechtsberatung einzelnen Berufsgruppen und Institutionen bzw. ihren Mitarbeitern im Rahmen ihres Aufgabenbereiches erlaubt: der behördlichen Jugendhilfe über Art. 1 § 3 Nr. 1 RBerG, Zwangsverwaltern, Insolvenzverwaltern und Nachlasspflegern (Art. 1 § 3 Nr. 6 RBerG), Verbraucherverbänden nach Art. 1 § 3 Nr. 8 RBerG und Steuerberatern, Wirtschafts- und vereidigten Buchprüfern u.a. nach Art. 1 § 5 Nr. 2 RBerG. → Mediatoren gehören als Berufsgruppe nicht zu den durch das RBerG privilegierten Personenkreisen.

3.3.3.2 Privilegierte Tätigkeiten

Zum Teil wird versucht, die Zulässigkeit der nichtanwaltlichen rechtsbesorgenden Mediation unmittelbar aus Art. 1 § 2 RBerG herzuleiten:

Nach **Art. 1 § 2, 1. Alt. RBerG** bedarf die Erstattung wissenschaftlich begründeter Gutachten keiner Erlaubnis nach Art. 1 § 1 RBerG. In der Praxis dürften Einschätzungen im Rahmen einer Mediation eher selten in Form eines wissenschaftlichen Gutachtens erfolgen. Regelmäßig wird der Rechtsrat, in vielen Fällen gerade der parteiliche Rechtsrat, als notwendig erachtet.

Nach **Art. 1 § 2, 2. Alt. RBerG** ist die **Tätigkeit als Schiedsrichter** ebenfalls nicht erlaubnispflichtig. Es wird vertreten, Mediation könne unmittelbar von dieser Alternative erfasst sein.[409] Dagegen spricht nach mehrheitlicher Auffas-

---

407 LG Leipzig NJW 2004, 3784 ff.; ZKM 2005, 71 ff. mit Anm. Klose.
408 Chemnitz/Johnigk, RBerG, 11. Aufl. 2003, Art. 1 § 3 Rdnr. 345.
409 Schmidt in: Prütting, Außergerichtliche Streitschlichtung – Ein Handbuch für die Praxis, 2003, Rdnr. 731 f., der darauf hinweist, dass der Gesetzgeber bei Erlass des Gesetzes Vermittlung mit dem Ziel der Einigung der Parteien gar nicht habe berücksichtigen können. Weiter erläutert er Sinn und Zweck des Gesetzes und hebt hervor, dass der Wille des Gesetzgebers, Schlichtung und Mediation in möglichst weitem Umfang als Alternative zur (Schieds-)Gerichtsbarkeit zuzulassen, für eine restriktive Auslegung des Rechtsberatungsgesetzes spreche.

sung, dass in der Norm ausdrücklich nur der Schiedsrichter genannt ist. Der Begriff sei nicht allgemein als Obergriff zu verstehen, unter den sich der Mediator subsumieren ließe. Gemeint sei der streitentscheidende Schiedsrichter i.S.d. §§ 1025 ff. ZPO. Die Tätigkeit eines Mediators unterfällt danach nicht unmittelbar Art. 1 § 2 RBerG.[410]

Abgeleitete Privilegierung – Art. 1 § 2, 2. Alt. RBerG könnte für die Tätigkeit eines Mediators **analog** heranzuziehen sein.[411] Dies könnte der Fall sein, wenn die Tätigkeit des Schiedsrichters mit der des Mediator vergleichbar wäre. Begründet wird die analoge Anwendung des Art. 1 § 2, 2. Alt. RBerG auf Schlichter und Mediatoren von Befürwortern damit, dass, wenn schon für streitentscheidende Schiedsrichter eine Genehmigung nicht erforderlich sei, dann diese doch erst recht nicht für Vermittler verlangt werden könne, deren Tätigkeit für das rechtsuchende Publikum keine weiteren Gefahren mit sich brächte als sie bei Schiedsgerichten bestünden (argumentum a maiore ad minus[412]).[413] Gegen die analoge Anwendbarkeit von Art. 1 § 2 RBerG auf die Tätigkeit von Mediatoren wird im Ergebnis als Hauptargument angeführt, dass deren Tätigkeit eine grundlegend andere sei als die eines Schiedsrichters. Der Schiedsrichter entscheide, vergleichbar mit dem Richter, den Streitfall. Seine Tätigkeit könne aus diesem Grund bereits im Ansatz nicht als Rechtsberatung oder Rechtsbesorgung aufgefasst werden. Die Tätigkeit des Schiedsrichters bilde vielmehr ein aliud[414] gegenüber der Rechtsbesorgung. Die Erwartungshaltung von Parteien in Mediationsverfahren sei eine gänzlich andere als bei einem Schiedsgerichtsverfahren, deshalb sei auch ihre Schutzbedürftigkeit nicht mit der von Parteien eines Schiedsgerichtsverfahrens vergleichbar. Art. 1 § 2 RBerG sei daher im Ergebnis auch nicht analog auf die Tätigkeit eines Mediators anwendbar.[415]

3.3.4 Zusammenfassung und Ausblick

Nach ganz überwiegender Auffassung in Rechtsprechung und Lehre gehört Mediation nicht zu den privilegierten Tätigkeiten i.S.d. RBerG. Zu einer Rechtsberatung im Rahmen oder im Zusammenhang mit einer Mediation sind demnach grundsätzlich nur Mediatoren berechtigt, die im Grundberuf Rechtsanwalt oder Notar sind. Andere privilegierte Gruppen dürfen auch als Mediatoren nur im Rahmen ihres Aufgabenbereichs rechtsberatend tätig werden. Beschränkt sich der Mediator auf die Gesprächsführung und die Verständnissicherung, ohne för-

---

410 So u.a. LG Rostock BB 2001, 698, 700; Rennen/Caliebe, RBerG, 3. Aufl. 2001, Art. 1 § 2 Rdnr. 9. S.a. Henssler in: Henssler/Koch, Mediation in der Anwaltspraxis, 2. Aufl. 2004, § 3 Rdnr. 4 ff.; kritisch: Duve BB 2001, 1871, 1872; Flohr DStR, 2001, 1400.

411 Als Ausnahmevorschrift ist Art. 1 § 2 RBerG nur eingeschränkt analogiefähig. Mit Blick auf Art. 12 GG ist eine analoge Anwendung der Norm jedoch nicht grundsätzlich ausgeschlossen.

412 Creifelds, Rechtswörterbuch, 18. Aufl. 2004: Der Schluss vom Größeren auf das Geringere nach dem Grundsatz „wenn schon ... , dann erst recht ...".

413 Duve BB 2001, 692, 693; Schmidt in: Prütting, Außergerichtliche Streitschlichtung – Ein Handbuch für die Praxis, 2003, Rdnr. 729 ff. m.w.N.

414 Aliud: eine andere und daher nicht vergleichbare Sache.

415 S. u.a. LG Rostock, BB 2001, 698 ff.; Henssler NJW 2003, 241 ff.; Chemnitz/Johnigk, RBerG, 11. Aufl. 2003, Art. 1 § 2 Rdnr. 342.2. m.w.N.

dernden Einfluss auf die Gestaltung und/oder Verwirklichung von Rechten zu nehmen, so besorgt er keine fremden Rechtsangelegenheiten, die Mediationstätigkeit verstößt nicht gegen das RBerG und die Parteien handeln eigenverantwortlich im Rahmen ihrer Privatautonomie.[416]

> **Geplante Reform des Rechtsberatungsgesetzes** – Die Bundesregierung der 15. Wahlperiode, die durch vorgezogene Neuwahlen im Herbst 2005 beendet wurde, hatte eine Reform des Rechtsberatungsgesetzes angekündigt. Dieses sollte zum 01.01.2007 durch ein Rechtsdienstleistungsgesetz (RDG) abgelöst werden. Geplant war, das RBerG im Hinblick auf die Tätigkeit nichtanwaltlicher Professionen und die Kooperation von Rechtsanwälten mit Angehörigen anderer Berufe liberaler zu fassen.[1]

1 Diskussionsentwurf mit Begründung im Volltext: NJW 2004, Beilage zu Heft 38.

3.4 Berufsbezeichnung

Ein weiteres umstrittenes Thema im Bereich der Mediation ist die Berufsbezeichnung als Mediator/Mediatorin. Für die meisten Berufsgruppen existieren keine ausdrücklichen Regelungen hinsichtlich Ausbildung, Tätigkeit und Bezeichnung als Mediator. Soweit berufsrechtliche und/oder -ständische Regelungen vorhanden sind, gelten deren allgemeine Grundsätze. Alle Berufstätigen, unabhängig davon ob sie in einem Berufsverband organisiert sind, haben sich bei der Wahl ihrer Bezeichnung an die allgemeinen Grenzen des Wettbewerbsrechts zu halten, insbesondere das allgemeine wettbewerbsrechtliche Irreführungsverbot (§§ 1 und 3 UWG).

3.4.1 Rechtsanwälte

Die Bezeichnung als „Mediator" gilt als anwaltliche Informationswerbung. Bis heute ist nicht abschließend geklärt, unter welchen Voraussetzungen die Bezeichnung für Rechtsanwälte berufsrechtlich zulässig sein soll.

Anwaltliche Werbung muss sachlich über die Berufstätigkeit unterrichten (§ 43 b BRAO, § 6 Abs. 1 BORA). Zu beachten sind dabei die allgemeinen Grundsätze: das Verbot irreführender Werbung und des ungebührlichen („reklamehaften") Sich-Herausstellens.

Gem. § 7 a BORA, in Kraft getreten am 01.01.2003, darf sich Mediator nennen, wer durch eine „geeignete Ausbildung nachweisen kann, dass er die Grundsätze des Mediationsverfahrens beherrscht."[417] Der BGH hatte bereits im Juli 2002 verkündet, dass eine Bezeichnung als Mediator zulässig sei.

416 Kleine-Cosack, Rechtsberatungsgesetz, 2004, III Art. 1 § 5 Rdnr. 40 ff. S.a. § 2 Abs. 3 Nr. 3 des RDG-Gesetzentwurfs, der ausdrücklich feststellen soll, dass Mediation keine Rechtsdienstleistung ist, www.bundesjustizministerium.de/media//archive/746.pdf.

417 Die Regelung ist allerdings als überflüssig und verfassungswidrig bezeichnet worden, da es ihr zum einen an einer Ermächtigungsnorm und zum anderen an Bestimmtheit mangele. Vorlage des Ausschusses Außergerichtliche Konfliktbeilegung des Deutschen Anwaltvereins e.V. zu gesetzlichen Regelungen für Aus- und Fortbildung in der Mediation, II. 3; Hartung in: Henssler/Prütting, BRAO, 2004, § 7 a BORA Rdnr. 7. Zur Diskussion um die Frage der Zulässigkeit der anwaltlichen Bezeichnung als Mediator/in s. u.a. Henssler in: Henssler/Koch, Mediation in der Anwaltspraxis, 2. Aufl. 2004, § 3 Rdnr. 39 ff. m.w.N.

Rspr. BGH NJW 2002, 2948: „Die Mediation ist kein Rechtsgebiet, sondern eine alternative Methode der Konfliktlösung. 'Mediator' ist also, wenn nicht eine Berufsbezeichnung, so doch die Beschreibung einer Tätigkeit. Auch ist Mediation nicht den Rechtsanwälten vorbehalten. Diese müssen sich, wenn sie als Mediatoren tätig sind, der Konkurrenz aus anderen Berufen, insbesondere der Psychologen und Therapeuten, stellen. Die Angehörigen dieser Berufe können sich ohne weiteres als 'Mediatoren" bezeichnen, weil der Beruf als Mediator ungeschützt ist. Wäre den Rechtsanwälten die Führung dieser Bezeichnung verboten, hätten sie dadurch erhebliche Wettbewerbsnachteile."

Der BGH geht allerdings genauso wie § 7 a BORA davon aus, dass die Berufsbezeichnung im Verständnis des Publikums eine entsprechende Qualifikation impliziert. Dieser durch die Bezeichnung erweckten Erwartung müsse der Anwalt durch eine entsprechende Qualifikation begegnen.

Nachweis der Qualifikation – Wie die Eignung konkret nachzuweisen sein muss, ist bislang nicht eindeutig geklärt. Die vom Ausschuss Mediation der Bundesrechtsanwaltskammer (BRAK) bereits 1996 für die familienrechtliche Mediation gesammelten Kriterien wurden in einem modellhaften Katalog zusammengefasst, der den Ausbildungsinhalten der Bundesarbeitsgemeinschaft für Familienmediation (BAFM) entspricht. Zu den genannten Voraussetzungen (anwaltlicher Familienmediation) gehören:

- **Rechtskenntnisse** – Gründliche Kenntnisse im Familienrecht einschließlich des einschlägigen Verfahrensrechts und angrenzender Rechtsgebiete (Erbrecht, Steuerrecht, Sozialrecht, Versorgungs-, Kinder- und Jugendhilferecht).
- **Mediationsausbildung** – von mindestens 200 Stunden.
- **Berufserfahrung** – Familienrechtliche Praxis von mindestens 2 Jahren.

Ungeachtet ihrer fehlenden Verbindlichkeit verweist das Schrifttum auf diese Erfordernisse bei der Bestimmung der Qualifikationsanforderungen. Es wird vertreten, dass, soweit die genannten Voraussetzungen erfüllt sind, davon auszugehen sei, dass die vom Publikum erwarteten Qualifikationen vorlägen.[418] Im Ausbildungsangebotsbereich werden neuerdings 90-stündige Ausbildungen als ausreichend im Sinne von § 7 a BORA erachtet.

3.4.2 Notare

Für Notare stellt sich die Frage nach der Zulässigkeit der Bezeichnung als Mediator auf vergleichbare Weise wie bei den Rechtsanwälten. Wie BRAO und BORA enthält das notarielle Berufsrecht keine ausdrücklichen Regelungen. Im Schrifttum wird wohl überwiegend die Zulässigkeit verneint. Mit Hinweis auf die aus § 29 BNotO abgeleiteten Grundprinzipien des Werberechts wird vertreten, dass die Bezeichnung als Mediator gegen das Verbot irreführender Werbung verstoße. Dagegen wird gehalten, dass keine Gründe ersichtlich seien, die Frage anders zu beantworten als im Falle der Rechtsanwaltschaft. Die Bezeichnung als Mediator/in müsse daher unter denselben Voraussetzungen erlaubt sein.[419]

---

418 Henssler in: Henssler/Koch, Mediation in der Anwaltspraxis, 2. Aufl. 2004, § 3 Rdnr. 44.
419 Henssler in: Henssler/Koch, Mediation in der Anwaltspraxis, 2. Aufl. 2004, § 4 Rdnr. 17 ff.

3.4.3 Steuerberater

Steuerberater dürfen unter Berücksichtung der Werbevorschriften der Berufs-ordnung auf die Tätigkeit als Mediator hinweisen. Voraussetzung ist die persön-liche und fachliche Geeignetheit. Eine entsprechende Ausbildung wird somit vo-rausgesetzt. Die Führung der Bezeichnung „Mediator" ist Steuerberatern hinge-gen nicht gestattet (§ 43 Abs. 1 und 2 StBerG).

3.4.4 Diplompsychologen

Diplompsychologen[420] dürfen auf einen Tätigkeitsschwerpunkt Mediation wer-bend hinweisen, wenn auf dem Gebiet zwei Jahre nachhaltige Erfahrungen ge-sammelt wurden (B.V. 3. Nr. 1 und 2 BOPsych).

3.4.5 Diplompädagogen

Für Diplompädagogen finden sich Regelungen zur Bezeichnung und Ausbildung in der BOPäd.[421] Die Verbindlichkeit der BOPäd hängt von der freiwilligen Mit-gliedschaft im BDDP ab. „Vermittlung" ist nach der Berufsordnung Bestandteil des Berufsbildes (§ 1 S. 3 BOPäd). § 9 3. BOPäd enthält eine eigene Fachgebiets-bezeichnung „Forensische Pädagogik und Mediation". Die Bezeichnung wird vom BDDP nach Maßgabe der §§ 8–16 BOPäd, die umfangreiche Berufserfah-rung- und Weiterbildungsvoraussetzungen enthalten, verliehen.

3.5 Interprofessionelle Zusammenarbeit (Co-Mediation)

Die interprofessionelle Zusammenarbeit kann für die angemessene Bearbeitung von Mediationsfällen erforderlich sein. Hinsichtlich der berufsrechtlichen Vor-gaben ist zwischen dem Zusammenschluss und der Zusammenarbeit von sozie-tätsfähigen (§ 59 a Abs. 1 und 3 BRAO) und nicht sozietätsfähigen Berufsgrup-pen zu unterscheiden.

3.5.1 Rechtsanwälte und Angehörige sozietätsfähiger Berufe

Für den Zusammenschluss und die Zusammenarbeit von Rechtsanwälten und Anwaltmediatoren sowie von Anwaltmediatoren und Mediatoren, die Angehö-rige sozietätsfähiger, verwandter wirtschaftsnaher Berufe[422] sind, gelten keine besonderen Vorschriften. Soweit die Partner zur gemeinschaftlichen Berufsaus-übung verbunden sind, können sie gemeinsam als Auftragnehmer einen Vertrag mit den Parteien abschließen, der die gemeinschaftliche Durchführung einer

---

420 Ein Psychologe kann sein: Diplompsychologe, Klinischer Psychologe, Psychologischer Psychotherapeut und Psychologischer Psychotherapeut im Sinne des PsychThG. Es kommen unterschiedliche berufsrechtliche Re-gelungen zur Anwendung.

421 S. § 1 S. 3 BOPäd.

422 Gem. § 59 a Abs. 1 und 3 BRAO: Rechtsanwälte, Patentanwälte, Steuerberater, Steuerbevollmächtigte, Wirt-schaftsprüfer und vereidigte Buchprüfer.

Mediation beinhaltet. Angehörige anderer nach § 59 a Abs. 1 BRAO sozietätsfähiger Berufe müssen, wenn sie zu gemeinschaftlicher Berufsausübung verbunden sind, das anwaltliche Berufsrecht beachten (§ 30 BORA). Über § 33 BORA erfasst § 30 BORA alle Rechtsformen der Zusammenarbeit.

Sind die Mediatoren nicht zur gemeinschaftlichen Berufsausübung verbunden, so müssen für die Zusammenarbeit im Rahmen eines Mediationsauftrags grundsätzlich **separate Vereinbarungen** mit den Parteien geschlossen werden. Tritt ein Rechtsanwalt allein als Vertragspartner nach außen auf, so kommt es zum Konflikt mit § 27 BORA, der es verbietet, dass ein Dritter am wirtschaftlichen Ergebnis anwaltlicher Tätigkeit beteiligt ist.

3.5.2 Rechtsanwälte und Angehörige nicht sozietätsfähiger Berufe

Die Zusammenarbeit von Anwaltmediatoren und nichtanwaltlichen Anwaltmediatoren unterliegt dem anwaltlichen Berufsrecht und wird durch dieses zum Teil erheblich eingeschränkt.

3.5.2.1 Zusammenschluss

Der Zusammenschluss von Anwaltmediatoren und Nicht-Anwaltmediatoren, die nicht Angehörige sozietätsfähiger Berufe sind, in einer Sozietät, Partnerschaftsgesellschaft, Rechtsanwalts-GmbH, Bürogemeinschaft oder einer Berufsausübungsgesellschaft ist nach derzeitiger Rechtslage **unzulässig**, § 30 BORA, §§ 59 a und 59 e BRAO. Gleiches gilt für Notare (§ 9 BNotO) und Steuerberater (§§ 51 ff. BOStB).[423]

3.5.2.2 Zusammenarbeit im Rahmen von konkreten Aufträgen

Hinsichtlich der Zulässigkeit der Zusammenarbeit im Rahmen von konkreten Aufträgen werden unterschiedliche Ansichten vertreten: Nach einer Mindermeinung verbietet das RBerG jegliche Zusammenarbeit von Anwaltmediatoren und nichtanwaltlichen Mediatoren, da die Bearbeitung rechtlicher und nichtrechtlicher Bereiche nicht zu trennen sei. Dagegen wird vorgebracht, dass ein solches Verständnis den Schutzzweck des RBerG falsch auslege beziehungsweise nicht beachte. Das Gebot verfassungskonformer Auslegung verlange eine restriktive Interpretation der Verbotsklausel. Nach dieser überwiegenden Auffassung ergibt sich daher kein Konflikt mit dem Rechtsberatungsgesetz.[424]

In der kooperativen Zusammenarbeit von Anwalt- und nichtanwaltlichem Mediator sind sowohl hinsichtlich der Kooperation als auch der auftragsbezogenen Vertragsgestaltung berufsrechtliche Besonderheiten zu berücksichtigen.

---

423 Sozietätsfähige Berufe: Rechtsanwalt, Patentanwalt, Steuerberater, Steuerbevollmächtigter, Wirtschaftsprüfer, vereidigter Buchprüfer.

424 Flohr DStR 2001, 1400; Henssler in: Henssler/Koch, Mediation in der Anwaltspraxis, 2. Aufl. 2004, § 3 Rdnr. 69 ff.; a.A. Mankowski MDR 2001, 1198, 1200.

- **Kooperationsvereinbarung** – Die nichtanwaltlichen Mediatoren müssen sich in einer Kooperationsvereinbarung zur Verschwiegenheit verpflichten, soweit sie nicht ihrerseits zwingendem Berufsrecht unterliegen, das unmittelbar zum Schweigen verpflichtet.[425] Sofern aufseiten des nichtanwaltlichen Mediators keine Berufshaftpflichtversicherung besteht, sind im Rahmen der Kooperationsvereinbarung Haftungsabsprachen zu treffen.

- **Mediatorvertrag** – Bei der kooperativen Mediation, die von Anwälten und Nicht-Anwälten gemeinsam durchgeführt wird, müssen die Mediatoren grundsätzlich separate Vereinbarungen mit den Parteien schließen. Zu beiden Parteien entsteht bei Erteilung des Mediationsauftrags ein eigenständiges Vertragsverhältnis. Tritt allein der Rechtsanwalt als Vertragspartner nach außen auf, so verstößt dies gegen § 27 BORA, der es untersagt, einen Dritten am wirtschaftlichen Ergebnis anwaltlicher Tätigkeit zu beteiligen. Die Parteien müssen anwaltliche und nichtanwaltliche Co-Mediatoren untereinander von der berufsgesetzlichen Schweigepflicht entbinden.[426]

- **Werbemöglichkeiten mit der Kooperation** – Die Werbung mit Kooperationspartnern ist grundsätzlich zulässig (§ 43 b BRAO). Dabei muss der Eindruck einer unzulässigen Vergesellschaftung vermieden werden. Voraussetzung ist nach § 8 BORA die Vereinbarung einer so genannten „verfestigten Kooperation". Eine „einfache Kooperation", der keine vertragliche Vereinbarung zugrunde liegt, darf nach außen nicht beworben werden, da es sich um unzulässige Werbung mit Selbstverständlichkeiten handeln würde.[427] Die Voraussetzungen für eine verfestigte Kooperation wurden von der Rechtsprechung bisher nicht konkretisiert. Zu erkennen gegeben wurde die Notwendigkeit einer Einzelfallbeurteilung.[428] Grundsätzlich gilt, dass die Form der Zusammenarbeit auf Dauer angelegt sein, das heißt als dauerhaft beabsichtigt, und durch tatsächliche Ausübung verfestigt sein muss.[429] Eine schriftliche Vereinbarung ist nicht Pflicht, drängt sich jedoch zum Nachweis der Verfestigung bei Streitfällen auf.[430]

3.5.3 Angehörige nicht sozietätsfähiger Berufe

Für Angehörige nicht sozietätsfähiger Berufe bestehen keine rechtlichen Hindernisse, sich in einer Berufsausübungs- und Betriebsgesellschaft zusammenzuschließen, in der Aufträge und Honorare im gemeinsamen Namen entgegengenommen werden.

---

425 Ein Beispiel für eine Kooperationsvereinbarung findet sich in Redmann, Der erfolgreiche Anwalt – Mediation, 2003, S. 154 ff. Die interne Vereinbarung der kooperierenden Mediatoren begründet kein Zeugnisverweigerungsrecht. Zur Sicherung der Vertraulichkeit s. im übrigen oben 1.1.2.1.

426 Henssler in: Henssler/Koch, Mediation in der Anwaltspraxis, 2. Aufl. 2004, § 3 Rdnr. 74 ff.; Paul/Schwartz, ebd., § 8 Rdnr. 36.

427 Vgl. B.V. 4 Nr. 1 i.V.m. D III BOPsych, die Kooperation mit Rechtsanwälten z.B. erlaubt, soweit die Zusammenarbeit „auf Dauer angelegt" und „durch tatsächliche Ausübung verfestigt" ist.

428 BGH DB 1993, 775, 776.

429 Mit dieser Voraussetzung soll Scheinkooperationen zu Werbezwecken vorgebeugt werden, Ring, Anwaltliche Werbung, 3. Aufl. 1998, S. 126 m.w.N; Gleiches gilt für Diplompsychologen, s. B.V.4 Nr. 1 i.V.m. D III BOPsych.

430 Zuck, Vertragsgestaltung bei Anwaltskooperationen, 1995, S. 12 ff. Die Kooperationsvereinbarung ist ein gegenseitiger Vertrag sui generis, der Geschäftsbesorgungs-, Werkvertrags- und Dienstvertragselemente beinhalten kann, Zuck a.a.O. S. 7.

> **Ausblick** – Auf nationaler und europäischer Ebene werden seit einiger Zeit verstärkt Forderungen erhoben, bestehende standesrechtliche Hindernisse für die interdisziplinäre Zusammenarbeit zu überprüfen und ggf. zu beseitigen.[1] Die Bundesregierung der 15. Wahlperiode hat eine Reform des Rechtsberatungsgesetzes für Anfang 2006 angekündigt. Das Reformvorhaben beinhaltete, dass Nichtjuristen und Anwälte die Erlaubnis erhalten sollen, sich in einer Sozietät zusammenzuschließen.[2]

1 Bernhardt/Winograd in: Haft/von Schlieffen, Handbuch Mediation, 2002, § 23 Rdnr. 149 f.; Henssler, Mitteilungsblatt der AG Mediation des DAV 2002, S. 11; http://europa.eu.int/comm/off/green/index_de.htm.

2 Mediationsreport, 7/2004, S. 2.

4. Gerichtsnahe und gerichtliche konsensuale Streitbeilegung

Mit dem Bedarf an angemessenen Verfahren zur außergerichtlichen Streitbeilegung und dem wachsenden Interesse an den „neuen" Konsensverfahren ist auch im Rechtswesen der Gütegedanke im Allgemeinen wieder mehr in den Fokus der Aufmerksamkeit gerückt.[431] Dies spiegelt sich u.a. in der Einführung des „Gesetz(es) zur Förderung der außergerichtlichen Streitbeilegung"[432] und des Zivilprozessreformgesetzes (ZPO-RG) wider.[433]

Die Neuregelungen beinhalten insbesondere:

▶ eine Öffnungs- oder Experimentierklausel, die es den Ländern innerhalb eines vorgegebenen Rahmens freistellt, ob und wie sie eine vorgerichtliche, obligatorische Güteverhandlung im Zivilverfahren ausprobieren wollen (§ 15 a EGZPO);

▶ die regelmäßig durchzuführende Güteverhandlung im Zivilverfahren (§ 278 Abs. 2 ZPO);

▶ die Verpflichtung des Gerichts, in jeder Lage des Verfahrens auf eine gütliche Streitbeilegung hinzuwirken (§ 278 Abs. 1 ZPO) und

▶ die Möglichkeit zur Anregung außergerichtlicher Streitschlichtung (§ 278 Abs. 5 S. 2 und 3 ZPO).

Weitere Regelungen der konsensualen Streitbeilegung finden sich bereits in § 104 i.V.m. §§ 87 ff. SachBerG, § 305 Abs. 1 Nr. 1 InsO und § 380 StPO.

Die obligatorischen Güteverfahren sind den Verfahren vor den staatlichen Gerichten vorgeschaltet und werden von nichtrichterlichen „Dritten" durchgeführt **(vorgerichtliche Streitbeilegung)**. Weiter gibt es das richterliche Vorverfahren und die Güte- und Vergleichsverhandlungen, die in gerichtsanhängigen Sachen Streitbeilegungsalternativen zum gerichtlichen Entscheidungsverfahren darstellen. Sie sind personell, zeitlich und örtlich eng mit dem Gerichtsverfahren verbunden. Daneben gibt es die parallele richterliche Güteverhandlung durch den entscheidungsbefugten Richter oder einen nicht entscheidungsbefugten Richter als Mediator **(gerichtsinterne Schlichtung/Mediation)**. Im Gegensatz zu vielen ausländischen Rechtsordnungen, die eine gerichtsnahe Mediation durch außergerichtliche Vermittler (Mediatoren/Schlichter) vorsehen, geht die Tendenz in

431 Mediation hat sich zwischenzeitlich als außergerichtliches Konfliktlösungsverfahren bewährt und etabliert. Ein speziell ausgebildeter neutraler Vermittler ohne Entscheidungskompetenz – der Mediator – unterstützt die Streitparteien dabei, eigenständig einvernehmliche Lösungen ihres Problems zu erarbeiten. Anknüpfend an § 278 Abs. 5 S. 2 und 3 ZPO oder auch § 87 Abs. 1 VwGO wird den Parteien dabei in geeigneten Fällen noch nach Klageerhebung die Möglichkeit geboten, ihren Konflikt mithilfe eines Mediators zu lösen, http://www.frankfurt-main.ihk.de/presse/ihk-wirtschaftsforum/2004/0411/mediation/.

432 BT-Drs. 14/980; BGBl. 1999 I S. 2400.

433 BT-Drs. 14/6036, S. 14.

Deutschland zurzeit dahin, dass der Einsatz von Richtern als Mediatoren zum Regelfall wird.[434]

Konsensuale Streitbeilegung im gerichtsnahen und gerichtlichen Bereich
▶ Vorgerichtliche, obligatorische Güteverhandlung durch außergerichtliche Vermittler (Schlichter/Mediatoren)
▶ Richterliches Vorverfahren
▶ Parallele richterliche Güteverhandlung/Vermittlung durch den entscheidungsbefugten Richter
▶ Parallele richterliche Güteverhandlung/Vermittlung durch so genannte Richtermediatoren
▶ Parallele Güteverhandlung/Vermittlung durch außergerichtliche Vermittler (Schlichter/Mediatoren)

4.1 Vorgerichtliche obligatorische Güteverfahren

Obligatorische Verfahren gütlicher Streitbeilegung sind in unterschiedlichen Regelungsbereichen zu finden: § 15 a EGZPO, § 104 i.V.m. §§ 87 ff. SachBerG, § 305 Abs. 1 Nr. 1 InsO, § 380 StPO.

4.1.1 § 15 a EGZPO

Mit der am 01.01.2000 in Kraft getretenen Öffnungsklausel des § 15 a EGZPO, eingefügt durch Art. 1 des Gesetzes zur Förderung der außergerichtlichen Streitbeilegung vom 15.12.1999, ermächtigt der Bundesgesetzgeber die Länder per Landesgesetz, den erfolglosen Güteversuch als Zulässigkeitsvoraussetzung für bestimmte Klagen bei den Amtsgerichten einzuführen. Bislang sind in acht Bundesländern Ausführungsgesetze erlassen worden.

Landesgesetzliche Regelungen:[435]

Baden-Württemberg	Schlichtungsgesetz v. 28.06.2000, GVBl. 470
Bayern	Schlichtungsgesetz v. 25.04.2000, GVBl. 268
Brandenburg	Schlichtungsgesetz v. 05.10.2000, GVBl. I 134
Hessen	Gesetz z. Ausführung des § 15 a EGZPO v. 06.02.2001
Nordrhein-Westfalen	Gütestellen- u. Schlichtungsgesetz v. 09.05.2000, GVBl. 321
Saarland	Landesschlichtungsgesetz v. 21.02.2001, Abl. 532
Sachsen-Anhalt	Schiedsstellengesetz i.d.F. v. 22.06.2001, GVBl. 214
Schleswig-Holstein	Landesschlichtungsgesetz v. 11.12.2001, GVBl. 361

---

434 S. u.a. das Projekt „Mediation" am Kammergericht Berlin und das Projekt „Gerichtsnahe Mediation" in Niedersachsen, mehr zu den Projekten im 6. Teil, 2. Abschnitt, 1.

435 Albers in: Baumbach/Lauterbach/Albers/Hartmann, ZPO, 63. Aufl. 2005, Anhang nach § 15 a EGZPO, mit weiteren Fundstellen- und Literaturhinweisen.

Die Einführung eines obligatorischen vorgerichtlichen Güteverfahrens, das von nichtrichterlichen Vermittlern durchgeführt wird, verändert die Zugangsvoraussetzungen zu den (Amts-) Gerichten. Es stellte sich daher die Frage der **Verfassungsmäßigkeit** der Öffnungs- und Experimentierklausel.[436] Die Prüfung der materiellen Verfassungsmäßigkeit des § 15 a Abs. 1 EGZPO gilt insbesondere der Frage, ob durch das obligatorische Güteverfahren der verfassungsrechtlich garantierte Zugang zu den Gerichten rechtswidrig eingeschränkt wird (**Justizgewährungsanspruch**[437]). Eine rechtswidrige Einschränkung könnte auch durch die Unterschiedlichkeit der Zugangsvoraussetzungen gegeben sein (**gleichmäßiger Gerichtszugang** – Art. 3 Abs. 1 GG, Rechtsstaatsprinzip). Im Ergebnis steht der obligatorische Güteversuch nach § 15 a EGZPO einem effektiven Gerichtsschutz nicht entgegen. Er führt zu einer verhältnismäßig geringen zeitlichen Verzögerung im Zugang zum Gericht. Dieser wird weder unzumutbar erschwert noch unmöglich gemacht. Die Gleichheit der Anrufungschancen ist durch die Unterschiedlichkeit der Umsetzung ebenfalls nicht verletzt, da die Landesgesetze nur im eigenen Bereich für Gleichheit sorgen müssen; eine rechtswidrige Ungleichbehandlung von Streitigkeiten nach § 15 a Abs. 1 EGZPO liegt somit ebenfalls nicht vor.

4.1.1.1 Anwendungsbereich

Der Anwendungsbereich für die Öffnungsklausel ergibt sich aus dem Gesetzeskatalog in § 15 a Absatz 1 Nr. 1–3 EGZPO:

▸ Nr. 1: bestimmte vermögensrechtliche Streitigkeiten
▸ Nr. 2: bestimmte nachbarrechtliche Streitigkeiten
▸ Nr. 3: bestimmte ehrbezogene Streitigkeiten

Der Katalog kann durch die Landesgesetzgeber eingeschränkt, jedoch nicht erweitert werden (Abs. 6).[438] Katalogfälle sind den Amtsgerichten zugewiesene Klagen in bestimmten Nachbarschafts- und Ehrstreitigkeiten sowie Klagen mit einem Streitwert bis zu 750 €.[439] Die Katalogfälle überschneiden sich, da § 15 a Abs. 1 Nr. 1 EGZPO einerseits und § 15 a Abs. 1 Nr. 2 und 3 EGZPO andererseits Streitigkeiten auf unterschiedlichen Ebenen kategorisieren.

Nr. 2 und 3 sind *lex specialis*[440] zu Nr. 1 mit der Folge, dass sie diese einerseits erweitern, da die Streitwertbegrenzung in Fällen, die von Nr. 2 und 3 erfasst sind, nicht zur Anwendung kommt; in anderen Fällen wird Nr. 1 eingegrenzt, da die Ausschlüsse von Nr. 2 (Einwirkungen von einem gewerblichen Betrieb) und Nr. 3 (Ehrverletzungen in Presse und Rundfunk) Vorrang haben.[441]

§ 15 a Abs. 2 Nr. 1 bis 6 EGZPO nennt zwingende Ausnahmetatbestände zu Abs. 1. Darüber hinaus haben einige Landesgesetzgeber von der Möglichkeit Gebrauch gemacht, den Bereich der Ausnahmetatbestände zu vergrößern und Abs. 1 noch weiter einzugrenzen.[442]

---

436 Umfassend dargestellt bei Prütting, Außergerichtliche Streitschlichtung – Ein Handbuch für die Praxis, 2003, Rdnr. 57 ff.
437 Abgeleitet aus dem Rechtsstaatsprinzip i.V.m. Art. 19 Abs. 4, Art. 103 Abs. 1 GG, Art. 6 Abs. 1 EMRK.
438 Von der Möglichkeit zur Einschränkung haben eine Reihe von Ländern Gebrauch gemacht.
439 NRW und Saarland haben, orientiert an den §§ 495 a und 511 Abs. 2 Nr. 1 ZPO, 600 € als Grenzwert festgelegt.
440 Besonderes Gesetz, das dem allgemeinen vorgeht ... „Lex specialis derogat legi generali".
441 Prütting, Außergerichtliche Streitschlichtung – Ein Handbuch für die Praxis, 2003, Rdnr. 110.
442 S. z.B. § 2 BbgSchlG: „Ein Schlichtungsversuch (...) ist nur erforderlich, wenn die Parteien in demselben Landgerichtsbezirk wohnen oder ihren Sitz oder eine Niederlassung haben."

4.1.1.2 Zuständigkeit

Das obligatorische Güteverfahren muss von einer durch die Landesjustizverwaltung eingerichteten oder anerkannten Gütestelle durchgeführt werden (§ 15 a Abs. 1 S. 1 EGZPO).

In den Ausführungsgesetzen der Länder, welche die Öffnungsklausel bisher umgesetzt haben, wurden, von Land zu Land unterschiedlich, Schiedspersonen, juristische Laien und die Rechtsanwaltschaft in die außergerichtliche Streitbeilegung eingebunden:

Konkretisierung des Bundesgesetzes durch Länderregelungen – In der Konkretisierung des Bundesgesetzes haben Bayern und Baden-Württemberg vor allem auf von Juristen (Rechtsanwälte und Notare) geführte Schlichtungsverfahren gesetzt (Anwaltsmodell). In Nordrhein-Westfalen, Schleswig-Holstein und Hessen sollen in erster Linie die Schiedsstellen der Gemeinden die obligatorischen Streitbeilegungsverfahren durchführen (Schiedsamtsmodell), an zweiter Stelle fachlich besetzte Schlichtungs- und erst zuletzt so genannte andere Stellen.[1] In Brandenburg wird die „Schaffung eines vielfältigen Angebots an außergerichtlichen Schlichtungseinrichtungen [angestrebt], um den Bügerinnen und Bürgern die Wahl derjenigen Stelle zu ermöglichen, die ihnen im konkreten Fall am besten zur Streitschlichtung geeignet erscheint."[2]

---

[1] Diese Länder verfügen über ein weitgehend flächendeckendes Netz von Schiedsstellen.

[2] LT Brandenburg Drs. 3/1426 S. 28.

4.1.1.3 Verfahren

Der Begriff der „außergerichtlichen Streitbeilegung" in § 15 a Abs. 1 EGZPO zeichnet sich durch seine Offenheit aus. Dementsprechend werden unterschiedliche Auffassungen dazu vertreten, welche(s) Streitbeilegungsverfahren der Gesetzgeber mit Einführung des § 15 a Abs. 1 EGZPO beabsichtigt haben könnte. Eindeutig ist, da im Rahmen der außergerichtlichen Streitbeilegung i.S.d. § 15 a EGZPO keine Entscheidung durch Dritte gefällt werden soll, dass keine Schiedsgerichtsverfahren gemeint sind. Uneinigkeit herrscht dagegen, ob für das Güteverfahren i.S.d. § 15 a Abs. 1 EGZPO die Form der Schlichtung und/oder der Mediation beabsichtigt war.

Meinungen – Zum Teil wird vertreten, es könne sich nur um Güteverfahren in Form von Schlichtung handeln, denn der Dritte solle hier eigene Vorschläge zur Lösung des Konflikts einbringen.[1] In der Gesetzesbegründung sei bezüglich des § 15 a Abs. 3 EGZPO, nicht aber mit Bezug auf dessen Abs. 1 darauf hingewiesen worden, dass eine Streitbeilegung auch im Wege einer Mediation erfolgen könne. Nach anderer Ansicht hat der Gesetzgeber gerade Mediation gewollt.[2] Aus der Offenheit der Formulierung wird daneben auch geschlossen, dass der Bundesgesetzgeber gerade keine Verfahrensform vorgeben wollte. Ziel des Gesetzes sei die eigenverantwortliche Streitbeilegung, die Auswahl des angemessenen Verfahrens bleibe dem einzelnen Rechtsanwender überlassen. Der Begriff erfasse in seiner Offenheit alle Verfahren, sowohl solche, denen Verfahrensordnungen zugrunde liegen, als auch „schlichte Konfliktmoderationen".[3]

---

[1] Prütting, Außergerichtliche Streitschlichtung – Ein Handbuch für die Praxis, 2003, Rdnr. 8, 736.

[2] Breidenbach/Gläßer ZKM 2001, 11 ff.

[3] Rüssel in: Handbuch Mediation, 2002, § 33 Rdnr. 30.

Vorschriften, wie die Verhandlung zur Streitbeilegung auszusehen hat, finden sich in keinem Landesgesetz.[443]

4.1.1.4 Abschluss

Ist das Güteverfahren erfolgreich, so endet es mit einer Einigung der Parteien (Vergleich). Das erfolglose Streitbeilegungsverfahren endet mit einer Bescheinigung über das Scheitern des Versuches. Gleiches gilt, wenn schon der Versuch der Aufnahme von Güteverhandlungen gescheitert ist.

a) Einigungsprotokoll – Einigen sich die Parteien beim Gütetermin, so ist unter Angabe des Tages die Vereinbarung zur Streitbeilegung schriftlich niederzulegen. Der Vermittler bestätigt das Zustandekommen der Einigung mit seiner Unterschrift. Der vor der Gütestelle i.S.v. § 15 a Abs. 1 S. 1 EGZPO geschlossene Vergleich ist Vollstreckungstitel (§ 794 Abs. 1 Nr. 1 ZPO); der Vergleich vor einer Gütestelle i.S.v. § 15 a Abs. 6 S. 1 EGZPO ist Ersterem gleichgestellt. Der Vergleich vor der Gütestelle ist kein gerichtlicher Vergleich im Sinne des § 127 a BGB, der die notarielle Form ersetzt. Ist der Gegenstand der Einigung ein beurkundungspflichtiger Vorgang, so bedarf es zusätzlich einer entsprechenden notariellen Urkunde.[444]

b) Erfolglosigkeitsbescheinigung – Einigen sich die Parteien hingegen nicht, so ist ein Zeugnis über die Erfolglosigkeit des Gütetermins auszustellen, womit der Weg zu den Gerichten offen steht. Den Inhalt der Erfolglosigkeitsbescheinigung legt das Landesrecht fest, in der Regel sind Name und Anschrift der Parteien, Zeitpunkt der Einleitung des Verfahrens, die gestellten Anträge (damit nachvollziehbar ist, dass im Klageverfahren über den gleichen Gegenstand wie im Güteverfahren verhandelt wird), Streitwert und Zeitpunkt der Verfahrensbeendigung zu vermerken. Die Bescheinigung wird dem Kläger auf Antrag auch ausgestellt, wenn das von ihm beantragte Einigungsverfahren nicht innerhalb von drei Monaten durchgeführt worden ist (§ 15 a Abs. 1 S. 3 EGZPO).

4.1.1.5 Einigungsversuch vor sonstiger Gütestelle

Das Güteverfahren vor einer durch die Landesjustizverwaltung eingerichteten oder anerkannten Gütestelle (§ 15 a Abs. 1 EGZPO) entfällt, wenn die Parteien **einvernehmlich** vor einer sonstigen Gütestelle, die Streitbeilegung betreibt, einen Einigungsversuch unternommen haben (§ 15 a Abs. 3 S. 1 EGZPO). Die Parteien müssen die Gütestelle einvernehmlich angerufen haben. Das Einvernehmen kann auch konkludent zum Ausdruck kommen, indem die andere Par-

---

443 Die Verfahrensform hängt damit weitgehend von den ausführenden Personen ab. Schiedsstellen beispielsweise bieten sowohl Schlichtung als auch Mediation an. Die Parteien müssen dementsprechend zu Beginn grundlegend über die angebotenen Verfahren informiert werden. Dabei können die Verfahrensordnungen eine Unterstützung bieten. Gegebenenfalls sind die Verfahrensgrundsätze im Einzelfall von den Beteiligten vorher genau zu ermitteln. Zu den unterschiedlichen Landesgesetzen und Konsequenzen, die sich aus den Regelungen der sachlichen Zuständigkeit ergeben, s. Rüssel in: Handbuch Mediation, 2002, § 33 Rdnr. 10 f.

444 Z.B. die Übertragung eines Grundstücks, § 313 BGB.

tei sich auf das vom Antragsteller eingeleitete Verfahren einlässt.[445] Für den Fall, dass es zu keiner Einigung kommt, erteilen die sonstigen Gütestellen die notwendige Erfolglosigkeitsbescheinigung für den Zugang zu den Gerichten (§ 15 a Abs. 3 S. 3 EGZPO).

> **Hinweis:** Nach § 15 a Abs. 3 S. 2 EGZPO wird das Einvernehmen bezüglich des Einigungs-versuchs unwiderleglich vermutet, wenn ein **Verbraucher** i.S.d. § 13 BGB eine branchen-gebundene Gütestelle, eine Gütestelle der Industrie- und Handelkammer, der Handwerks-kammer oder der Innung angerufen hat. Die Regelung dient dem Verbraucherschutz.

Das Gesetz enthält keine abschließende Regelung dazu, wer oder was eine sons-tige Gütestelle im Sinne des Gesetzes ist. Eine Voraussetzung ist, dass die Stellen dauerhaft mit Streitbeilegung befasst sein müssen.[446] Ein Merkmal für die Dau-erhaftigkeit kann das Vorhandensein einer Verfahrensordnung sein. In § 15 a Abs. 3 EGZPO werden beispielhaft die Gütestellen der Industrie- und Handel-kammer, der Handwerkskammer und der Innung aufgeführt. In der Gesetzesbe-gründung werden weitere genannt:

▶ Schlichtungsstellen des Kfz-Handwerks,
▶ Gutachter- und Schlichtungsstellen der Ärztekammern,
▶ Schlichtungsstellen der Architektenkammer,
▶ Verbraucherberatungsstellen,
▶ Ombudsmann der Banken,
▶ als Schlichter oder Mediatoren tätige Rechtsanwälte und Notare,[447]
▶ Mediatoren,
▶ Täter-Opfer-Ausgleichstellen.[448]

4.1.1.6 Zeitlicher Geltungsbereich der Ausführungsgesetze

Um der Praxis die Möglichkeit zu geben, sich auf die veränderten Voraussetzun-gen einzustellen, hatten die Gesetzgeber der betreffenden Länder für den Beginn der Wirksamkeit Übergangsfristen eingeräumt. Ablauf der Landesregelungen ist in allen Ländern bis auf Baden-Württemberg, wo das Schlichtungsgesetz unbe-fristet gilt, der 31.12.2005.

---

445 Schmidt in: Prütting, Außergerichtliche Streitschlichtung – Ein Handbuch für die Praxis, 2003, Rdnr. 738 f. Die Erzielung des Einvernehmens muss von der Gütestelle dokumentiert werden, da das Gericht bei Nicht-zustandekommen einer Einigung im Falle eines Prozesses im Rahmen der Prüfung, ob ein Güteverfahren stattgefunden hat, das Einvernehmen festzustellen hat.
446 BT-Drs. 14/980 S. 7.
447 BT-Drs. 14/980, S. 8.
448 Schmidt in: Prütting, Außergerichtliche Streitschlichtung – Ein Handbuch für die Praxis, 2003, Rdnr. 735 ff.

Bundesland	Wirksamkeitsbeginn	Ende der Wirksamkeit
Baden-Württemberg	01.10.2000	–
Bayern	01.09.2000	31.12.2005
Brandenburg	01.01.2001	
Hessen	01.06.2001	
Nordrhein-Westfalen	01.10.2000	
Saarland	30.06.2001	
Sachsen-Anhalt	01.11.2001	
Schleswig-Holstein	01.04.2002	

Die Fortsetzung der landesrechtlichen Regelungen, in Nordrhein-Westfalen beispielsweise um voraussichtlich drei weitere Jahre, ist derzeit in Planung.

4.1.2 § 104 i.V.m. §§ 87 ff. SachRBerG

Jeder Kläger, der ein gerichtliches Verfahren im Rahmen der Sachenrechtsbereinigung in den neuen Bundesländern anhängig macht, muss einen außergerichtlichen Schlichtungsversuch durchlaufen. Das **obligatorische notarielle Vermittlungsverfahren** nach dem Sachenrechtsbereinigungsgesetz (§ 104 i.V.m. §§ 87 ff. SachRBerG) gilt in der Praxis als sehr erfolgreich.[449]

4.1.3 § 305 Abs. 1 Nr. 1 InsO

Seit 01.01.1999 müssen alle natürlichen Personen, die ein Verbraucherinsolvenzverfahren durchlaufen und eine Restschuldbefreiung erlangen wollen, zunächst eine außergerichtliche Einigung mit ihren Gläubigern versuchen. Mit dem Antrag auf Eröffnung des Insolvenzverfahrens (§ 311 InsO) muss bei Gericht eine von einer geeigneten Person oder Stelle ausgestellte Bescheinigung des Scheiterns der außergerichtlichen Einigung vorgelegt werden (§ 305 Abs. 1 Nr. 1 InsO).[450]

Auch hier liegt es in der Zuständigkeit der Landesgesetzgebung, zu entscheiden, welche Stellen oder Personengruppen als geeignet anzusehen sind (§ 305 Abs. 1 Nr. 1, 2. Halbs. InsO). In Betracht kommen hinreichend zuverlässige Schuldnerberatungsstellen, Gütestellen, Sozialämter, Träger der freien Wohlfahrtspflege oder ähnliche Einrichtungen sowie Rechtsanwälte, Angehörige der wirtschafts- oder steuerberatenden Berufe sowie Schiedsleute. Mit Ausnahme von Mecklenburg-Vorpommern haben mittlerweile alle Länder von der Möglichkeit Gebrauch gemacht und Ausführungsgesetze erlassen.[451]

---

449 Prütting AnwBl. 2000, 273, 275.

450 Zum Regelungszweck (Entlastung der Gerichte) s. BT-Bericht zum RegE, BT-Drs. 12/7302, 132, abgedruckt in: Hess/Weis/Wienberg, InsO, 2. Aufl. 2001, § 305 Rdnr. 1 ff.; Auswertungen s. Hofmeister, ZVI 2003, 12 ff.; Pape Zip 1999, 2037 ff.; Wimmer ZinsO 1999, 556 ff.

451 Ott in: MüKo-InsO, 2003, § 305 Rdnr. 26 ff. m.w.N.; zu den Ausführungsgesetzen im Einzelnen: Becker KTS 2000, 157 ff.

Schuldner und Gläubiger müssen eine außergerichtliche Einigung auf der Grundlage eines vom Schuldner entworfenen Planes versucht haben. Der **Schuldenbereinigungsplan** setzt voraus, dass ein zielgerichtetes Vorgehen des Schuldners erkennbar wird, mit dem er versucht, eine umfassende Lösung seiner Verschuldungsprobleme zu erreichen. Der Gesetzgeber will dadurch sicherstellen, dass der Schuldner sich ernsthaft um eine außergerichtliche Einigung bemüht. Für die Wirksamkeit des Planes bedarf es der Zustimmung aller Gläubiger. Der angenommene Plan hat die Wirkung eines außergerichtlichen Vergleiches i.S.d. § 779 BGB.[452]

Zwangsvollstreckungsmaßnahmen sind während der Planverhandlungsphase über eine außergerichtliche Schuldenbereinigung zulässig. Sie führen allerdings dazu, dass der Versuch als gescheitert gilt (§ 305 a InsO).[453]

4.1.4 § 380 StPO

In den in § 380 StPO genannten Fällen – Hausfriedensbruch, Beleidigung, Verletzung des Briefgeheimnisses, Körperverletzung (§§ 223, 223 a, 230 StGB), Bedrohung und Sachbeschädigung – ist, soweit die Staatsanwaltschaft zuvor ein öffentliches Interesse an der Strafverfolgung verneint hat (§§ 374, 376 StPO), der **Sühneversuch vor einer Vergleichsbehörde** Voraussetzung für ein Privatklageverfahren (§ 380 StPO).[454]

Als Vergleichsbehörden gelten Organe der Rechtspflege, die funktionell mit der Justizverwaltung verbunden sind. Nach § 380 Abs. 1 S. 1 StPO sind sie von der Landesjustizverwaltung einzurichten. Daneben sind besondere gesetzliche Bestimmungen jedoch nicht ausgeschlossen; derartige Regelungen wurden mittlerweile in sämtlichen Bundesländern getroffen.[455] Das Sühneverfahren ist nicht Teil des Strafverfahrens, und die Vergleichsbehörde kein Strafverfolgungsorgan.[456]

Zuständig ist die Vergleichsbehörde, in deren Bezirk der Beschuldigte wohnt. Die Schiedsperson lädt auf Antrag des Privatklägers die beschuldigte und die antragstellende Person zum Sühnetermin. Das Sühneverfahren führt, wenn es erfolgreich ist, zum (Sühne-)Vergleich, der nach § 779 Abs. 1 BGB zu beurteilen ist. Der Vergleich beinhaltet einen Verzicht auf das Privatklagerecht. Die Rücknahme des Strafantrags muss dagegen ausdrücklich vereinbart werden (str.). Die Rechte der Staatsanwaltschaft und anderer Klageberechtigter bleiben durch den Vergleich unberührt.[457]

---

452 Ott in: MüKo-InsO, 2003, § 305 Rdnr. 10 ff.

453 Ott in: MüKo-InsO, 2003, § 305 Rdnr. 20.

454 Meyer-Goßner, StPO, 48. Aufl. 2005, § 380 Rdnr. 10 m.w.N.

455 Meyer-Goßner, StPO, 48. Aufl. 2005, § 380 Rdnr. 2 f. m.w.N.

456 Meyer-Goßner, StPO, 48. Aufl. 2005, § 380 Rdnr. 7 m.w.N.

457 Fischer in: Tröndle/Fischer, StGB, 52. Aufl. 2004, § 77 Rdnr. 30; Meyer-Goßner, StPO, 48. Aufl. 2005, § 380 Rdnr. 8 m.w.N.

Die Bescheinigung nach § 380 Abs. 1 S. 1 StPO wird erteilt, wenn der Sühneversuch nicht erfolgreich war. Der bescheinigte erfolglose Sühneversuch muss sich auf dieselbe Tat und dieselben Parteien beziehen wie die Privatklage. Nach Erhebung der Privatklage ist der Sühneversuch nicht nachholbar (str.). Zulässig ist aber die erneute Erhebung der Privatklage nach nunmehr unternommenem Sühneversuch (str.).[458]

Das Sühneverfahren nach § 380 StPO kommt dem Täter-Opfer-Ausgleich (TOA – § 46 a StPO) sehr nahe. Die Zahl der Sühneverfahren und Privatklagen ist in den letzten Jahren eher rückläufig.[459]

4.2 Gerichtliche Möglichkeiten zur gütlichen Streitbeilegung

Der Gesetzgeber verpflichtet die Gerichte, auf eine gütliche Streitbeilegung hinzuwirken (§ 278 Abs. 1 S. 1 ZPO: „Das Gericht soll ...“). Sie sind beauftragt, allgemein und in jeder Lage des Verfahrens auf eine gütliche Einigung bedacht zu sein **(§ 278 Abs. 1 ZPO)**. Zum anderen hat der Gesetzgeber bestimmt, dass Güteverhandlungen vor Beginn einer streitigen mündlichen Verhandlung der Regelfall sein sollen (§ 278 Abs. 2 ZPO).

Der Prozessbeendigung mittels eines Vergleichs kommt in der Praxis große Bedeutung zu. Die einvernehmliche Lösung der Parteien hat in der Regel gegenüber dem Urteil eine größere Befriedungswirkung. Auch bietet der Vergleich häufig die Möglichkeit, schneller und sachgerechter zu einer Lösung zu kommen.

Regelungszwecke (§ 278 Abs. 1–6 ZPO) – Gemeinsames Ziel der Vorschriften ist es, die gütliche Beendigung des Rechtsstreits ohne Urteil zu fördern. Sie dienen damit der **Prozesswirtschaftlichkeit**. Weitere Ziele seien die Schaffung/Förderung von **Rechtssicherheit** und **Rechtsfrieden**, welche im Wege der Einigung oft eher und dauerhafter wiederherzustellen seien als durch ein streitiges Urteil. Schließlich diene die Förderung konsensualer Streitbeilegung auch der **Gerechtigkeit**, indem die eigenverantwortliche Einigung der Parteien ermöglicht und unterstützt werde.[1]

---

1 Hartmann in: Baumbach/Lauterbach/Albers/Hartmann, ZPO, 63. Aufl. 2005, § 278 Rdnr. 6.

4.2.1 Vorrang der gütlichen Einigung

§ 278 Abs. 1 ZPO regelt den grundsätzlichen Vorrang der gütlichen Einigung. Das Gericht soll auf Antrag oder von Amts wegen ohne besondere Förmlichkeiten in jeder Lage des Verfahrens auf einen Ausgleich im Ganzen oder in einzelnen Punkten bedacht sein. Das gilt insbesondere in der Güteverhandlung nach § 278 Abs. 2 ZPO, auch schon im Prozesskostenhilfeverfahren (§ 118 ZPO), im

---

458 Meyer-Goßner, StPO, 48. Aufl. 2005, § 380 Rdnr. 9 ff. m.w.N.
459 Walter in: Hassemer/Marks/Meyer, Zehn Jahre Täter-Opfer-Ausgleich und Konfliktschlichtung, 1997, S. 167–188. Zum TOA s. 6. Teil, 1. Abschnitt, 1.6.

selbstständigen Beweisverfahren (§ 492 ZPO) und jederzeit im Laufe der mündlichen Verhandlung.[460]

Vertiefung: Zum richterlichen Umgang mit dem Vorrang der gütlichen Einigung wird ausgeführt: Wie das Gericht in der Umsetzung vorgeht, ist ihm freigestellt. „Bedacht sein" sei weniger als ein „Hinwirken" und mehr als ein „Denken an". Dabei solle sich das Gericht nicht dem Verdacht aussetzen, sich die Arbeit der Urteilsfällung und -abfassung ersparen zu wollen, es solle nicht manipulieren, nicht mit einem Urteil drohen, das Kostenrisiko nicht als Druckmittel einsetzen und keine Kompromisse aufdrängen, die keinen Rechtsfrieden versprechen. Der Richter, der Vergleichsverhandlungen führt oder einen Vergleichsvorschlag macht, müsse weiter darauf achten, dass bei keinem Beteiligten der Eindruck entstehe, er agiere parteilich zugunsten einer Seite, da er sich sonst der Gefahr aussetze, wegen Befangenheit abgelehnt zu werden (s. §§ 42 ff. ZPO).[1]

---

1 Hartmann in: Baumbach/Lauterbach/Albers/Hartmann, ZPO, 63. Aufl. 2005, § 278 Rdnr. 10 m.w.N.

4.2.2 Richterliches Vorverfahren (Güteverhandlung, § 278 Abs. 2 ZPO)

§ 278 Abs. 2 ZPO ist gegenüber Abs. 1 vorrangig, weil spezieller. § 278 Abs. 2 ZPO regelt das obligatorische Güteverfahren vor Beginn der mündlichen Verhandlung. Das Gericht wird beauftragt, in einem obligatorischen Gütetermin, welcher der mündlichen Verhandlung (§§ 128 ff. ZPO) vorgelagert ist, die nachhaltige Einigung der Parteien zu befördern. § 278 Abs. 2 ZPO erklärt damit die Güteverhandlung vor Beginn des streitigen Verfahrens zum Regelfall.[461] Voraussetzung ist, dass das Gericht die Güteverhandlung für notwendig hält (Abs. 2 S. 1, 2. Halbs.). Die Notwendigkeit einer Güteverhandlung ist, auch ohne Parteiantrag, zu bejahen, wenn die Voraussetzungen von Halbs. 2 und 3 nicht vorliegen: ein erfolgloser außergerichtlicher Einigungsversuch hat bereits stattgefunden, die Güteverhandlung erscheint erkennbar aussichtslos. Bei Verneinung beider Tatbestände entsteht auch ohne Antrag ein Zwang zur Anberaumung eines Gütetermins i.S.d. § 278 Abs. 2 ZPO. Die eigentliche mündliche Verhandlung kann unmittelbar an die Güteverhandlung anschließen.[462]

4.2.3 Verweisung, Güteverhandlung durch verordneten Richter

Das Gericht hat ein pflichtgemäßes Ermessen, ob es die Parteien für die Güteverhandlung vor einen beauftragten oder ersuchten Richter verweisen will (§ 278 Abs. 5 S. 1 ZPO). Voraussetzung ist auch hier, dass es die Güteverhandlung für notwendig hält.

---

460 BGHZ 100, 383 ff.; Hartmann in: Baumbach/Lauterbach/Albers/Hartmann, ZPO, 63. Aufl. 2005, § 278 Rdnr. 10; zur entsprechenden Handhabe im Schiedsgerichtsverfahren s. Raeschke-Kessler/Berger, Recht und Praxis des Schiedsverfahrens, 3. Aufl. 1999, Rdnr. 822 ff. m.w.N.

461 Das folgt aus dem Wortlaut des § 278 Abs. 2 S. 1, 2. Halbs. ZPO „ ... es sei denn ...".

462 Der Richter nimmt dann innerhalb kurzer Zeit sehr unterschiedliche Rollen – die des Schlichters und des Richters – ein. Zu damit einhergehenden Schwierigkeiten siehe u.a. Hartmann in: Baumbach/Lauterbach/Albers/Hartmann, ZPO, 63. Aufl. 2005, § 278 Rdnr. 8, 20 m.w.N.

4.2.4 Vorschlag außergerichtlicher Streitschlichtung

Das Gericht kann den Parteien in geeigneten Fällen statt der richterlichen Güteverhandlung eine außergerichtliche Streitschlichtung vorschlagen (§ 278 Abs. 5 S. 2 ZPO).

Vertiefung: Zur Geeignetheit wird ausgeführt: Das Gericht hat die Chancen und Risiken abzuwägen, die in einem außergerichtlichen Streitbeilegungsversuch liegen, wobei die Chancen deutlich höher sein müssen als die Risiken. Chancenreich genug ist ein Fall, wenn er „aus tatsächlichen Gründen und/oder rechtlichen Erwägungen ein gewisses gegenseitiges Nachgeben oder sogar ein außergerichtliches Eingeständnis bzw. eine Anspruchsrücknahme noch ratsamer erscheinen ... [lässt] als ein erstes Gespräch vor dem Richter". Da die Chancen und Risiken sich meist erst in einem Gespräch, eben der Güteverhandlung, ermessen lassen, sollte das Gericht die Chance eher zurückhaltend bejahen. Dabei können ein schriftlicher oder telefonischer Hinweis des Gerichts, z.B. bei Verwirkung oder Unkenntnis einer festen Rechtsprechung oder einer Spezialnorm, die Vergleichsbereitschaft erhöhen. Der Versuch außergerichtlicher Streitbeilegung darf nicht zu noch weiterer Verzögerung vor der Güteverhandlung führen.[1]

---

1 Hartmann in: Baumbach/Lauterbach/Albers/Hartmann, ZPO, 63. Aufl. 2005, § 278 Rdnr. 36 ff.

Ist der Fall geeignet, so kann das Gericht den Vorschlag außergerichtlicher Streitbeilegung vor der Güteverhandlung machen.

Vertiefung: Das Gericht hat ein sehr weites Ermessen ‚es ist auch im Falle der Geeignetheit nicht dazu verpflichtet, den Vorschlag zu machen („kann"). Sieht das Gericht von einem Vorschlag ab, so sollte ein kurzer schriftlicher Vermerk erfolgen. Erkennt das Gericht, dass sein Vorschlag nicht zu einer außergerichtlichen Einigung führt, so terminiert es die noch nicht begonnene Güteverhandlung oder leitet bei deren Aussichtslosigkeit das streitige Verfahren ein. Einigen sich die Parteien auf Vorschlag des Gerichts wenigstens dahingehend, den Prozess zumindest derzeit nicht weiterführen zu wollen, so ordnet das Gericht das Ruhen des Verfahrens an.[1]

---

1 Hartmann in: Baumbach/Lauterbach/Albers/Hartmann, ZPO, 63. Aufl. 2005, § 278 Rdnr. 42.

Hinsichtlich Form und Inhalt des Vorschlags ist das Gericht frei. Empfohlen wird die Schriftform. Entscheiden sich die Parteien zu einer außergerichtlichen Streitschlichtung, so wird das Ruhen des Verfahrens angeordnet (§§ 278 Abs. 5 S. 3 i.V.m. 251 ZPO). Jede Partei kann das Verfahren nach § 250 ZPO jederzeit ohne Angaben von Gründen wieder aufnehmen. Es wird grundsätzlich nicht von Amts wegen wieder aufgenommen.[463]

Kommt ein Vergleich zustande, so liegt damit nicht stets schon ein Vollstreckungstitel vor. Selbst dann, wenn der außergerichtliche Vergleich auf einem Vorschlag des Gerichts beruht, ist er von § 794 Abs. 1 Nr. 1 ZPO nicht erfasst. Es besteht für die Parteien die Möglichkeit, einen vollstreckbaren Anwaltsvergleich nach § 796 a–c ZPO und damit auch ein wirkliches Prozessende herbeizuführen.

---

463 Zur Wirkung des Ruhens des Verfahrens s. Hartmann in: Baumbach/Lauterbach/Albers/Hartmann, ZPO, 63. Aufl. 2005, § 251 Rdnr. 9 m.w.N.; § 278 Rdnr. 43.

4.2.5 Gerichtlicher Vergleich

§ 278 Abs. 6 ZPO gibt dem Gericht die Möglichkeit, einen Prozessvergleich, der Vollstreckungstitel im Sinne des **§ 794 Abs. 1 Nr. 1 ZPO** ist, ohne Güteverhandlung, auch ohne jegliche mündliche Verhandlung anzuregen. Die Möglichkeit des gerichtlichen Vergleichsvorschlags ist im Rahmen der Regelungen des § 278 Abs. 2–5 mit zu berücksichtigen.[464] Voraussetzung ist ein schriftlicher **Vergleichsvorschlag des Gerichts**, dem alle Beteiligten inhaltlich voll zustimmen müssen. Das Zustandekommen und der Inhalt des Vergleichs werden durch Beschluss festgestellt. Der wirksame **Prozessvergleich** beendet den Prozess und regelt die materiell-rechtlichen Beziehungen der Parteien. Er ist ein **Vertrag mit Doppelnatur**, da das materielle Rechtsgeschäft, der Vergleich i.S.d. § 779 BGB, und die Prozesshandlung untrennbar miteinander verbunden sind (h.M.).[465] Die Wirksamkeit des Prozessvergleichs hängt davon ab, dass die Voraussetzungen sowohl für den materiell-rechtlichen Vergleich als auch für die wirksame Prozesshandlung vorliegen.[466]

Hinweis: Der Prozessvergleich nach § 278 Abs. 6 ZPO ist streng zu unterscheiden von dem vollstreckbaren Anwaltsvergleich (§ 796 a–c ZPO). Letzterer hat den Zweck, ein Erkenntnisverfahren über einen im Vergleich geregelten Anspruch zu erübrigen und ohne Entscheidung des Spruchrichters aus dem Vergleich die Zwangsvollstreckung betreiben zu können. Voraussetzung ist, dass alle Vergleichspartner anwaltlich vertreten sind und sich der Schuldner im Vergleich der Zwangsvollstreckung unterwirft.[1]

---

1 Hartmann in: Baumbach/Lauterbach/Albers/Hartmann, ZPO, 63. Aufl. 2005, § 796 a Rdnr. 1.

4.2.6 Gerichtsinterne Mediation

Die gerichtsinterne oder gerichtliche Mediation wird von einem nicht mit der Entscheidung befassten Richter des Gerichts durchgeführt. Die Tätigkeit des Richtermediators wird dabei entweder rechtlich als Verwaltungstätigkeit gemäß § 4 Abs. 2 Nr. 1 DRiG oder in entsprechender Anwendung des § 278 Abs. 5 S. 1 ZPO als Teil der Rechtsprechung eingeordnet.[467] Der vermittelnde Richter hat keine Entscheidungskompetenz in der Sache, wird nicht rechtsberatend tätig und nimmt keine Bewertungen oder Einschätzungen der Erfolgsaussicht der Klage vor. Ist die Mediation erfolgreich, schließen die Parteien eine schriftliche, gegebenenfalls auch gerichtlich zu protokollierende Vereinbarung (Vergleich). Scheitert die Mediation, wird das rechtshängige Verfahren, das zwischenzeitlich ruhte, fortgesetzt.[468]

Kommentar: Die gerichtsinterne Mediation wird zz. sehr kontrovers diskutiert: Einige sehen insbesondere den Vorteil, Mediation einem breiteren Bevölkerungsteil überhaupt bekannt zu

---

464 Hartmann in: Baumbach/Lauterbach/Albers/Hartmann, ZPO, 63. Aufl. 2005, § 278 Rdnr. 4.

465 BGH NJW 2000, 1942 ff.; Sprau in: Palandt, BGB, 64. Aufl. 2005, § 779 Rdnr. 29 m.w.N.

466 Zum Prozessvergleich und zu den Wirksamkeitsvoraussetzungen s. AS-Skript ZPO, 14. Aufl. 2005, S. 121 ff.

467 Bericht der Arbeitsgruppe Mediation bei den Berliner Gerichten, Teil c. I., download unter http://www.kammergericht.de.

468 Zu den einzelnen Modellprojekten s. 6. Teil, 2. Abschnitt, 3.

machen, und halten die Autorität des Gerichts und des Richters dabei für eine Unterstützung. Andere sehen eher Nachteile, u.a. hinsichtlich Fragen der begrifflichen Klarheit, Wettbewerbsverzerrung, Qualifikation der Vermittler und Qualität der Vermittlung, Auswirkungen auf das Rechtswesen und die Konfliktkultur im Allgemeinen. Insbesondere wird die Frage gestellt, ob es sich bei der gerichtsinternen Mediation überhaupt um Mediation handele oder ob man nicht vielmehr von Schlichtung sprechen müsse.

Möglichkeiten der Beendigung des Rechtsstreits durch Parteihandlung:

▶ Prozessvergleich (§ 794 Abs. 1 Nr. 1 ZPO, § 779 BGB)
▶ Vollstreckbarer Anwaltsvergleich (§ 796 a–c ZPO, § 779 BGB)
▶ Klagerücknahme (§ 269 ZPO)
▶ Klageverzicht (§ 306 ZPO)
▶ Übereinstimmende Erledigungserklärung (§ 91 a ZPO)

---

3. Abschnitt: Konsensuale Streitbeilegung im Rahmen der Schiedsgerichtsbarkeit

Die Schiedsgerichtsbarkeit ist eine der Alternativen zur staatlichen Gerichtsbarkeit. Als solche ist sie **Teil des Spektrums der alternativen Streitbeilegungsmöglichkeiten**.[469] Das Schiedsgerichtsverfahren zielt, wie das Verfahren vor dem staatlichen Gericht, auf die Erlangung einer rechtskräftigen Entscheidung (§ 1055 ZPO).

Auch im Rahmen der Schiedsgerichtsbarkeit besteht die **Möglichkeit der konsensualen Streitbeilegung**. Die Verfahrensbeendigung durch Vergleich spielt in Schiedsgerichtsverfahren sogar eine große Rolle: Die Parteien sind in den meisten Fällen längerfristig miteinander verbunden; sie verhandeln inner- und außerhalb des Schiedsgerichtsverfahrens miteinander, die Streitigkeiten werden überwiegend durch Vergleich beendet.[470]

Darüber hinaus wird das Spektrum für eine angemessene Streitbeilegung (Appropiate Dispute Resolution) erst durch die ergänzende Verbindung/das Zusammenspiel verschiedener Verfahren komplett. Insbesondere in der Literatur wird für die Verbindung von Mediation und Schiedsgerichtsverfahren u.a. der Begriff **MedArb** *(Mediation-Arbitration)* verwendet.[471] (S. hierzu unten 3.)

---

469 Weit verbreitete Auffassung, Mähler/Mähler in: Büchting/Heussen, Beck´sches Rechtsanwaltshandbuch, 9. Aufl. 2004, B 5 Rdnr. 1 m.w.N.

470 Raeschke-Kessler/Berger, Recht und Praxis des Schiedsverfahrens, 3. Aufl. 1999, Rdnr. 820 nennen 60%; Gründe für die hohe Vergleichsquote sehen die Autoren in dem „Vertrauen der Parteien in das von ihnen selbst eingesetzte Entscheidungsgremium und die Möglichkeit, nach Beendigung des Rechtsstreits die Geschäftsbeziehungen einvernehmlich fortzuführen".

471 Schiffer/Schubert in: Schiedsverfahren und Mediation, 2. Aufl. 2005, Rdnr. 968 weisen darauf hin, dass sich in der Praxis „vor allem konservative Vertreter der Wirtschaft mit derartigen modisch anmutenden Begrifflichkeiten" eher schwer tun.

1. Grundlagen

Bedeutung hat die Schiedsgerichtsbarkeit vor allem im wirtschaftlichen, und hier insbesondere im internationalen Bereich. Für allgemeine Streitigkeiten des einzelnen Bürgers spielen sie indessen bislang kaum eine Rolle.[472] Das (echte) schiedsrichterliche Verfahren im bundesdeutschen Recht ist in den §§ 1025 ff. ZPO (Buch 10) geregelt.[473] Durch das SchiedsVfG v. 22.12.1997 ist das schiedsrichterliche Verfahrensrecht vollständig neu gefasst worden.[474] Ziel war „ ... die Schaffung eines zeitgemäßen und den internationalen Bedingungen angepassten, in wichtigen Teilen vereinfachten Rechts des Schiedsverfahrens, um die Austragung internationaler Schiedsverfahren in Deutschland zu fördern und einen erhöhten Anreiz zu bieten, auch bei nationalen Streitigkeiten verstärkt von der Schiedsgerichtsbarkeit Gebrauch zu machen und dadurch die staatlichen Gerichte zu entlasten".[475]

1.1 Begriff und Abgrenzung

Die Schiedsgerichtsbarkeit ist eine **private Institution**, der durch den Staat nur im Hinblick auf die Sicherung von Verfahrensgerechtigkeit zwingende Vorgaben gemacht werden. Die Entscheidungsbefugnis des Gerichts leitet sich aus dem Willen der Parteien ab **(Parteiautonomie)**.[476] Schiedsgerichtsverfahren sind auf die Entscheidung von Rechtsfragen bzw. -streitigkeiten i.S.v. § 3 EGZPO und § 13 GVG ausgerichtet. Es handelt sich bei der Schiedsgerichtsbarkeit, wie bei den staatlichen Gerichten, um **Rechtsprechung**.[477]

► **Staatliche Gerichtsbarkeit**

Im Unterschied zu Verfahren vor den staatlichen Gerichten wird die Sache mit Erhebung der Klage nicht rechtshängig.[478] Gegenüber der staatlichen Gerichtsbarkeit zeichnet sich das schiedsgerichtliche Verfahren insbesondere durch folgende Merkmale aus:

- Freiwilligkeit
- keine Öffentlichkeit/Vertraulichkeit

---

472 Prütting, Außergerichtliche Streitschlichtung – Ein Handbuch für die Praxis, 2003, Rdnr. 34. Gerade im nationalen Bereich übersteigt bisher das zunehmende Angebot von Schiedsrichterleistungen, ebenso wie in den Bereichen Mediation und Schlichtung, die Nachfrage erheblich, Lachmann, AnwBl. 1999, 241, 246 mit Zahlenangaben.

473 Zur Abgrenzung von anderen Verfahren s. unten 1.1.

474 Das SchiedsVfG v. 22.12.1997, BGBl. 3224, beinhaltet eine vollständige Neufassung des 10. Buches der ZPO. Das neue Recht übernimmt im Wesentlichen die Vorschläge des UNCITRAL-Modellgesetzes. Der Gesetzgeber folgte damit den von der Kommission der Vereinten Nationen für Internationales Handelsrecht (UNCITRAL) ausgearbeiteten und den Mitgliedstaaten von der Vollversammlung 1985 zur Übernahme empfohlenen Vorschlägen.

475 Albers in: Baumbach/Lauterbach/Albers/Hartmann, ZPO, 63. Aufl. 2005, Einf. §§ 1025 ff. Rdnr. 2 mit Hinw. auf RegEntw BT-Drs. 13/5274 u. Bericht d. Rechtsausschusses BT-Drs. 13/9124.

476 Raeschke-Kessler/Berger, Recht und Praxis des Schiedsverfahrens, 3. Aufl. 1999, Rdnr. 2 f.

477 BGHZ 51, 255 ff.; 65, 59 ff.; BGH NJW 1986, 3027 ff.

478 Für die Klage im staatlichen Gerichtsverfahren s. §§ 261 Abs. 1, 253 Abs. 1 ZPO.

– freie Wahl der entscheidenden Personen (des Schiedsgerichts)
– paritätische Besetzung des Schiedsgerichts
– Gestaltungsmöglichkeiten/Flexibilität
– (häufig) nur eine Instanz
– schnelle Entscheidung, keine langen Terminstände
– größere Chancen für den Abschluss eines Vergleichs[479]

Zu den beachtenswerten Nachteilen gehört die eingeschränkte Überprüfbarkeit durch die staatlichen Gerichte. Inwieweit das schiedsrichterliche Verfahren der kostengünstigere Weg ist, muss jeweils im Einzelfall geprüft werden. Tendenziell gilt dies eher bei hohen Streitwerten, während bei niedrigen Streitwerten die Kosten eines Schiedsverfahrens die eines Verfahrens vor dem staatlichen Gericht übersteigen können.[480] Weitere Nachteile können sich aus der Konsensbasiertheit und im Falle geplanten Missbrauchs ergeben.[481]

▶ Sonstige Gerichtsbarkeit

Die Abgrenzung der Schiedsgerichtsbarkeit im Sinne der §§ 1025 ff. ZPO von sonstigen Formen außerstaatlicher Gerichtsbarkeit kann Schwierigkeiten bereiten, wenn ein Streiterledigungsorgan vorgesehen ist, aber nicht deutlich geregelt wird, ob es sich um Schiedsgerichtsbarkeit im Sinne der §§ 1025 ff. ZPO handelt. Maßgebliches Abgrenzungskriterium war bislang der intendierte Ausschluss der staatlichen Gerichtsbarkeit.[482] Der BGH hat neuerdings die notwendige strukturelle Unabhängigkeit des Schiedsgerichts für maßgeblich erklärt.[483]

Beispiel: Die Satzung eines Hundezüchtervereins sieht die Erledigung von Streitigkeiten durch ein Schiedsgericht vor. Die Schiedsrichter werden im Voraus durch die Mitgliederversammlung ernannt. Im Zusammenhang mit einem Vereinsausschluss kommt es zu einer schiedsrichterlichen Entscheidung, die von der Vorinstanz wegen Verstoßes gegen den ordre public aufgehoben wird. Der BGH[484] hat das Vorliegen eines aufhebungsfähigen Schiedsspruchs mit der Begründung verneint, es handle sich um die Entscheidung eines als Vereinsorgan anzusehenden Vereinsgerichts. Als Schiedsgericht im Sinne der §§ 1025 ff. ZPO könne es nicht gesehen werden, da es sich um keine unabhängige und unparteiliche Instanz handele. Das einzelne Vereinsmitglied könne keinen Schiedsrichter ernennen, die Ablehnungsmöglichkeit (Schiedsrichterablehnung, §§ 1036 f.) nach den §§ 1034 ff. ZPO sei so nicht ausreichend, um die für die Schiedsgerichtsbarkeit konstitutive Unabhängigkeit sicherzustellen.

Die §§ 1025 ff. ZPO gelten auch nicht für so genannte **unechte Schiedsgerichte**, deren Einsetzung nicht durch Rechtsgeschäft, sondern durch Rechtsnorm (Gesetz, Verordnung, öff.-rechtl. Satzung) erfolgt.[485]

---

479 Raeschke-Kessler/Berger, Recht und Praxis des Schiedsverfahrens, 3. Aufl. 1999, Rdnr. 16 ff.
480 S. im Einzelnen hierzu Raeschke-Kessler/Berger, Recht und Praxis des Schiedsverfahrens, 3. Aufl. 1999, Rdnr. 44, 106 ff. Zum Unterschied zwischen kontinental-europäischen und angloamerikanischen Verfahren s. Raeschke-Kessler/Berger a.a.O. Rdnr. 91.
481 Raeschke-Kessler/Berger a.a.O. Rdnr. 103 ff., 110 ff.
482 BayObLG MDR 2003, 1132 f.
483 BGH NJW 2004, 2226 ff., dazu u.a. Kröll NJW 2005, 194 ff.
484 NJW 2004, 2226.
485 Albers in: Baumbach/Lauterbach/Albers/Hartmann, ZPO, 63. Aufl. 2005, Grundz. § 1025 Rdnr. 2.

▶ **Schlichtung (Schiedsverfahren)**

Das schiedsrichterliche Verfahren ist von dem durch Schieds- oder auch Güte-stellen durchgeführten Schlichtungsverfahren streng zu unterscheiden, da diese auf eine Einigung der Parteien abzielen. Zur Durchsetzung von Ansprüchen ge-gen den Willen eines anderen muss ein Gericht angerufen werden.[486]

▶ **Schiedsgutachten**

Abzugrenzen sind die durch Schiedsgerichte gefällten Schiedssprüche auch von Schiedsgutachten. In einem Schiedsgutachten stellt ein von allen Teilen beauf-tragter Schiedsgutachter Tatsachen, von denen die Entscheidung einer Streitig-keit abhängt, zum Beispiel Schäden, Werte, Preise, bindend fest.[487] Im Rahmen des Schiedsgutachtervertrags kann der Schiedsgutachter auch beauftragt wer-den, rechtliche Vorfragen zu klären.[488] Die gemeinsame Beauftragung eines Sachverständigen mit einem Schiedsgutachten zielt darauf ab, Entscheidungs-grundlagen für eine sich anschließende Streitbeilegung zu erlangen: Das Schiedsgutachten stellt dem Streit zugrunde liegende Tatbestandsmerkmale ver-bindlich fest und nimmt sie dadurch aus dem Streit.

Es gelten die Regeln über die Bestimmung der Leistung durch Dritte (§§ 317 ff. BGB). Die Vor-schriften über das schiedsrichterliche Verfahren (§§ 1025–1066 ZPO) sind nicht anwendbar. Bei der Abgrenzung von Schiedsgutachten und Schiedsvertrag ist im Zweifel durch Auslegung zu ermitteln, ob die Parteien einen Schiedsvertrag oder einen Schiedsgutachtenvertrag schlie-ßen wollten. Dabei ist entscheidend, welche Wirkung die Parteien dem Spruch des beauftrag-ten Schiedsorgans zukommen lassen wollten. Soll die Richtigkeit des Schiedsspruchs nach § 319 BGB durch das Staatsgericht überprüfbar sein, so kann eine Schiedsvereinbarung nicht gewollt sein. Auf die richtige Bezeichnung vonseiten der Parteien kommt es dagegen nicht an.[489]

> **Das Schiedsgutachten bereitet die Streitbeendigung oder -erledigung vor.** Im Rahmen oder als ein Ergebnis außergerichtlicher Verhandlungen und Vermittlungen können Ver-einbarungen zustande kommen, in denen die Parteien sich hinsichtlich einzelner Rege-lungsfragen einem Schiedsgutachten unterwerfen, wenn es ihr gemeinsamer Wille ist, die streitige Auseinandersetzung über den Gegenstand durch das bindende Ergebnis des Gut-achtens endgültig zu beenden.

1.2 Schiedsvereinbarung

Die gerichtliche Klärung durch ein privates Schiedsgericht kann erfolgen, wenn die Beteiligten dies vereinbaren: Auf der Basis einer Schiedsvereinbarung, einer letztwilligen Anordnung oder Vereins- bzw. Verbandssatzung kann eine Strei-tigkeit unter Ausschluss der staatlichen Gerichtsbarkeit einem privaten Gericht zur Entscheidung vorgelegt werden (vgl. § 1066 ZPO).

---

486 Die zwangsweise Durchsetzung von Rechtspositionen ist dem Einzelnen nur in ganz begrenztem Umfang ge-stattet, insbesondere in den engen Grenzen der Selbsthilfe (§§ 229 ff., 562 b, 859, 860 BGB).

487 BGHZ 6, 335 ff.

488 BGHZ 48, 25 ff.

489 St. Rspr., u.a. BGH BB 1969, 462, 463; ZIP 1981, 1097 ff.

> **Legaldefinition** (§ 1029 Abs. 1 ZPO): „Schiedsvereinbarung ist eine Vereinbarung der Parteien, alle oder einzelne Streitigkeiten, die zwischen ihnen in Bezug auf ein bestimmtes Rechtsverhältnis vertraglicher oder nichtvertraglicher Art entstanden sind oder künftig entstehen, der Entscheidung durch ein Schiedsgericht zu unterwerfen.“

▶ **Inhalt der Schiedsvereinbarung**

Das Gesetz verlangt eine Vereinbarung, die zum Ausdruck bringt, dass ein Rechtsstreit den staatlichen Gerichten entzogen und durch ein privates Schiedsgericht entschieden werden soll (§ 1029 ZPO). Die Schiedsvereinbarung, auf deren Grundlage eine Streitigkeit dem Schiedsgericht zugewiesen wird, kann sich auf gegenwärtige Einzelfälle oder auf zukünftige bestimmte Rechtsstreitigkeiten beziehen (vgl. § 1029 Abs. 1 ZPO).

Rspr.: Eine Vereinbarung „für alle Klagen aus demselben Rechtsverhältnis" ist für die Bestimmtheit ausreichend.[490] Nicht ausreichend sind dagegen Formulierungen wie „alle Klagen aus dem ganzen Geschäftsverkehr" oder „alle künftigen Klagen".[491] Zum Umfang einer Klausel, die besagt, „jede etwaige Streitigkeit aus Anlass dieses Vertrages" solle durch ein Schiedsgericht entschieden werden, s. BGH NJW 1980, 2022.

Wird der Wunsch nach einer schiedsgerichtlichen Regelung deutlich, so ist diesem durch eine nicht zu enge Auslegung der Vereinbarung zu entsprechen, auch wenn die Vereinbarung hinsichtlich des Umfangs der Zuständigkeit des Schiedsgerichts Unklarheiten enthält.[492]

Es empfehlen sich weitere Regelungen, die auch durch Verweis auf eine Schiedsgerichtsordnung vereinbart werden können:

▶ Besetzung und Bestellung der Richter (§§ 1034, 1035 ZPO),
▶ Beziehung zwischen Schiedsrichtern und Parteien,
▶ Durchführung des Verfahrens.[493]

▶ **Form der Schiedsvereinbarung**

Die Vereinbarung kann in Form einer selbstständigen Abrede, als einzelner Vertrag, geschlossen werden **(Schiedsabrede)** oder in Form einer **Schiedsklausel** im Rahmen eines Vertrags (§ 1029 Abs. 2 ZPO). Möglich ist auch die Anordnung durch einseitige, letztwillige Verfügung (§ 1066 ZPO).[494] § 1031 ZPO schreibt grundsätzlich die **Schriftform** (§ 126 BGB) vor. Insbesondere für den gewerblichen Bereich enthält § 1031 Abs. 1, 2. Alt., Abs. 2–4 ZPO Lockerungen gegenüber früherem Recht.[495]

---

490 BGH NJW 1994, 52.
491 Hartmann in: Baumbach/Lauterbach/Albers/Hartmann, ZPO, 63. Aufl. 2005, § 40 Rdnr. 4 m.w.N.
492 Albers in: Baumbach/Lauterbach/Albers/Hartmann, ZPO, 63. Aufl. 2005, § 1029 Rdnr. 12 m.w.N.
493 Ahlers AnwBl. 1999, 308 ff.
494 Dazu s. Schulze MDR 2000, 314 ff.
495 Ausführlich und m.w.N.: Raeschke-Kessler/Berger, Recht und Praxis des Schiedsverfahrens, 3. Aufl. 1999, Rdnr. 218 ff.

1.3 Verfahren

Das Schiedsgerichtsverfahren ist in seiner Ausgestaltung flexibler als das staatliche Gerichtsverfahren und kann von den Parteien weitgehend selbst gestaltet werden. Treffen die Parteien bezüglich des Verfahrens nicht selber Vereinbarungen, so steht es fast ganz im Ermessen des Schiedsgerichts (§ 1042 Abs. 4 S. 1 ZPO). Die Schiedsrichter führen das Verfahren dann gemäß den Vorgaben der für sie geltenden Schiedsgerichtsordnung durch.

Verfahrensbezogene Vereinbarungen, welche die Parteien u.a. treffen können:

▶ Ort und Sprache des Verfahrens (§§ 1043, 1045 ZPO)
▶ Mündlichkeit der Verhandlung (§ 1047 ZPO)
▶ Zulässigkeit/Würdigung von Vortragsänderungen und -ergänzungen (§ 1046 Abs. 2 ZPO)
▶ Entscheidungsmodus (§ 1052 ZPO) und -maßstab (§ 1051 Abs. 3 ZPO)
▶ Zulässigkeit von Maßnahmen des einstweiligen Rechtsschutzes (§ 1041 ZPO)[496]

Soweit die Parteien nichts anderes vereinbart haben, beginnt das Verfahren mit dem Tag, an dem der Beklagte den Antrag zur Vorlage der Streitigkeit bei dem Schiedsgericht empfängt (vgl. § 1044 S. 1 ZPO).

> Zur Gewährleistung eines ordnungsgemäßen Verfahrens schreibt das Gesetz eine Reihe von Grundsätzen vor und regelt den Umfang für die Überprüfbarkeit durch die staatlichen Gerichte. Als Eckpfeiler der Schiedsgerichtsbarkeit und zwingendes Recht sind insbesondere die Vorgaben zur **Gleichbehandlung** und zum **rechtlichen Gehör** (§ 1042 Abs. 1 ZPO) zu beachten. **Gleichbehandlung** umfasst die gleichmäßige Handhabung der Verfahrensregeln, das Willkürverbot und die Beachtung des Gebots der Waffengleichheit. Bei der **Gewährung rechtlichen Gehörs** gilt der Grundsatz „besser zu viel als zu wenig".[1] Die Anhörungspflicht geht im Wesentlichen ebenso weit wie die des staatlichen Gerichts.[2] Zur Sicherung der Unabhängigkeit und Unparteilichkeit des Schiedsgerichts dient das Ablehnungsrecht nach §§ 1036, 1037 ZPO. Die Schiedsrichter sind verpflichtet, alle Umstände offen zu legen, die Zweifel an ihrer Unabhängigkeit oder Unparteilichkeit begründen könnten.

1 Albers in: Baumbach/Lauterbach/Albers/Hartmann, ZPO, 63. Aufl. 2005, § 1042 Rdnr. 4 m.w.N.
2 BGHZ 1985, 288 ff. m.w.N.

Das Verfahren endet durch **Schiedsspruch** oder **Beschluss** (§ 1056 Abs. 1 und 2 ZPO). Der Schiedsspruch trifft eine endgültige Entscheidung über den Streitgegenstand. Im Beschluss wird die Beendigung des Verfahrens festgestellt.

496 Nach früherem Recht war sehr umstritten, ob ein privates Schiedsgericht einstweiligen Rechtsschutz gewähren darf, s. Albers in: Baumbach/Lauterbach/Albers/Hartmann, ZPO, 63. Aufl. 2005, § 1041 Rdnr. 1 m.w.N.

Schiedsrichterliches Verfahren §§ 1025 ff. ZPO
I. Einleitung Schiedsklage, § 1044 ZPO Ggf. Festlegung von Ort, Sprache, §§ 1043, 1045 ZPO
II. Bestandsaufnahme Klage und Klagebeantwortung (Schriftliches) Eingangsstatement beider Seiten, § 1046 ZPO
III. Klärungsphase Mündliches oder schriftliches Verfahren, § 1047 ZPO
IV. Beendigung des Schiedsgerichtsverfahrens Schiedsspruch, §§ 1051 f. ZPO oder Schiedsvergleich, § 1053 ZPO oder Beschluss, § 1056 Abs. 2 ZPO
V. Vollstreckbarerklärung §§ 1060 ff., 1053 Abs. 4 ZPO

1.4 Schiedsspruch

„Der Schiedsspruch hat unter den Parteien die Wirkungen eines rechtskräftigen gerichtlichen Urteils" (§ 1055 ZPO). Er ist die endgültige Entscheidung des Schiedsgerichts über den Streitgegenstand und in der Regel auch über die Kosten des Verfahrens (§ 1057 ZPO). Der Schiedsspruch ist grundsätzlich schriftlich abzufassen, von den Schiedsrichtern zu unterschreiben und wie ein Urteil zu begründen (§ 1054 ZPO). Gegen Dritte wirkt der Schiedsspruch nur so weit, wie die Schiedsvereinbarung gegen sie wirkt.[497]

Das Schiedsgericht hat in der Regel, ebenso wie staatliche Gerichte, nach Gesetz und Recht zu entscheiden. Die Parteien können das Schiedsgericht aber zu einer Billigkeitsentscheidung ermächtigen (§ 1051 Abs. 3 ZPO). Ebenso ist eine Entscheidung nach kaufmännischem Gewohnheitsrecht (lex mercatoria) zulässig.[498]

Der Schiedsspruch selbst ist kein Vollstreckungstitel. Auf Antrag der Parteien kann die Vollstreckbarkeit des Schiedsspruchs aber entweder durch das Staatsgericht erklärt werden, wobei das Schiedsverfahren einer gewissen Nachprüfung unterliegt (s. §§ 1060, 1061 i.V.m. §§ 1062 ff. ZPO), oder durch einen zuständigen Notar (§ 1053 Abs. 4 ZPO).[499]

---

497 Z.B. gegen Erben oder vertragliche Rechtsnachfolger.

498 Albers in: Baumbach/Lauterbach/Albers/Hartmann, ZPO, 63. Aufl. 2005, § 1051 Rdnr. 4 m.w.N.

499 Der Notar ist zuständig, wenn er seinen Amtssitz im Bezirk des für die Vollstreckbarerklärung zuständigen Gerichts hat (§§ 1053 Abs. 4 i.V.m. 1062 Abs. 1, 2 ZPO). Die Vollstreckbarerklärung durch den Notar entlastet die Gerichte und ist kostengünstiger für die Parteien, Gottwald, Der Schiedsvergleich und der Schiedsspruch mit vereinbartem Inhalt, in: Konsensuale Streitbeilegung, 2001, S. 41 f. Allerdings schließt die Vollstreckbarerklärung durch den Notar die Stellung des Aufhebungsantrags nach § 1058 ZPO nicht aus (§ 1059 Abs. 3 S. 4 ZPO).

Ein mit groben Mängeln behafteter Schiedsspruch kann von dem für die Vollstreckbarerklärung zuständigen Oberlandesgericht aufgehoben werden (§ 1059 Abs. 2 ZPO). Dabei wird unterschieden zwischen auf Rüge zu prüfenden Aufhebungsgründen (§ 1059 Abs. 2 Nr. 1 ZPO) und von Amts wegen zu prüfenden Aufhebungsgründen (§ 1059 Abs. 2 Nr. 2 ZPO).

Beispiel: Ein Verstoß gegen elementare Gerechtigkeitsvorstellungen und damit gegen den ordre public kann im Falle des Ausschlusses eines Vereinsmitglieds nach erstmaligem, leichtem Verstoß gegen die Satzung vorliegen, wenn laut Satzung der Ausschluss nur für schwerwiegende Satzungsverletzungen vorgesehen ist.[500]

2. Der Vergleich im Schiedsgerichtsverfahren

Die Parteien können sich über jeden schiedsfähigen Streitgegenstand vergleichen. Für die materielle Einigung ist keine Form vorgeschrieben. Den Parteien steht es aber frei, Schriftform zu wählen oder den Vergleich zu Protokoll des Schiedsgerichts zu erklären.

Vergleichen sich die Parteien während des schiedsrichterlichen Verfahrens über die Streitigkeit, so kann das Gericht das Verfahren

a) durch **Beschluss** beenden (§§ 1053 Abs. 1 S. 1, 1056 Abs. 2 Nr. 2 ZPO) oder

b) auf Antrag der Parteien einen **Schiedsspruch mit vereinbartem Wortlaut** erlassen, sofern der Inhalt des Vergleichs nicht gegen die öffentliche Ordnung verstößt (§ 1053 Abs. 1 S. 2 ZPO).

2.1 Verfahrensbeendigung durch Beschluss

Vergleichen sich die Parteien über den Streitgegenstand, ohne Anträge i.S.d. § 1053 Abs. 1 S. 2 ZPO zu stellen, und beendet das Gericht das Verfahren durch Beschluss (§ 1056 Abs. 2 Nr. 2 ZPO), so müssen die Voraussetzungen des § 794 Abs. 1 Ziff. 1 oder Nr. 5 bzw. des § 796 a oder § 796 c ZPO erfüllt sein, um einen Vollstreckungstitel zu erlangen.

2.2 Schiedsspruch mit vereinbartem Wortlaut

Der deutsche Gesetzgeber hat in § 1053 Abs. 1 S. 2 ZPO den Schiedsspruch mit vereinbartem Wortlaut nach dem UNCITRAL-Modellgesetz von 1985 übernommen. Danach können sich die Parteien während des Schiedsverfahrens vergleichen und das Gericht hält auf Antrag beider Parteien den Vergleich in Form eines Schiedsspruchs[501] fest, soweit vonseiten des Gerichts keine Einwendungen gegen den Vergleich bestehen. Obwohl es sich hierbei nicht um eine sachliche Entscheidung des Gerichts handelt, ist allgemein anerkannt, dass dies als ein

---

500 Kröll NJW 2005, 194 ff. mit Hinweis auf OLG Köln, mündliche Verhandlung vom 03.06.2003 – 9 Sch 23/02.
501 Im internationalen Sprachgebrauch „award on agreed terms".

Schiedsspruch i.S. des New Yorker Übereinkommens anzusehen ist und nach diesem auch für vollstreckbar erklärt werden kann.[502]

▶ **Rechtsnatur**

Nach früherem Recht hatte der Schiedsvergleich wie auch der Prozessvergleich eine Doppelnatur. Er war Prozessvertrag und gleichzeitig materiell-rechtlicher Vertrag nach § 779 BGB.[503] Ob dies auch für den Schiedsvergleich nach neuem Recht gilt, ist streitig.[504]

▶ **Voraussetzungen**

Der Vergleich der Parteien muss grundsätzlich während des schiedsrichterlichen Verfahrens über die Streitigkeit zustande gekommen sein (§ 1053 Abs. 1 ZPO). Ob die Parteien sich auch außerhalb des Schiedsgerichtsverfahrens im Rahmen einer Schlichtung oder Mediation einigen und dennoch einen Schiedsspruch (mit vereinbartem Wortlaut) beantragen können, ist im Einzelnen noch unklar bzw. streitig (s. unten 3.)

Für die materielle Einigung ist keine Form vorgeschrieben, den Parteien steht es frei, die Schriftform zu wählen oder den Vergleich zu Protokoll des Schiedsgerichts zu erklären. Der Schiedsspruch darf nur auf übereinstimmenden Antrag beider Parteien ergehen. Das Gericht darf den Vergleich nur ablehnen, wenn sein Inhalt gegen den deutschen „ordre public" verstößt (vgl. § 1053 Abs. 1 S. 2 ZPO).[505] Formal ist er wie jeder andere Schiedsspruch zu erlassen (§§ 1053 Abs. 2 S. 1, 1054 ZPO). Er muss das Wort Schiedsspruch enthalten, einer Begründung bedarf er nicht (§ 1054 Abs. 2 ZPO).

▶ **Wirkungen**

Der Schiedsspruch mit vereinbartem Wortlaut wirkt, wie jeder andere Schiedsspruch zur Sache, verfahrensbeendend (§ 1056 Abs. 1 ZPO) und hat unter den Parteien Rechtskraft wie ein Urteil (§ 1055 ZPO.)[506]

---

502 Der Schiedsspruch auf der Basis eines Vergleichs ist in vielen Schiedsordnungen verankert und international sehr verbreitet, s. die Darstellung bei Gottwald, Der Schiedsvergleich und der Schiedsspruch mit vereinbartem Inhalt, in: Konsensuale Streitbeilegung, S. 35.

503 Schwab/Walter, Schiedsgerichtsbarkeit, 4. Aufl. 1990, Kap. 23 Rdnr. 4.

504 S. Gottwald, Der Schiedsvergleich und der Schiedsspruch mit vereinbartem Inhalt, in: Konsensuale Streitbeilegung, 2001, S. 37 f.

505 Gottwald in: Konsensuale Streitbeilegung, 2001, S. 36. Zum ordre public s. auch Mankowski ZZP 2001, 43 ff.

506 § 1053 Abs. 2 S. 2 ZPO.

▶ **Vollstreckbarkeit**

Der Schiedsspruch mit vereinbartem Wortlaut kann wie der gewöhnliche Schiedsspruch auf Antrag vom OLG (§§ 1060, 1061, 1062 ZPO) oder gem. § 1053 Abs. 4 ZPO mit Zustimmung der Parteien von einem Notar mit Amtssitz im Bezirk des zuständigen OLG für vollstreckbar erklärt werden. Dabei wird von Amts wegen der Verstoß gegen die öffentliche Ordnung geprüft. Auch hier bewirkt die Erklärung der Vollstreckbarkeit, dass der Aufhebungsantrag nach § 1059 ZPO nicht mehr gestellt werden kann.[507]

3. Kombination von Schiedsgerichtsverfahren und Mediation

3.1 Kombination von Vermittlungs- und Schiedsverfahren im Fall des Scheiterns der Vermittlung (Mediation oder Schlichtung)

Ebenso wie Mediation und Schlichtung bietet das Schiedsgerichtsverfahren den Vorteil der Nichtöffentlichkeit/Vertraulichkeit. Wünschen die Parteien im Falle eines Scheiterns der Vermittlung, den Konflikt weiterhin nicht öffentlich auszutragen, so bietet sich der Anschluss eines Schiedsgerichtsverfahrens an.[508] Diskutiert wird die Frage, ob der Mediator oder Schlichter im Falle des Scheiterns der Vermittlung im anschließenden Verfahren die Rolle des Schiedsrichters übernehmen solle.[509] Verfahrensökonomische Gründe könnten für die Fortsetzung der Streitregelung durch dieselbe(n) Person(en) sprechen. In Anbetracht der grundlegend unterschiedlichen Aufgaben, die Vermittler und Schiedsrichter innehaben, ist eine solche Personenidentität allerdings höchst problematisch. Die Mediation wird durch die Verfahrensgrundsätze Vertraulichkeit, Konsensorientiertheit und Entscheidungshoheit der Parteien geprägt, während das Schiedsverfahren ein Entscheidungsverfahren ist, in dem der Richter den Parteien rechtliches Gehör gewährt. Unabhängig von Verwertungsverboten[510] lässt sich nicht verhindern, dass Kenntnisse aus dem Vermittlungsverfahren in die Sichtweise des nunmehr Richtenden einfließen. Die (mögliche) Doppelrolle verändert das Verhalten der Parteien im Vermittlungsverfahren, da die Allparteilichkeit/Neutralität nicht mehr in derselben Weise gesichert ist und mit dem Vermittler zugleich schon der Entscheider am Tisch sitzt. Im Zweifel halten die Parteien sinnvollerweise Informationen, die im Falle einer Entscheidung ihre Position beeinträchtigen könnten, eher zurück.[511]

---

507 Albers in: Baumbach/Lauterbach/Albers/Hartmann, ZPO, 63. Aufl. 2005, § 1053 Rdnr. 9; § 1059 Rdnr. 12.

508 Schiffer/Schubert in: Schiedsverfahren und Mediation, 2. Aufl. 2005, Rdnr. 961.

509 Schiffer/Schubert in: Schiedsverfahren und Mediation, 2. Aufl. 2005, Rdnr. 973 ff. m.w.N.

510 S. hierzu Raeschke-Kessler/Berger, Recht und Praxis des Schiedsverfahrens, 3. Aufl. 1999, Rdnr. 839; Art. 17 WIPO, http://arbiter.WIPO.int/mediation/mediation-rules/.

511 Mähler/Mähler in: Büchting/Heussen, Beck´sches Rechtsanwaltshandbuch, 9. Aufl. 2004, B 5 Rdnr. 7; Schiffer/Schubert in: Schiedsverfahren und Mediation, 2. Aufl. 2005, Rdnr. 973 ff.

3.2 Kombination von Mediationsvereinbarung und Schiedsspruch mit vereinbartem Wortlaut

Es gibt Bestrebungen, Mediation und Schiedsgerichtsverfahren regelmäßig mit dem Ziel zu verbinden, die (Mediations-)Vereinbarung als Ergebnis in Form eines vollstreckbaren Schiedsspruchs mit vereinbartem Wortlaut zu erhalten; auf diese Weise soll der Inhalt der Mediationsvereinbarung die Form eines vollstreckbaren Titels bekommen. Der dargestellten Verbindung wird u.a. entgegengehalten, dass die Privilegierung des Schiedsgerichtsverfahrens auf dessen Justizförmigkeit beruhe. Das Erfordernis einer Einigung der Parteien während des Schiedsgerichtsverfahrens sei daher nicht nur formal zu sehen. Eine Kombination von Mediation und Schiedsgerichtsverfahren erfordere demzufolge, dass die Voraussetzungen des Schiedsverfahrensgesetzes eingehalten würden.[512] Es wird auch argumentiert, dass es nicht der Sinn von Mediationsverfahren – deren Ergebnisse, wenn es zu Vereinbarungen kommt, auf Konsens beruhten – sei, vollstreckbare Titel zu erzeugen.[513]

Beispiel für die vertragliche Verknüpfung von Mediations- und Schiedsklausel: „ ... Können sich die Parteien gleichwohl nicht auf die Durchführung eines Mediationsverfahrens verständigen oder scheitert eine Mediation, werden alle Streitigkeiten, die sich im Zusammenhang mit diesem Vertrag oder über dessen Gültigkeit ergeben, nach der Schiedsgerichtsordnung der Deutschen Institution für Schiedsgerichtsbarkeit e.V. (DIS) unter Ausschluss des ordentlichen Rechtswegs endgültig entschieden."[514]

---

512 Eidenmüller, Vertrags- und Verfahrensrecht der Wirtschaftsmediation, 2001, S. 49; Gottwald in: Konsensuale Streitbeilegung, 2001, S. 37; nunmehr mit dogmatischer Begründung ablehnend Lörcher in: Haft/von Schliefen, Handbuch Mediation, 2002, § 28 Rdnr. 28 ff., 36 ff.; ablehnend u.a. mit Hinweis auf Aufwand und Kostenfolge auch Schiffer/Schubert in: Schiedsverfahren und Mediation, 2. Aufl. 2005, Rdnr. 965. Sie weisen darauf hin, dass das gewünschte Ergebnis einfacher im Wege der notariellen Unterwerfung unter die Zwangsvollstreckung oder den Abschluss eines Anwaltsvergleichs zu erlangen ist.

513 In der überwiegenden Anzahl von Fällen werden auch Schiedssprüche vom Schuldner freiwillig erfüllt, Vollstreckbarkeitsverfahren sind daher selten notwendig, s. Raeschke-Kessler/Berger, Recht und Praxis des Schiedsverfahrens, 3. Aufl. 1999, Rdnr. 51, 1016.

514 Schiffer/Schubert in: Schiedsverfahren und Mediation, 2. Aufl. 2005, Anhang S. 311, P I. 2.

6. Teil: Mediation in der Praxis

1. Abschnitt: Erscheinungsformen von Mediation

Es gibt eine Vielzahl von **Erscheinungsformen** mediativer Konfliktregelung. Zu nennen sind insbesondere die Familienmediation, die Arbeits- und Wirtschaftsmediation, die Gesundheitsmediation,[515] politische Mediation,[516] Insolvenzmediation,[517] Baurechtmediation,[518] Umweltmediation („Mediation im öffentlichen Bereich: Umwelt – Politik – Wirtschaft – Soziales"),[519] Täter-Opfer-Ausgleich,[520] Schulmediation[521] und Online-Mediation.[522] Im anglo-amerikanischen Rechtsraum werden diese Unterscheidungen weniger streng gehandhabt, Mediatoren bezeichnen sich allgemein als Prozessbegleiter.[523]

1. Betätigungsfelder für Mediatoren

Die größte praktische Bedeutung kommt der Familienmediation, der Wirtschafts- und Arbeitsmediation und der Umweltmediation zu. Insgesamt ist das Tätigkeitsfeld von Mediatoren in Deutschland breit gestreut, und mit steigender Information der Öffentlichkeit über die Möglichkeiten von Mediation und ADR wächst auch die Nachfrage nach den entsprechenden Dienstleistungen.

1.1 Die Familienmediation

Die Familienmediation[524] umfasst insbesondere Trennungs- und Scheidungsfälle, Erziehungs- und Sorgerechtsstreitigkeiten, Vermögensstreitigkeiten und Familienkonflikte bezüglich letztwilliger Verfügungen.[525]

---

515 Ewig, Mediation im Gesundheitswesen, in: Haft/Schlieffen, Handbuch Mediation, 2002, S. 1198 ff.

516 Zillessen, Mediation als Form der Participation in der Zivilgesellschaft in: Mehta/Rückert, Mediation und Demokratie, 2003, S. 52 ff.

517 Kassing, Mediation im Insolvenzrecht, in: Haft/Schlieffen, Handbuch Mediation, 2002, S. 1069 ff.; Schuhmacher/Thiemann, Mediation und neues Insolvenzrecht – Möglichkeiten und Grenzen alternativer Konfliktlösungen im Insolvenzverfahren, DZWIR 1999, 441–446.

518 Kraus, Mediation im Privaten Baurecht, in: Haft/Schlieffen, Handbuch Mediation, 2002, S. 967 ff.

519 U.a. Holznagel/Ramsauer, Mediation im Verwaltungsrecht, in: Haft/Schlieffen, Handbuch Mediation, 2002, S. 1124 ff.

520 Kerner, Mediation beim Täter-Opfer-Ausgleich, in: Haft/Schlieffen, Handbuch Mediation, 2002, S. 1252 ff.

521 Simsa, Schulmediation in Deutschland, ZKM 2003, 247–250.

522 Lüer, Online-Mediation, in: Haft/Schlieffen, Handbuch Mediation, 2002, S. 1275 ff.

523 Siehe Alexander, *Global Trends in Mediation: Riding the Third Wave*, in: Alexander, *Global Trends in Mediation*, 2003, S. 30.

524 Mähler/Mähler, Familienmediation, in: Haft/Schlieffen, Handbuch Mediation, 2002, S. 891 ff. m.w.N.

525 Beisel, Mediation im Erbrecht, in: Haft/Schlieffen, Handbuch Mediation, 2002, S. 929 ff. m.w.N.

> **Familiäre Konflikte erfassen die Parteien auf vielfältige und tief greifende Weise:**[1]
>
> ▸ Sie wirken sich auf die physische wie psychische Gesundheit aus,
> ▸ haben ökonomische Folgen für alle Mitglieder der Familie und
> ▸ führen auch institutionell zu einer deutlich höheren Inanspruchnahme von Gerichten, Schulen und Beratungsstellen.

1 Bastine, Familienmediation heute, ZKM 2005, 11.

Familienmediation beinhaltet sowohl therapeutische Hilfe als auch die Klärung und Regelung wirtschaftlicher und rechtlicher Aspekte wie beispielsweise des Zugewinnausgleichs in Scheidungsangelegenheiten.

Gerade im Bereich der Familienmediation hat die Zahl der privaten Mediationsanbieter seit Mitte der neunziger Jahre stark zugenommen. Das Kindschaftsrechtsreformgesetz von 1998 hat dazu beigetragen, dass in Erziehungs- und Sorgerechtsstreitigkeiten kooperative Konfliktlösungsmethoden verstärkt genutzt werden und die Eltern Entscheidungen gemeinsam treffen. § 17 SGB VIII erlaubt es ferner, dass das Jugendamt bei Erziehungsrechtsstreitigkeiten als Vermittler zwischen den Parteien tätig wird.

Obwohl die Familienmediation als die am häufigsten genutzte Mediation im zivilen Bereich gilt, werden nur 10% aller Scheidungsfälle im Jahr durch Mediation geregelt. Die Versorgung mit Familienmediatoren ist noch nicht flächendeckend.[526]

Die Familienmediation wird insbesondere von Mediatoren mit juristischem oder psycho-sozialem Hintergrund praktiziert.[527] Insbesondere im Bereich der Trennungs- und Scheidungsmediation wird vielfach ein interdisziplinärer Ansatz der Konfliktregelung praktiziert, sodass Mediatoren mit juristischem und psycho-sozialem Hintergrund als Co-Mediatoren in verschiedenen Formen zusammenarbeiten.[528]

1.2 Die Wirtschaftsmediation

Mediation im Bereich der Wirtschaft beginnt sich derzeit auch in Deutschland zu etablieren.[529] Viele wirtschaftliche Konflikte beinhalten Interessen, die sich

526 Die hohe Nachfrage, die von einigen Mediatoren in ihrer Region berichtet wird, ist dementsprechend wohl auf das Engagement Einzelner und nicht auf eine breite Akzeptanz der Familienmediation zurückzuführen. Vgl. Bastine, Familienmediation heute, ZKM 2005, 13.

527 Die aktivste Organisation im Bereich der Familienmediation ist die Bundesarbeitsgemeinschaft für Familienmediation (BAFM). Sie ist interdisziplinär ausgerichtet und hat 1993 Richtlinien für die Mediation von Familienstreitigkeiten herausgegeben.

528 Bernhard/Winograd, Die Zusammenarbeit von Rechtsanwälten und Psychologen, in: Haft/Schlieffen, Handbuch Mediation, 2002, S. 571 ff.

529 Zur Entwicklung der Wirtschaftsmediation vgl. auch die Ergebnisse der Studie „Commercial Dispute Resolution – Konfliktbearbeitungsverfahren im Vergleich". Sie ist als kostenfreier pdf-download erhältlich unter <http://www.pwc.com/de/dai>. Möglicherweise hat die Entwicklung der Mediation in Deutschland, die als erstes im Bereich von Familienkonflikten und im TOA Fuß gefasst hat, bei vielen Unternehmen den Eindruck erweckt, dass Mediation in erster Linie der Beilegung emotionaler und sozialer Konflikte dient und somit eher therapeutischen Charakter hat. Vgl. Risse/Wagner, Mediation im Wirtschaftsrecht, in: Haft/Schlieffen, Handbuch Mediation, 2002, S. 987 ff.

nur schlecht in einem Gerichtsverfahren verwirklichen lassen.[530] Beispiele hierfür sind mögliche gemeinsame Interessen von Parteien, langjährige (Geschäfts-) Beziehungen mit der anderen Partei sowie die Angst um den Ruf des Unternehmens.

Aufgrund der frühzeitigen Problemlösung durch Mediation können die Unternehmen wesentliche Transaktionskosten einsparen, die mit anderen Verfahren verbunden sind. Als Beispiele solcher Kostenersparnisse sind zu nennen: Prozesskosten können vermieden werden, Anwaltsgebühren können vollständig entfallen oder zumindest – wegen der kürzeren Dauer der Schlichtung – geringer ausfallen.[531] Zu nennen sind auch vermeidbare Ausgaben, die dadurch entstehen, dass Mitarbeiter in den Prozess eingebunden sind und sich nicht mit ihren eigentlichen Aufgaben beschäftigen können.[532] Weiter können indirekte Kosten im Rahmen einer konventionellen Auseinandersetzung entstehen, wie die Verschlechterung von Geschäftsbeziehungen oder gar der Verlust von (potenziellen) Kunden oder des guten Rufs des Unternehmens.[533]

Vorteile der Wirtschaftsmediation:

▶ Erhalt langjähriger Wirtschaftsbeziehung
▶ Möglichkeit kreativer wertschöpfender Verhandlungslösungen
▶ Vertraulichkeit
▶ Frühzeitige Problemerkennung und -lösung
▶ Zeit- und Kostenersparnis
▶ Schutz vor (potenziellem) Kundenverlust
▶ Berücksichtung unternehmerischer Interessen
▶ Verfahrensautonomie und -kontrolle
▶ Ergebnisautonomie und -kontrolle

Da die Mediation nicht mit einem Urteilstenor endet, können kreative Verhandlungslösungen gefunden werden, die auch die zukünftigen Beziehungen der Parteien mit einbeziehen. Beispielsweise wäre es für ein Gericht unmöglich, einen Vertrag zwischen streitenden Parteien neu zu ‚verhandeln', um wechselnde Wirtschaftsbedingungen zu reflektieren, was in der Mediation möglich ist.

Familienbetriebe und Personengesellschaften haben oft mit internen Streitigkeiten zu kämpfen, die im Falle von Gerichtsverfahren nur unzureichend gelöst werden können. Hier bietet die Flexibilität des Mediationsverfahrens, das auch solche nur bedingt rechtlichen Aspekte einer Unternehmenskultur aufgreift, eine echte Alternative an.

---

530 Vgl. Zur Verrechtlichung von Konflikten 1. Teil am Ende und Risse/Wagner, Mediation im Wirtschaftsrecht, in: Haft/Schlieffen, Handbuch Mediation, 2002, S. 995.
531 Slaikeu/Hasson, Controlling the Costs of Conflict, 1998, S. 14 ff.; Lenz/Mueller, Businessmediation – Einigung ohne Gericht, 1999, S. 95 ff.
532 Lenz/Mueller, Businessmediation – Einigung ohne Gericht, 1999, S. 96.
533 Slaikeu/Hasson, Controlling the Costs of Conflict, 1998, S. 15 f.; Lenz/Mueller, Businessmediation – Einigung ohne Gericht, 1999, S. 96 f.

In der Praxis unterscheidet sich die Wirtschaftsmediation vom Verfahren der Familienmediation. In der Wirtschaftsmediation lautet meist der Auftrag an den Mediator, den Parteien bei der Beilegung des Konflikts möglichst rasch, rational und kostenbewusst zu helfen.[534] Im Ergebnis kann dann oftmals statt einer „Win-Win"-Lösung nur ein Kompromiss erzielt werden.[535] In der Familienmediation dagegen stehen die beteiligten Personen der Auseinandersetzung und deren persönliches Verhältnis zueinander im Vordergrund.

Exkurs: Mediationsklauseln

Die Akzeptanz von Mediation in der Wirtschaft kann durch Mediationsklauseln[1] in den Verträgen zwischen den Parteien erhöht werden, da nach Ausbruch eines Konflikts die Verhandlungsbereitschaft erfahrungsgemäß gering ist. Verbindliche Klauseln versperren – ähnlich den inzwischen bereits verbreiteten Schiedsklauseln – zunächst den Weg zum Gericht und ermöglichen den Parteien den Versuch einer gütlichen Einigung im Wege der Mediation. Aufgrund der vertraglichen Grundlage stellt sich dann die Anrufung eines Mediators auch nicht als Zeichen von Schwäche dar.[2]

---

1 Zu Mediationsklauseln vgl. auch den 5. Teil.

2 Risse/Wagner, Mediation im Wirtschaftsrecht, in: Haft/Schlieffen, Handbuch Mediation, 2002, S. 1005.

Ein für Mediation besonders geeigneter Bereich ist der des Baurechts. Konflikte bei Bauprojekten sind meistens langwierig und oft mit hohen Kosten verbunden. Aufgrund der technischen Probleme, die häufig Ursprung solcher Konflikte sind, ist die Sachverhaltsaufklärung durch Experten teuer und mit einem hohen Zeitaufwand verbunden. Bauprozesse können sich über Jahre hinziehen und belasten die beteiligten Parteien finanziell und emotional.[536] Um die alternative Streitbeilegung in Baustreitigkeiten weiter zu etablieren, hat die Arbeitsgemeinschaft für privates Bau- und Architektenrecht im Deutschen Anwaltverein im Jahre 1998 eine Schlichtungs- und Schiedsordnung für Baustreitigkeiten herausgebracht (SOBau). Hierin wird ein Schlichtungsverfahren „mit mediativen Elementen" vorgestellt.[537] Die Verwendung von Schlichtungs- und Schiedsklauseln in Bauträgerverträgen verbreitet sich zunehmend und stößt bei den beteiligten Parteien auf hohe Akzeptanz.[538]

1.3 Mediation im Arbeitsrecht

Die Entwicklung von Mediation im Arbeitsrecht verläuft entlang etablierter Streitbeilegungstechniken wie beispielsweise der obligatorischen Güteverhandlung vor den Arbeitsgerichten nach § 54 ArbGG. Darüber hinaus wächst gerade bei größeren Firmen die Erkenntnis, dass Mitarbeiterstreitigkeiten Kapital und Arbeitskraft binden und somit der Leistungsfähigkeit des Unternehmens scha-

---

534 In der im 1. Teil, 1. Abschnitt bereits ewähnten Studie „Commercial Dispute Resolution – Konfliktbearbeitungsverfahren im Vergleich" ergab sich explizit, dass die Befragten Emotionen möglichst nicht berücksichtigt wissen wollen in Wirtschaftsauseinandersetzungen, vgl. http://www.pwc.com/de/dai.

535 Risse/Wagner, Mediation im Wirtschaftsrecht, in: Haft/Schlieffen, Handbuch Mediation, 2002, S. 990.

536 Vgl. Kraus, Mediation im Privaten Baurecht, in: Haft/Schlieffen, Handbuch Mediation, 2002, S. 967 ff.

537 Kraus, Mediation im Privaten Baurecht, in: Haft/Schlieffen, Handbuch Mediation, 2002, S. 986.

538 S. die Nachricht „Schlichtung und Mediation im Bauwesen haben Zukunft!", Mediations-Report 11/2004, S. 8.

den. Konfliktmanagement für Unternehmen ist ein wachsender Sektor, der immer mehr ins Interesse von mittleren und größeren Firmen rückt.

Chancen für Mediation im Arbeitsrecht werden vor allem bei der Behandlung von **Konflikten zwischen Arbeitnehmern** und beim **Design von Konfliktmanagementsystemen** gesehen.[539] Bei Letzterem untersuchen Spezialisten für Konfliktmanagementsysteme zusammen mit einer Fokusgruppe, bestehend aus Mitarbeitern aus allen Teilen des Unternehmens, die auftretenden Streitigkeiten und Probleme innerhalb der Unternehmensstruktur. Anschließend werden bestehende Streitschlichtungsmechanismen analysiert und potenzielle neue Mechanismen besprochen. Die Fokusgruppe entwirft ein System von hierarchisch gegliederten Streitbeilegungs- oder Entscheidungsprozessen, wobei kostengünstige und von den Mitarbeitern selbst durchzuführende Prozesse den Vorrang haben vor der Einbindung externer Spezialisten oder gar der Anrufung von Schiedsgerichten. Parallel zu diesem System bleibt Mitarbeitern weiterhin der Weg zum Gericht oder eine Klärung durch den Betriebsrat offen, es werden aber weitere, einfach zu erreichende und kostengünstige Streitschlichtungsmechanismen im Unternehmen geschaffen.[540] Sobald ein System in Rücksprache mit Geschäftsführung und Mitarbeiterschaft entworfen worden ist, wird es in einem Dokument festgelegt, welches sodann in Form einer Betriebsvereinbarung als vertragliche Regelung angenommen werden kann.[541]

1.4 Umweltmediation

Umweltmediation[542] findet meist im öffentlich-rechtlichen Bereich statt und hat in der Regel Bau-, Planungs- und Umweltfragen zum Gegenstand. Die Umweltmediation unterscheidet sich von den meisten anderen Mediationsformen erstens dadurch, dass eine Vielzahl von Parteien, wie beispielsweise der Staat oder die Kommunen, Verwaltungsbehörden, Interessenverbände und Einzelpersonen involviert sind. Zweitens bestehen Umweltmediationsverfahren typischerweise aus einer Reihe von öffentlichen und privaten Sitzungen, an denen die jeweiligen Interessengruppen teilnehmen, und drittens haben die im Rahmen einer Umweltmediation diskutierten Fragestellungen direkte Bedeutung für und Auswirkungen auf die Gemeinschaft.[543]

---

539 Haft/Schlieffen, Handbuch Mediation, 2002, § 36 und § 39 m.w.N.

540 Ausführlich hierzu Costantino/Sickles Merchant, *Designing conflict management systems: a guide to creating productive and healthy organizations*, 1996.

541 Vgl. Lembke/Schröder, Internes Konfliktmanagement von Arbeitsplatzkonflikten auf Grundlage einer Betriebsvereinbarung nach § 86 BetrVG, IDR 2004, 29 ff.

542 Zum Thema Umweltmediation siehe Fietkau, Mediation in umweltrelevanten öffentlichen Konfliktlagen: Effekte und Prozesse, in Wirtschaftspsychologie 2/2001, 38 ff.; auch Zillessen, „Umweltmediation", in: Haft/Schlieffen, Handbuch Mediation, 2002, S. 1169 ff. m.w.N; zum verwaltungsrechtlichen Bereich allgemein vgl. Holznagel/Ramsauer, Mediation im Verwaltungsrecht, in: Haft/Schlieffen, Handbuch Mediation, 2002, S. 1124 ff. m.w.N.

543 Die beiden bedeutendsten Organisationen im Bereich der Umweltmediation sind die Interessengemeinschaft für Umweltmediation e.V. (IGUM) und der Förderverein Umweltmediation e.V. Ein weiterer wichtiger Impulsgeber ist die Arbeitsgemeinschaft für Umweltfragen e.V. (AGU) in Bonn, die Vertreter aller wichtigen umweltpolitischen Verbände und Strömungen in sich vereinigt. Die AGU hat sich bereits seit 1995 als Fürsprecher der Umweltmediation ausgezeichnet. Vgl. Zilleßen, Umweltmediation, in: Handbuch zur außergerichtlichen Konfliktregelung, Grundwerk März 1996, S. 8.

Offiziell wurden Umweltmediationsverfahren zuerst 1993 im Zusammenhang mit städteplanungsrechtlichen Problemen und 1994 im Zusammenhang mit dem Erlass von Emissionsgenehmigungen durchgeführt. Umweltmediationsverfahren wurden auch im Rahmen von Konflikten an den Flughäfen Frankfurt, Berlin und Wien verwendet.[544] Gemäß einer Studie aus dem Jahre 1996 behandelten die Hälfte von 49 untersuchten Verfahren Streitigkeiten im Zusammenhang mit abfallwirtschaftlichen Problemen, von der Erstellung von Abfallwirtschaftskonzepten bis hin zur Planung neuer Müllverbrennungsanlagen.[545]

Umweltmediation wird als wichtiger Beitrag zur Erreichung des Leitbilds der „nachhaltigen Entwicklung", wie es in der Agenda 21 der Konferenz für Umwelt und Entwicklung im Jahre 1992 in Rio de Janeiro international beschlossen worden ist, gesehen. Sie bietet die Möglichkeit zur Beteiligung betroffener gesellschaftlicher Gruppen und der Öffentlichkeit an Planungs- und Entscheidungsverfahren der Verwaltung. Kommunalverwaltungen soll ermöglicht werden, in einen Dialog mit Bürgern, öffentlichen Organisationen und der Privatwirtschaft zu treten. So werden Entscheidungsverfahren transparenter, und Konflikte können bereits in der Planungsphase angesprochen und gelöst werden.[546] Dies stellt eine Hinwendung zum so genannten *konsensorientierten Verfahren* im Bereich der Umweltpolitik dar.[547] Im Entwurf eines Umweltgesetzbuches ist die Umweltmediation sogar als mögliches Konfliktlösungsverfahren ausdrücklich vorgesehen.

1.5 Online Dispute Resolution (ODR)

Mit der wachsenden Bedeutung des Internets haben auch **Konflikte** zugenommen, **die ihren Ursprung im Internet haben**, wie bspw. beim Abschluss von Kaufverträgen mit Online-Händlern oder dem Streit um die Vergabe so genannter Internet-Domain-Namen. Zur Beilegung solcher Streitigkeiten haben sich Online-ADR-Verfahren herausgebildet, die seit etwa 1996 verfügbar sind.[548] Für diese Möglichkeit alternativer Konfliktbeilegung hat sich im angloamerikanischen Rechtskreis der Begriff *Online Dispute Resolution (ODR)* entwickelt.

Online Dispute Resolution (ODR) umfasst alle Verfahren, in denen die gesamte Kommunikation, oder zumindest wesentliche Teile davon, elektronisch, insbesondere per E-Mail, erfolgt.[549]

---

544 Niethammer, Anmerkungen zum Mediationsverfahren Frankfurter Flughafen, ZKM 2000, 136 ff.; Busch, Konfliktfall Flughafenerweiterung, Eine kritische Würdigung des Verfahrens 'Mediation – eine Zukunftsregion im offenen Dialog' zum Flughafen Frankfurt/Main; König/Fürst, Mediationsverfahren Flughafen Wien – Zwischenbilanz, ZKM 2002, 164 ff.

545 Ein Viertel der untersuchten Verfahren betrafen Sanierungsmaßnahmen für Altlasten, und das letzte Viertel hatte Themen aus den Bereichen Naturschutz, Verkehr, Chemie und radioaktive Abfälle aus der Medizin zum Inhalt. Zilleßen, Umweltmediation, in: Handbuch zur außergerichtlichen Konfliktregelung, Grundwerk März 1996, S. 14.

546 Zilleßen, Umweltmediation, in: Handbuch zur außergerichtlichen Konfliktregelung, Grundwerk März 1996, S. 7.

547 Zilleßen, Umweltmediation, in: Handbuch zur außergerichtlichen Konfliktregelung, Grundwerk März 1996, S. 8.

548 Melissa Conley Tyler, *115 and Counting: The State of ODR 2004*, <http://www.odr.info/unforum2004>.

549 *National Alternative Dispute Resolution Advisory Council, ADR Terminology: A Discussion Paper*, 2002, S. 34.

ODR-Verfahren nutzen die durch das Internet eröffneten Möglichkeiten nicht nur, um Konflikte innerhalb des online-Bereichs beizulegen, sondern auch verstärkt zur Lösung von Streitigkeiten, die außerhalb des Cyberspace entstehen.[550]

Ein weiterer Bereich, in dem Entwicklungspotential für ODR gesehen wird, sind **Konflikte im öffentlichen Raum** (z.B. umweltrelevante Planungsvorhaben, Bewertungen im Zusammenhang mit der Gentechnik etc.), die sich insbesondere durch einen großen Kreis von Beteiligten auszeichnen. Anvisiert wird hierbei die unterstützende Ergänzung vorhandener Mittel des Managements öffentlicher Konflikte. Für die nähere Zukunft bestehen viele Möglichkeiten für die Anwendung von Online-Technologie im Bereich der Umweltmediation. Die Initiative Psychologie im Umweltschutz e.V. schreibt:[551] „Umweltkonflikte werden quasi per Mausklick gelöst. Alle Stakeholder loggen sich massenhaft in eine Plattform ein, auf der ihre Interaktionen mithilfe eines Mediations-Algorithmus strukturiert werden. Zum Abschluss gibt es eine Face-to-Face-Sitzung zwischen online-gewählten Repräsentanten, die sich – gestützt auf die umfangreiche Problemexploration und den generierten Problemlösungsraum – schnell einigen können."

Kriterien, die ODR geeignet/aussichtsreich erscheinen lassen:

▶ Sehr große Anzahl von Konfliktbeteiligten

▶ Konfliktbeteiligte leben/arbeiten an voneinander entfernten Orten

▶ Unverhältnismäßigkeit der Kosten eines Präsenzverfahrens *(face-to-face)*

▶ Intensiver, persönlicher Kontakt erscheint schwer oder unangemessen

▶ Schwer überschaubare Informationsmenge

▶ Langer Bearbeitungs-/Verfahrenszeitraum

In der Praxis ist **ODR in Deutschland** bisher wenig verbreitet.[552]

1.6 Der Täter-Opfer-Ausgleich (TOA)

Der Täter-Opfer-Ausgleich (TOA)[553] war das erste Anwendungsfeld der außergerichtlichen Konfliktregelung bzw. Mediation in Deutschland, das in Theorie und Praxis Anerkennung gefunden hat. Der TOA enthält – unabhängig von der strafrechtlichen Relevanz des Anlasses – stets ein an Opfer wie Täter gerichtetes Angebot, durch eine außergerichtliche Vermittlung eines unparteiischen Dritten

---

550 Katsh/Rifkin, *Online Dispute Resolution*, 2001, S. 9.

551 Siehe <http://www.wz-berlin.de/~trenel/workshop/umweltmediation_online/Ankuendigung.doc>.

552 Zwei der bekannteren Projekte sind die e-consens GmbH und das Just Fair Projekt. Siehe <http://www.e-consens.de> und <http://www.vernetinfo.de/projekte/projekt-04-justfair-index.htm.>. E-consens bietet seinen Kunden die Wahl zwischen automatisierten Verhandlungsverfahren oder online-Unterstützung durch einen ausgebildeten Vermittler. JustFair führt vor allem online Schiedsgerichtsverfahren durch und bietet ADR-Verfahren für Streitigkeiten im Bereich des Online-Handels an.

553 Trenczek, Mediation im Strafrecht, ZKM 2003, 104–109; Kerner, Mediation beim Täter-Opfer-Ausgleich, in: Haft/Schlieffen, Handbuch Mediation, 2002, § 49 m.w.N.; vgl. zur Mediation im Bereich des Strafrechts auch Huchel, Mediation im strafrechtlichen Ermittlungsverfahren, in: Haft/Schlieffen, Handbuch Mediation, 2002, § 48 m.w.N.

(des Mediators) aktiv und autonom eine gemeinsame, von allen Beteiligten akzeptierte und mitgetragene Regelung oder gar Lösung zu finden, die geeignet ist, Konflikte, Störungen und Ungleichgewichte, die zu der Straftat geführt haben oder durch sie verursacht wurden, beizulegen oder zumindest zu entschärfen.[554] Es gibt heute etwa 400 TOA-Programme, von denen etwa ein Drittel sowohl mit Jugendlichen als auch erwachsenen Straftätern arbeitet.[555]

Angeregt durch den TOA wurden bereits 1991 eine Reihe von neuen Gesetzen zunächst in das Jugendstrafrecht (vgl. §§ 10 Abs. 1 Ziff. 7, 45 Abs. 2 S. 2 JGG) und dann in das allgemeine Strafrechtssystem aufgenommen. Nach § 155 a StPO (eingeführt durch das „Gesetz zur strafrechtlichen Verankerung des Täter-Opfer-Ausgleichs" vom 20.12.1999) sollen Staatsanwaltschaft und Gericht in jedem Stadium des Verfahrens die Möglichkeiten prüfen, einen Ausgleich zwischen Beschuldigtem und Verletztem zu erreichen. Den entscheidenden legislativen Schritt im allgemeinen Strafrecht hat der Gesetzgeber im Dezember 1994 mit der Schaffung des § 46 a StGB gesetzt, nach dem der TOA im Rahmen der Strafzumessung zu berücksichtigen ist. Es besteht in diesem Zusammenhang die Möglichkeit, das Verfahren aufgrund eines bereits initiierten oder durchgeführten TOA nach § 153 b StPO einzustellen. Darüber hinaus kann das Verfahren nach § 153 a Abs. 1 Nr. 5 StPO vom Staatsanwalt mit Zustimmung des Gerichts und des Beschuldigten bei einem Vergehen unter der Auflage von der Anklageerhebung vorläufig abgesehen werden, dass der Beschuldigte sich ernsthaft bemüht, einen TOA durchzuführen. Ausgleichs- und Mediationsgeeignetheit hängen nicht von der Schwere des Delikts ab. Trotz umfangreicher gesetzgeberischer Reformen wird der TOA heute aber immer noch in weniger als 5% aller Strafsachen durchgeführt.

2. Mediationspraxis im Spiegel von Gesellschaft und Recht

Obwohl Mediation gerade im Bereich der Familienmediation längst als erfolgreiches Streitschlichtungsverfahren anerkannt ist, beginnt sie derzeit erst, sich auf breiter Ebene zu etablieren. Professionelle Konfliktlöser sind nur selten an der Lösung zentraler gesellschaftlicher Konflikte wie beispielsweise bei internationalen Konflikten im Nahen Osten oder bei Konflikten im Rahmen der nationalen Sozial- oder Umweltpolitik beteiligt.[556] Betrachtet man jedoch die Entwicklung von Mediation in Deutschland im Vergleich zu Ländern wie Australien oder den USA, in denen sie bereits weit verbreitet ist, erscheint der Prozess vergleichbar, da dort der Etablierung von Mediation ein ebenso langer Entwicklungsprozess vorausgegangen ist.

---

554 TOA-Servicebüro TOA-Standards, Bonn/Hannover 1995; Trenczek, TOA – Grundgedanken und Mindeststandards, ZRP 1992, 130.

555 Viele der Einrichtungen, die TOA-Programme durchführen, sind relativ klein und beschäftigen häufig nur einen Mediator, der weniger als 50 Fälle im Jahr betreut. Das größte TOA-Programm mit 4 hauptamtlichen und 12 ehrenamtlichen Mediatoren und über 600 Fällen jährlich ist die „Waage" in Hannover. Bundesweit werden nach Angaben des TOA-Servicebüros in Köln jährlich etwa 25.000 Fälle behandelt.

556 Bastine, Familienmediation heute, ZKM 2005, 11.

Obwohl die rechtlichen Rahmenbedingungen in den angloamerikanischen Staaten für die Entwicklung von Mediation günstiger sind als in Deutschland, stellt Mediation auch in Deutschland ein wichtiges und effizientes Medium zur Konfliktlösung dar, das traditionellen Streitbeilegungsverfahren in vielerlei Hinsicht überlegen ist. Gerade in Wirtschaftskonflikten mit hohem Streitwert und komplizierten technischen Sachverhalten ist Mediation eine ernst zu nehmende Alternative. Die Umweltmediation hat gezeigt, dass langjährige Streitigkeiten und Prozesse durch die Hinzuziehung eines oder mehrerer erfahrener Mediatoren ganz erheblich verkürzt und zur Befriedigung der verschiedenen Parteien gelöst werden können. Ähnliches gilt für die Familienmediation, die mehr und mehr an die Stelle der gerichtlichen Entscheidung tritt.

2. Abschnitt: Implementierung von Mediation

Unter den Begriff der alternativen Streitbehandlung durch Mediation wird einerseits die Mediation gefasst, die im gerichtsverbundenen Bereich durch Angehörige der Gerichte angeboten wird (gerichtsnahe Mediation), und andererseits die Mediation, die von privaten Institutionen, losgelöst von den Gerichten, durchgeführt wird. Während gerichtsnahe Mediation in vielen angloamerikanischen Rechtsordnungen bereits seit einiger Zeit fester Bestandteil des Prozessrechts ist, befindet sie sich in Deutschland momentan noch in der Erprobungsphase. Um einen breiten Überblick über Mediation in der Praxis zu geben, wurden die deutschen Praxisbeispiele um die Ergebnisse und Erfahrungen aus einer Vielzahl internationaler Mediationsprojekte ergänzt.

1. Gerichtsnahe Mediation

Gerichtsnahe Mediation bezeichnet die alternative Streitbehandlung durch Mediation, die durch eine besondere Nähe zum staatlichen Gerichtsverfahren gekennzeichnet ist. Sie lässt sich anhand der Chronologie der Anwendung in vorgerichtliche und parallelgerichtliche Mediation einteilen.

Unter **vorgerichtlicher Mediation** sind nach einem weiten Verständnis des Begriffs sowohl obligatorische, also zwangsweise vom Gesetzgeber vorgeschriebene Verfahren gütlicher Einigung zu verstehen als auch freiwillige Verfahren, die entweder von den Parteien selbst initiiert oder von Mediatoren vor dem Gerichtsverfahren durchgeführt werden, soweit sie im Sinne der ZPO als gütliche Einigungsversuche anerkannt werden.[557] Daneben findet gerichtsnahe Mediation auch **parallel** zu einem Gerichtsverfahren statt. Das gerichtliche Verfahren wird in der Regel ausgesetzt und die Parteien werden angeregt, ihre Streitigkeit

---

557 Vgl. auch 5. Teil.

einvernehmlich in einer Mediation inner- oder außergerichtlich gemeinsam zu lösen.[558]

Übersicht: Gerichtsnahe Mediation

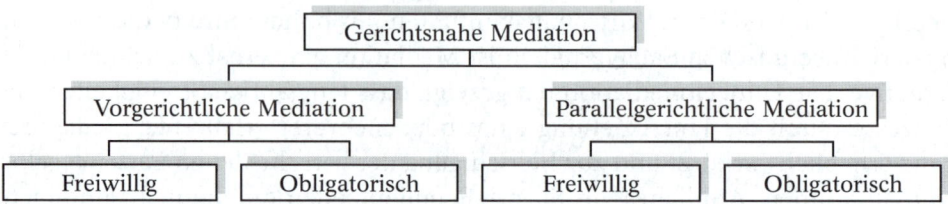

Aus den genannten Kategorisierungsansätzen lassen sich die folgenden fünf primär diskutierten Modelle zur Institutionalisierung gerichtsnaher Mediation ableiten:[559]

1. Mediation durch einen außergerichtlichen Mediator, an den das Gericht die Sache verweist

2. Vermittlung durch den jeweils angerufenen gesetzlichen Richter

3. Ein allgemeines Angebot der Mediation am Gericht parallel zum ZPO-Verfahren und unabhängig von der Anhängigkeit eines Prozesses

4. Das Multidoor-Courthouse mit dem Gericht als zentraler Anlauf- und Verweisungsstelle für alle Streitigkeiten

5. Mediation durch einen in den Ablauf des gerichtlichen Verfahrens eingebundenen, als Mediator geschulten Richter, der nicht gleichzeitig zur Entscheidung berufen ist

Die gerichtsnahe Mediation in Deutschland nimmt derzeit in vielen Bundesländern überwiegend in Form des fünften Modells Gestalt an.[560] In den letzten Jahren sind zudem einige Gesetzesänderungen erfolgt, die auf die weitere Entwicklung und Förderung der gerichtsnahen Mediation i.S.d. Modells zielen.[561]

1.1 Praxis gerichtsnaher Mediation

Ein wesentlicher Bestandteil aller gerichtsnahen Mediationsprogramme ist das Verweisungsverfahren. Dieses Verfahren hat zwei Hauptelemente:

---

558 Vorbild dieser Verfahrensweise ist das so genannte *Multidoor-Courthouse-Modell* in den USA, bei dem im Rahmen einer *„screening conference"* ein neutraler Dritter den Rechtsstreit sowohl in tatsächlicher wie rechtlicher Hinsicht analysiert und mit den Parteien die möglichen Streitbeilegungsmethoden erörtert. Haben sich die Parteien auf das weitere Vorgehen geeinigt, verweist der *„screening officer"* den Rechtsstreit entsprechend weiter. Ausführlich hierzu Birner, Das *Multidoor-Courthouse*, 2003, S. 114 ff.; s.a. Gottwald, Mediation in den USA, in: Henssler/Koch, Mediation in der Anwaltspraxis, 2. Aufl. 2004, S. 209.

559 Vgl. auch Huter, Gerichtsnahe Mediation aus der Sicht der Bayerischen Justiz, ZKM 2004, 248.

560 Zur gerichtsnahen Mediation vgl. Gottwald, „Gerichtsnahe Mediation", in: Haft/Schlieffen, Handbuch Mediation, 2002, S. 421 ff.; Fücker, Strukturelle Hemmnisse gerichtsnaher Mediation, ZKM 2004, 36 ff.; <http://www.lehrstuhl-spindler.uni-goettingen.de/forschung/sonderseiten/Mediation-Links-zum%20Thema.php#_Toc75426216>.

561 Der gesetzliche Rahmen der gerichtsnahen Mediation wurde bereits im 5. Teil, 2. Abschnitt ausführlich dargestellt.

1. den Verweisungsrahmen *(referral framework)* und

2. die Verweisungssystematik, d.h. die Kriterien und die Art und Weise der Anwendung dieser Kriterien.

1.1.1 Verweisungsrahmen

Während in der Praxis verstärkt Wert darauf gelegt wird, den Konflikt und die Konfliktparteien durch die Anwendung spezifischer Verweisungskriterien dem richtigen ADR-Verfahren zuzuordnen,[562] lassen die Ergebnisse empirischer Untersuchungen in diesem Bereich keine eindeutigen Schlussfolgerungen zu. Zudem dürfen Verweisungskriterien nicht isoliert betrachtet werden. Der Ansatz, ADR-Verfahren mithilfe von Verweisungskriterien eindeutig zuordnen zu können, ignoriert die äußeren Faktoren, unter denen die Verweisung erfolgt. Diese äußeren Faktoren haben aber ebenso Einfluss auf die Qualität der Verweisung wie die spezifischen Kriterien. Folgende Faktoren beeinflussen den Rahmen der Verweisung:

1.1.1.1 Rechtliche Grundlage bzw. Legitimierung des Verweisungssystems

Der Verweisungsrahmen kann formell oder informell sein. Formelle Verweisungsrahmen beruhen auf rechtlichen Bestimmungen (z.B. § 15 a EGZPO, § 278 Abs. 5 S. 2 ZPO). Ihre Legitimationsgrundlage ergibt sich aus Gesetzen. Informelle Verweisungsrahmen hingegen ergeben sich aus politischen Programmen oder der Bemühung einzelner Mediationsbefürworter bei den Gerichten oder in deren Umgebung.

1.1.1.2 Ziele der Mediationsprogramme

Die Ziele formeller gerichtsnaher Mediationsprojekte sind häufig in den Gesetzesbegründungen oder im Rahmen informeller Programme in den entsprechenden projektvorbereitenden Dokumentationen zu finden.[563] Zielkategorien derartiger gerichtsnaher Mediationsprogramme enthalten beispielsweise die Verbesserung von Justizdienstleistungen (Mediation als Dienstleistung), den Zugang zum Recht (Mediation als Alternative zum Rechtsweg), die Entlastung der

---

562 Sanders/Goldberg, *Fitting the Forum to the Fuss: A User Friendly Guide to Selecting an ADR Procedure*, (1994) 10 *Negotiation Journal 49*; Birner, Institutionalisierung von außergerichtlichen Verfahren, ZKM 2003, 149; Birner, Das Multi-door Courthouse, 2003; für einen australischen Einblick siehe Sourdin, Alternative Dispute Resolution, 2002, 101-114; Gray, *Multidoor Courthouse*, in: Keilitz, *National Symposium on Court-connected Dispute Resolution Research*, 1993; Jenkel, Der Streitschlichtungsversuch als Zulässigkeitsvoraussetzung in Zivilsachen, 2002; Foerste, Die Güteverhandlung im künftigen Zivilprozess, NJW 2001, 3103; Beunings, Die obligatorische Streitschlichtung im Zivilprozess, AnwBl. 2004, 82–87; Rüssel JuS 2003, 380; Wolfram-Korn/Schmarsli, Außergerichtliche Streitschlichtung in Deutschland, 2001; Wesche MDR 2003, 1029.

563 Zweck des § 15 a EGZPO ist die Entlastung der Gerichte erster Instanz sowie eine Erleichterung der außergerichtlichen Streitvermittlung für die Parteien, vgl. Thomas/Putzo, ZPO, 25. Aufl. 2003, § 15 a EGZPO, Rdnr. 1; BT-Drs. 14/980: „Durch den vom Rechtsausschuss beschlossenen Gesetzesentwurf soll eine Öffnungsklausel in das Gesetz betreffend der Einführung der ZPO (EGZPO) aufgenommen werden, die es dem Landesgesetzgeber ermöglicht, obligatorische Schlichtungsverfahren in dafür geeigneten Bereichen einzuführen. Eine Entlastung erstinstanzlicher Gerichte soll dadurch gefördert werden."

Gerichte, die Förderung der Selbstbestimmung der Parteien, die Veränderung der Beziehungen der Parteien sowie die Bewirkung von gesellschaftlichen Veränderungen, insbesondere der vorherrschenden Streitkultur.[564]

Von der Zielsetzung des ADR-Programms sind die Schwerpunktsetzung durch den ADR-Praktiker, des Verfahrens selbst und die Kriterien für den Erfolg des Programms abhängig. Wenn der Erfolg beispielsweise davon abhängt, dass eine Beilegung des Konflikts erreicht wird, dann erfolgt eine Verweisung nur dann, wenn eine Beilegung auch wahrscheinlich erscheint, was den direkten Einfluss des Verweisungsrahmens auf die Verweisungssystematik verdeutlicht.[565]

1.1.1.3 Motivation der Parteien

Im Hinblick auf die Motivation zur Teilnahme am Mediationsverfahren erfolgt die Einteilung in der Regel in zwei Kategorien: freiwillig oder obligatorisch.

Eine klare Trennung dieser Kategorien fällt mit der Fortentwicklung dieser Bereiche zunehmend schwer. So können sich beispielsweise Teilnehmer freiwilliger Programme dazu gedrängt fühlen, dem Vorschlag eines Richters, an einer Mediation teilzunehmen, zu folgen, insbesondere wenn eben dieser Richter die gerichtliche Verhandlung führen wird, falls die Parteien nicht zur Mediation gehen. In einer solchen Situation kann bei den Parteien die Befürchtung entstehen, dass der Richter ihnen gegenüber voreingenommen sein könnte, wenn sie das Mediationsverfahren ablehnen.

Im Hinblick auf obligatorische Mediation entscheiden sich viele Richter für einen solchen Entschluss, (1.) wenn sie der Meinung sind, dass gute Aussichten für eine Konfliktbeilegung durch die Mediation bestehen und (2.) wenn beide Parteien keine schwerwiegenden Einwendungen gegen ein solches Verfahren vorbringen. Diese Art von Verweisung wird als *soft mandatory* (nachgiebig obligatorisch) bezeichnet.[566] Ferner erfordern viele obligatorische Programme zwar typischerweise die Anwesenheit der Parteien bei der Mediation, es ist jedoch nicht immer definiert, wie diese Teilnahme zu erfolgen hat. In den angloamerikanischen Rechtsordnungen ist inzwischen ein Trend dahingehend zu beobachten, dass eine Teilnahme an der Mediation nach den Regeln von Treu und Glauben *(good faith)* verlangt wird.[567]

1.1.1.4 Beziehung des Mediators zum Gericht

Zunächst muss im Rahmen von gerichtsnahen Mediationsprogrammen zwischen Fallmanager – „Verweiser" *(gatekeeper)* – und Mediator unterschieden

---

564 Breidenbach, Mediation, 1995, S. 120.

565 Siehe z.B. die durch case law entwickelten Verweisungskriterien der australischen Gerichte: Rajski v Tectran Corp Pty Ltd [2003] NSW 477 (unreported, Palmer J 27 May 2003) in the *Supreme Court of NSW*.

566 Alexander, *Global Trends in Mediation: Riding the Third Wave*, in: Alexander, *Global Trends in Mediation*, 2003, S. 24.

567 Kovach, 1997, zitiert nach Spencer/Altobelli, *Dispute Resolution in Australia*, 2005, S. 488–493.

werden. Die Person des Fallmanagers spielt in der gerichtsnahen Mediation eine große Rolle und beeinflusst den Verweisungsprozess nachhaltig.

Typischerweise erfolgt das Fallmanagement durch:

1. Richter
2. Rechtspfleger
3. sonstige Beamte oder Angestellte des Gerichts

Die Mediatoren von gerichtsnahen Mediationsprogrammen stammen aus den verschiedensten Bereichen. Zu unterscheiden sind insbesondere

---

1. Gerichtsinterne Mediatoren

a) Richter
b) Rechtspfleger
c) angestellte Mediatoren und ADR-Praktiker

2. Gerichtsexterne Mediatoren

a) externe ADR-Organisation(en)
b) anerkannte und zugelassene Mediatoren (d.h. externe Mediatoren, die durch das Gericht anerkannt worden sind)
c) Mediatoren, die von den Parteien selbst gewählt worden sind; entweder von einer Liste des Gerichts oder vom freien Markt

3. Kombinationen aus gerichtsinternen und gerichtsexternen Mediatoren

---

Die verschiedenen Modelle variieren vor allem in Bezug auf das Ausmaß der Kontrolle des Gerichts über den Mediationsprozess. Wird die Mediation durch Richter oder andere gerichtsinterne Mediatoren durchgeführt, so besteht das Risiko, dass die Nähe zum Gericht das Mediationsverfahren beeinflusst oder die Verhandlung auf rechtliche Aspekte des Falles beschränkt wird. Andererseits kann ein offenes Modell, welches die Parteien ihre Mediatoren vom freien Markt wählen lässt, dazu führen, dass die Qualität der Mediatoren und auch die Fairness des Verfahrens variiert oder gar gefährdet wird. Ein Ausweg aus diesem Dilemma ist die Schaffung allgemein verbindlicher Standards und Ausbildungsrichtlinien für Mediatoren in gerichtsnahen Mediationsprogrammen. Auf diese Weise kann die Qualität des Verfahrens gewährleistet werden, während gleichzeitig die Flexibilität eines marktoffenen Ansatzes erhalten bleibt.

1.1.1.5 Ort der Durchführung des ADR-Verfahrens

Der Ort der Mediation spielt eine wichtige Rolle in Bezug auf die Einstellung der Parteien zur Mediation. Wird die Mediation im Gerichtsgebäude abgehalten, kann beispielswese die Nähe zum rechtlichen Verfahren die Mediation dominieren.

1.1.1.6 Zeitpunkt der Mediation

Die Durchführung des Mediationsverfahrens kann vor Klageeinreichung erfolgen oder zu verschiedenen Zeitpunkten zwischen Einreichung und mündlicher Verhandlung. Obwohl weithin Einigkeit darüber besteht, dass die Durchführung eines Mediationsverfahrens zu einem früheren Zeitpunkt bessere Resultate erzielt als die spätere Durchführung der Mediation, haben Untersuchungen keinen Zusammenhang zwischen dem Zeitpunkt der Mediation und der Zufriedenheit der Parteien und einer erfolgreichen Beilegung des Konflikts ergeben.

Einer der Gründe hierfür ist die Schwierigkeit, den Zeitpunkt der Durchführung des ADR-Verfahrens von anderen Faktoren abzugrenzen, zum Beispiel von der „Reife" des Konflikts für Mediation bzw. für ein anderes ADR-Verfahren oder von der Qualität der Verweisung (siehe unten 1.1.2).[568]

1.1.1.7 Finanzierung des ADR-Verfahrens

Grundsätzlich können zwei Modelle zur Finanzierung der gerichtsnahen Mediation unterschieden werden: Entweder fallen die Kosten der Mediation den Parteien zur Last oder sie werden vom Staat übernommen. In den meisten Common Law Systemen herrscht das parteienfinanzierte Modell vor. Bei den in Deutschland gängigen Modellen der gerichtsnahen Mediation und einigen anderen Civil Law Systemen dagegen wird Mediation als Service der Gerichtsbarkeit angeboten. Insbesondere, wenn die Mediationen von Richter-Mediatoren durchgeführt werden, übernimmt der Staat entweder die Kosten oder diese sind Teil der normalen Prozesskosten.[569]

1.1.1.8 Berichterstattungspflichten des Mediators

In vielen gerichtsnahen Mediationsprogrammen erstatten die Mediatoren über die durchgeführten Sitzungen Bericht. Dies geschieht meist in Form von Formularen, die die Bezeichnung des Falles, den Zeitpunkt der Mediation, das Ergebnis, also ob ein Vergleich geschlossen wurde oder welche Punkte weiterhin streitig sind, und eventuell die weitere Vorgehensweise des Gerichts betreffen.[570] Dabei werden in der Regel keine Angaben über den Ablauf der Mediation oder das Verhalten der Parteien gemacht, um die Vertraulichkeit der Mediationssitzung nicht zu gefährden.

1.1.2 Verweisungssystematik

Die Verweisungssystematik umfasst die Verweisungskriterien und die Art und Weise der Anwendung dieser Kriterien.

---

568 Astor/Chinkin, *Dispute Resolution in Australia*, 2002, S. 280; Mack, *Court Referral to ADR: Criteria and Research*, 2003, S. 40; Koch, Einführung in: Henssler/Koch, Mediation in der Anwaltspraxis, 2. Aufl. 2004, S. 31.

569 Vgl. hierzu Prujiner, *Developments in Mediation in Quebec and Canada*, in: Alexander, *Global Trends in Mediation*, 2002, S. 123.

570 Ähnliche Formulare werden auch von den Schiedsleuten benutzt, um das Ergebnis der Schlichtungsversuche zu dokumentieren.

Als **Verweisungskriterien** werden die Faktoren bezeichnet, anhand derer entschieden wird, ob ein Konflikt für Mediation geeignet ist oder nicht. Anderenfalls erfolgt entweder eine Verweisung auf ein anderes ADR-Verfahren oder es folgt ein Gerichtsverfahren.

Die Entscheidung, ob ein Konflikt für eine Mediation geeignet ist oder nicht, hängt vor allem davon ab, welche Ziele mit dem Mediationsverfahren erreicht werden sollen. Darüber hinaus ist die Entscheidung auch davon abhängig, aus welcher Perspektive diese Frage betrachtet wird. Das Gericht wird sich häufig von anderen Faktoren leiten lassen als die Parteien. Entscheidungskriterien für das Gericht kann die mit der Verweisung verbundene Reduzierung der Anzahl anhängiger Fälle oder die Erforderlichkeit einer juristischen Grundsatzentscheidung sein.

Verweisungskriterien können in zwei Kategorien eingeteilt werden:[1]

1. Primäre (grundlegende) Kriterien, die als erste verfahrensabhängige Filter für die Eignung zur Mediation dienen, und
2. sekundäre Kriterien, welche auf empirischen Studien und Erfahrung beruhen und relevant für die Wahrscheinlichkeit einer Einigung durch Mediation sind.

---

1 Diese Kategorien und Kriterien basieren auf Kathy Macks Report für das *National Alternative Dispute Resolution Advisory Council* in Australien: Mack, *Court Referral to ADR: Criteria and Research*, 2003, S. 57 ff.

Die erste Kategorie der grundlegenden oder primären Kriterien beruht auf den Werten oder Verfahrensrichtlinien des jeweiligen Mediators, des Mediationsprogramms oder der Mediationsstelle. Dementsprechend müssen primäre Kriterien mit den festgelegten Zielkategorien übereinstimmen. Nicht alle Kriterien lassen sich eindeutig in diese Kategorien einordnen.

Primäre Kriterien:

▶ *Machtungleichgewicht zwischen den Parteien.*[1] ADR-Verfahren setzen voraus, dass die Parteien die Möglichkeit haben, ihre Bedürfnisse und Interessen effektiv zu äußern. Ein wesentliches Machtungleichgewicht zwischen den Parteien hindert zumindest eine Partei daran, dies tun zu können. Beispielsweise müssen beide Parteien die rechtlichen und tatsächlichen Möglichkeiten haben, verbindliche Entscheidungen zu treffen und Vereinbarungen eingehen zu können. Andere Beispiele von Machtungleichgewicht sind die Angst einer Partei vor Gewalt seitens des Gegenübers sowie psychische Erkrankungen oder geistige Behinderung einer Partei, die ohne entsprechende Unterstützung am Verfahren teilnimmt.

▶ *Kosten der Mediation und anderer Verfahren im Verhältnis zu den Vorteilen des jeweiligen Verfahrens.* Mediation ist nicht immer zwangsläufig kostengünstiger als ein Gerichtsverfahren. Vielmehr müssen die Kosten im Zusammenhang mit dem konkreten Konflikt eingeschätzt werden.

▶ *Flexibilität der Konfliktlösung.* Wenn es den Parteien auf eine Lösung ihres Konflikts ankommt, die mithilfe des Gerichts nicht erreicht werden kann, sind ADR-Verfahren vorzuziehen. Bspw. kann ein Gericht keinen Vertrag zwischen Parteien neu verhandeln. In der Mediation ist dies problemlos möglich. In umweltbezogenen Konflikten fehlt manchen Parteien die Fähigkeit, als Partei am Rechtsstreit teilnehmen zu können, sie können jedoch Partei eines ADR-Verfahrens sein.

---

1 Ausführlicher zu Machtungleichgewichten vgl. Astor/Chinkin, 2. Aufl. 2002, S. 280; Dieter/Montada/Schulz, Gerechtigkeit im Konfliktmanagement und in der Mediation, 2000; Mähler, Streitschlichtung – Anwaltssache: hier Mediation, NJW 1997, 1265.

> *Öffentliches Interesse an einer formellen, staatlichen und bindenden Entscheidung.* In bestimmten Fällen verlangt das öffentliche Interesse nach einem staatlichen Forum, in dem eine rechtlich bindende und öffentlich bekannte Entscheidung getroffen wird. Beispiele dafür sind verfassungsrechtliche Fälle, Fragen öffentlichen Verfahrens, Fälle, in denen es notwendig ist, die Öffentlichkeit auf bestimmte illegale Vorgehensweisen aufmerksam zu machen wie z.B. der Betrug an Verbrauchern und Fälle, in denen ein Bedürfnis für die öffentliche Sanktionierung bestimmter Verhaltensweisen besteht. Sollte eine Rechtsfrage von grundlegender Bedeutung zu entscheiden sein, kann auch dies vom Gericht als Angelegenheit öffentlichen Interesses gewertet werden, auch wenn es aus der Perspektive der Parteien kein grundlegendes Kriterium darstellt.
> *Richterliche Verfügungen.* Richterliche Verfügungen wie zum Beispiel die Verfügung, sich der anderen Partei nur bis zu einem bestimmten Abstand nähern zu dürfen, können eine Präsenzmediation erschweren.

Sekundäre Kriterien:[571]

Die zweite Kategorie von Verweisungskriterien beinhaltet Faktoren, die voraussichtlich zur Zufriedenheit der Parteien mit dem Mediationsverfahren und einer möglichen Einigung beitragen. Sie werden als sekundäre Faktoren bezeichnet, weil sie in der Regel nicht auf den Verfahrensrichtlinien der Mediationsanbieter beruhen. Sie werden vielmehr als Indikatoren für die Mediationseignung von Konflikten angesehen. Die aufgeführten Indikatoren sind nur zum Teil durch empirische Befunde belegt.

Empirisch bestätigte Verweisungskriterien:

> *Das Vorhandensein einer persönlichen oder geschäftlichen Beziehung.* In der Regel ist die Bereitschaft zur Mediation und der Erfolg größer, wenn die Parteien in einer geschäftlichen oder sonstigen Beziehung stehen.
> *Die Teilnahme von Parteien oder Vertretern mit der Befugnis, über eine Einigung und andere Ergebnisse verbindlich zu entscheiden.* Die Beteiligung von Parteien, die die Befugnis haben, über eine Einigung verbindlich zu entscheiden, ist ein Merkmal, das sowohl die Wahrscheinlichkeit der Konfliktbeilegung als auch den Zufriedenheitsgrad mit Mediation und anderen ADR-Verfahren erheblich beeinflusst. Die Bedeutung dieses Merkmals konnte durch empirische Untersuchungen belegt werden. In Australien beispielsweise können Gerichte im Rahmen ihrer Verweisungskompetenz Parteien mit der Befugnis, über eine Einigung und andere Ergebnisse verbindlich zu entscheiden, dazu zwingen, an der Mediation persönlich teilzunehmen.
> *Wesentliche, nicht verhandelbare Unterschiede in den Wertvorstellungen.* Erhebliche Unterschiede in den Wertvorstellungen haben negative Auswirkungen auf die Wahrscheinlichkeit, eine Einigung der Parteien zu erreichen, insbesondere wenn sie in ohnehin angespannten Konfliktsituation auftreten.
> *Die Intensität des Konflikts.* Je intensiver oder eskalierter der Konflikt ist, desto weniger wahrscheinlich ist eine Einigung.
> *Die rechtliche Vertretung der Parteien.* Die Einstellung und Funktion der Anwälte spielt eine bedeutende Rolle in Bezug auf den Erfolg in Mediationsverfahren. Eine Einigung und Zufriedenstellung der Parteien ist wahrscheinlicher, wenn die Anwälte das Verfahren und den Mediator durch kooperatives Verhandeln unterstützen. Anwälte können auch dazu beitragen, Machtunterschiede zwischen den Parteien auszugleichen. In Fällen, in denen Anwälte den Eindruck haben, den Einfluss über das Verfahren zu verlieren, ist eine Beilegung hingegen weniger wahrscheinlich.

---

571 Der folgende Abschnitt basiert auf der Metastudie von Kathy Mack zu Verweisungskriterien in Mack, *Court Referral to ADR: Criteria and Research*, 2003, S. 61 ff.

Empirisch nicht bestätigte Verweisungskriterien:

▶ *Der Streitgegenstand.* Obwohl vertreten wird, dass bestimmte Kategorien von Rechtsstreitigkeiten wie Familien-, Erbrechts- und Nachbarschaftsstreitigkeiten eher für Mediationsverfahren geeignet sind als andere, lassen die empirischen Untersuchungen in diesem Punkt keine eindeutigen Schlüsse zu. § 15 a EGZPO ist ein Beispiel für eine Rechtsvorschrift, bei der bestimmte Falltypen als primäre Verweisungskriterien aufgenommen wurden. Folgende Falltypen können danach zur Mediation verwiesen werden: Streitigkeiten über Ansprüche aus dem Nachbarrecht sowie Streitigkeiten über Ansprüche wegen Verletzung der persönlichen Ehre, die nicht in Presse oder Rundfunk begangen worden sind.

▶ *Der Streitwert.* Es gibt keine empirischen Beweise, die darauf hindeuten, dass Konflikte mit niedrigeren Streitwerten oder mit höheren Streitwerten mehr oder weniger geeignet sind für Mediationsverfahren. Dennoch werden nach § 15 a EGZPO allgemein vermögensrechtliche Streitigkeiten vor dem Amtsgericht über Ansprüche, deren Gegenstand an Geld oder Geldeswert die Summe von 750 Euro nicht übersteigt, zur ADR bzw. Mediation verwiesen.

▶ *Streit über Tatsachen.* Während eine Reihe von Autoren der Ansicht ist, dass die Beilegung von Konflikten, in denen noch Tatsachen streitig sind, mittels Mediation eher unwahrscheinlich ist, gibt es keinerlei empirischen Beweis, der diese Meinung unterstützt. Untersuchungen von Brett, Barsness und Goldberg deuten darauf hin, dass weder die Rate der beigelegten Konflikte noch die Zufriedenheit der Parteien mit dem Verfahren davon beeinflusst wird.[1]

▶ *Komplexität der Auseinandersetzung.* Im Hinblick auf den Einfluss von mehreren bzw. komplexen Streitpunkten auf die Konfliktbeilegung und die Zufriedenheit der Parteien werden in der Literatur unterschiedliche Meinungen vertreten. Einige Autoren verteidigen die Eignung von Mediationsverfahren für komplexe Konflikte,[2] andere vertreten die gegenteilige Meinung. Die empirischen Befunde zu dieser Frage sind ebenfalls widersprüchlich.

▶ *Mehrere Parteien.* Während einige Autoren die Meinung vertreten, dass ADR-Verfahren flexibel genug sind, um auch den besonderen Anforderungen von Streitigkeiten zwischen mehreren Parteien gerecht zu werden,[3] sind die Untersuchungsergebnisse hinsichtlich der Frage, welchen Einfluss die Beteiligung mehrerer Parteien auf eine Beilegung des Streits hat, widersprüchlich.

▶ *Soziale Merkmale wie Geschlecht, Alter, ethnische Zugehörigkeit, wirtschaftlicher Status.* Mediation ist von einigen Autoren als der weibliche Weg der Konfliktbeilegung begrüßt worden.[4] Andere wiederum haben die Ansicht geäußert, dass gerade Frauen in Mediationsverfahren benachteiligt werden, da der sonst vorhandene Schutz durch das Gericht fehlt.[5] Empirische Untersuchungen haben indes keine dieser Behauptungen unterstützen können.[6] Ferner gibt es keine Beweise dafür, dass Alter, wirtschaftlicher Status und Ausbildung das Empfinden von Fairness und Zufriedenheit in der Mediation beeinflussen. Einige Studien deuten jedoch darauf hin, dass ethnische Minderheiten durch Mediationsverfahren Nachteilen ausgesetzt sind. Mack weist allerdings darauf hin, dass es problematisch ist, das Merkmal der ethnischen Zugehörigkeit von anderen Faktoren abzugrenzen, z.B. dem Fehlen rechtlicher Vertretung oder dem Umstand, dass eine Partei, die das erste Mal an einer Mediation teilnimmt, einer in Mediationsverfahren erfahrenen Partei gegenübersteht.

1 Bret/Barsness/Goldberg, *The Effectiveness of Mediation: An Independent Analysis of Cases Handled by Four Major Services Providers*, 12 Negotiation Journal 1996, 266.

2 Birner, Das Multi-Door Courthouse, 2003, S. 143.

3 Duve, Eignungskriterien für die Mediation, in: Henssler/Koch, Mediation in der Anwaltspraxis, 2. Aufl. 2004, S. 188.

4 Kolb/Coolidge, *Her place at the table: A consideration of gender issues in negotiation*, in: Rubin/Breslin, *Negotiation Theory and Practice*, 1991, S. 264–266 und 379; Babcock/Laschever, *Women Don't Ask: Negotiation and the Gender Divide*, 2003, 168 f. und 172 f.; Halpern/McLean Parks, *Vive la Différence: Differences between Males and Females in Process and Outcomes in a Low-Conflict Negotiation*, (1996) The International Journal of Conflict Management, 45–70.

5 Astor/Chinkin, *Dispute Resolution in Australia*, 2. Aufl. 2002, S. 168.

6 Mack, *Court Referral to ADR: Criteria and Research*, 2003, S. 63.

Daneben können sich auch rechtlich verbindliche Kriterien entwickeln. Diese entstehen vor allem aus der Verweisungspraxis der Gerichte und aus Rechtsprechung hierzu. Sie definieren einerseits Inhalt und Auslegung bestimmter Kriterien und verdeutlichen andererseits, auf welche Kriterien sich die Gerichte am stärksten stützen, und sind daher von großer praktischer Bedeutung. Sie können außerdem in Common-Law-Ländern durch die Schaffung von Präzedenzfällen Rechtskraft erlangen.

Exkurs: Verweisungskriterien australischer Gerichte:[1]

▶ Das Verhältnis der Parteien zueinander: Gewalt oder gegenseitige Abneigung der Konfliktparteien sind z.B. Faktoren, die eher für ein Gerichtsverfahren als für Mediation sprechen;
▶ frühere Beilegungsversuche und deren Verlauf;
▶ Komplexität des Gerichtsverfahrens;
▶ Einsatz von Ressourcen – Zeit, Geld, Emotionen, die für Mediation oder ein Gerichtsverfahren erforderlich sind – im Verhältnis zum Streitwert;
▶ Auswirkungen auf Ressourcen des Gerichts im Verhältnis zum Streitwert;
▶ Einstellung der Parteien zu Mediationsverfahren und ihre aufrichtige Bereitschaft, den Konflikt lösen zu wollen;
▶ Zuordnung der Ziele der Parteien bei der Lösung des Konflikts zu einem geeigneten ADR-Verfahren;
▶ Gesundheit der Beteiligten;
▶ Fähigkeit der Parteien, für sich selber verhandeln zu können.

---

1 Siehe die australische Entscheidung im Fall Rajski v Tectran Corp Pty Ltd [2003] NSW 477 (unreported, Palmer J 27 May 2003) in the *Supreme Court of NSW*.

Wie genau jedes einzelne dieser Kriterien zu bewerten ist, ist bislang unklar. Jedoch ist zu erkennen, dass einzelne Kriterien, losgelöst von ihrem Kontext, wenig Aufschluss über die Erfolgswahrscheinlichkeit des Mediationsverfahrens geben. Viel wahrscheinlicher ist, dass ein Bündel von Kriterien zusammen erheblichen Einfluss auf den Mediationserfolg hat. Der bedeutendste Faktor für eine Beilegung des Konflikts und die Zufriedenheit der Parteien mit der Mediation ist vielleicht die Befähigung des jeweiligen Mediators.[572] Diese Annahme konnte allerdings bislang empirisch nicht belegt werden.

Trotz der Komplexität der Probleme im Zusammenhang mit der Verweisung von Konflikten zur Mediation haben sich bislang keine allgemein verwendeten **Verfahren** für die Ausübung des Verweisungsermessens entwickelt. Die Entscheidung hinsichtlich der Geeignetheit für ein Mediationsverfahren ist somit häufig der intuitiven Entscheidungsgewalt der mit der Verweisung betrauten Person überlassen. In den Fällen, in denen es Richtlinien für die Ausübung des Verweisungsermessens gibt, erfolgt dies häufig über Checklisten, die in der Regel eine Bewertung der Beziehung der Konfliktparteien, der Art des Konflikts und anderer damit im Zusammenhang stehender Faktoren vorsehen.

---

572 Mack, *Court Referral to ADR: Criteria and Research*, 2003, S. 67.

Eine inzwischen an den so genannten Multi-Door Courthouses weit verbreitete Methode der Zuordnung einzelner Fälle ist von Sander und Goldberg in dem Artikel *„Fitting the Forum to the Fuss"* vorgestellt worden.[573]

Exkurs: Das *Multi-Door Courthouse*[1]

Das Multi-Door Courthouse ist ein Modell für die Institutionalisierung gerichtsnaher Mediation, in dem das Gericht über die Eignung eines bestimmten ADR-Verfahrens zur Beilegungen eines Konflikts entscheidet und die Parteien dann entsprechend verweist. Das Gericht ordnet den Konflikt also einem bestimmten ADR-Verfahren zu. Die verschiedenen Türen des Gerichts versinnbildlichen die Bandbreite an verschiedenen ADR-Verfahren.

Das Konzept des Multi-Door Courthouses wurde zuerst 1976 von Professor Frank Sander beschrieben im Rahmen des Versuchs, Wege aufzuzeigen, wie für Parteien, die mit dem Rechtssystem unzufrieden sind, der Zugang zum Recht verbessert werden könnte.[2] Während das Multi-Door Courthouse heute viele verschiedene Ausgestaltungen gefunden hat, umfasste das Modell von Sander alle ADR-Angebote, die vom Gericht selber durchgeführt wurden, ohne Verweisung auf gerichtsexterne Verfahren. Die Vision des Multi-Door Courthouses von Sander kann mithin als eine Art gerichtsnaher ADR eingeordnet werden. Versinnbildlicht stellt des Multi-Door-Courthouse ein großes Gerichtsgebäude mit vielen Türen dar; jede Tür führt zu einem anderen ADR-Verfahren. Andere Variationen eines Multi-Door Courthouses beziehen auch Verweisungen auf externe ADR-Praktiker und Organisationen mit ein. Die einzelnen Verweisungsmodelle unterscheiden sich auch im Hinblick auf ihren Verweisungsrahmen, je nachdem ob sie freiwillig oder obligatorisch sind oder in welchem Verfahrensstadium sie einsetzen.[3]

Der Ausdruck Multi-Door Courthouse wird heute vor allem in den USA benutzt, um eine bestimmte Form gerichtsnaher ADR zu bezeichnen, die besonderen Wert legt auf die Systematik, mit der Konflikte ADR-Verfahren zugeordnet werden. Ähnliche Programme in anderen Rechtsordnungen werden einfach als gerichtsnahe Mediation oder gerichtliche Mediation *(court ADR)* bezeichnet.

---

1 Birner, Das Multi-Door Courthouse, 2003; von Schlieffen, Mediation und Rechtsstaat – Chancen einer neuen Konfliktordnung, in: Haft/Schlieffen, Handbuch Mediation, 2002, § 7 Rdnr. 56, 61; Gottwald, Gerichtsnahe Mediation, in: Haft/Schlieffen, Handbuch Mediation, 2002, S. 425; Gottwald, Mediation in den USA – ein Wegweiser, in: Henssler/Koch, Mediation in der Anwaltspraxis, 2. Aufl. 2004, S. 204 ff.; Sander/Duve, Das Multi Door-Courthouse, in: Gottwald u.a., AKR-Handbuch, 3.3.3.1; Trossen, Integrierte Mediation, in: Haft/Schlieffen, Handbuch Mediation, 2002, § 18 Rdnr. 70; Breidenbach, Mediation, 1995, S. 12, 18, 53 f. m.w.N.; zum Multi-Door Courthouse online siehe <http://itmatters.com.ph/column/parlade_10092003.html>.

2 Sander, *Varieties of Dispute Processing*, in: Levin/Wheeler, *The Pound Conference: Perspectives on Justice in the Future*, 1979.

3 Birner analysiert zwei Beispiele veschiedener Multi-Door Courthouse-Verfahren: Das Middlesex Multi-Door Courthouse in Cambridge MA und das Multi-Door Courthouse des Superior Court des District of Columbia in Washington D.C, USA. Näher dazu siehe Birner, Institutionalisierung von außergerichtlichen Verfahren, ZKM 2003, S. 149 und Birner, Das Multi-Door Courthouse, 2003. Für generelle Information siehe Gray, *Multi-Door Courthouse*, in: Kelitz, *National Symposium on court-Connected Dispute Resolution Research*, 1993; Finkelstein, *The DC Multi-Door Courthouse*, (1986) 69 Judicature 305; Ray/Clare, *The Multi-Door Courthouse Idea – Building the Courthouse of the Future ... Today*, (1985) 1 Ohio Journal on Dispute Resolution 7; Stempel, *Reflections on Judicial ADR and the Multi-Door Court House at Twenty: Fait Accompli, Failed Overture, or Fledgling Adulthood?*, (1996) 11 Ohio Journal on Dispute Resolution 297.

Bei routinemäßigen obligatorischen ADR-Programmen treten gesetzliche Bestimmungen als Grundlage der Verweisung an die Stelle des gerichtlichen Ermessens. Wenn die festgelegten Voraussetzungen gegeben sind, müssen die Parteien zunächst ein ADR-Verfahren durchführen, bevor sie ihre Klage bei Gericht einreichen können. In den meisten Programmen dieser Art sind die Kriterien

---

573 Sander/Goldberg, *Fitting the Forum to the Fuss: A User Friendly Guide to Selecting an ADR Procedure*, (1994) 10 Negotiation Journal 49.

einfach festzustellen, z.B. bei Klagen unterhalb eines bestimmten Streitwertes oder Klagen, die in einen bestimmten rechtlichen Bereich fallen. In allen anderen Fällen bleibt die Verweisung eine Ermessensentscheidung. Der Entschluss, einen Fall zur Mediation zu verweisen oder nicht, ist letztlich eine subjektive Entscheidung. Es gibt eine Vielzahl verschiedener Methoden, wie Verweisungskriterien angewendet werden können. Die folgende Liste zeigt die Ansätze, die dabei am weitesten verbreitet sind.

Ansätze zur Verwendung von Verweisungskriterien:

▶ Der Vermutungsansatz *(presumptive approach)*. Alle Fälle werden zur Mediation verwiesen, es sei denn, dass eine Partei beweist, dass der Fall für Mediation ungeeignet ist. Der Vermutungsansatz kann auch in Kombination mit einer *opt-out* Möglichkeit durchgeführt werden, die es den Parteien erlaubt, sich gegen eine Mediation zu entscheiden, ohne die Ungeeignetheit ihres Falles für ADR-Verfahren nachweisen zu müssen.

▶ Der Bewertungsansatz *(assessment approach)*. Die Eignung zur Mediation ist anhand bestimmter Kriterien zu beurteilen.

▶ Der Zuordnungsansatz *(matching approach)*. Kriterien sind im Hinblick auf das am besten geeignete ADR-Verfahren zu beurteilen und abzuwägen. Dieses Verfahren ähnelt dem Bewertungsansatz, ist aber insofern weitreichender, als die Kriterien in Anbetracht einer Reihe von ADR-Verfahren zu beurteilen sind, in der Regel in Bezug auf Mediation, *neutral evaluation* und Schiedsverfahren. Dieses Verfahren wird in Multi-Door Courthouse-Programmen in den USA verwendet.[1]

▶ Der Mindesteignungsansatz *(minimum eligibility approach)*. Sofern bestimmte grundlegende Kriterien erfüllt sind und die Parteien nicht widersprechen, wird ein Fall zur Mediation verwiesen.

---

1 Ein Beispiel dafür, wie die Verweisungskriterien analysiert und abgewogen werden können: Sander/Goldberg, *Fitting the Forum to the Fuss: A User-Friendly Guide to selecting an ADR-Procedure*, (1994) 10 Negotiation Journal 49.

Praktisch gibt es eine Reihe verschiedener Wege, Verweisungsverfahren durchzuführen. So kann die Abwägung der Verweisungskriterien vollständig im Rahmen eines **schriftlichen Verfahrens** erfolgen. Die Verweisungsentscheidung wird allein aufgrund der Aktenlage getroffen.

Eine andere Möglichkeit besteht darin, die Frage der **Verweisung im frühen ersten Termin** oder im Gütetermin in Anwesenheit der rechtlichen Vertreter der Parteien und manchmal der Parteien selbst zu erörtern.

Ein weiterer Ansatz ist die Durchführung eines **zweistufigen Verfahrens**, bei dem auf der ersten Stufe eine Art Ausschlussverfahren, auch kategorische Verweisung genannt, durchgeführt wird. So werden bspw. beim *Multi-Door Courthouse*-Programm in Washington grundsätzlich alle Verkehrsschadenfälle der Schiedsgerichtsbarkeit zugewiesen. Hiermit wird bereits eine Vielzahl von Fällen herausgefiltert. Auf der zweiten Stufe, der individuellen Diagnose, werden die Parteien mittels eines Fragebogens über ihre Sichtweise des Konflikts und ihre Verfahrensinteressen befragt. Dabei werden objektive und subjektive Kriterien abgefragt und mit Zahlenwerten den jeweiligen ADR-Verfahren zugeordnet. Anschließend werden die objektiven Werte addiert und mit den subjektiven multipliziert. Das ADR-Verfahren mit den höchsten Werten wird als das optimale vermutet. Eine endgültige Entscheidung ergeht später durch den zuständigen Richter, der die Berechnung zur Entscheidungsfindung heranziehen kann, dies aber nicht tun muss.[574] Diese Verweisungsmethode ist auf die individuellen Umstände abgestimmt, stellt jedoch gleichzeitig ein sehr arbeitsintensives Verfahren dar.

Ähnlich aufwändig ist ein viertes Verfahren, die individuelle **Screening Conference** (siehe z.B. das *Middlesex Multi-Door Courthouse in Cambridge, MA,* in den USA[575]), bei dem eine neutrale dritte Person *(Screening Officer)* in tatsächlicher und rechtlicher Hinsicht den dem Rechtsstreit zugrunde liegenden Konflikt analysiert, mit den Parteien bzw. Parteienvertretern die in Betracht kommenden Streitbeilegungsmethoden erörtert und die Parteien, nachdem sie sich über das weitere Vorgehen geeinigt haben, an das geeignete Verfahren verweist.[576]

1.2 Praxis vorgerichtlicher Mediation

Zum 1. Januar 2000 wurde § 15 a EGZPO eingefügt, der es den Bundesländern erlaubt, als Voraussetzung für bestimmte Zivilrechtsstreitigkeiten **obligatorische** gerichtsnahe ADR-Verfahren einzuführen.[577] Die Bundesländer haben damit die Möglichkeit, in entsprechenden Fällen die Teilnahme an einem Verfahren außergerichtlicher Streitbehandlung zur Zulässigkeitsvoraussetzung für das formelle Klageverfahren vor dem Zivilgericht zu machen.

Der Erfolg der obligatorischen Streitschlichtung muss als gemischt bezeichnet werden. So konnte in kaum einem Gerichtsbezirk eine nennenswerte Reduzierung der amtsgerichtlichen Fälle verzeichnet werden. Zudem sieht sich die obligatorische vorgerichtliche Streitschlichtung einer breit gefächerten Kritik vonseiten der Richterschaft, Anwaltschaft sowie der Politik gegenübergestellt.

Hauptkritikpunkte in Bezug auf § 15 a EGZPO sind:[1]

▶ *Keine nennenswerte Entlastung der Gerichte.* Die Einführung der obligatorischen vorgerichtlichen Streitschlichtung hat bei keinem der untersuchten Amtsgerichte zu einer nennenswerten Reduzierung der anhängigen Fälle geführt.[2]

▶ *Keine positive Auswirkung auf die Streitkultur.*[3] Es ist bei den Schlichtungsverfahren im Rahmen von § 15 a EGZPO zu erkennen, dass die obligatorische Natur des Verfahrens das Streben der Parteien zu einer Schlichtung des Streits außerhalb des Gerichts weder fördert noch verringert.[4] Eine Verbesserung der Streitkultur konnte nicht festgestellt werden.

---

1 Alexander, *German Law Paves the Way for Mandatory Mediation*, ADR Bulletin 2000, 2 (9), S. 87; Breidenbach/Gläßer, *Befähigung zum Schlichteramt?*, ZKM 2001, 11–16.

2 Loode, *Germany – An Experiment With Small Claims Mandatory Conciliation*, (2005) 16 (5) World Arbitration and Mediation Report, 153, S. 156 m.w.N.

3 Vgl. auch 5. Teil.

4 Röhl/Weiß, *Evaluierung des nordrhein-westfälischen Ausführungsgesetzes zu § 15 a EGZPO*, 2004, erhältlich unter <http://www.justiz.nrw.de/JM/justizpolitik/schwerpunkte/streitschl/zusammenfassung_gutachen.pdf⊳; Loode, *Germany – An Experiment With Small Claims Mandatory Conciliation*, (2005) 16 (5) World Arbitration and Mediation Report, 153, S. 157.

---

574 Birner, *Das Multi-Door Courthouse*, 2003, S. 158–160.

575 So Birner, *Institutionalisierung von außergerichtlichen Verfahren*, ZKM 2003, 149 ff.

576 Birner, *Institutionalisierung von außergerichtlichen Verfahren*, ZKM 2003, 149, 152.

577 Vgl. auch 5. Teil.

▶ *Die großzügigen Ausnahmen in § 15 a Abs. 2 EGZPO* unterfallen bspw. Streitigkeiten, die im Wege des Mahnverfahrens eingeklagt werden können, nicht der obligatorischen Streitschlichtung. Seit der Einführung von § 15 a EGZPO ist die Anzahl von Mahnverfahren in vielen Gerichtsbezirken stark angestiegen, und es ist zu erkennen, dass bewusst Mahnverfahren eingesetzt werden, um die Schlichtung zu umgehen.[1]

▶ *Die geringe Streitwertgrenze als Auswahlkriterium.* Es ist nicht zu erkennen, dass eine bestimmte Streitwertgrenze ein sinnvolles Auswahlkriterium darstellt. Allerdings haben Studien erwiesen, dass die obligatorische Schlichtung im Bereich der Nachbarschafts- sowie der Ehrverletzungsstreitigkeiten Erfolge verzeichnet und die Zahl der Fälle bei den Gerichten abgenommen haben.

---

1 Röhl/Weiß, Evaluierung des nordrhein-westfälischen Ausführungsgesetzes zu § 15 a EGZPO, 2004, S. 3, erhältlich unter <http://www.justiz.nrw.de/JM/justizpolitik/schwerpunkte/streitschl/zusammenfassung_gutachten.pdf>; Loode, *Germany – An Experiment With Small Claims Mandatory Conciliation*, (2005) 16 (5) World Arbitration and Mediation Report, 153, S. 156.

1.3 Praxis parallelgerichtlicher Mediation

Zum 1. Januar 2002 wurde § 278 Abs. 5 S. 2 ZPO geändert, wodurch es Gerichten erleichtert werden soll, die Konfliktparteien freiwillig zur Wahrnehmung außergerichtlicher Streitschlichtungsverfahren zu veranlassen. Zwar gab es Programme mit diesem Ziel bereits vor der Gesetzesänderung, z.B. an den Amtsgerichten Würzburg, München, Regensburg und Traunstein und am Amts- und Landgericht Stuttgart,[578] dies waren aber Einzelprojekte mit sehr unterschiedlichen Erfolgsquoten. Die erfolgte Änderung des § 278 Abs. 5 S. 2 ZPO bietet nun einen gesetzlichen Rahmen für solche gerichtsnahen Mediationsprojekte.

In der folgenden Tabelle zur gerichtsnahen Mediation sind die Projekte zur parallelgerichtlichen Mediation in den einzelnen Bundesländern aufgeführt:

Vertiefung: Parallelgerichtliche gerichtsnahe Mediation in den einzelnen Bundesländern[1]

▶ **Baden-Württemberg:** Der Modellversuch „Außergerichtliche Konfliktbeilegung für Scheidungssachen, Sorgerechts- und Umgangs- sowie Erbschaftsstreitigkeiten, Schuldenregulierungen, unerlaubte Handlungen, Wohnungseigentumssachen, Nachbarschaftsstreitigkeiten, Räumungsstreitigkeiten und andere Zivilprozessangelegenheiten" lief von Anfang 2000 bis Ende 2001 beim Land- und Amtsgericht Stuttgart.[2] Zum Einsatz kamen je fünf Richter des Amts- und Landgerichts Stuttgart und bis zu 18 Mediatoren. Obwohl der Modellversuch abgeschlossen ist, wird eine außergerichtliche Streitbeilegung weiterhin an diesen Gerichten angeboten.[3]

---

1 Siehe auch die Übersicht zur gerichtsnahen Mediation auf der Webseite des Bundesjustizministeriums <http://www.bmj.bund.de/enid/0344047c4135c24899e2c 93326450808,0/Mediation_ aussergerichtliche_Streitbeilegung/ Gerichtsnahe_ Mediation_in_den_Bundeslaendern_p4.html>.

2 Justizministerium Baden-Württemberg, Modellversuch „Außergerichtliche Konfliktbeilegung am Landgericht Stuttgart und Amtsgericht Stuttgart – Abschlussbericht", <http://www.kammergericht.de/Inhalt%20Startseite/mediation_berichte/Abschlussbericht_Modellversuch_Stuttgart.pdf>.

3 Justizministerium Baden-Württemberg, Schlichten statt Richten, erhältlich unter <http://www.jum.baden-wuerttemberg.de/servlet/PB/menu/1155584/index.html>.

---

578 Dieses Projekt wurde unter Federführung des früheren Amtsgerichtspräsidenten Netzer durchgeführt und ist inzwischen eingestellt. Das Hauptproblem lag darin, dass ein „Schub" für die Mediation fehlte. Außerdem fehlten dem Projekt finanzielle Mittel und Schulungsmöglichkeiten für die Mediatoren. Siehe ausführlicher hierzu: Justizministerium Baden-Württemberg, Modellversuch ‚Außergerichtliche Konfliktbeteiligung' am Landgericht Stuttgart und Amtsgericht – Abschlussbericht, erhältlich unter <http://www.kammergericht.de/Inhalt%20Startseite/mediation_berichte/Abschlussbericht_Modellversuch_Stuttgart.pdf>.

Die Verwaltungsgerichte Freiburg i. Breisgau und Sigmaringen bieten ebenfalls gerichtsnahe Mediation durch Richter-Mediatoren an.[1]

▶ **Bayern:** Nachdem der Modellversuch „a.be.r" (Außergerichtliche Beilegung von Rechtsstreitigkeiten) Ende 2001 abgeschlossen wurde,[2] hat 2005 der Modellversuch „Güterichter" an den bayerischen Zivilgerichten (Landgerichte Aschaffenburg, München I, Augsburg, Bamberg, Nürnberg-Fürth, Landshut, Würzburg, Weiden) begonnen. Zum Einsatz kommen geschulte Richter.[3]

▶ **Berlin:** In Berlin wird zurzeit das Pilotprojekt „Gerichtsmediation bei der Berliner Verwaltungsgerichtsbarkeit" durchgeführt. Ein Modell zur Insitutionalisierung von Mediation an den Berliner Zivilgerichten wird von der Projektgruppe „Mediation bei den Berliner Gerichten" erarbeitet.

▶ **Hamburg:** Die „Öffentliche Rechtsauskunft- und Vergleichsstelle" (ÖRA) Hamburg führt Mediationsverfahren in familien- und erbrechtlichen Angelegenheiten sowie im Arbeits- und Wirtschaftsrecht durch.

▶ **Hessen:** Projekte zur gerichtsnahen Medation in der Verwaltungsgerichtsbarkeit werden an den Verwaltungsgerichten Darmstadt, Frankfurt a.M., Gießen, Kassel, Wiesbaden und beim Hessischen Verwaltungsgerichtshof Kassel durchgeführt. Mediationsgegenstand können alle anhängigen verwaltungsgerichtlichen Verfahren sein.

▶ **Mecklenburg-Vorpommern:** Das Pilotprojekt „Gerichtliche Mediation" in Rostock und Greifswald bezieht sich auf die Erprobung der gerichtlichen Mediation in zivilgerichtlichen und verwaltungsgerichtlichen Verfahren erster Instanz am Landes-, Oberlandes- und am Verwaltungsgericht.

▶ **Niedersachsen:** Das Modellprojekt „Gerichtsnahe Mediation in Niedersachsen", Beginn 2003, ist inzwischen abgeschlossen. Es hatte die Mediation als weiteres Angebot der Justiz neben der gerichtlichen Entscheidung und dem Vergleich zum Inhalt. Das Projekt lief an sechs niedersächsischen Gerichten, den Amtsgerichten Oldenburg und Hildesheim, den Landgerichten Hannover und Göttingen sowie am Sozial- und am Verwaltungsgericht Hannover.[4] Obwohl das Projekt inzwischen abgeschlossen ist, wird die Dienstleistung der Mediation weiter an den Projektgerichten angeboten. Das niedersächsische Projekt hebt sich auch dadurch hervor, dass hier sowohl die Zivil-, als auch die Verwaltungs- und die Sozialgerichtsbarkeit einbezogen wurden. Die Mediationsverfahren werden von speziell ausgebildeten Richter-Mediatoren durchgeführt, die für ihre Mediationstätigkeit eine entsprechende Arbeitsentlastung erhalten. Ziel des Projektes war es, „die Fähigkeit der Konfliktparteien sowie der Richter zu fördern, Wege zu finden, die im konkreten Fall besser zur Konfliktbeilegung geeignet sind, das Angebot alternativer Streitschlichtungsverfahren in Niedersachsen zu erweitern und die zeit- und kosteneffiziente Behandlung von Konflikten zu ermöglichen". Die Richter-Mediatoren wurden von professionellen und erfahrenen Mediatoren ausgebildet und durch eine sog. Lenkungsgruppe, die sich in Form des Vereins *Konsens e.V.* zusammengeschlossen hatte, betreut und überwacht.

▶ **Nordrhein-Westfalen:** Derzeit läuft das Projekt „Modellregion Ostwestfalen-Lippe" zur Einrichtung einer gerichtsnahen Mediation beim Landgericht Paderborn.[5]

▶ **Rheinland-Pfalz:** Das Land Rheinland-Pfalz testet momentan die in ein gerichtliches Verfahren eingebundene Mediation in Familiensachen an fünf Amtsgerichten unter der Federführung des OLG Koblenz.[6]

---

1 Nähere Informationen unter <http://justizportal-bw.de/sixcms/detail.php?id= 4988#Mediation>.

2 Siehe den Abschlussbericht zum Modellversuch unter <http://www.jura.uni-erlangen.de/aber/abschlussbericht.pdf>.

3 Bayerisches Staatsministerium der Justiz, Gerichtsinterne Mediation: Der Modellversuch ‚Güterichter', erhältlich unter <http://www2.justiz.bayern.de/_projekte/gueterichter.htm>.

4 <http://www.mediation-in-niedersachsen.de/index.html>.

5 <http://www.justiz.nrw.de/IndexSeite/Organisation/projekte/modell_owl/Paderborn/Mediation>.

6 Informationen unter <http://cms.justiz.rlp.de/justiz/nav/919/919c4085-87e4-11d4-a735-0050045687ab,,,fff 70331-6c7f-90f5-bdf3-a1bb63b81ce4.htm>.

Neben der in Deutschland bestehenden gerichtsnahen Mediation besteht auch die Möglichkeit, eine Streitschlichtung im Rahmen einer außergerichtlichen, privat eingeleiteten Mediation ohne Einschaltung oder Zuweisung durch Gerichte durchzuführen. Diese Form der Mediation kann sowohl auf einer **freiwilligen** Basis, wenn sich die Parteien selbst für eine Mediation entscheiden und die Institution selbst wählen, durchgeführt werden, also auch **obligatorisch** sein, z.B., wenn staatliche Beihilfen eine Mediation verlangen, bevor sie ein Gerichtsverfahren unterstützen.[579] Die bei den zuständigen Institutionen und Organisationen[580] tätigen Mediatoren haben **unterschiedliche berufliche Hintergründe** und entsprechend unterschiedliche Qualifikationen. Diese sind abhängig von den Anforderungen und Standards der jeweiligen Organisation und von dem Bereich, in dem der Mediator tätig wird.

Im privaten und öffentlichen Bereich gibt es neben den Anbietern selbst viele verschiedene Zugangsstellen zu ADR-Verfahren. Der folgenden Abschnitt umfasst tatsächliche und potenzielle Zugangsstellen.

1.4 Professionelle Berater als Konfliktberater

Rechtsanwälte und viele andere professionelle Berater wie Finanzberater, Psychologen oder Sozialarbeiter beeinflussen den Umgang ihrer Klienten mit Konflikten. Ziel derartiger Beratungstätigkeit ist die Empfehlung der erfolgversprechendsten Vorgehensweise.

Grundsätzlich werden Anwälte wohl dazu neigen, die Angelegenheit auch an anwaltliche Mediatoren zu verweisen. Mit der Änderung der BRAGO in das RVG ist die Mediation für Anwälte zu einer attraktiveren Option geworden.[581] Professionelle Berater anderer Berufsgruppen werden dagegen eher auf Mediatoren verweisen, die in ihrem eigenen Berufsfeld tätig sind.[582]

1.5 Prozesskostenhilfe

Prozesskostenhilfe und andere staatliche Beihilfen stellen einen wesentlichen Aspekt bei der Wahl des Konfliktlösungsverfahrens dar. In Deutschland deckt die Prozesskostenhilfe die Kosten des Gerichtsverfahrens, die Kosten für eine Mediation oder ein anderes ADR-Verfahren werden hingegen nicht übernom-

---

579 Siehe dazu unten 2.2.2.

580 Beispiele solcher Institutionen sind: Bundesverband Mediation in Wirtschaft und Arbeitswelt e.V. (BMWA), <http://www.bmwa.de>; Bundes-Arbeitsgemeischaft für Familien-Mediation (BAFM), <http://www.bafm-mediation.de>; Förderverein Mediation im öffentlichen Bereich e.V., <http://umweltmediation.info>; Centrale für Mediation, <http://www.centrale-fuer-mediation.de>; Bundesverband Mediation, <http://www.bmev.de>; Deutsche Gesellschaft für Mediation, <http://www.dgm-web.de>; Deutscher Anwaltverein, <http://www.anwaltverein.de>; Berufsverband Deutscher Psychologinnen und Psychologen e.V., <http://www.bdp-verband.org>.

581 Gesetz über die Vergütung der Rechtsanwältinnen und der Rechtsanwälte (Rechtsanwaltsvergütungsgesetz), BGBl. I 2004, 718, Abschnitt 5: Mediation und außergerichtliche Tätigkeit §§ 34–36.

582 Alexander, *Global Trends in Mediation: Riding the Third Wave in: Alexander Global Trends in Mediation*, 2003, S. 29.

214

men.[583] Dies führt im Ergebnis dazu, dass Parteien, die auf staatliche Unterstützung angewiesen sind, der Zugang zur Mediation faktisch verweigert wird.

Obwohl Parteien häufig die Vorteile von kostenlosen kommunalen Mediationsstellen in Anspruch nehmen könnten, werden die meisten keine Kenntnis von derartigen Angeboten haben. Dementsprechend werden die meisten Parteien nicht von sich aus ein Mediationsverfahren anstreben, es sei denn, sie werden zu irgendeinem Zeitpunkt ihres Konflikts zur Inanspruchnahme dieser Möglichkeit ermutigt. In anderen Ländern wie Australien, England und den USA können die dortigen Äquivalente zur Prozesskostenhilfe auch die Kosten von Mediationsverfahren decken.[584]

1.6 Rechtsschutzversicherungen

Rechtsschutzversicherungen haben ihre Kunden traditionsgemäß gegen Kosten versichert, die durch Gerichtsverfahren entstehen. Mit Ausdehnung der Mediationspraxis übernehmen sie jedoch weitgehend auch Kosten für Mediationsverfahren, da sie sich davon eine schnellere und kostengünstigere Beilegung versprechen.[585]

1.7 Unternehmens- und Industrieverbände

Unternehmens- und Industrieverbände in Bereichen wie Bankwesen, Telekommunikation, Baugewerbe, Gesundheitswesen sowie Gewerkschaften, Arbeitgeberverbände und Handelskammern sind bestrebt, Verbraucherbeschwerden so zeit- und kosteneffektiv wie möglich zu bearbeiten. Außerdem ziehen es viele Organisationen vor, Konflikte aus Gründen der Vertraulichkeit „intern" beizulegen, und sehen daher eher bestimmte interne Kontroll- und Konfliktmanagementverfahren vor als eine Klärung durch externe Stellen.

Dementsprechend bieten Unternehmens- und Industrieverbände zunehmend ADR-Verfahren zur Abwicklung von Verbraucherbeschwerden an. Das Ombudsmann-Modell ist ein typisches Beispiel hierfür. Der Ombudsmann nimmt Beschwerden von Verbrauchern entgegen und wählt nach einigen einleitenden Prüfungen ein für die Konfliktbeilegung geeignetes Verfahren aus. Mediation und Schlichtung sind üblicherweise Verfahren des Ombudsmann-Modells.[586]

---

583 Die Prozesskostenhilfe ist in §§ 114 ff. ZPO geregelt; siehe auch Gottwald, Gerichtsnahe Mediation in: Haft/Schlieffen, Handbuch Mediation, 2002, S. 435; Brieske, Haftungs- und Honorarfragen in der Mediation, in: Henssler/Koch, Mediation in der Anwaltspraxis, 2. Aufl. 2004, S. 388.

584 Siehe die Kapitel über Mediation in Australien (Sourdin), England (Mistelis) und den USA (Birke und Teitz) in: Alexander, Global Trends in Mediation, 2003, S. 33–59, 137–178, 359–396.

585 Welche Kosten von den Rechtsschutzversicherern übernommen werden, wurde bereits im 5. Teil dargelegt.

586 Zum Thema Ombudsmann siehe Aus der Wirtschaft, Heft 48, NJW 1994, S.XXXVI. Zu den deutschen Initiativen, vgl. Hoeren in: Gottwald u.a., AKR-Handbuch, 1997, Abschnitt 5.2.2; Der Ombudsmann im Banken und Versicherungswesen, NVersZ 2001, 349. <http://www.ombudsmann.de> für Streitigkeiten über Internet-Käufe; <http://www.wennzweisichstreiten.de>; Basedow, Lebensversicherung – Altersvorsorge – Private Krankenversicherung – Versicherung als Geschäftsbesorgung – Gentest – Der Ombudsmann im Privatversicherungsrecht, Beiträge zur 12. Wissenschaftstagung des Bundes der Versicherten, 2004; Lorenz, Der Versicherungsombudsmann – eine neue Institution im deutschen Versicherungswesen, VersR 2004, 541–549; <http://www.gdv.de>, <http://www.versicherungsombudsmann.de>; <http://www.pkv-ombudsmann.de>.

Die Kosten werden in der Regel von den Industrieverbänden übernommen, wodurch Verbraucher motiviert werden, an dem Verfahren teilzunehmen.

2. Standards für Mediation*

*Dieser Abschnitt basiert auf Alexander, Standards für ADR – Die Qual der Wahl zwischen Vielfalt und Einheitlichkeit, in Kürze erscheinend, Perspective Mediation, 1/2006.

Mit Standards im Bereich der Mediation können Maßstäbe für die Qualität bei der Erbringung von Mediation und anderen ADR-Leistungen, die Befähigung der Mediatoren und die Durchführung des Mediationsverfahrens geschaffen werden. Die Einheitlichkeit von Standards in der Öffentlichkeit fördert die Glaubwürdigkeit des Verfahrens und das Berufsbild der Mediation.

2.1 Chancen und Risiken der Einführung von Standards

Für alle Beteiligten ist ein Mediationsverfahren mit Risiken verbunden. Verbraucher sind dem Risiko eines schlecht geführten Verfahrens ausgesetzt. Mediatoren unterliegen dem Wettbewerb, insbesondere wenn das Angebot von ADR-Dienstleistungen die Nachfrage übersteigt. Aus staatlicher Perspektive ist mit Mediationsverfahren das Risiko ungerechter Verfahrensergebnisse, der Aberkennung eines staatlichen Interesses an der Beilegung von Konflikten und mit der Zeit ein Verlust des Vertrauens in das staatliche Justizsystem verbunden. Mit Hilfe von Standards kann diesen Risiken begegnet werden. Standards können Praktikern weiterhin als Leitbild dienen in Bezug auf ethische Fragen, die im Zusammenhang mit ihrer Arbeit auftreten.

Gleichzeitig ist die Einführung von Mediationsstandards auch selbst mit Risiken verbunden. Eine Befürchtung ist, dass die Einführung von Standards die Vielfalt der Praxis und den im ADR-Bereich existierenden Innovationsgeist ersticken könnte, wodurch die Mediationspraxis eingeschränkt würde. Da Standards typischerweise dem Trend zur Institutionalisierung, Legalisierung und Professionalisierung von ADR folgen, könnten professionelle Interessen über die Interessen der Öffentlichkeit und der Klienten gestellt werden. Die Bedeutung der Mediation durch Ehrenamtliche würde so abnehmen und bestimmte, als „nicht-professionell" eingeordnete Gruppen könnten ausgeschaltet werden.[587] Darüber hinaus würde zwischen professionellen Gruppen wie Richtern, Rechtsanwälten, Psychologen und professionellen Beratern ein Wettbewerb um die Vorherrschaft im ADR-Sektor entstehen.

Der Diskussion um mögliche Mindeststandards liegt somit ein Spannungsfeld zugrunde: Standards sollen und können Mittel zur Qualitätssicherung sein. Andererseits bedeuten Standards auch eine Stärkung der Position derjenigen, die sie aufstellen. Anerkannte Ausbildungsstandards stellen immer auch eine Marktzugangsbarriere für neue Ausbilder und Organisationen dar.[588]

---

587 Zum Thema Mediation durch Ehrenamtliche siehe Trenczek, Mediation durch Ehrenamtliche, ZKM 2004, 14.
588 Troja/Schwitters/Kessen, Mediation als Gegenstand der Ausbildung, in: Haft/Schlieffen, Handbuch Mediation, 2002, S. 1301.

Zwar waren Versuche einzelner Berufsgruppen, Mediation zu monopolisieren, bisher nicht erfolgreich, es bestehen aber nach wie vor Spannungen zwischen verschiedenen Berufsgruppen im Hinblick auf die Beherrschung und Abgrenzung bestimmter Bereiche.[589]

Aktuelle Standards für Mediatoren werden vor allem von ausbildenden Berufsverbänden und einzelnen Ausbildungsanbietern angeboten. Sie realisieren sich primär in Zertifizierung und Akkreditierung. In der Regel werden Mediationsausbildungen mit ausführlicher theoretischer Ausbildung in interdisziplinären Ein- oder Zweijahresprogrammen durchgeführt, die aus intensiven Trainingseinheiten mit etwa 200 Unterrichtsstunden und praktischen Übungen bestehen. Kürzere Mediationsausbildungskurse mit 30 bis 80 Stunden richten sich in der Regel nur an ausgewählte Berufsgruppen.[590]

2.2 Trends in der Entwicklung von Mediationsstandards

Derzeit existieren in Deutschland keine gesetzlichen Mediationsstandards. International gibt es allerdings verschiedene Modellgesetze wie den amerikanischen *Uniform Mediation Act (UMA)*[591] und das *UNCITRAL Model Law on International Commercial Conciliation*.[592] Auch die Europäische Union hat einen Vorschlag für einen Verhaltenskodex für Mediatoren veröffentlicht, welcher aber noch nicht in Rechtskraft erwachsen ist.[593]

In Deutschland und den meisten anderen Ländern entwickeln sich Standards innerhalb von Mediationsorganisationen und einzelnen Mediationsprogrammen. Die stückweise Entwicklung von Standards in Deutschland entspricht der Entwicklung der Mediationsstandards in den angloamerikanischen Rechtsordnungen wie Australien, England und den USA, in denen die ersten beiden Jahrzehnte der ADR-Entwicklung durch Vielfalt und unkoordinierte Annäherung an Standards der Mediationspraxis gekennzeichnet waren.

Diese Art von ad hoc-Entwicklung entspricht den Bedürfnissen eines vielfältigen und flexiblen Mediationsmarktes. Sie ermöglicht es der Mediation, eine wirkliche Alternative zu formellen und hochstrukturierten Entscheidungsverfahren wie z.B. Gerichtsverhandlungen darzustellen. Gleichzeitig regt vor allem das Bedürfnis nach Qualitätssicherung die Diskussion um einheitliche Standards an.

---

589 Siehe z.B. Alexander/Gottwald/Trenczek, *Mediation in Germany: The Long and Winding Road*, in: Alexander, *Global Trends in Mediation*, 2002, S. 204; siehe auch OLG Rostock ZKM 2001, 192; LG Hamburg NJW 2000, 1514.

590 Z.B. <www.anwaltakademie.de>.

591 Uniform Mediation Act (2001). Der Gesetzestext ist online erhältlich unter <http://www.nccusl.org/nccusl/Annual_Meeting_2001/MED01AM.pdf>.

592 UNCITRAL, *UNCITRAL Model Law on International Commercial Conciliation*, erhältlich unter <http://www.uncitral.org/uncitral/en/uncitral_texts/arbitration/2002Model_conciliation.html>.

593 Erhältlich unter <http://europa.eu.int/comm/justice_home/ejn/adr/adr_ec_code_conduct_en.pdf>.

Überblick: Mediation in der Praxis

Praxis-bereiche	▶ Familienmediation ▶ Arbeits- und Wirtschaftsmediation ▶ Gemeinwesenmediation ▶ Gerichtsnahe Mediation ▶ Schulmediation ▶ Umweltmediation ▶ Täter-Opfer-Ausgleich
ADR Zugangs-stellen	▶ Gerichte ▶ Anwälte und sonstige Berater ▶ Rechtsschutzversicherungen ▶ Unternehmens-/Industrieverbände ▶ Anbieter alternativer Streitbehandlungsverfahren
Ver-weisungs-kriterien	**Primäre Kriterien:** ▶ Ein Machtungleichgewicht zwischen den Parteien, das auch nicht durch ADR beseitigt werden kann ▶ Die Kosten für Mediation und Gerichtsverfahren im Verhältnis zu den Vorteilen des jeweiligen Verfahrens ▶ Das Bedürfnis nach oder die Möglichkeit von flexiblen Lösungen ▶ Das öffentliche Interesse erfordert eine formelle, staatliche, bindende Entscheidung **Sekundäre Verweisungskriterien ohne empirische Bestätigung:** ▶ Die Art des Falles ▶ Streitwert ▶ Streit über Tatsachen ▶ Mehrere / komplexe Streitpunkte ▶ Mehrere Parteien ▶ Soziale Merkmale wie Geschlecht, Alter, ethnische Zugehörigkeit, wirtschaftlicher Status **Sekundäre Verweisungskriterien mit empirischer Bestätigung:** ▶ Die Teilnahme von Parteien oder Vertretern mit der Befugnis, über eine Einigung und andere Ergebnisse verbindlich zu entscheiden ▶ Wesentliche, nicht verhandelbare Unterschiede in den Wertvorstellungen ▶ Intensität des Konflikts ▶ Rechtliche Vertretung der Parteien

Mediations-standards	1. Standards für Mediatoren (z.B. Akkreditierung) 2. Standards für die ADR-Praxis (z.B. Verhaltens- u. Praxisvorschriften) 3. Standards für Organisationen, die ADR-Dienstleistungen anbieten

Organisationen	Standards Praxis	Standards Akkredition
Bundes-Arbeitsge-meinschaft für Fami-lien-Mediation (BAFM)	–	Ausbildungsrichtlini-en der BAFM (1992)[1]

1 BAFM, Ausbildung – Ausbildungsrichtlinien, <http://www.bafm-mediation.de>.

	Organisationen	Standards Praxis	Standards Akkredition
Mediations-standards (Fortsetzung)	**Bundesverband Mediation e.V. (BM)**		Standards und Ausbildungsrichtlinien des Bundesverbandes Mediation e.V. (2004)[1]
	Förderverein Umweltmediation e.V.	Standards für Umweltmediation (1999)[2]	Standards für Umweltmediation (1999), enthält Standards für die Ausbildung von Mediatoren im öffentl. Bereich
	Deutsche Gesellschaft für Mediation in der Wirtschaft (DGMW)	–	Ausbildungs- und Zertifikatsrichtlinie für Wirtschaftsmediatoren und Lehrmediatoren der Deutschen Gesellschaft für Mediation in der Wirtschaft (2004)[3]
	Bundesverband Mediation in Wirtschaft und Arbeitswelt e.V. (BWMA)	Richtlinien für Mediation in Wirtschaft und Arbeitswelt (2004)[4]	BMWA Ausbildungsstandards (2001)[5]
	Gesellschaft f. Wirtschaftsmediation u. Konfliktmanagement e.V. (GWMK)	–	Fortbildung zum Wirtschaftsmediator bei der GWMK Akademie[6]
	Waage Hannover e.V.	Mediationsstandards Waage Hannover e.V.[7]	
	Europäische Union	Europäischer Verhaltenskodex für Mediatoren (2004)[8]	

1 Bundesverband Mediation e.V., Standards und Ausbildungsrichtlinen 2004, <http://www.bmev.de/www/documents/bm_standards.pdf>.

2 Förderverein Umweltmediation e.V., Mediation im öffentlichen Bereich: Umwelt – Wirtschaft – Politik – Soziales „Standards für Umweltmediation", 2000, <http://www.ag-recht.de/umweltmediation/standards2000.pdf>.

3 Deutsche Gesellschaft für Mediation in der Wirtschaft (DGMW), Ausbildungsrichtlinie, <http://www.dgmw.de/pics/ausbildungsrichtlinie_2004.pdf>.

4 BMWA, Richtlinien für Mediation in Wirtschaft und Arbeitswelt, <http://www.bmwa.de/dokumente/richtlinien_10_04.pdf>.

5 BMWA, BMWA Standards, <http://www.bmwa.de/dokumente/standards_2004_01_24_MV_beschluss_netz.pdf>.

6 GWMK Akademie, Fortbildung zum Wirtschaftsmediator, <http://www.gwmk-akademie.de/index2.htm>.

7 Waage Hannover e.V., Mediationsstandards, <http://www.waage-hannover.de/html/mediationsstandards.html>.

8 Europäische Union, *Justice and Home Affairs*, <http://europa.eu.int/comm/justice_home/ejn/adr/adr_ec_code_conduct_en.pdf>. Diesem Kodex haben sich einige Vereinigungen angeschlossen, wie z.B. Centrale für Mediation, <http://www.centrale-fuer-mediation.de/index_38283.htm>.

Anhang – Techniken zur Unterstützung des Kommunikationsprozesses

Im Folgenden werden einige grundlegende Aspekte interpersonaler Kommunikation und einige Techniken zur Unterstützung des Kommunikationsprozesses für Verhandlungs- und Mediationssituationen vorgestellt.

Modelle menschlicher Kommunikation:

Jede Form der zwischenmenschlichen Kommunikation vollzieht sich durch das Senden und Empfangen von Nachrichten zwischen den verschiedenen Kommunikationspartnern. Solche Nachrichten können verbaler oder non-verbaler Natur sein.

Kommunikationsquadrat – Jede Nachricht enthält vier Ebenen: Eine Sach-, eine Selbstoffenbarungs-, eine Beziehungs- und eine Appellebene. Die bewusste Unterscheidung dieser Ebenen trägt zur klaren Kommunikation bei.[594]

Gewaltfreie Kommunikation – Nach diesem Kommunikationsmodell, basierend auf der Arbeit von Marshall B. Rosenberg, liegen einzelnen Gefühlen bestimmte oder zumindest bestimmbare Bedürfnisse zugrunde.[595] Gezieltes Hinterfragen von beobachteten Gefühlen ermöglicht die Identifikation unbefriedigter Bedürfnisse oder Interessen. Die gewaltfreie Kommunikation bedient sich dazu der folgenden vier Schritte: Beobachtung, Gefühle, Bedürfnisse, Bitte.

Techniken der Gesprächsführung:

Zu den Techniken, die die professionelle Gesprächsführung ausmachen, gehören insbesondere aktives Zuhören, Loopen, Paraphrasieren, das Stellen von offenen Fragen, der Einsatz von Ich-Botschaften, die Trennung von Inhalts- und Beziehungsebene und ständige prozessbegleitende Visualisierung.[596]

Aktiv Zuhören – steht für viele unterschiedliche proaktive Methoden zum besseren Verständnis des Gesprächspartners.[597] Aktiv Zuhören bedeutet z.B., sich beim Zuhören in den Gesprächspartner einfühlen, um eine bessere Verständigung herbeizuführen, die über die sachliche Ebene hinaus auch die emotionale Ebene erfasst und das Verstandene in eigenen Worten dem Gesprächspartner gegenüber wiedergeben.

Loop of Understanding **(Schleife des Verstehens)** – dient der Verständnissicherung und bezeichnet die Wiedergabe des vom Gesprächspartner Geäußerten in eigenen Worten, der regelmäßig eine entsprechende Nachfrage zur Verständnis-

---

594 Schulz von Thun, Miteinander Reden 1984, S. 13 ff.

595 Vgl. Rosenberg, Gewaltfreie Kommunikation – Aufrichtig und einfühlsam miteinander sprechen, 2001.

596 S. u.a. Besemer, Mediation, Vermittlung in Konflikten, 7. Aufl. 2000, S. 116 ff.; Fisher/Ury/Patton, *Getting to Yes – Negotiating Agreement Without Giving In*; Schulz v. Thun/Thomann, Klärungshilfe, Handbuch für Therapeuten, Gesprächshelfer und Moderatoren in schwierigen Situationen.

597 Besemer, Mediation – Vermittlung in Konflikten, 7. Aufl. 2000, S. 117.

kontrolle und Bestätigung oder Berichtigung durch den Sprecher folgt.[598] Neben der Bezeichung *Loop of Understanding* existiert auch die Bezeichnung des *Empathy Loop*; im Deutschen ist auch der Ausdruck Empathisches Zuhören gebräuchlich.

Paraphrasieren – beinhaltet die Wiedergabe von Gesagtem in eigenen Worten. Der Begriff deckt sich weitgehend mit den beiden zuvor genannten.

Fragetechniken:

Für die einzelnen Phasen und Aufgaben der Verhandlung oder des Mediationsprozesses eignen sich unterschiedliche Fragetechniken.[599]

Offene Fragen – Fragen, die das Gegenüber nicht mit „Ja" oder „Nein" beantworten kann, sondern die zu weiteren Erklärungen auffordern.

Geschlossene Fragen – Fragen, die nur mit „Ja" oder „Nein" beantwortet werden können. Sie behindern oftmals den Gesprächsfluss und schränken den Spielraum für Antworten für den Gesprächspartner stark ein.

Beispiele:

Geschlossene Fragen:	Offene Fragen:
Haben Sie jetzt alle Informationen, die sie brauchen?	Mit welchen Informationen kann ich Ihnen noch behilflich sein?
Stimmen Sie mir zu?	Wie denken Sie darüber?
Sehen Sie das auch so?	Was ist Ihre Erfahrung?
Haben Sie das mitbekommen?	Wie verstehen Sie das?

Informationsfragen – dienen dem Sammeln von Fakten, Ansichten, Interessen oder Meinungen.

Klärungs- und Spezifikationsfragen – dienen der Konkretisierung von generellen Äußerungen und der Rückfrage.

Zukunftsfragen – dienen der Zukunftsorientierung, der Überwindung von Blockaden und der Klärung von Wünschen, Zielen und Interessen.

Perspektivwechsel-Fragen – dienen dem Verständnis der anderen Seite. Sie regen zum gedanklichen Rollentausch an und machen so die Beweggründe der Gegenseite nachvollziehbar.

Ich-Botschaften – Mitteilungen über Meinungen, Bewertungen und Gefühle, die als „Ich-Aussage" formuliert sind, unterstützen das Verständnis des Gesprächspartners und führen zu einer weitgehenden Vermeidung von Schuldzu-

---

598 Vgl. Thamann, Klärungshilfe, 2. Aufl. 2004, S. 281 ff.; zusammenfassend Diez/Krabbe/Thomsen, Familien-Mediation und Kinder – Grundlagen, Methodik, Technik, 2002, S. 137 ff.

599 Besemer, Mediation – Vermittlung in Konflikten, 7. Aufl. 2000, S. 57 ff., 107, 116 ff.

weisungen, die meist mit „Du-Botschaften" geäußert werden. Der Sprecher redet von sich selbst und übernimmt die Verantwortung für den Inhalt seiner Botschaft. Ich-Aussagen vermeiden Verallgemeinerungen und beziehen andere Personen nicht ungefragt in die Aussage mit ein.

Visualisierung:

In Verhandlungen und Mediationen ist die Visualisierung der Kommunikationsinhalte ein wesentlicher Bestandteil der Prozessleitung. Das Visualisieren dient der Strukturierung der Informationen, der Orientierung und Fokussierung der Beteiligten im Prozess und der Dokumentation einzelner Zwischenergebnisse. Moderatoren/Mediatoren arbeiten insbesondere mit Flipcharts, Pinnwänden und Moderationskarten. Die relevanten Informationen werden deutlich und für alle sichtbar schriftlich oder anhand von Bildern auf Papier festgehalten.

Mindmapping – Mindmapping eignet sich zur Veranschaulichung und Strukturierung von Informationen. Das Konzept von Mindmapping ist der Art des menschlichen Gehirns, Informationen zu verarbeiten, angelehnt. Es geht davon aus, dass Informationen ständig miteinander in Verbindung gebracht werden. Informationen werden um ein Hauptthema angeordnet, das die Informationen miteinander verbindet. Ausgehend von diesem Knotenpunkt werden entsprechende Unterthemen radial angeordnet, wobei je nach Anordnung der Themen Äste bzw. Unteräste gebildet werden. Das Format eignet sich besonders für Situationen, in denen neue Informationen während der Sammlung geordnet werden sollen.

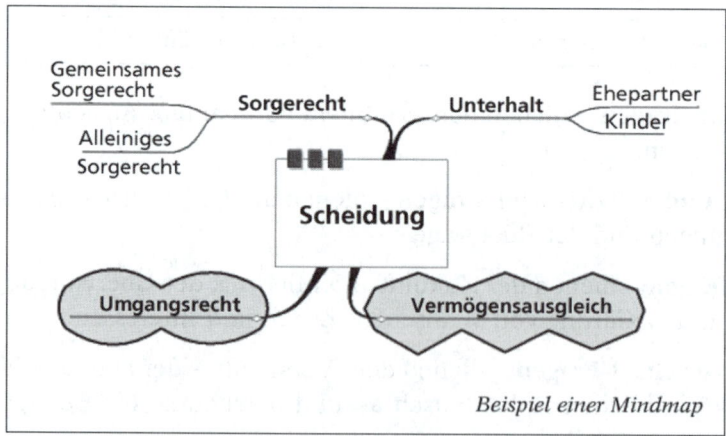

Beispiel einer Mindmap

Clustern – bezeichnet eine ordnende Form der Visualisierung, wie sie z.B. bei der Optionensondierung eingesetzt werden kann. Beim *Clustern* werden schriftlich gesammelte Informationen anhand ihrer Bezüge zueinander gruppiert. Das Format eignet sich für die Ordnung von Informationen, die keinen direkten Bezug zueinander haben.

Brainstorming – In Verhandlungen wird *Brainstorming* benutzt, um eine möglichst große Vielfalt von Lösungsvorschlägen zu erhalten.[600] Es erfolgt unter Beteiligung von möglichst vielen – auch verhandlungsfremden – Personen. Es sind grundsätzlich alle Ideen erlaubt und willkommen. Es können ausdrücklich auch unrealistische Ideen eingefordert werden, die wiederum andere, vielleicht realistischere und innovative Ansätze anregen können. Da diese Dynamik durch vorschnelles Analysieren und Beurteilen einzelner Optionen erstickt wird, sollte jede Form der Bewertung in diesem Stadium vermieden werden. Während der *Brainstorm-Phase* herrscht absolutes Kritikverbot. Die Ideen werden ungefiltert wörtlich gesammelt und visualisiert. Erst wenn eine Mindestzahl von Optionen entwickelt wurde, werden die generierten Ideen bewertet, weiterentwickelt oder verworfen.

---

600 Siehe auch 3. Teil, 2. Abschnitt.

Übersicht: Gegenüberstellung der Streitbeilegungsverfahren

Darstellungskategorie bzw. -ebene	Streitbeilegungsverfahren			
	Mediation	Schlichtung	Privates Schiedsgerichtsverfahren	Staatliches Gerichtsverfahren
Verfahren	Konsensuales Vermittlungsverfahren	Konsensuales Vermittlungsverfahren	Rechtsprechung	Rechtsprechung
Entscheidungsbefugnis	Autonomie der Parteien	Autonomie der Parteien	Freiwillig eingeschränkte Autonomie der Parteien: einvernehml. Abgabe der Entscheidungsherrschaft an das Schiedsgericht	Staatsgewalt, Entscheidungsherrschaft des Gerichts
Qualifikation des Dritten	Konfliktvermittlungsexpertise des Vermittlers	Streitgegenständliche und/ oder rechtliche Expertise	Streitgegenständliche und/ oder rechtliche Expertise	Rechtsexpertise des Richters; verliehene/staatliche Autorität
Streitgegenstand	Von den Parteien definierter Konflikt-/Verhandlungsgegenstand	Von den Parteien und dem Schlichter definierter Konflikt-/Verhandlungsgegenstand	Durch rechtliche Subsumierbarkeit definierter Konflikt-/Verhandlungsgegenstand	Durch rechtliche Subsumierbarkeit definierter Konflikt-/Verhandlungsgegenstand
Entscheidungsmaßstab	Interessenbasierte Vereinbarung, (subj.) Maßstäbe der Parteien	Zunehmende Orientierung am Recht, gesellschaftl. Gerechtigkeitsvorstellungen	Orientierung am Recht	Entscheidung der Rechtslage
Ergebnis	Einigung	Vergleichsvorschlag	Urteil (Schiedsspruch)	Urteil
Weitere Merkmale	Interessenorientierung	Zunehmende Anspruchs-/Positionsorientierung	Anspruchs-/Positionsorientierung	Anspruchs-/Positionsorientierung
	Vertraulichkeit	Vertraulichkeit	Vertraulichkeit	Öffentlichkeit

Darstellungskategorie bzw. -ebene	Streitbeilegungsverfahren			
	Mediation	Schlichtung	Privates Schiedsgerichtverfahren	Staatliches Gerichtsverfahren
Weitere Merkmale (Fortsetzung)	Freiwilligkeit hinsichtlich vermittelnder Person, Verfahren und Ergebnis	Freiwilligkeit hinsichtlich vermittelnder Person, Verfahren und Ergebnis	Freiwilligkeit hinsichtlich Besetzung des Schiedsgerichts u. z.T. Verfahren; Zwang hinsichtlich Ergebnis	einseitige Freiwilligkeit hinsichtlich Verfahrensbeginn (Klageerhebung) und -beendigung (Klagerücknahme)
	Flexibilität, Gestaltungsmöglichkeiten	Flexibilität, Gestaltungsmöglichkeiten	Eingeschränkte Flexibilität, Gestaltungsmöglichkeiten; zunehmende Justizförmigkeit	Justizförmigkeit
	Mündlichkeit	Schriftlichkeit und Mündlichkeit	Schriftlichkeit und Mündlichkeit	Schriftlichkeit und Mündlichkeit
	Präsenz der Parteien	Möglichkeit der Vertretung	Möglichkeit der Vertretung	Möglichkeit bzw. Pflicht der Vertretung (Anwaltszwang)
	direkte Kommunikation der Parteien	direkte und/oder indirekte Kommunikation	Zunahme indirekter Kommunikation der Parteien	Weitestgehend indirekte Kommunikation der Parteien
	Deeskalation als (ein) Ziel	tendenziell deeskalierend	tendenziell deeskalierend	häufig eskalierend
Voraussetzung	Kooperationsbereitschaft	Anerkennung der streitgegenständlichen Expertise/ Autorität des Schlichters	Anerkennung der streitgegenständlichen Expertise/ Autorität des Schiedsgerichts	Zulässigkeit der Klage

225

STICHWORTVERZEICHNIS

Die Zahlen verweisen auf die Seiten.

5-Phasen-Modell 102, 107

Abgrenzung Mediation
  – Schlichtung 110
Abschluss 54, 102
Abschlussvereinbarung 143
Adäquate Streitbeilegung 2
ADR Zugangsstellen 218
Aktive Konfliktaustragung 17
Akzeptanz 79, 82
Allparteilichkeit 79
Allparteilichkeit der Mediatoren 82
Alternative Dispute Resolution 1
Alternative Streitbeilegung 2
Alternativen Streitbehandlung 199
Alternativen zu Mediation 89
Anchoring 69
Angehörige nicht sozietätsfähiger
  Berufe 167
Anpassungen 102
Anwaltliche Mediation 131
Anwaltliche Mediatoren 149
Anwaltmediator 147, 157
Anwaltmediatorpflichten 147
Arbeitsmediation 218
Art und Weise der Einführung
  des Rechts 126
Ausgangssituation 72
Ausgangssituation der Verhandlung 29
Ausgleich von Ungleichgewichten 105
Außergerichtliche Streitbeilegung 171
Aussetzung des Gerichtsverfahrens 136
Ausweitung
  der sozialen Dimension 21, 23, 57, 58
  der Streitgegenstände 21, 23, 57, 58
Auswertung 100

Basis 107
Bauschlichtungsstellen 112
Bearbeitung der Konfliktfelder 102, 107
Bedürfnispyramide nach Maslow 35, 36
Beratungshilfe 132
Beratungsmodelle 122, 127
Berichterstattungspflichten
  des Mediators 204
Berufsbezeichnung 163
Berufsrecht 152
Beschluss 185, 186, 187
Besorgung von Rechts-
  angelegenheiten 159

Best alternative to negotiated
  agreement 30
Bestandsaufnahme 96, 102, 109, 113
Bestandteile des Mediatorvertrags 129
Betätigungsfelder für Mediatoren 191
Beteiligung 71
Beweislast 151
Beweismittelvereinbarungen 140
Bezeichnung als Mediator 163
Beziehung des Mediators
  zum Gericht 202
Beziehungsebene 13, 44, 48, 72, 81
Beziehungskonflikte 14

Co-Mediation 89, 165
Commitment 69

Das Multi-Door Courthouse 209
Dauer von Gerichtsverfahren 3
Deeskalation 58
Definition der Ausstiegsalternative 127
Delegation 8
Desillusionierung 17
Dilatorischer Klageverzicht 135
Diplompädagogen 165
Diplompsychologen 165
Dispositionsbefugnis 85
Dispositionsmaxime 141
Distributiver Ansatz 115
Distributives Verhandeln 37
Drittbeteiligung 6
Druck 70
Dual Concern Model 63
Durchsetzbarkeit 144
Durchsetzender Stil 64

Early neutral evaluation 9
Einführung des Rechts in die
  Mediation 121, 127
Einigungsbarrieren 55
Einigungsbereich 30
Einigungsbereitschaft 56
Einigungsdruck 58
Einigungsphase 109, 113
Einigungsprotokoll 172
Einigungsstellen gem. § 27 a UWG 112
Einigungsversuch vor sonstiger
  Gütestelle 172
Einleitung 109, 113
Einzeloptimierung 40

Einzeloptimierungsstrategie 38
Eisbergmodell.. 33
Emotionale Resonanz 33
Emotionen in Verhandlungen 60
Empathie 103
Empirisch bestätigte Verweisungs-
    kriterien.. 206
Empirisch nicht bestätigte
    Verweisungskriterien........................... 207
Entscheidungsautorität 108
Entscheidungsdelegation 6
Entscheidungsgewalt der Parteien...............9
Entscheidungsmaßstab.......................... 6, 127
Entscheidungsunterstützung.........................6
Erfolglosigkeit früherer
    Streitbeilegungsversuche...................... 86
Erfolglosigkeitsbescheinigung.................. 172
Ergebnisfindung...................................... 107
Ergebnisoffenheit 79, 82, 85
Erlaubnispflicht nach dem RBerG 158
Eröffnung 51, 102, 107
Eröffnung der Mediation 95
Erscheinungsform des Konflikts 16
Erscheinungsformen mediativer
    Konfliktregelung................................. 191
Eskalation 57
Eskalationsdynamik........................ 19, 55, 58
Eskalationsgeflecht 58
Eskalationsphasen eines Konflikts 24
Eskalationsprozess.................................. 59
Evaluative activity 116
Evaluative-broad 117, 118, 119
Evaluative-narrow............................ 117, 119
Expansion der Streit-
    gegenstände 26
Externe Rechtsberatung.................... 124, 127

Facilitative avtivity 116
Facilitative-broad 117, 118, 119
Facilitative-narrow............................ 117, 118
Fairnesskontrolle.................................... 127
Fallmanagement 84
Familienmediation 191, 218
Fatalismus 17
Final Offer Arbitration 10
Finanzierung des ADR-Verfahrens.......... 204
Flexibilität der Konfliktlösung................. 205
Follow-Up-Verfahren 55
Förderung von Kooperation 41
Fragen... 71
Framing 69
Freiwilligkeit................................... 82, 86
Freiwilligkeit der Beteiligten................... 78
Frustration 17
Funktionen des Rechts in der
    Mediation... 127

Geeignetheit des Mediators 89
Gefahr der Situations-
    verschlechterung.................................. 87
Gefangenendilemma............................ 39, 40
Gegenseitige Anerkennung 86
Gemeinwesenmediation 218
Gerichtlicher Vergleich........................... 179
Gerichtsentscheid.................................... 87
Gerichtsexterne Mediatoren 203
Gerichtsinterne
    Mediation.............................. 168, 179
    Mediatoren 203
    Schlichtung.. 168
Gerichtsnahe
    Mediation.................... 199, 200, 218
    Mediationsprojekte 201
Gerichtsnahe und gerichtliche
    konsensuale Streitbeilegung................. 168
Gerichtsverfahren 9
Gesamtoptimierung 40
Gesamtoptimierungsstrategie 38
Gesetzliche Haftung 148, 151
Gesprächsmoderation 103
Geständnisvereinbarungen....................... 140
Gewährung rechtlichen Gehörs.............. 185
Gewinnmaximierungsstrategie 38
Gewinnpotenzial..................................... 37
Gleichbehandlung................................... 185
Grenzen
    der Vertragsfreiheit 144
    von Mediation..................................... 81
Grundprinzipien (in) der Mediation........ 82
Gütegedanke 5
Gütestellen
    der Handwerkskammern...................... 112
    von Berufsverbänden........................... 112
    von Wirtschaftsverbänden................... 112
Güteverfahren 137
Güteverhandlung.................................... 177

Haftung des Mediators.................... 146, 151
Handeln als Taktik 67
Heiße Konflikte 17
High-Low Arbitration 10
Hintergrundklärung................................. 52

Implementierung...................................... 102
    von Mediation..................................... 199
Individuelle Strategien 41
Industrieverbände 215
Informationsbeschaffung 91
Informationsgewinnung........................... 125
Institutionalisierte Konflikte 16
Integrativer Ansatz................................. 115
Integratives Verhandeln.......................... 36
Interesse an zukünftiger Beziehung......... 86

Interessenorientiertheit 75
Interessenorientierung 31, 34
Interessensammlung 52
Juristische Konfliktbehandlung 27
Juristische Vergleichsverhandlung 31

Kalte Konflikte 17
Klageverzicht 135
Klärung von Einzelinteressen 127
Klärungshilfe 104
Klärungsphase 109, 113
Kollektive Strategien 42
Kombination von Schieds-
    gerichtsverfahren und Mediation 189
Kommunikation in Verhandlungen 60
Komplexität der Verhandlungsmasse 86
Kompromiss suchender Stil 64
Konfliktanalyse 13
Konfliktberater 214
Konfliktdarstellung 97
Konfliktdefinition 11
Konfliktdynamik 19, 23, 27
Konflikte im öffentlichen Raum 197
Konflikteskalation 19
Konfliktklärung 76, 98
Konflikttypologie 12, 27
Konkludent vereinbarter
    Klageverzicht 136
Konkurrenzorientierter Verhand-
    lungsstil 115
Konsensbereitschaft 85
Konsensorientiertheit 75
Konsensorientierung 85
Konsenssuche 7
Konsensuale Streitbeilegung 87, 180
Konsensuale Streitbeilegung im
    gerichtsnahen und gerichtlichen
    Bereich 169
Kontaktaufnahme 102
Kooperation 82
Kooperationsbereitschaft 56, 78
Kooperationsvereinbarung 167
Kooperativer Verhandlungsstil 115
Kooperierender Stil 64
Kosten der Mediation 205
Kulturelle Unterschiede 43

Landesgesetzliche Regelungen 169
Litigation crisis 1
Logische Argumentation 66
Lösungsoptionen 102
Lösungsentwicklung 52, 54
Lösungsfindung 125
Lösungssuche 99
Lösungsvorschläge durch den
    Mediator 100

Macht in Verhandlungen 61
Machteinsatz 8
Machtungleichgewicht 205
Machtunterschiede 86
Mandantenberatung 88
Manipulation 68
Medianten 75
Mediation im Arbeitsrecht 194
Mediation-Arbitration 10, 180
Mediationseignung von Konflikten 80
Mediationsinterne Rechtsberatung 127
Mediationsphasen 95
Mediationsprogramme 200
Mediationsstandards 217, 218
Mediationsvereinbarung 102, 133
Mediationsverlauf 82, 83, 102
Mediationsvertrag 128
Mediationsvorbereitende Arbeiten
    mit den / der Parteien 102
Mediative Elemente 81
Mediatoren 75
Mediatorvertrag 167
Mini-Trial 9
Misstrauen 80
Motivation der Parteien 202

Nachgebender Stil 64
Nachtreffen 102
Nachverhandlungen 102
Neutralität 79
Nicht institutionalisierte
    Austragungsformen 16
Nichtanzeige geplanter Straftaten 148
Nichteinigungsalternativen 99
Normbasierte Konfliktlösung 25
Notare 161, 164

Obligatorische Streitschlichtung 137
Ombudsmann 113
Online Dispute Resolution (ODR) 196
Optimierungen 102
Optionenentwicklung 53
Optionensammlung 53
Ort der Mediation 203

Parallele anwaltliche Mandate 157
Parallele Güteverhandlung 169
Parameter der Entscheidungs-
    findung 5
Parteianwalt 124
Parteiautonomie 181
Parteimandate nach Beendigung
    des Mediationsverfahrens 157
Parteiverrat 149, 151
Personalisierung 22, 23, 58
Personalisierung des Konflikts 20, 57

Phänomen der kognitiven
   Dissonanzen 56
Phasen des Verhandlungsprozesses 51
Phasenmodell 55, 75
Phasenmodell der Mediation 94
Phasenstruktur 50
Plus-Minus-Interests 54
Polarisierung 19, 21, 23, 57, 58
Positive Selbstbilder 17
Präventive Mediationsvereinbarung 142
Prinzipien 77
Privilegierte Berufsgruppen 161
Privilegierte Tätigkeiten 161
Problemebene 116
Problemlösungsprozess 115
Projektion 20, 23, 58
Projektion mit Fokussierung auf
   negative Einstellungen 57
Projektionsprozess 59
Prozessbeobachtung 106
Prozesskostenhilfe 132, 214
Prozessmanagement 50
Prozessrechtliche Abreden 134
Prozessvergleich 179
Prozessvertrag 140
Prüfung der Geeignetheit 102
Prüfung der Rechtmäßigkeit 127
Punktuelle Rechtsberatung 124, 127

Rahmenvereinbarung 51
Räumlichkeiten 94
Recht der Mediation 120, 127
Recht in der Mediation 120
Rechtsanwälte 161, 163
Rechtsanwälte und Angehörige
   sozietätsfähiger Berufe 165
Rechtsbasierte Konfliktaustragung 26
Rechtsbasiertheit 9
Rechtsberatung 147
   durch Anwaltmediator 122, 127
   durch Parteianwälte 123
   in der Mediation 158
Rechtsschutzversicherung 132, 215
Reduktion der Komplexität 26
Reflektion der Mediation 102
Reservation price 30
Richterliche Güteverhandlung 169
Richterliches Vorverfahren 169, 177
Richtermediator 169, 179
Rollenverständnis des Vermittlers 116

Sachbeurteilung 117, 119
Sachebene 13, 44, 45, 72
Sachkonflikte 13
Sachmoderation 117, 118, 119
Sammeln von Lösungsideen 99

Schiedsabrede 184
Schiedsgerichtsbarkeit 180
Schiedsgerichtsverfahren 8
Schiedsgutachten 183
Schiedsklage 186
Schiedsklausel 184
Schiedsleuten 111
Schiedsrichterliches Verfahren 186
Schiedsspruch 185, 186
Schiedsspruch mit vereinbartem
   Wortlaut 187
Schiedsstellen 111
Schiedsstellen des Kfz-Handwerks 112
Schiedsvereinbarung 183
Schiedsverfahren 183
Schiedsvergleich 186, 188
Schlichtung 8, 73, 108
Schlichtungsphasen 109
Schlichtungsstellen 111
Schlichtungsvereinbarung 109, 133
Schlichtungsverhandlung 109
Schlichtungsverlauf 108
Schuldenbereinigungsplan 175
Schulmediation 218
Schwebende Verhandlungen 138
Schweigepflicht 131, 152
Screening Conference 211
Selbstbestimmung 82
Selbstbestimmung der Parteien 75
Selbstreflektion 106
Selbstverantwortung 82, 86
Selbstwahrnehmung 106
Senior Executive Appraisal
   Mediation 9
Simplifizierung 19, 21, 23, 57, 58
Situationsanalyse 91
Sitzordnung 100
Standards für Mediation 216
Starke Führerzentrierung 17
Steuerberater 165
Stilkategorisierung 64
Strafprozess 141
Strafrechtliche Verant-
   wortlichkeit 148, 151
Streitbehandlungslehre 1
Stress 70
Stresssituation 58
Strukturelle Strategien 42
Subjektivität der Wahrnehmung 76
Sühneversuch vor einer Vergleichs-
   behörde 175
Sunk-Cost-Phenomenon 56
Symptombehandlung 26

Täter-Opfer-Ausgleich (TOA) 197, 218
Themensammlung 51, 107, 125

Tit for Tat 41
Titulierung........ 144
Transaktionskosten 3
Transparenz 104

Überwindung des Verhandlungsdilemmas........ 41
Umfassende Beurteilung 117, 118, 119
Umfassende Moderation 117, 118, 119
Umsetzung 102
Umsetzung des Mediationsergebnisses 102
Umweltmediation 195, 218
Unechte Schiedsgerichte........ 182
Unfaire Methoden 71
Unternehmensverbände 215
Untersuchungsgrundsatz........ 141

Verantwortungsübernahme der Parteien........ 78
Verbot der Wahrnehmung widerstreitender Interessen 153
Vereinbarung........ 54, 101, 102, 107
Verfahrensbeendigung durch Beschluss 187
Verfahrensinteressen der Parteien 5
Verfahrenskosten........ 3
Verfahrensleitung 103
Verfahrensmodell 113
Verflechtung von Ursachen und Wirkungen 58
Vergleich 112, 143, 172
Vergleich im Schiedsgerichtsverfahren 187
Vergleichsgebühr........ 132
Vergütung nichtanwaltlicher Mediatoren........ 133
Vergütung von Anwaltmediatoren........ 131
Vergütungsvereinbarung 131
Verhaltenskodex für Mediatoren 217
Verhandlungsanalyse........ 29
Verhandlungsbasis........ 116
Verhandlungsdilemma........ 38, 40
Verhandlungsdynamik........ 55
Verhandlungsführung........ 72
Verhandlungsgegenstand 29
Verhandlungshindernisse........ 80
Verhandlungsmanagement........ 28
Verhandlungsprozess........ 49
Verhandlungssituation........ 29
Verhandlungsspielraum........ 34
Verhandlungsstile........ 62
Verhandlungsstrategie 72
Verhandlungstaktiken 62, 65
Verhandlungsverhalten 62

Verhandlungsverständnis........ 119
Verhandlungsvorbereitung 72
Verjährungseintritt 137
Verletzung des Dienstgeheimnisses und einer besonderen Geheimhaltungspflicht........ 150, 151
von Privatgeheimnissen........ 148, 151
Vermeidender Stil........ 64
Vermeidung 7
Vermischung der Beziehungs- und der Sachebene 67
Vermittlungsansätze........ 115
Vermittlungsmodelle........ 114, 117, 119
Vermittlungsverständnis........ 116
Verrechtlichung 57
Verrechtlichung von Sachverhalten 26
Verrechtlichungsprozess 35
Verschwiegenheit der Parteien 139
Verteilungsebene 13, 44, 46, 72
Verteilungskonflikte........ 15, 46
Verteilungsprozess........ 115
Verträge 102
Vertragliche Haftung 146, 151
Vertragliche Rahmenbedingungen 93
Vertragsbestandteile........ 129
der Mediationsvereinbarung der Parteien untereinander........ 145
des Mediationsvertrags zwischen Mediator und Parteien........ 145
Vertragsgestaltung 125, 127, 144
Vertragsgestaltungen in der Mediation 127
Vertraulichkeit 78, 82, 129, 138
Vertraulichkeit durch Prozessvertrag 140
Verwaltungsprozess 141
Verweisungskriterien 218
Verwertung fremder Geheimnisse 149, 151
Verzerrung der Wahrnehmung 19, 20, 23, 56, 58
Visualisierung........ 52, 104
Vollstreckbarerklärung........ 186
Vollstreckbarkeit 189
Vollstreckungstitel........ 112
Vorbefassung in derselben Angelegenheit........ 155
Vorbereitende Situationsanalyse........ 102
Vorbereitung........ 102
Vorgerichtliche obligatorische Güteverfahren 169
Vorgerichtliche Streitbeilegung 168
Vorgerichtlicher Mediation 199
Vorgeschichte der Mediation........ 5
Vorrang der gütlichen Einigung 176

231

Wahrnehmungsverzerrungen 59
Wechselseitige Verflechtung von
   Ursachen und Wirkungen 22, 23, 58
Werteebene 13, 44, 47, 72
Wertekonflikte 14, 47
Wertschöpfung 36, 40
Wertschöpfungspotential 37
Wertschöpfungsprozess 115
Wertschöpfungsstrategie 38
Wertverteilung 36, 40

Widerstreitende Interessen 154
Win-Lose-Schema 31
Win-Win-Lösungen 32, 36
Wirtschaftsmediation 192, 218

Zeitliche Rahmenbedingungen 93
Zeitpunkt der Mediation 204
Zeugnisverweigerungsrecht 131, 152
Ziele von Mediation 76
Zukunftsorientierung 79, 82

– – –

Unser Skriptenangebot
Alles was Recht ist

		€
Der Rechtsanwalt *Grundl. d. Anwaltsberufs* **NEU**	2005	15,90 €

Grundlagen		€
Grundlagen Zivilrecht 1(BGB Trainer 1)	**2005**	**12,50**
Grundlagen Zivilrecht 2(BGB Trainer 2)	**2005**	**12,50**
ÖR-Trainer	2004	12,50
StGB-Trainer	2004	12,50
Klausur und Hausarbeit	2003	19,90
Rechtsgeschichte	2004	23,50
Rechtsphilosophie	2002	16,70
Prüfungsrecht	2003	15,90

Aufbauschemata		€
Zivilrecht	in Überarbeitung	
Strafrecht	2004	14,90
Öffentliches Recht	**2005**	**14,90**

20 Klausuren f. d. Zwischenprüfung		€
Zivilrecht	2004	12,50
Strafrecht	2004	12,50
Öffentliches Recht	2004	12,50

Zivilrecht		€
BGB AT 1	2004	16,90
BGB AT 2	2004	16,90
Schuldrecht AT 1 ca. Ende Nov.	in Überarbeitung	
Schuldrecht AT 2	**2005**	**19,90**
Schuldrecht BT 1 ca. Ende Nov.	in Überarbeitung	
Schuldrecht BT 2	**2005**	**19,90**
Schuldrecht BT 3	**2005**	**16,90**
Schuldrecht BT 4	**2005**	**19,90**
Sachenrecht 1	2004	14,50
Sachenrecht 2 ca. Anf. Nov.	in Überarbeitung	
Sachenrecht 3 ca. Anf. Nov.	in Überarbeitung	
Familienrecht	**2005**	**17,90**
Erbrecht	**2005**	**19,90**

Strafrecht		€
Strafrecht AT 1	2004	20,50
Strafrecht AT 2	2004	24,90
Strafrecht BT 1	**2005**	**24,90**
Strafrecht BT 2	2003	19,90
Strafrecht BT 3	2003	22,90

Öffentliches Recht		€
Verfassungsrecht	2004	23,90
Grundrechte	**2005**	**24,90**
Europarecht	in Überarbeitung	
Verwaltungsrecht AT 1	**2005**	**21,90**
Verwaltungsrecht AT 2	**2005**	**24,90**
VwGO	2003	23,00
Bes. OrdnR (VerwR BT 1)	2004	19,90
Öff. BauR (VerwR BT 2)	in Überarbeitung	
Express Synopse BauGB 2004/1998	2004	10,90
Polizei- u. Allg. OrdnR	**2005**	**23,90**
NRW Polizei- u. OrdnR	2004	22,90
Kommunalrecht NRW	**2005**	**19,90**

Schwerpunktfächer / Wahlfachgruppen		€
Handelsrecht	**2005**	**16,90**
Gesellschaftsrecht	in Überarbeitung	
Arbeitsrecht	**2005**	**24,90**
Kollektives Arbeitsrecht	2004	22,90
Wertpapierrecht	2003	16,90
Internationales Privatrecht	in Überarbeitung	
ZPO	**2005**	**23,50**
StPO	2004	20,90
Kriminologie	**2005**	**20,50**
Beamtenrecht	**2005**	**10,90**
Kartell- und Wettbewerbsrecht	in Überarbeitung	
Sozialrecht 1	**2005**	**22,90**
Sozialrecht 2	**2005**	**22,90**
Grundl. d. SteuerR 1	2004	19,90
Grundl. d. SteuerR 2	2004	12,90
Mediation, Schlichtung, Verhand-lungsmanagement	**2005**	**22,90**

Fremdsprachenkompetenz		€
Introduction to *English Civil Law I*	2005	20,20
English Civil Law II	2005	18,40
Introduction to the *US-American Legal System I*	2005	22,90
US-American Legal System II	2005	22,90

Assessorexamen		€
Vollstreckungsrecht 1	2004	24,90
Vollstreckungsrecht 2	2004	22,90
Insolvenzrecht	2004	16,90
Zivilprozess – Stagen und Examen	2004	24,90
Die zivilrechtl. Anwaltsklausur im Assessorexamen	**2005**	**25,50**
Die zivilgerichtliche Assessorklausur	2003	24,90
Die strafrechtliche Assessorklausur 1	**2005**	**21,90**
Assessorklausur 2	**2005**	**15,90**
Assessorklausur 3 ca. Ende Nov.	in Vorbereitung	
Die öffentlich-rechtliche Assessorklausur	2003	24,90

Steuerrecht		€
Allgemeines Steuerrecht	2003	24,90
Umsatzsteuerrecht	**2005**	**24,90**
Einkommensteuerrecht	2003	24,90
Erbschaftsteuerrecht	2004	20,50
Steuerstrafrecht	2003	15,90
Bilanzsteuerrecht	2004	25,50
Internationales Steuerrecht	2004	14,90
Grunderwerbsteuerrecht	**2005**	**20,50**

Fachlexika		€
Alpmann Brockhaus	**2005**	**39,95**
Alpmann Brockhaus mit CD	**2005**	**49,95**
Langenscheidt Alpmann Engl./D – D/Engl.	in Vorbereitung	
Langenscheidt Alpm. mit CD Engl./D – D/Engl.	in Vorbereitung	

Skripten

Stand: Oktober 2005